跨国界乌托邦

——理工男 100 天环游北美

蒋瑜 著

中国人民大学出版社

·北京·

自 序

　　当结束 100 天在外漂泊流浪的艰辛环游历程回到当初出发的起点，终于可以坐下来不用再费心考虑明天去哪里的时候，心里却思绪万千，久久不能平静。刚回来的那几天，我甚至有些不敢相信自己真的就这样实现了 100 天环游美加这个当初被身边很多人认为疯狂和不可能的梦想，总感觉似乎还一直在路上，每天做梦都还在继续跋山涉水。从 2013 年 11 月拿到美国签证，开始萌发自驾环游美国、加拿大的想法，立下在北美大陆画一个大圈的决心，到 2014 年 11 月圆满实现 100 天环游美加的梦想，前后整整历时一年，行程近两万英里（三万多公里），瘦了近十磅，中间经历了太多太多的故事，见证了一个又一个的奇迹，一路上充满了酸甜苦辣……忘不了，有幸看到的十几次绚丽的彩虹，包括冰川和海上罕见的双彩虹；忘不了，在缅因州海边品尝海水煮龙虾的鲜美；忘不了，在大盐湖上体验死海漂浮的神奇；忘不了，泡在黄石公园天然野外温泉里那冷热交替冰火两重天的奇妙感觉；忘不了，在每天只有 10 个幸运儿可以进去的波浪谷（The Wave）抽签现场听到抽签员报出自己姓名那一瞬间无比激动的心情，那是我有生以来听到的最美妙动听的声音；忘不了，在国家公园偶遇黑熊和棕熊的惊险与刺激；忘不了，在经过四个多小时的艰难涉水后见到那浑然天成的地下铁（Subway）的惊艳；忘不了，在黄石国家公园露营时仰望绝美的璀璨星空；忘不了，航班在阿拉斯加安克雷奇机场降落时机翼发生故障后的惊险着陆；忘不了，阿拉斯加金秋那广袤的五彩苔原和斑斓森林；忘不了，在浮满冰川的湖面上划着独木舟近距离触摸蓝色冰川的奇妙感觉；忘不了，在离开阿拉斯加的航班上终于第一次看到了绚丽夺目的北极光的幸运；忘不了，在拥有世界最美、最纯净海滩之一的大特克岛（Grand Turk）浮潜时人鲨共游的和谐一幕；忘不了，在加勒比海邮轮上和好友对酒当歌、婆娑起舞的美好时光……总之，这次仅仅花费了五万元人民币的北美"长征"，是我有生以来献给自己最棒的人生礼物，也将是我一生最刻骨铭心的体验和回忆。我愿意将之记录下来与大家分享，希望能够激发你的勇气，助你早日顺利实现自驾环游北美的梦想，见证真正属于你自己的奇迹！

读者如有关于本书的任何问题或建议，或需要私人订制属于你自己的北美自由行，请发邮件到 USAtrip100@126.com 或添加作者微信号：canghaiyisu0709（也可扫描封底的微信二维码）。

目　录

第二段：2014. 9. 10—2014. 9. 23 阿拉斯加金秋深度自驾游（共计 14 天）

第三段：2014. 9. 24—2014. 10. 23 西雅图（Seattle）—凤凰城（Phoenix）（美西南精华游，共计 30 天）

第四段：2014.10.24—2014.11.2 迈阿密周边及加勒比海邮轮之旅（共计 10 天）

我的北美"长征"梦

最初萌发到北美大陆进行一场"长征"的想法，源自 2012 年央视纪录频道播出的《北美国家公园全纪录》。当时连续几天追着把这部纪录片看完，壮丽的美国国家公园风光一下子激发了我内心"非去不可"的梦想。梦想总是要有的，万一实现了呢？果然功夫不负有心人，2013 年我得到了去美国留学一年的难得机会，我想，利用美国大学里近三个月的悠长假期，来个自驾环游北美大陆不是正好吗？于是在 2013 年 11 月份顺利拿到美国签证后，我就买了份详细的美国地图，开始提前规划整个北美"长征"路线。在设计行程时我主要考虑了以下几点原则：

1. 合理取舍景点

美国是世界上最早建立国家公园的国家，包括本土 50 个州和 5 个海外领地在内一共有 58 个国家公园，其中阿拉斯加州和加利福尼亚州各有 8 个国家公园，居各州之冠；犹他州和科罗拉多州紧随其后，分别为 5 个和 4 个。除此之外，美国还有不少国家保留地和国家森林，以及风景并不输国家公园的众多州立公园，再加上邻国加拿大拥有的国家公园，可以说北美的旅游资源非常丰富，要想在一次 100 天的环游行程中全部走到，同时还要兼顾一些重点旅游城市观光，这是一个不可能完成的任务，因此必须要有所取舍。推荐参考美国《国家地理杂志》出版社出版的《美国国家公园向导》(*Guide to the National Parks of the United States*)，书中对每个公园都有详细介绍，以及该用多长时间游玩哪些景点的路线规划建议。读者在此基础上，可以进一步根据个人的兴趣和行程时间长短合理取舍。

2. 行程张弛有度

自驾游平均每天行车距离最好不超过 250 英里，否则会有些疲惫，也不利于行车安全。个别时候因为相邻两天的景点距离较远需要大范围"转场"的，可以偶尔一天行车 500 英里左右，但是第二天上午最好选择晚起，或者不安排旅游活动，进行休整。另外行程设计要留有灵活的调整余地，不能安排得太饱满，因为长达三个多月的旅行途中不可避免会遇到暴雨、飓风等各种可能的恶劣天气，这样万一耽误计划的行程，还能调整过来。另外，还要考虑不同类型旅行活动之间的合理搭配，比如哪天要是计划远距离徒步或长时间爬山，那么在其前后两天就尽量安排些轻松的活动，比如坐船游览或城市休闲观光等。而且，在每连续游玩两周左右的时间后，最好选择在中途某个地方专门停留休整一天，以实现劳逸结合。我在先后顺序上之所以把加勒比海邮轮之旅放到最后，也是考虑到在连续两三个月的陆上自驾之旅后，需要一场放松身心的海上休闲之旅。此外，这次虽然主要是租车自驾环游北美，但当两地相距太远，中途又没有什么景点时，比如从西雅图到阿拉斯加和从凤凰城到迈阿密，我都选取了空中交通方式，节省了不少时间。

3. 尽量不走回头路

既然是环游，很重要的一点就是尽量不走回头路，充分发挥环游的优势，在最短的时间内玩尽量多的景点或城市。当然，这也不是完全绝对的，比如在设计阿拉斯加自驾游路线时，我就特意在某些风景绝佳的路段来回各走一趟。

4. 选择最佳时间

Lonely Planet 制作了一张美国和加拿大主要国家公园的最佳旅游时间表（见图1—1），蓝色代表最佳时间，主要依据的是气候状况、游人数量等因素。需要注意的是淡季（Low Season）也可能是因为当地气候原因不适合旅游，比如黄石公园5月前就不太适合访问，需要出发前确认。

除了国家公园，还有些非大众景点如波浪谷、地下铁等，都需要提前几个月在网上申请游览许可（Permit），或者要在现场抽签，这些在规划行程时也都要提前考虑并安排预案，比如抽中了怎么办，没抽中的话又怎么安排当天的行程。

根据上述原则，最终我在出发前绘制了由四段行程构成的北美"长征"路线图，其中前三段都是陆上自驾之旅，最后一段是海上邮轮之旅，预计7月下旬出发，到11月初结束，刚好100天的行程。这个行程路线综合考虑了季节、气候、美食等很多因素，比如前期七八月份天气炎热，正好适合游览气候凉爽的美国东北部和加拿大（见图1—2）；等9月份进入秋天，又刚好是去阿拉斯加欣赏无敌秋景的最好时机（见图1—3）；然后10月份再回到美国本土游览美西南，当地气温又是不冷不热最舒适的时候（见图1—4）；最后乘坐邮轮游览美国南部的加勒比海，又正好避免了热带地区夏季的暴晒和冬季旅游旺季时不菲的船票（见图1—5），堪称史上最全、最合理的北美环游线路之一。

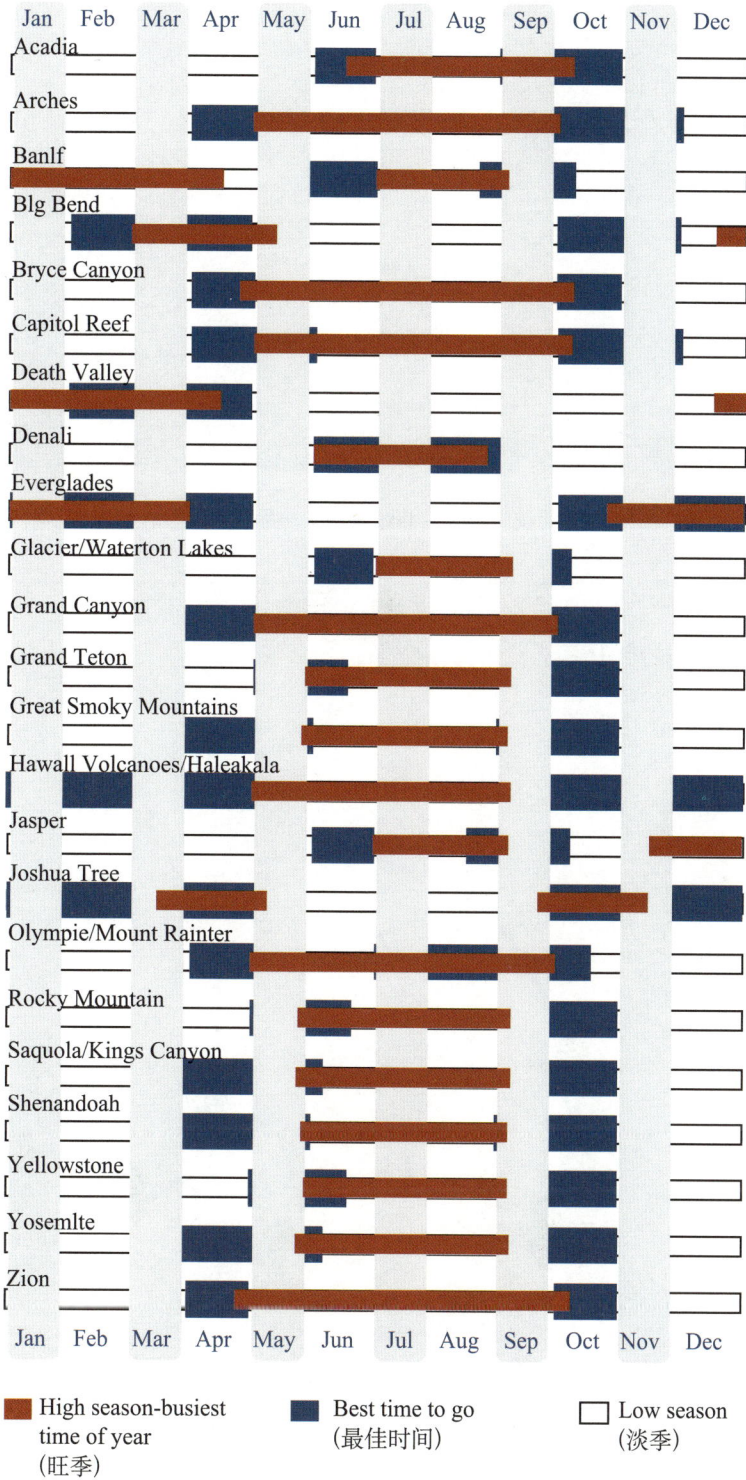

图 1—1　美国和加拿大国家公园最佳游览时间

图 1—2　北美"长征"路线图（第一段：华盛顿—西雅图）

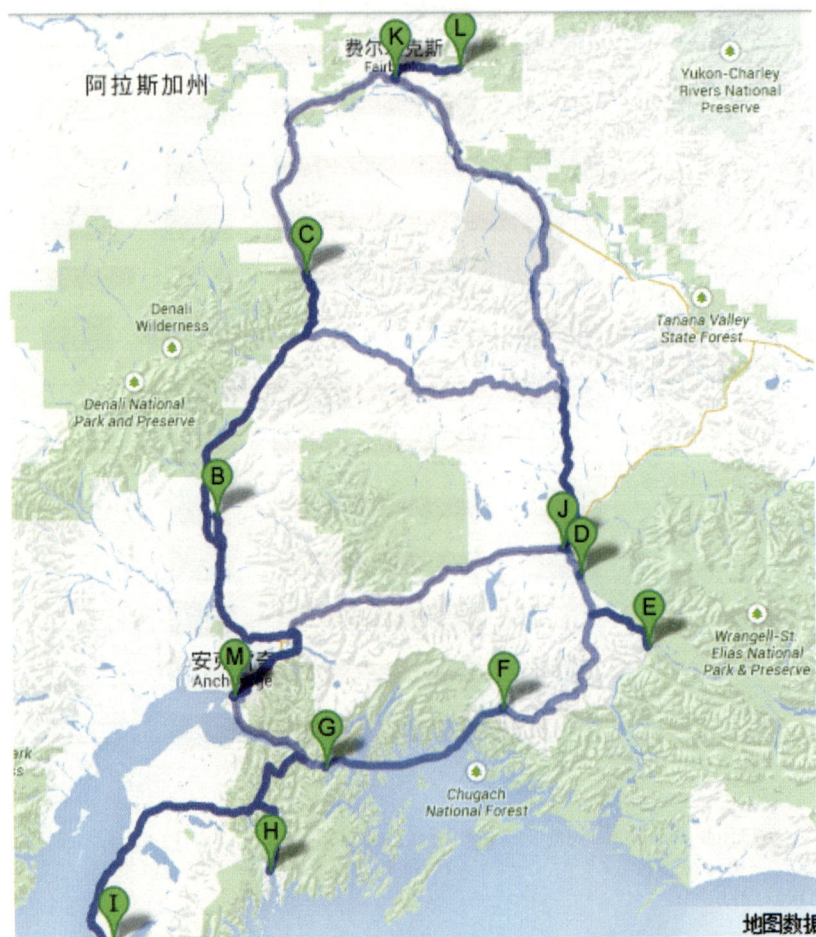

图 1—3　北美"长征"路线图（第二段：阿拉斯加）

图1—4　北美"长征"路线图（第三段：西雅图—凤凰城）

Your confirmation number is: 22-39109945

Cruise Details:

Itinerary   7 Night Eastern Caribbean (Miami Roundtrip)

Day	Ports of Call	Arrival	Departure
1	Miami, Florida	---	4:00 p.m.
2	Nassau, Bahamas	7:00 a.m.	2:00 p.m.
3	At Sea	---	---
4	Charlotte Amalie, St. Thomas, U.S.V.I.	11:00 a.m.	6:00 p.m.
5	San Juan, Puerto Rico	7:00 a.m.	3:30 p.m.
6	Grand Turk Island	11:00 a.m.	5:30 p.m.
7	At Sea	---	---
8	Miami, Florida	8:00 a.m.	---

click to enlarge

Cruise Line	Carnival Cruise Lines
Cruise Ship	Carnival Conquest
Departing On	10/26/2014
Returning On	11/02/2014

图 1—5　北美"长征"路线图（第四段：迈阿密周边及加勒比海邮轮）

100 天环游北美历程

第一段：2014. 7. 26—2014. 9. 9
华盛顿（Washington）—西雅图（Seattle）
（西游记，从东到西完美自驾穿越北美大陆，共计 46 天）

Day 1　华盛顿（Washington）

华盛顿全称为华盛顿哥伦比亚特区（Washington，District of Columbia，缩写为 Washington，D. C.），位于马里兰州和弗吉尼亚州之间的波托马克河与阿纳卡斯蒂亚河汇流处，是以美国开国元勋乔治·华盛顿和新大陆的发现者哥伦布的名字命名的。行政上它由联邦政府直辖，不属于任何一个州。其实华盛顿成为美国首都的背后也有不少故事。现在的华盛顿所在地原是一片灌木丛生之地，只有一些村舍散落其间。1789 年，美国联邦政府正式成立，乔治·华盛顿当选为首任总统。当国会在纽约召开第一次会议时，建都选址问题引起激烈争吵，南北两方的议员都想把首都设在本方境内。国会最后达成妥协，由总统华盛顿选定南北方的天然分界线——波托马克河畔长宽各为 16 公里的地区作为首都地址，并请法国工程师皮埃尔·查尔斯·朗方主持首都的总体规划和设计。只可惜尚未建成，华盛顿便于 1799 年去世。为了纪念他，这座新都在翌年建成时被命名为华盛顿。

现在大家都知道美国首都是华盛顿，实际上美国西北部太平洋沿岸还有个华盛顿州（State of Washington），也是为纪念美国首任总统乔治·华盛顿而建立的，亦是唯一以总统姓名命名的州。很多人都对波音、微软、星巴克等大公司所在的西雅图市耳熟能详，但往往不知道西雅图所在的华盛顿州。为避免不熟悉的人犯迷糊，简而言之，美国有一个华盛顿市，还有一个华盛顿州，这是完全不同的两个地方：前者在东海岸，靠近大西洋；后者则在西海岸，面向太平洋。后文如果不是特别指明，所述"华盛顿"全部指美国首都"华盛顿哥伦比亚特区"。此外，全美还有无数大大小小以华盛顿命名的街道，就像国内的"八一路"或"中山公园"一样。美国海军历年来的军舰也有三艘陆续以华盛顿为名，目前仍在服役的是一艘尼米兹级航空母舰——华盛顿号航空母舰。首都华盛顿还有所世界名校——乔治·华盛顿大学，也是为了纪念他。1 美元的钞票和 25 美分硬币上也可以看到他的肖像。作为美国的"国父"，美国有一位华盛顿这样德才兼备的人作为第一任总统是幸运的，他没有永远把持政权的野心，本来可以连续担任多届总统，却开创了主动让权的先例，给后人留下了一个永远的典范。

华盛顿不仅仅是美国的心脏，作为现今世界上唯一超级大国的首都，这里的一举一动也时刻吸引着世界的目光。不过难能可贵的是，不像纽约给人的感觉是时尚、喧嚣、繁华，华盛顿给人的感觉是大气、沉稳、厚重，值得你细细品味。同时，华盛顿还是世界上拥有免费景点最多的城市（不是之一，至少在我目前游历过的所有城市中是这样的），尤其是众多世界级水准的博物馆都对来自全球的游客免费开放，号称"博物之都"，而且还有众多免费参观的特色政治建筑和历史遗迹，给人感觉十分亲民。所以如果你选择华盛顿作为美国游的第一站，它一定不会让你失望。那么，如何安排你的华盛顿之旅呢？

首先，选好旅游时间，这一点非常重要。春天是游览华盛顿的最佳季节，尤其是 3 月底 4 月初，此时潮汐湖（Tidal Basin）和华盛顿纪念碑（Washington Monument）附近樱花盛开，将整个城市衬托得分外漂亮，呈现出这个城市最美丽的一面。此外，7 月份的独立日（Independence Day）前后或 12 月份的圣诞节（Christmas Day）假期也可以考虑。作为美国首都的华盛顿在独立日会有大型庆祝活动，包括游行、音乐会及烟花表演等，而在圣诞节前后则有圣诞树亮灯日、圣诞节游行、圣诞灯展等活动，都非常值得期待。

其次，根据游程长短确定好游览路线，并预订好住宿地点。我觉得要游览好华盛顿经典景点的话，至少需要一整个白天，也就是说至少要在华盛顿住一个晚上，比如可以前一天晚上赶到华盛顿，第二天一早开始游览，到了晚上再离开。最好的安排是在华盛顿游览 2～3 天，这样才能充分领略其魅力。此外，华盛顿市区精华景点不太适合自驾游，停车位比较难找，不是周末的话停车费还很贵，如果不懂规矩停错了地方吃了罚单或被拖走更得不偿失了。所以如果是自驾到华盛顿的话，建议优先选择附近有地铁站并可免费停车的市郊旅馆，将车停在旅馆，坐地铁进城游玩。市郊的宾馆性价比往往很高，比市区动辄一两百美元一晚的酒店划算多了，而且市区酒店一般还要额外收取每天 25～30 美元的停车费。华盛顿的地铁线路共有红橙黄绿蓝五条，是美国除纽约以外最发达的城市地铁网，十分快捷方便。

华盛顿的主要景点几乎都在国家广场（National Mall）范围内，如下图 2—1 所示，景点间设有便捷的公共交通，按顺序步行依次游览是最经济方便的方式。国家广场是位于美国首都华盛顿特区的一处开放型国家公园，由数片绿地组成，一直从西边的林肯纪念堂（Lincoln Memorial）延伸到东边的国会大厦（U. S. Capitol），东

```
                              白宫
        ┌─────宪法大街─────┬────国家自然历史博物馆────国家美术馆────┐
        │                 │                                        │  国
  林肯纪念堂───────华盛顿纪念碑─────────────────国会山               家
        │                 │                                        │  广
        │                 │                                        │  场
        └─────独立大街─────┴──────国家航空航天博物馆──────────┘
                              潮汐湖

                              杰斐逊纪念堂
```

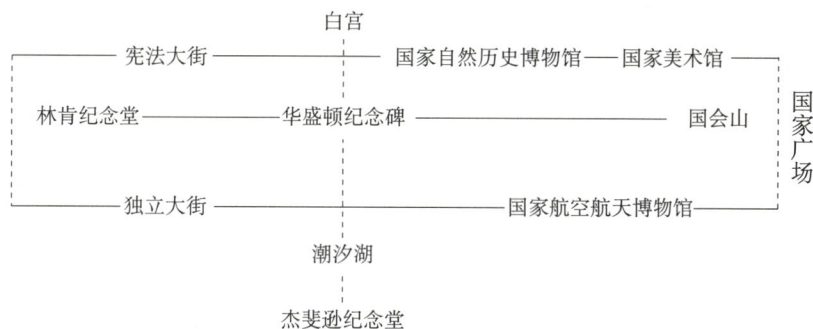

▽ 图 2—1 华盛顿主要景点位置示意图

西长约 3 公里，南北宽约 0.5 公里。这里是美国国家庆典和大型仪式的首选地，同时也是美国历史上重大示威游行和演说的重要场地。国家广场的正中心就是华盛顿纪念碑，它作为华盛顿的主要城市地标，无论游客在哪个位置都可以远远地看见它，因此可以将其作为全程步行游览中的方位参照物，以免走错方向。以华盛顿纪念碑为中心，林肯纪念堂——华盛顿纪念碑——国会山组成了一条东西向的中轴线；而白宫——华盛顿纪念碑——杰弗逊纪念堂则组成了一条南北向的中轴线，这两条中轴线垂直交叉于华盛顿纪念碑，这一布局和北京故宫有异曲同工之妙。国家广场的南北边界分别是独立大街（Independence Ave.）和宪法大街（Constitution Ave.），华盛顿众多世界知名的博物馆就集中分布在这两条大街上，如国家自然历史博物馆（National Museum of Natural History）、国家美术馆（National Gallery of Art）和国家航空航天博物馆（National Air and Space Museum）等。华盛顿纪念碑和杰斐逊纪念堂（Thomas Jefferson Memorial）之间的潮汐湖则是每年春天观赏华盛顿樱花的最佳地方。

根据上面的示意图，可以这样安排一日游精华线路：如果住在市区西边或南边，可以将林肯纪念堂作为游览起点；住在市区北边，可以将白宫作为游览起点；住在市区东面，则可以将国会山作为游览起点。我们当时住在西边弗吉尼亚的一个汽车旅馆，下面就以林肯纪念堂作为游览起点简述游览路线。首先，一早赶到林肯纪念堂，如果人多的话优先考虑坐出租车，还是很划算方便的；或乘坐地铁蓝线到 Arlington Cemetery 站下车后往东北过桥即到，也可乘坐地铁蓝线或橙线到 Foggy Bottom 站下车南行。林肯纪念堂前面的台阶是拍摄华盛顿纪念碑在倒影池（Reflecting Pool）中的倒影的好地方，参观完林肯纪念堂记得在此留影拍照后沿着倒映池南沿向东走，右前方不远处就会看到朝鲜战争老兵纪念碑（Korean War Veterans Memorial），看完老兵纪念碑，穿过独立大街继续往东南方向行进一小会儿就到了潮汐湖的入口，这里可以参观 2011 年 10 月 16 日才揭幕的马丁·路德·金纪念园（Martin Luther King, Jr. Memorial）的主体雕塑"希望之石"（A STONE OF HOPE），这是中国雕塑家雷宜锌和湖南工匠的作品，见图 2—2。

▼ 图 2—2　希望之石

　　这座雕塑原定于 2011 年 8 月 28 日举行落成典礼，这一天是马丁·路德·金发表《我有一个梦想》演讲的纪念日，但由于受飓风"艾琳"影响，仪式被迫延期到 10 月 16 日。在揭幕之前，雕像的诞生过程也是一波三折。1996 年，美国时任总统克林顿签署法案，批准在华盛顿国家广场附近设立马丁·路德·金雕像。雷宜锌的设计方案于 2006 年从全世界 52 个国家 2 000 多位雕塑家的 900 多个方案中脱颖而出，其作品设计灵感来源于 1963 年 8 月 28 日马丁·路德·金在林肯纪念堂前台阶上的著名演讲《我有一个梦想》中的一句话："从绝望之山中开辟出一块希望之石。"雷的设计方案是如此完美，以至于马丁·路德·金基金会成员全票通过，但却在美国前后经历三次较大争议，都是些涉政治、带歧视性的质疑，原因仅仅是他是一位来自中国的雕塑家，这对金那场著名演讲倡导的反对种族歧视的精神是莫大的讽刺。最初是一些非裔美国人责难，称雕塑应该由非裔美国人来做（要知道华盛顿人口以黑种人或非裔为主，要占一半以上，有人戏称华盛顿除了白宫其他地方都是黑的）；后来他的设计方案被媒体指责将马丁·路德·金塑造得过于具有对抗性而非和平的使者；最后他的中国安装团队赴美签证又被无端延误，因为美国工会向美国国务院抗议，称安装工作应该雇用美国工人而非中国廉价劳工。还好这些质疑最终都被美国人自己"否决"了，历经磨难之后，2011 年 1 月 9 日，雕塑终于在华盛顿国家广场完成安装。雕塑中马丁·路德·金双臂交叉，面向南边的潮汐湖，眼神凝重地望向杰斐逊纪念堂。春天雕塑周围的樱花树开花时会非常美，晴天傍晚日落时分这里的景色也很有意境。

　　如果你参观的时候适逢华盛顿樱花节（Cherry Blossom Festival，一般在每年的 3 月下旬至 4 月下旬），特别是在樱花花期最盛的那几天（即 Peak Bloom Date，可参考网站 http: //www. nationalcherryblossomfestival. org/的实时预报信息），潮汐湖畔将会人山人海，因为这里的吉野樱花（Somei-Yoshino）花朵大，并且先开花后长叶，观赏效果据说比在日本本土还好。在每年樱花节的最后还有盛大的樱花大游行来压轴，有机会千万别错过这一壮观的场面。华盛顿如此壮观的樱花节背后也是有典故的。1912 年日本东京市长尾崎行雄为了表达美日两国友好关系，访问美国时赠送了6 000 株樱花树，美国政府则以花团锦簇的山茱萸回赠日本。赠予美国的樱花树，其中 3 000 棵在纽约，3 000 棵在华盛顿，当时的美国第一夫人海伦·塔夫脱和日本大使夫人在华盛顿的潮汐湖西边亲手栽下最早的两棵樱花树。以后由市民发起，在1935 年举办了首届华盛顿樱花节，从此每年 3 月下旬至 4 月下旬华盛顿都举办国家樱花节来纪念美国和日本的友谊。不过根据美国国家公园管理局的记录，樱花节在第二次世界大战期间曾被取消，而且很多樱花树也遭到了破坏。第二次世界大战后，随着美日两国关系的好转，樱花节于 1947 年恢复并逐渐盛大起来，成为华盛顿最浪漫而美丽的名片，每年吸引多达百万名来自美国及世界各地的游人。樱花树的寿命通常在 50 年左右，据说最初的 3 000 棵樱花树中仍有 50 棵左右存活至今，这些历经百年的老樱花树都在马丁·路德·金纪念像附近，大部分樱花树则是后来重新栽种或自己生长起来的。图 2—3 就是华盛顿樱花节的盛况。如果你是在樱花节期间游览华盛顿，强烈建议绕潮汐湖一周或泛舟湖上，这样可以从不同角度充分欣赏樱花掩映下华盛顿令人震撼的绚烂美景。

　　游览完潮汐湖后，可以返回国家广场的中心继续游览华盛顿纪念碑，这是华盛顿之行绝不可错过的地方。华盛顿纪念碑于 1884 年 12 月 6 日竣工，为纪念美国总统乔治·华盛顿而建造，石碑内部中空，高度是 169.3 米，是世界上最高的石制建筑，

▼ 图 2—3　潮汐湖畔的樱花

也是华盛顿最高的建筑，因为美国政府 1899 年就宣布华盛顿特区任何建筑物的高度都不可以超过华盛顿纪念碑。整个纪念碑上面没有一个文字，这一点有点像武则天墓前的那座无字碑，仿佛在告诉人们，华盛顿一生的伟业是难以用文字来表述的。也许最好的纪念应该是放在心中，一个人的功过最终也应该经过时间的检验由后人去评说吧。

在纪念碑的 153 米处有瞭望台，游客可乘电梯直达，通过 8 个瞭望窗口将华盛顿市容尽收眼底，甚至俯瞰波托马克盆地全貌。2011 年 8 月 23 日的一场 5.8 级地震造成纪念碑受损，不再向公众开放。修复工程耗时近 33 个月，直到 2014 年 5 月 12 日才重新开放（巧合的是这一天也正好是中国汶川 5·12 大地震纪念日），时隔近 3 年再度迎接游客进入内部参观并登顶。

参观完华盛顿纪念碑后，继续向右前方前进，回到独立大街一路向东，你会首先看到气势恢宏的美国农业部大楼，然后过了非洲艺术博物馆就是此行不可错过的国家航空航天博物馆了，它的对面就是大名鼎鼎的美国国家航空航天局（NASA）。国家航空航天博物馆建于 1946 年，1976 年对外开放，作为当今航空和航天领域收藏展品最丰富的博物馆，它是航空航天爱好者的乐园，也是全美最受欢迎的博物馆，每年吸引近 800 万游客。博物馆里不容错过的有莱特兄弟的第一架飞机、阿波罗 11 号登月返回舱和能够亲手触摸的月球岩石等各种展品。这里也很适合孩子参观，有很多可以让孩子动手试一试的设施和互动节目，可以激发青少年对科技的兴趣。馆内的洛克希德·马丁 IMAX 3D 影院、爱因斯坦立体放映厅和模拟飞行器更是不容错过的自费体验项目。另外，国家航空航天博物馆里有能够容纳好几百人同时就餐的麦当劳，所以这里也是你一日游行程中解决午餐的好地方，参观用餐两不误。

参观完航空航天博物馆后，再往东走几分钟就抵达国家广场最东边的国会山。国会山坐西朝东，从西边来的时候一般看到的是国会山的背面，须绕过国会山的南侧才能看到国会山的正面。不过国会山西边的倒影池倒是拍摄国会山全景及倒影的好地方。带有罗马建筑风格的美国国会大厦坐落在 25 米高的国会山上，占据着全市最高的地势，是美国三权分立的立法机构——美国众参两院的办公楼。参观国会山也是免费的，建议提前上网预约，当日一般只有少量余票，需要的话要提早去排队。运气好的话，还可以进到国会开会的会场现场旁听。参观完国会大厦还可以通过走廊进入国会图书馆参观，出来后可以顺便参观附近的最高法院。

出了国会大厦，回到国会山西面，沿宾夕法尼亚大街（Pennsylvania Ave.）走到与宪法大街的交叉路口后拐到宪法大街上，向西走几分钟就可以看到国家美术馆了。国家美术馆建于 1937 年，其闻名于世除了丰富的艺术藏品外，还有它那两座风格迥异的建筑，即典雅庄重的古典式西馆与简洁明快的现代派东馆，其中后来才扩建的东馆是由著名的建筑设计师贝聿铭先生设计的。国家美术馆收藏的艺术品大约有 4 万多件，其中有以下几个著名的作品很值得看。最著名的镇馆之宝就是位于西馆主楼画廊 6 号展厅的达·芬奇的《吉内夫拉·德本奇像》，据说这是美洲大陆唯一的一件达·芬奇作品，也是达·芬奇存世的 19 幅真迹之一。我作为一个画盲，对达·芬奇的了解仅限于在法国巴黎卢浮宫见过的《蒙娜丽莎的微笑》，真不知道他还有这样一部与《蒙娜丽莎的微笑》齐名的女性肖像画作品，只是《吉内夫拉·德本奇像》画的是一位只有 16 岁的纯情少女，《蒙娜丽莎的微笑》画的则是一位优雅迷人的贵妇。其他名画还有拉斐尔（和达·芬奇并称为文艺复兴全盛时期的两位大师）的《圣母图》、荷兰著名印象派画家梵高的《自画像》及《绿色的麦田》、法国著名印象派画家保罗·高更的《自画像》、法国印象派代表人物莫奈的《鲁昂大教堂》，以及提香、伦勃朗、鲁本斯、米开朗基罗、罗丹、雷诺阿、毕加索等其他欧洲艺术大师的名作等。虽然论藏品国家美术馆远不如常年人潮汹涌的巴黎卢浮宫和纽约大都会艺术博物馆（Metropolian Museum of Art）丰富，但却具有上述两馆不能比拟的纯粹的艺术氛围，因为这里游人不多，非常静谧，参观过程中有时候你甚至可以一个人坐在展厅舒适的沙发上，听着导览器里的介绍，独自与传说中的世界名画面对面，那种感觉实在是太美妙了。对于内行的艺术爱好者来说，真的可以在这里流连一整天；而对像我这样没有艺术细胞的外行，花两个小时也可以走马观花看上一遍。

参观完国家美术馆，出门继续沿宪法大街西行，走过雕塑公园，就来到国家自然历史博物馆。还记得电影《博物馆奇妙夜》中那个奇妙有趣的博物馆吗？这里就是它的取景地了！它于 1910 年开馆，藏品全面反映了人类和自然环境的演化，是展示自然发展史的专门性博物馆和研究人类及其自然环境的资料宝库，也是世界上规模最大的自然历史博物馆之一，拥有极为丰富的收藏品，展品多达 1.2 亿件。自然历史博物馆的镇馆之宝是一颗重达 45.52 克拉名为"希望蓝钻石"（Hope Blue Diamond）的绝世珍品，位于二楼宝石和矿物展览单元旁边独立的小展厅。这颗世界上最重的蓝色钻石背后的故事真实而又离奇。它在入驻自然历史博物馆之前，拥有一个让人恐怖的名字——被诅咒的钻石，因为几乎所有拥有过它的人都死于非命。

1662 年前后，法国商人塔维尼尔在印度著名的科鲁尔矿买下这颗 $112\frac{3}{16}$ 克拉重的蓝钻，并把这颗宝石进贡给法国皇帝路易十四。塔维尼尔的财产被他那不孝的儿子花得精光，使得他到了 80 岁的高龄时穷得身无分文，不得不再一次到印度去寻求新的财富，却在那里不幸被野狗咬死了。这颗只是经过简单抛光处理的钻石外形并不得路易十四的欢心，他于 1673 年命珠宝匠将它切割打磨处理成了 $67\frac{1}{8}$ 克拉，并命名为"法兰西之蓝"（French Blue）。没想到，路易十四在佩戴了一次之后就患上天花死了。继位的法王路易十五成了钻石的新主人，他发誓不戴这颗深蓝色的大钻，把它借给他的情妇佩戴，结果路易十五的情妇在法国大革命中被砍了头。这颗蓝色大钻又传给了法王路易十六，他的王后经常佩戴此钻，结果是路易十六夫妇双双被送上了断头台。路易十六王后的女友兰伯娜公主，随之成了这颗蓝色噩运之钻的主人，结果也在法国大革命中被杀，而美钻也于 1792 年在混乱中被盗。接下来，盗贼把此宝石带到英国的珠宝市场。1830 年，它被一位叫做亨利·菲利普·霍普的人买走。由于英语中霍普（Hope）是"希望"的意思，这颗钻石便被称为"希望蓝钻石"。在 1901 年之前，这颗钻石一直属于霍普家族。1911 年，美国华盛顿邮报继承者麦克兰购得这颗宝石送给自己的妻子作为礼物。就在麦克兰夫人得到希望蓝钻石的第二年，她的儿子在一次车祸中丧生，而她的丈夫麦克兰先生不久也患上了精神病，后来由于精神病的折磨死于精神病院，她的女儿又因为服用安眠药过量而死。麦克兰夫人 1947 年去世后，美国著名的大珠宝商哈利·温斯顿买下了希望蓝钻石，并在 1958 年把它赠予美国史密森尼博物馆学会。希望蓝钻石带来的噩运终于结束了，这颗历尽坎坷的美丽蓝钻在美国国家自然历史博物馆找到了它最适宜的归宿。除了希望蓝钻石，国家自然历史博物馆还有长 12 米、高 5 米的恐龙骨架、长达 27.6 米的世界上最大的露脊鲸模型，高约 4 米、重 8 吨、迄今为止世人所见到的最大的非洲野象标本，重 31 吨的世界最大陨石，摩艾（Moai）石像等珍贵藏品，以及无数保存完好的珍贵的古今哺乳动物、鸟类、两栖动物、爬行动物、昆虫和海洋生物的标本等。

　　参观完国家自然历史博物馆，继续沿宪法大街一路向西，走到与第十五大街（15th Str.）交叉路口右转，再沿第十五大街向北朝今日行程的最后一个重要景点——白宫——前进，中途可顺便参观下第二师纪念碑（Second Division Monument）、艾丽皮斯公园（The Ellipse）、谢尔曼将军像（General Sherman Statue）。白宫从前并不是白色的，也不称白宫，而被称作"总统大厦"、"总统之宫"，1792 年始建时是一栋灰色的沙石建筑。从 1800 年起，它成为美国总统在任期内办公并和家人居住的地方。但是在 1812 年发生的第二次美英战争中，英国军队入侵华盛顿并于 1814 年 8 月 24 日焚毁了这座建筑物，只留下了一付空架子。1817 年重新修复时为了掩饰火烧过的痕迹，门罗总统下令在灰色沙石上漆上一层白色的油漆。此后这栋总统官邸一直被称为"白宫"。1901 年美国总统西奥多·罗斯福正式把它命名为"白宫"，后成为美国政府的代名词。对人们来说白宫总是充满了神秘感，但在"9·11"事件之前白宫一直是世界上唯一经常性免费向公众开放的国家元首官邸。那时参观手续十分简单，只须当天到白宫游客中心排队领取入场券即可入内参观。"9·11"事件后，白宫暂停了所有的参观活动约两年之久，直到 2003 年 9 月才重新开放。不过改变了参观方法，游客不能像以前那样到白宫外直接排队，美国本国公民必须预先通过所在选区国会议员预约，还得提供个人信息以备安全审查，但由于参观人数有限制，所以预约一般要提前几个月，外国游客则必须通过所在国驻美使馆提出预约。实际上，该免费公众游项目主要还是面向美国公民，对外国游客来说现在要想进白宫参观基本不可能，通过大使馆预约之类更像是托词，只能在铁栏杆外隔栏远眺了（我曾经给中国驻美国大使馆发过邮件，以下是他们的回复：如您想申请参观白宫，很抱歉，据了解美方对申请赴白宫参观的审批非常严格，目前的实际做法是基本不受理外国游客通过本国驻美使馆提交的参观申请）。图 2—4 就是我当时贴着栅栏远摄的白宫南草坪照片。

图 2—4　白宫南草坪

不过对中国游客来说，每年有两次机会还是可以把握的：每年春秋两季白宫花园会开放两次，开放日一般分别是在 4 月和 11 月的最后一个周末，无须预约，但要领票，具体要求可提前浏览白宫网站（www. whitehouse. gov）。开放日期间，各地游客须于当天前往白宫游客中心领取免费票，先到先得，凭票只可以参观白宫内的南草坪、玫瑰花园、杰奎琳·肯尼迪花园和"白宫厨房菜园"等景点。

远眺白宫后，如果当天仍然有时间，可以继续沿第十七大街（17th Str. ）向南回到国家广场，快速参观倒影池东侧的第二次世界大战纪念碑和北侧的越战纪念碑，之后还可以转到离林肯纪念堂不远处宪法大街上的爱因斯坦塑像看看，最后回到林肯纪念堂，圆满结束一日游行程。

如果打算在华盛顿两日游或三日游，可以在一日游线路的基础上，将一日游中的部分精华博物馆专门放到第二或第三日细细品赏，并可增加杰斐逊纪念堂、波托马克公园（Potomac Rark）、植物园（Botanical Garden）、五角大楼（The Pentagon）、美国国家历史博物馆（National Museum of American History）、美国国家邮政博物馆（National Postal Museum）、阿灵顿国家公墓（Arlington National Cemetery）等景点。

Day 2　华盛顿（Washington）—费城（Philadelphia）

费城南距华盛顿 137 英里，北距纽约 97 英里，无论是开车自驾还是坐火车都很方便到达，是从华盛顿到纽约这条旅游黄金线上不容错过的一个城市，也是一个适合中途休息的好地方。因此，从华盛顿到纽约我们选择在费城停留一晚，来个费城一日游，感受下虽然算不上厚重但也在沧桑中渐行渐远的美国往事。有人说，要真正读懂美国，只有去费城这个美利坚合众国的"诞生地"。这话一点不夸张，因为美国的历史的确要从费城讲起。费城是美国最老、最具历史意义的城市之一，在华盛顿建市前的 1790—1800 年间这里曾是美国的首都，在美国历史上有非常重要的地位，对于美国人来说这里就相当于中国的西安。作为曾经的美国首都，费城拥有太多的美国第一：在费城制定了第一部宪法、诞生了美国第一面国旗、建立了美国第一家银行和第一个证券交易所，以及第一所非英国式大学、第一座动物园等。费城的发展史简直就是一部美国发展史的缩影。

费城英文名是 Philadelphia，传闻是由两个希腊单词构成的，philos 意为"爱"，adelphia 意为"兄弟"，所以合起来就是"兄弟之爱"。说到这里不能不提一下那部被美国电影学会列为百年百大励志电影第 20 名的同名电影《费城故事》，这是一部探讨同性恋和艾滋病患者维权的电影，1993 年由美国哥伦比亚电影公司出品，影片根据真人真事改编，汤姆·汉克斯也因在片中出色的表演而获得了 1993 年第 66 届奥斯卡最佳男主角。我想这部电影之所以选择《独立宣言》诞生之地的费城作为拍摄地，除了城名之故，与费城亦是美国历史中对于"自由平等"有很多释义的城市有关吧。

费城老城区（Old City）包含了主要的历史景点，尤其以美国国家独立历史公园（Independence National Historical Park）为中心，被称为最富含美国历史的一平方英里，共有几十处历史遗迹，都在步行范围之内，十分方便游览。因此我们将费城一日游的起点选择在这里，一早驾车赶到这里在附近找好地方停车。如果人多的话，可以考虑路边的咪表停车，每小时 2.5 美元，一天下来人均费用和乘坐公共交通也差不多。后来听说游客中心的地下室也有停车场，停 8 个多小时只花了 12 美元，非常值得推荐。停好车后首先直奔公园北部的游客中心（Independence Visitor Center），因为这里不仅可以领免费的参观导游地图，更重要的是可以提前拿到当天免费的独立厅参观票（Independence Hall Tour）。如果是在旅游旺季，很可能领到的是几个小时以后的票，去晚了的话甚至领不到当天的票。所以第一站就要到这里领到独立厅的参观票，这样方便根据票上面的时间合理安排下面的游览时间和顺序。一般拿到独立厅参观票后可以先去附近别的地方游览，等时间差不多了再返回独立厅参观。此外，在这里领票和地图的同时，还可以顺便把费城旅游的纪念品买了。

游客中心往南就是纪念象征自由的自由钟中心（The Liberty Bell Center），这里不需要提前取票，排队就可以参观。从游客中心出来到自由钟中心会先经过总统屋旧址（The President's House Site），这里是美国最初的两位总统——乔治·华盛顿（1790 年 11 月—1797 年 3 月）和约翰·亚当斯（1797 年 3 月—1800 年 5 月）——居住地的旧址，现在只剩下部分地基，可以顺便浏览下。经过安检后，就可以进入自由钟中心一睹传说中的"美国国钟"了。自由钟又称"独立钟"，是费城的象征，更是美国自由精神的象征，是美国人的骄傲，在美国的知名度仅次于自由女神。它曾参与了美国早期历史上许多最重要的事件：1776 年 7 月 4 日为第一次宣读《独立宣言》而鸣响；1783 年 4 月 16 日为宣告美国独立战争胜利而鸣响；1787 年 9 月 17 日为合众国宪法通过而鸣响；1799 年 12 月 14 日为美国首任总统华盛顿的逝世而鸣响。此后，每逢 7 月 4 日美国国庆日，都会敲响象征美国独立的钟声。1976 年美国独立 200 周年时，该钟被移至国家独立历史公园的中心草坪上，并专门为其制作了玻璃屋加以保存，图 2—5 就是它现今的模样。

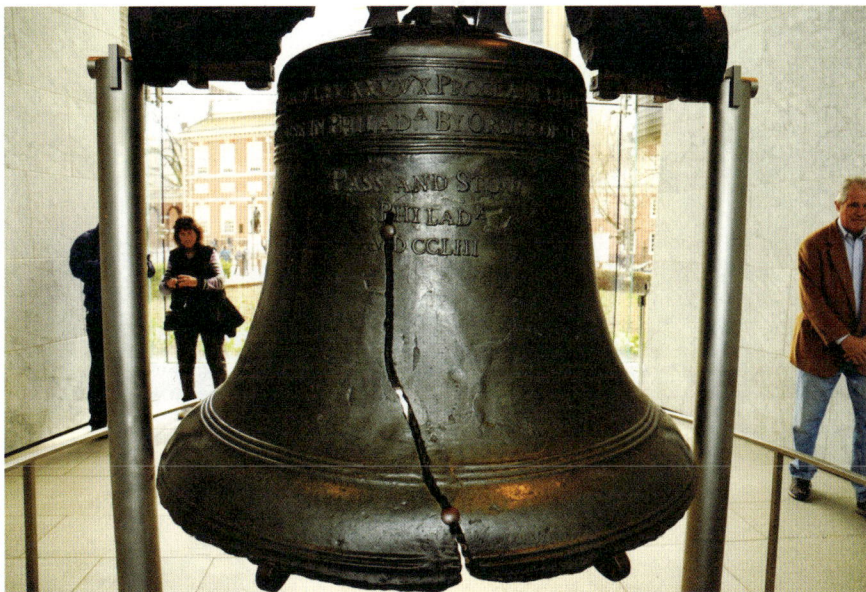

▼ 图 2—5　自由钟

自由钟的历史只有 200 多年，重量只有 900 多千克，由多种金属混合铸成。1751 年由宾州州议会以 100 英镑的价格从英国订购，当年的工艺水平显然有限，第二年大钟运到费城，试敲时就破裂了。一年后两个当地铸造工重新铸造，总算成功。1835 年庆祝华盛顿生日时，又被几个孩子敲出了一尺长的裂痕。十年后在同样的活动中，它被敲了几个小时，结果出现了我们现在看到的这条著名的锯齿状裂缝。这个裂痕无法再被修复，从此自由钟就很少被使用了。不过每当人们看到那道裂痕，就很容易唤起灵魂深处的记忆，耳际仿佛又听到当年自由钟发出的那振聋发聩的宏大钟声，至今仍延绵不绝。

参观完自由钟，看时间差不多就该提前半小时到独立厅去排队安检了。举目望去，只见那座 18 世纪顶立尖塔的乔治亚式红褐色两层楼房——独立厅——近在咫尺（见图 2—6）。乳白色的门窗和尖塔，正屋和塔之间镶嵌着一座大时钟，与它身后现代化的商厦和摩天大楼相比，眼前这座小楼实在太普通、太简单了。然而当你面对它，并且进入它的内部时，你无法不充满敬意，它在简洁朴实之中蕴含着一种静静的力量，一种其他任何建筑都难以具备的伟大与深邃，叫人不由自主地要屏住呼吸，放轻步履。一阵微风吹过，独立厅庭院里树叶婆娑作响，仿佛在轻轻述说昨日的故事和辉煌。1776 年以后的许多年间，美国历史上众多划

▼ 图 2—6　独立厅

时代的事件都与这个小小的院落紧紧联系在一起：1776 年美洲各殖民地州的代表在此举行大陆会议，7 月 4 日通过了由托马斯·杰斐逊起草的《独立宣言》，宣布北美殖民地脱离英国独立，建立"自由、独立的美利坚合众国"，这一天也成了美国独立纪念日。此后经历了八年抗战，美国终于在 1783 年打败了英国。1787 年又在这里举行了制宪会议（Constitutional Convention），制定了人类历史上的第一部成文宪法——《美利坚合众国宪法》，至今依然奉行，由此奠定了美国的政治基础。

　　独立厅内部有免费的导游讲解有关历史，很不错，建议大家跟着导游参观游览。讲解员首先会在独立厅一楼东厢讲解当时签署《独立宣言》和制定宪法的背景故事之类的花絮，然后进入西厢就是复原的当时的议事大厅，室内保留着当时的会议场景和家具装饰（见图 2—7）。《独立宣言》在这里通过，美国宪法也是在这里讨论、起草并通过的。以现在的眼光来看那个会议厅实在太小了，只有几十平方米，十几张会议桌上铺着绿色丝绒台布，桌前文具盒里插着当年使用的鹅毛笔，桌面上还放着蜡烛台、零散的纸张和书籍，仿佛代表们刚刚离席而去。安放在主席台上的高背椅是华盛顿担任制宪会议主席时坐过的，椅背上雕刻着初升的太阳，人们称它为旭日椅。

　　记得还是在中学的历史课上知道的，就在 200 多年前，就在这座其貌不扬的两层红砖房会议室里，孕育了一场风暴——1776 年 7 月 4 日，在这个当时还是英国殖民地宾夕法尼亚州政厅的一楼会议室里，北美 13 个殖民地的革命家秘密聚会，做出抗英独立的决定，推选华盛顿为抗英大陆军总司令，签署了由思想蓬勃、文采流丽的杰斐逊花两周时间写成的《独立宣言》：

图 2—7　起草独立宣言的会议厅

　　我们坚信这一真理是不言而喻的：人人生而平等。他们被上帝赋予了一些不可剥夺的权利，诸如生命、自由和对幸福的追求。政府便是为保障这些权利而设立的。我们……公开庄严地宣告，这些殖民地都应是独立和自由的州，这是理所当然的……我并非主张不断修改法律与宪法，然而，法律与机构组织必须与人类思想的进步保持同步。当人类思想随着环境的变化逐步发展与开明时，有新发现诞生，新真理出现时，在方式与信念发生变化时，机构组织以及制度也必须随之改进，以同时代保持一致。如让文明社会永远受治于其野蛮祖先的政体之下，那就像让一个成年人仍然穿着他孩提时的上衣……

　　就是这篇文字奠定了美国的立国之本，200 多年过去了，回过头再看上面这些文字，依然强烈有力地洋溢着现时代的光芒，丝毫不过时，让人深思。

　　回顾历史，如果说整个美国独立史是一部大片，那么《独立宣言》就是这部大片的序幕，而"独立战争"只是这部大片的上集，因为独立战争只是为美国人赢得了自由，但没有为他们赢得一个统一的国家。那时那个叫"美国"的国家并不存在，存在的只是 13 个独立的"州"（State），"美利坚合众国"充其量只能算是"地区联盟"或"共同体"，有点像今天的欧盟。后来真正将这 13 个"州"变成一个"国家"（Nation）的"制宪之路"，才是使美国独立这部大片完美落幕的下集。有一位学者把美国的建国史描述为："打出来的天下，谈出来的国家。""打天下"不易，"谈国家"更难。在"打天下"的时候，"自由"是人们共同的目标，但"谈国家"的时候，每个人都有不同的追求，无论什么样的政府都不会让所有的人满意。幸运的是，美国人民在"制宪之路"上遇到两位巨人：亚历山大·汉密尔顿和詹姆斯·麦迪逊。汉密尔顿被称为"联邦政府之父"、"《美国宪法》最天才的诠释人",他也是美国首任财政部长。麦迪逊是"宪法之父",《美国宪法》的总设计师,也是第四位美国总统。他们俩是 1787 年"制宪会议"的"始作俑者",没有他们,那部备受推崇的宪法不可能诞生,人类最伟大的社会实践也许因此而胎死腹中。正是他们的勇气与智慧改变了美国的命运,留下了一个至今无与伦比的国家。

独立厅平时的导览一般只介绍参观一楼的会议室,但是在淡季也就是每年的 1 月和 2 月,因为游客人少也开放独立厅的二楼。这是一间长方形的公共活动室,长条餐桌上摆放的都是当年建国领袖们用过的餐具原物,全都有 200 多年的历史了。活动室边上还有两间简易的图书室和餐厅,室内都保留着当年的家具装饰。独立厅顶上的钟塔一般不对外开放,据说当初那口独立钟就是高挂在那里的。另外,独立厅东边的小楼曾是最高法院,西边是国会厅,当年华盛顿总统在这里作了最后的国会讲演,有时间的话也可以去这两个地方顺便参观下。参观完这些,不由得让人心生感慨:美国的历史并不长,但是可贵的是这些承载着美国历史的遗迹都被完好地保存下来,费城也因此成为美国的历史名城。而中国上下五千年的历史,保护历史文化的意识却来得太晚,尤其是近现代史上外敌的入侵和内乱的消耗,我们的历史遗产屡遭浩劫,实在让人痛心不已。

从独立厅出来南面就是独立广场,回首时独立厅乳白色的尖塔上镶嵌着的大钟依然在不知疲倦地走着,分分秒秒记录着美国的历史,也记录着这个世界的沧桑变迁。独立广场上竖有华盛顿铜像,广场两旁的建筑物各有 13 个门,以此表示美利坚合众国成立时的 13 个州。离开独立广场,可以继续游览国家独立历史公园周边的木匠大厅(Carpenters' Hall)、国家宪法中心(National Constitution Center)和美国铸币厂(US Mint)。之后可以在附近的中国城解决午餐,或者在街头品尝闻名全美的费城名吃"起司牛肉堡"(Philly Cheese Steak),费城南街(South Street)与四街交叉口就有家 Jim's,为费城最著名的卖起司牛肉堡的餐厅,在餐厅外往往可见排队的人潮。午餐后离开老城沿 Market St. 一路往西走,大约 600 米后就来到费城市政厅(City Hall),楼顶上矗立着费城创始人威廉·佩恩的铜像,可以登楼一览费城全景,这座建筑如今已被鳞次栉比的摩天楼超越,但是在 1901—1908 年可是世界第一高楼。从市政厅开始,一路向西北就是文化氛围浓郁的本杰明·富兰克林公园大道(Benjamin Franklin Parkway),这条大道的取名是为了纪念富兰克林,他可以说是费城真正的缔造者,他一生主要在此从事政治、科学和教育活动,参加了美国制宪并创办了宾州大学。这条宽阔的林荫大道东起市政厅,西止博物馆,沿途喷泉、雕塑、纪念碑错落有致,俨然就是费城的长安街和第五大道。沿这条大道自东向西首先会经过博爱公园(Love Park),这是一个相当美丽的街心花园,这里著名的 LOVE 雕塑是费城地标性景点之一,该雕塑旨在彰显费城人民的弟兄友爱精神,据说雕塑背后的喷泉有时候还喷粉色的水,是情侣们合影留念的好地方。之后可漫步于罗丹博物馆(Rodin Museum),极负盛名的雕塑《思想者》真身即收藏于此。然后继续往前，就到达气势雄伟藏品丰富的费城艺术博物馆（Philadelphia Museum of Art）。要到达博物馆入口必须先攀登 72 级高高的台阶（Rocky Steps），从这里可以俯瞰整个富兰克林大道乃至尽头的市政厅。台阶下面矗立着电影《洛奇》主人公的塑像（The Rocky Statue）。《洛奇》是银幕铁汉史泰龙的代表作，电影中的他站在石阶上双手握拳举过头顶表现了不可战胜的决心，曾是一代男儿的励志偶像。该博物馆成立于 1876 年，以配合同年举行的美国首届世界博览会，更有纪念美国百年诞辰的重大意义。馆内收藏艺术品达 30 多万件，其中法国印象派作品最著名，是全美收藏最多的地方，包括梵高的《向日葵》、毕加索的《三个音乐师》等名作。此外这里还收藏了中国的许多文物。游览完费城艺术博物馆，就差不多可以圆满结束一日游行程了。

如果打算在费城及周边多停留点时间，可以在一日游线路的基础上，增加参观宾夕法尼亚大学（University of Pennsylvania）和普林斯顿大学（Princeton University）这两个世界名校。宾夕法尼亚大学由富兰克林在 1740 年创办，是美国独立前的殖民时期建校的九所大学之一，也是常春藤（Ivy Leagues）八所盟校之一。美国的第一所医学院和第一所商学院（沃顿商学院）都诞生于此，也是该大学的顶尖学院。宾夕法尼亚大学的设计融合了英国牛津大学与剑桥大学的建筑风格，在保留一些哥特式建筑古老元素的同时，创新并发展出了全新的校园哥特式建筑风格。陈寅恪、金岳霖、梁思成、林徽因等大师都曾在此就读过。离费城不远的普林斯顿大学也是赫赫有名的常春藤名校，作为老牌理工科大学的翘楚，曾出过 30 多位诺贝尔奖获得者，爱因斯坦等顶级科学家均曾在此工作或执教。

Day 3　费城（Philadelphia）—纽约（New York）

费城到纽约只有不到 100 英里，因此一早驱车赶到纽约法拉盛（Flushing）安排好住宿后，还有几乎一整天时间可以去游览纽约，加上后面安排的两天，可以在纽约玩差不多三天，我想这也是领略纽约这个国际大都市所需最少的时间了。至于为什么住在皇后区的法拉盛，因为纽约市虽然由五个区组成：曼哈顿（Manhattan）、皇后区（Queens）、布鲁克林区（Brooklyn）、北边的布朗区（The Bronx）和南边的史坦顿岛（Staten Island），但是大部分人提到的纽约市，往往指的是最繁华的曼哈顿，纽约大部分景点也都集中于此，从而导致曼哈顿的旅馆就是一个字：贵，并且贵得离谱，一般来说至少 150 美元一天才能住一个小房间，有没有单独洗手间还不确定，自驾的话动辄还要额外交几十美元一天的停车费。所以我们还是决定住在法拉盛，这里的家庭旅馆报价一般是 70～90 美元，三四个人的房间也不超过 90 美元，一般还有公共厨房。并且法拉盛是纽约新兴的中国城，交通、生活十分方便，普通话通用，附近可口的中餐馆也多。我们这次选择的是一家名为"民心之家"的华人家庭旅馆，四人间一晚 90 美元（不用额外给小费），有免费 WiFi，可以做饭和免费停车。旅馆离直达曼哈顿市中心的 7 号地铁始发站步行仅需三分钟，是法拉盛离 7 号地铁站最近的家庭旅馆，非常方便。7 号地铁 30 分钟直达市中心，24 小时运行，买充值票的话单程只要 2.5 美元。至于治安方面，白天热闹的法拉盛安全一点都没有问题，听说入夜后会有不少非裔和西裔的无业游民四处游荡，不过我们好几次玩到午夜走回旅馆也很安全，可能和我们人多有关系吧，如果一个人的话还是应该尽量早点赶回来。

解决了住的问题，接下来就是安排怎么玩。这里告诉大家持 The New York Pass 两日游卡在纽约三日游的最佳游玩总策略：第一天取卡并游览免费景点，后面两天充分利用这个通行卡游览收费景点。那么，什么是 The New York Pass 卡呢？大家知道，纽约的景点非常多，什么洛克菲勒中心（Rockefeller Center）观景台、帝国大厦（Empire State Building）、自由女神像（Statue of Liberty）、杜莎夫人蜡像馆（Madame Tussaud's Wax Museum）、大都会艺术博物馆、自然历史博物馆和曼哈顿游船等，这些票价动辄三四十美元，少的也要近 20 美元，如果你一张张地分开买就很贵了。美国有一种像我们国内景点联票一样的东西，叫 Pass，类似打包促销，只要你买了这个 pass 就可以免费参观指定的景点或者参加相关旅游项目，有的时候还可以免排队优先参观。纽约游玩的主流 Pass 分两种，一种是纽约通行卡 The New York Pass，另外一种是纽约城市通行卡 New York City Pass，这里详细介绍一下两者的区别。很多人可能听说最多的是 New York City Pass，其实它和 The New York Pass 比起来差多了，大家从表 2—1 的二者对比中就可以明显看出来。

从对比中很容易看出，New York City Pass 最主要的缺陷是包含的景点少（只有 6 个），选择余地小，并且实际上通票中包括的美国自然历史博物馆（American Museum of Natural History）和大都会艺术博物馆是实行"建议票价"，也就是游客其实不用给足其建议的价格，甚至只要象征性地给一美元就可以游览这两个博物馆，所以去掉这两个博物馆后，整个通票的价格算起来甚至比单独买剩下的四个景点门票还贵！而 The New York Pass 就不一样了，它像自助式套餐，参观景点越多，节省费用越多，而且不存在二选一的问题，包含的 80 多个景点票面价值超过 1 600 美元。更重要的是，The New York Pass 除了有常年促销价外，还可以在这个促销价基础上很容易在网上找到一些优惠代码（coupon code），从而再优惠 15%，非常划算！那么，到底买几日的 The New York Pass 通行卡比较好呢？这就取决于你计划的游览时长了。比如我们这次计划在纽约玩 3 天，但实际只需购买 2 日的 The New York Pass 通行卡就够了，为什么呢？因为其实 3 天中有 1 天可以安排游览不用门票的中央公园以及仅需象征给一美元就可以游览的美国自然历史博物馆和大都会艺术博物馆，这样就可以省下多买一天通行卡的费用了。如果计划在纽约玩 3 日以上，虽然买 2 日以上的 The New York Pass 的确有点小贵（当然比单独买各个景点的门票还是划算很多，我们的口号不是穷游嘛），但实践中我发现其实拿这个通行卡到各个景点售票处换票时，给你的票很多时候都并不一定是只有当日有效的（比如自由女神像渡轮观

表 2—1 两种纽约游玩通行卡对比表

通行卡 特色	The New York Pass	New York City Pass
官网	https：//www.newyorkpass.com	http：//www.citypass.com/new-york
类别与价格（常年促销价）	1 日卡 $85.00（成人）$60.00（儿童） 2 日卡 $130.00（成人）$110.00（儿童） 3 日卡 $160.00（成人）$120.00（儿童） 5 日卡 $180.00（成人）$125.00（儿童） 7 日卡 $190.00（成人）$125.00（儿童）	仅一种：9 日卡 $109.00（成人）$82.00（儿童）
儿童年龄限制	4～12 岁	6～17 岁
包含景点数目	囊括 80 多个纽约旅游景点，只要时间和体力充裕，最多可以 7 天把 80 多个景点全部游览完。	仅包括 6 个景点：帝国大厦、美国自然历史博物馆（American Museum of Natural History）、大都会艺术博物馆、现代艺术博物馆（Museum of Modern Art）、古根海姆博物馆（The Guggenheim Museum）或洛克菲勒中心"峭石之巅"（Top of the Rock）观景台（二选一）、自由女神像或曼哈顿环岛游船（二选一）。
使用时效与方法	最多可提前 12 个月购买，但可以在首次使用时才激活；仅限于连续日内使用，自首次使用之日起至卡有效期满失效。每个景点仅限使用一次。例：一张三日通行卡，首次使用激活时间为周一，那么该卡将在本周三后失效，无论在此期间使用过多少次。	无提前购买时间限制，但选择电子邮件代金券则必须在购买 6 个月内进行打印并在景点兑换门票套票；仅限于连续日内使用，自首次使用之日起连续 9 天有效。每个景点仅限使用一次。
购买方式	在线购买或取卡点现场购买	在线购买或 6 个景点现场购买
退款政策	购买之日起一年内可全额退款	购买之日起一年内可全额退款
卡的形式	智能芯片卡	电子代金券或门票套票
配送方式	纽约地区免费邮寄；纽约以外地区付费邮寄：美国平邮 $6，5～7 个工作日；美国联邦快递 $14，4 个工作日；墨西哥、加拿大和加勒比海地区 $20，4 个工作日；欧洲、中东和澳大利亚 $25，4 个工作日；南美和亚洲 $28，4 个工作日；非洲 $40，4 个工作日；纽约取卡点自取免费。	可以选择电子邮件代金券，无须配送，但必须在购买 6 个月内进行打印并在景点兑换门票套票；也可以付费邮寄门票套票，仅限至美国（$10～25），加拿大、法国、德国、意大利、葡萄牙、西班牙为 $24，英国为 $15。
景点绿色通道	支持免排队	支持免排队
中文支持	网站支持中文；购买后可赠送 200 多页纸质简体中文版使用指南与景点介绍。	网站支持中文；无纸质简体中文版使用指南与景点介绍。
免费手机 App	支持 iPhone/Android，功能丰富。	支持 iPhone/Android，功能简单。

光票就是多日内有效），当然也的确有一些是当日有效的〔比如曼哈顿环线观光游轮和"无畏"号海洋航空航天博物馆（Intrepid Sea，Air Space Museum）的票就必须当天使用，否则作废〕。

还有一点需要提醒，个人觉得在官网上买 The New York Pass 时没必要附加"随上随下"巴士这一项，因为要多花好几十美元，并且没有折扣，这些钱足够你合伙打车或坐公共交通了，而且曼哈顿的很多景点比较集中，体力好的话完全可以步行游览。具体的购买教程这里就不啰唆了，大家可以上其官网选择中文自己摸索，也很简单。买好 The New York Pass 后，接下来很重要的一点就是规划行程前必须查好通票中各个景点项目的开始和结束时间，然后精心编排，规划好每天的路线，这样才能充分发挥其最大利用价值。我根据自身情况设计的纽约三日游行程如下，其中第二天和第三天的行程可以互换。

第一天：上午从费城赶到法拉盛后到华人旅馆民心之家放下行李停好车，然后就可以买地铁充值卡坐 7 号地铁出发去时代广场（Times Square）附近的领卡点领卡（只要第一天不使用，该卡就不会激活），顺便游览时代广场，然后沿第五大道（The Fifth Avenue）步行到中央公园（Central Park）旁边的大都会艺术博物馆参观（每人只需象征性地交一美元即可入馆），参观完后估计中午时分了，午餐后下午的时间可以花在中央公园，如果有兴趣也可以抽出两三个小时参观紧挨中央公园的另外一个博物馆：美国自然历史博物馆（American Museum of Natural History）（每人也只需象征性地交一美元即可）。晚上再步行回到时代广场乘坐 7 号地铁回法拉盛旅馆，结束第一天行程。

第二天：早上从法拉盛乘坐 7 号地铁出发去时代广场，然后步行到时代广场附近的杜莎夫人蜡像馆游览（＄39）。看完蜡像馆估计接近中午了，可以就近找地方吃午餐，然后步行或合伙坐出租车去 83 号码头（Pier 83，West 42nd Street at 12th Avenue，New York，NY 10036）参观"无畏"号海洋航空航天博物馆（Intrepid Sea，Air ＆ Space Museum）（＄29）和乘坐三小时的环曼哈顿岛游轮观光巡游（＄40）。这两个景点挨在一起，注意一定先到环曼哈顿岛游轮停靠码头的售票处凭 The New York Pass 取好下午 3 点左右出发的环游船票，然后再去旁边的"无畏"号航母参观，参观航母后提前 15 分钟回到环游游轮停靠码头登船即可。乘坐环线游轮观光过程中可以远眺帝国大厦、自由女神像、布鲁克林大桥（Brooklyn Bridge）和联合国大厦（United Nations Headquarters）等景点。环线游轮观光巡游完回到出发码头大概是下午 6 点钟，然后再步行回到时代广场附近的洛克菲勒中心凭 New York Pass 预约夏季黄昏前后即晚上 8 点左右登顶"峭石之巅"观景台的门票（＄29），然后就近吃晚餐，吃完晚餐后开始排队登顶观看纽约黄昏风光及无与伦比的夜景。最后到时代广场乘坐 7 号地铁回法拉盛旅馆。

第三天：早上从法拉盛坐 7 号地铁出发去时代广场，不出站换乘到下曼哈顿炮台公园（Battery Park）港口的地铁。出地铁后在港口凭 The New York Pass 卡领取去自由女神像的渡轮船票（＄18），参观自由女神像国家纪念碑和埃里斯岛移民博物馆（Ellis Island Immigration Museum）。大约中午返回炮台公园，开始步行游览免费的"9·11"纪念园和华尔街、唐人街等，并就近午餐。午餐后沿着百老汇大街（Broadway）依次游览华盛顿广场公园（Washington Square Park）——熨斗大厦（Flatiron Building）——纽约公立图书馆（New York Public Library），大约晚上六点左右到达帝国大厦，再凭 The New York Pass 预约八点左右登顶帝国大厦观景台的观光票（＄29）。预约好帝国大厦观景台观光票后可以就近解决晚餐，并凭 The New York Pass 到帝国大厦的第二层参加纽约天空之旅（＄42），这是一次从空中游览纽约市的惊奇之旅，上天下地，全方位体验这座城市，你可以舒舒服服地坐在动作高度仿真的特制大屏幕剧院内感受这一切的美妙！看完电影后就可以登顶帝国大厦再次体验高空俯瞰中央公园的落日余晖和市区的华灯初上。最后到时代广场乘坐 7 号地铁回法拉盛旅馆。

上面的行程安排很紧凑，但也有一定的弹性，各个景点之间基本可以实现无缝衔接，最大程度地利用了通行卡，只是需要较好的体力，实际游览中可以根据自己感兴趣的景点适当调整。上面行程中各个景点后面括号里的金额是不用 The New York Pass 而单独买票参观的费用，合计＄226（＄39＋＄29＋＄40＋＄29＋＄18＋＄29＋＄42），比购 2 日卡的总费用＄110.5（用了优惠代码后的折扣价）贵了一倍多，很划算。

下面简单介绍下每天游览的各个主要景点。第一天行程的主要景点有时代广场、大都会艺术博物馆、中央公园和美国自然历史博物馆。纽约著名的时代广场位于百老汇和第七大道的交界处，是一个充满了聚光灯和 LED 的地方（见图2—8）。因此如果晚上去这里，所有的标志和屏幕都散发出灿烂的光芒，非常壮观。如果你是第一次看到时代广场，千万别惊讶于它的小，也别怀疑你就站在传说中的时代广场上，因为时代广场实际就是几条道路围起来的那么一小块三角地带，和气势恢宏的天安门广场简直不能比，但是却丝毫不影响它在世界上的知名度。特别是每年新年钟声敲响的时候，时代广场都会举行全球知名的跨年夜零时的落球仪式，并向全美乃至全球直播，非常壮观。不过如果你选择那时候去凑热闹的话，一定要做好在户外寒风中等待六小时以上并被人群包围着上不了厕所的准备，据过来人说纸尿裤是必备装备。2011 年 8 月 1 日凌晨 5 时 53 分，纽约迎来新一轮朝阳，时代广场一块大型液晶"中国屏"也随即亮了起来。以"典型中国，熊猫故乡"为主题的成都市城市形象宣传片登陆美国纽约时代广场电子屏，向世界诠释了一个文化底蕴与时尚气息完美交融的中国城市形象。这块由新华社全资子公司新华影廊（北京）文化传播有限责任公司租用的大型广告屏，位于时代广场 2 号楼，是中国公司首次在有"世界十字路口"之称的纽约时代广场长期租用的大型户外液晶显示屏。

逛完时代广场，向东穿越两个街区就到了著名的第五大道，然后一路向北就可

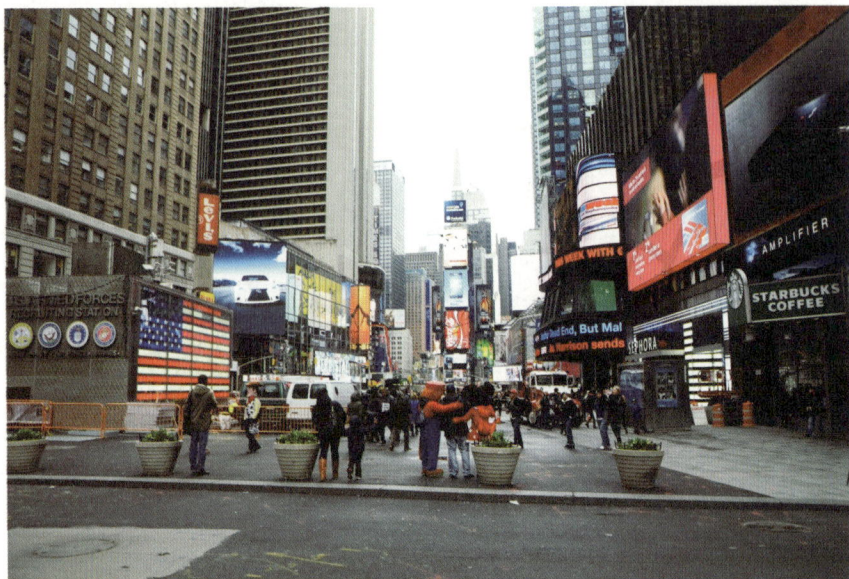

图 2—8　时代广场

以到达纽约大都会艺术博物馆了。第五大道位于曼哈顿岛的中心地带，是曼哈顿一条重要的南北向干道和中轴线，被公认为是全球五大顶尖名牌"朝圣地"之一（其他四个地方是：巴黎香榭丽舍大街、伦敦牛津街、悉尼皮特街和香港铜锣湾）。这里云集众多顶尖名牌，如 Chanel、Christian Dior、Gucci、Louis Vuitton 等，无论款式还是品类都远比其他地方更优，因而每天都吸引许多名牌爱好者前来购物，特别是那些平日里难得一见的明星，游客在这里很有可能和他们来一次近距离的接触。不过对于我等穷游党来说，虽然什么也买不起，也可以像 1958 年那部经典电影《蒂凡尼的早餐》里奥黛丽·赫本扮演的主人公霍莉·戈莱特利那样，一边喝着咖啡吃着面包，一边尽情浏览第五大道那些美丽精致的商店橱窗，幻想着钱包鼓起来的那天来临。

　　名列世界四大艺术博物馆之一的纽约大都会艺术博物馆临近中央公园，位于纽约第五大道上的 82 号大街，与著名的美国自然历史博物馆遥遥相对，可以搭乘地铁 4、5、6 号线在第 86 大街站下车，或乘公车 M1、M2、M3、M4 路在 82 号大街附近下车。博物馆门口那长长的石阶是热门美剧《绯闻女孩》的取景地之一。1866 年 7 月 4 日美国国庆日，几位身在法国的美国知识分子在巴黎的一家餐馆相聚。那时卢浮宫已对外开放了 70 余年。他们谈天说地，说到了艺术又说到了博物馆。于是，一位名叫约翰·杰依的律师建议，在自己的国家也创建一个国家艺术机构。当时，美国还没有国家博物馆，杰依的建议立刻得到了积极的响应。那次聚会之后，他们很快成立了一个筹备小组，接下来是漫漫的游说和筹资过程。工夫不负有心人，最终他们实现了设想，大都会艺术博物馆于 1870 年开建，并多次扩建。现在该馆的展览大厅共有 3 层，藏有埃及、巴比伦、亚述、远东和近东、希腊和罗马、欧洲、非洲、美洲前哥伦布时期和新几内亚等各地艺术珍品 330 余万件。其中给人印象最深的是馆内一楼一个专门大厅中巨型玻璃罩里一座完整的 2 460 年前的埃及古墓以及 3 500 年前的丹铎神庙（The Temple of Dendur），令人叹为观止，可谓其镇馆之宝（见图 2—9）。

图 2—9　埃及神庙

据说 20 世纪 60 年代，埃及建设阿斯旺水坝（The Aswan High Dam），很多著名的文物古迹都将被淹没在水库内，联合国教科文组织为此发起了保护埃及文物的"努比亚行动计划"。在"努比亚行动计划"中，美国政府为迁建几处大型神庙出了大力。对这座约有 3 500 年历史的小神庙，埃及政府实在是无力抢救，对美国说："你们要是有能力拆走，就送给你们了。"美国如获至宝，立马整体搬迁至大都会艺术博物馆，遂成为馆内最具怀古意境的景观。现场的感觉只用震撼两个字是不足以形容的。美国人还效仿其埃及原址靠近尼罗河流域的特征为神庙设计了一池潭水，从图 2—9 可以看到池水里都是游客扔的白花花的硬币，看来这一点外国人和中国人的习惯接轨了。

走马观花看完大都会艺术博物馆一定累了饿了，此时可以出馆在馆前的小吃摊解决午餐，也可以用大概 20 分钟向西横穿中央公园到位于 Columbus Avenue 与 77th St. 交叉路口的 Shake Shack 快餐店买号称纽约最好吃的汉堡包和最好喝的奶昔，然后带到中央公园野餐。中央公园坐落在摩天大楼耸立的曼哈顿正中，被誉为全球大都市中最美、最大的城市公园，面积约 3 平方公里，是纽约名副其实的后花园和绿心，是无数美剧、电影的大背景，也是纽约人的挚爱。一百多年前纽约市的决策者们就能够想到在这样一个喧嚣繁荣的大都市中心开辟和保留出这样一个供公众免费享用的大公园，实乃一个富有远见卓识的创举。可以说，纽约中央公园虽然不是一栋建筑物，但却是纽约最伟大的建筑。这一点真值得现在中国的一些城市借鉴，少一些钢筋水泥，多一点公共绿地，还绿于民多好。中央公园草坪上的人有享受日光浴的、有阅读的、有跑步的、有遛狗的，这种闲适从容和几步之遥的纽约大都会世界的紧张忙碌形成强烈的反差……我想，中央公园在某种意义上讲已经成为在纽约打拼的很多人离不开的精神栖息花园吧。

如果时间充裕，午餐后还可以顺便逛逛紧挨中央公园西边的美国自然历史博物馆，和大都会艺术博物馆在中央公园东西两侧遥遥相对。话说美国基本上大城市都会有自然历史博物馆，不过一般前面都冠以城市名，除了华盛顿冠以 National，这里则冠以 American。纽约的美国自然历史博物馆和华盛顿的国家自然历史博物馆，以及芝加哥的菲尔德博物馆是美国最负盛名的三大古生物中心，三者各有千秋。美国自然历史博物馆建馆于 1869 年，主要收藏各大洲哺乳动物的化石，有世界最大的恐龙化石，以及人类学方面的馆藏，其人类起源馆（Hall of Human Origin）是全美该领域唯一的专项展览，全面展示了人类进化过程中的各个阶段。该馆最有特色的是景观制作和展示，将动物放进原始生活环境中，追求与真正的自然场景高度一致，油画背景与前景衔接得天衣无缝，让其栩栩如生地以某种生活的姿态进行展示，这一点国内的博物馆真的应该学一学！如果时间比较紧张，最好参加一个"精华游"，从上午 10：15 到下午 3：15 之间每小时都有。这一个小时的参观包含了博物馆的精华部分，是缩小游览范围的最佳选择。

Day 4　纽约（New York）（1）

今天的第一站是时代广场附近的杜莎夫人蜡像馆。蜡像馆陈列有超过 225 位明星与偶像的蜡像，从玛丽莲·梦露（见图 2—10）到麦当娜再到 Lady Gaga，每一代人都能在这里找到自己的偶像。

蜡像馆里每一个蜡像都栩栩如生、十分逼真，真假难辨。走进蜡像馆仿佛置身于一个群星灿烂的星空，让人产生"梦中不知身是客"的感觉。在馆里游客们不仅能和蜡像合影拍照，还被鼓励和这些蜡像进行互动，甚至拥抱蜡像，这和大部分博物馆"不许触摸"的规定有很大的不同。每一个名人蜡像都设有相应的场景以展现历史，游客可以身临其境并扮演其中角色，这些措施让杜莎夫人蜡像馆从众多乏味的博物馆中脱颖而出。我们去的时候人不多，每个人都有充分的时间各取所需和心仪的明星合照。博物馆里美国 20 世纪最著名的女电影演员玛丽莲·梦露的蜡像是她在地铁通风口裙摆飞扬的经典造型。她动人的表演风格和正值盛年的陨落，成为影迷心中永远的性感女神和流行文化的代表性人物。

今天的第二站是"无畏"号海洋航空航天博物馆，这是来纽约的军迷不可错过的一个景点。这个博物馆实际上是由 1982 年退役的"无畏"号航空母舰改建的。美国"无畏"号航母 1943 年开始下水服役，参加了第二次世界大战太平洋战争，重创

▼ 图 2—10 玛丽莲·梦露蜡像

日军海空军，多次遭受神风特攻队的自杀式攻击而未沉没，被日军称为鬼船。其中最出彩的是 1944 年 10 月世界历史上最大规模的海战——莱特湾海战，在那次大海战中"无畏"号航母最大的亮点是一架从它上面起飞的战机参与击沉了日本的武藏丸号主力舰。那次六天六夜打得昏天黑地的大海战完全改变了第二次世界大战中盟军和法西斯轴心国之间的力量对比，自那次海战后日本海军基本丧失了战斗力。第二次世界大战后"无畏"号退役封存，在朝鲜战争后又重编为攻击航母，于 1954 年在大西洋舰队重新服役。1962 年"无畏号"重编为反潜航母，继续留在大西洋及地中海执勤。1966—1969 年，"无畏"号曾三次前往西太平洋，参与越战。"无畏"号在 1974 年退役，并一度准备拆解出售，但在民间组织的努力下，海军在 1981 年将"无畏"号捐赠给纽约作为博物馆舰。1982 年"无畏"号除籍，同年"无畏"号海洋航空航天博物馆于哈德逊河畔 86 号码头正式开放，成为海空武器知识普及和美国的爱国主义教育基地，并成为曼哈顿的重要地标及旅游景点，是世界上最大的海军博物馆。1986 年，"无畏"号获评为美国国家历史地标。

"无畏"号航母的甲板和机库里展示着各国战斗机 40 多架，其中主要有第二次世界大战中最著名的 P51 野马战斗机、美国第二代战斗机的典型代表 F4、美国第一代预警机 E1、美国海军 20 世纪 50—70 年代的天鹰式系列主力攻击机 A4、美军退役没多久的主力舰载机 F14、至今仍在很多国家服役的 F16、美国曾经飞得最高速度最快的 SR71 "黑鸟"侦察机（又称"黑鼬鼠"），以及法国的幻影、超军旗等和前苏联的米格 21、米格 15、米格 17 等。航母上还展示着世界闻名的英法合制"协和"号超音速客机。最后就是该馆的镇馆之宝，即 2012 年退役运到这里的美国"企业"号航天飞机，极具历史价值。

看完"无畏"号海洋航空航天博物馆后，就可以就近乘坐 3 小时的环曼哈顿岛游轮了。曼哈顿环线游轮被誉为美国最受欢迎的游轮之一，将带你环绕曼哈顿岛整整一周，途经 3 条河流、7 座主要大桥、5 个行政区，眺望纽约超过 25 座的世界著名地标建筑，当然还少不了近距离观赏宏伟壮观的自由女神像。如果时间紧张，也可以考虑乘坐历时一个多小时的下城区环线游轮。游轮巡游曼哈顿岛的过程中，幽默而热情的船长兼导游会一路介绍经过的各个景点，只见各式摩天大楼从你眼前流过，偶尔还会掠过一架飞机，一艘帆船，一只水鸟……

乘坐完游轮，就可以直奔时代广场边上的洛克菲勒中心登顶"峭石之巅"了。洛克菲勒中心由 18 栋大楼组成，各大楼底层相通，1987 年被美国政府认定为国家历史地标，纽约每年著名的圣诞树亮灯仪式都是在此举行。"峭石之巅"2008 年被 *Time Out New York* 杂志评选为"全纽约第一观景点"，被誉为纽约之旅的"必游之地"。"峭石之巅"距离地面 259 米，游客站在上面，视线可横扫整座城市，还可以近距离观看纽约帝国大厦和克莱斯勒大厦（Chrysler Building）（见图 2—11）。

"峭石之巅"和帝国大厦的登顶票价一样都是 29 美元，但是二者各有千秋，如果时间和经济容许建议都体验下，我们买了纽约通行卡两个都可以随便上。如果时间紧张或者没有买纽约通行卡只能二选一的话，我倾向于推荐洛克菲勒中心的"峭石之巅"，因为相比帝国大厦常年排队的登顶队伍长龙，"峭石之巅"相对来说人少得多，但是上面的风景和帝国大厦顶上比完全不差，唯一的缺点可能就是远眺曼哈顿岛南端和自由女神像相对远了些，但是往北可以看到美丽的中央公园全景，这是在帝国大厦上看不到的。并且相比帝国大厦观景平台四周的铁网栏杆，"峭石之巅"玻璃的视野通透性无疑好太多，很适合拍照。最好选择在日落前的一个小时开始排

▼ 图 2—11　在"峭石之巅"上远眺帝国大厦

队登顶，这样既可欣赏纽约都市日落梦幻时刻（Magic Moment），又可以感受纽约入夜后壮丽璀璨的夜景。此外，如果不是夏季，记得带上一件外套以防备楼顶的大风。

Day 5　纽约（New York）（2）

今天首先是去曼哈顿炮台公园乘坐渡轮近距离接触自由女神像。从中城区出发，可搭地铁 1 号线至 South Ferry 站（注意要坐在头五节车厢，因为 South Ferry 地铁站的月台只能容许前五节车厢靠站），或者 4、5 号线至 Bowling Green 站，或者 R 线至 Whitehall Street 站，然后出站步行至炮台公园码头。自由女神像是美国国家的纪念碑，矗立在纽约市哈德逊河口的自由岛（Liberty Island）上，是法国在 1876 年赠送给美国的独立 100 周年礼物，必须乘渡轮 Statue Cruises 前往。一百多年来，所有船只和飞机进出或经过纽约港时，首先目睹的就是这座雄伟壮观的雕像，电影《海上钢琴师》里就有这样经典的片段。如今，自由女神像已经成了纽约乃至整个美国的象征。1984 年，它被列入《世界遗产名录》，也是纽约必游景点和地标。昨天的环曼哈顿岛游轮虽然也可以在游船上比较近距离地欣赏自由女神像，但是毕竟不能下船到自由岛上亲密接触女神，还是觉得很不过瘾，所以时间允许的话建议一定要到自由女神的脚下感受一下自由女神的高大和神韵。Statue Cruises 的船票在旅游旺季出售得很快，为了保证能够买到票，最好提前在网上订票，这样还可以避免现场排长队购票。购票官方网址是 http：//www. statuecruises. com/，票分为三种：

1. Reserve Only：只能上自由岛隔着栅栏近距离观看自由女神像。

2. Reserve with Monument Access：可以登上自由女神像的基座。

3. Reserve with Crown Ticket：包括 Monument Access，可以登上自由女神的基座和皇冠。

三种票之间的价格差距不大，其中 1 和 2 价格完全一样，都是 18 美元（成人），3 也只比 1 和 2 贵 3 美元，所以强烈建议买第 3 种。很多人买票的时候因为搞不清楚，买了第 1 种，到了岛上才发现自己的票进不了女神像里面参观，那时候就只能在岛上转悠从外围看看女神了。我们凭纽约通行卡换的票是第 1 种，可以免费登上游轮前往自由女神像和埃里斯岛移民博物馆，但不包括自由女神像的基座和皇冠部分的参观，可以在换票时咨询能否加钱换成后面两种。网上付款后把带 Confirmation Number 的确认单打印出来带到售票点的 Will Call 窗口就可以直接领票了。拿到票后就赶紧去乘船处排队，因为为防止恐怖袭击，上轮渡登岛前要接受安全检查，加上排队等轮渡的时间，旺季可高达两小时。如果你打算爬自由女神像皇冠部分的话，就算是非周末或节假日也最好争取搭早上 9：15 的第一班船，因为要爬自由女神像的人非常多，排队一两个小时很正常。

上岛后记得领一部免费的语音导览机，可以选择有中文解说的。如果要进入自由女神像内部参观皇冠和基座，需要额外的安检，并且只允许带相机进入，所以进去之前需要先在入口处专门的指纹识别储物柜存包，否则安检人员会把你拦下来让你重新回去存包的。登上自由岛后可以一边听语音导览机的介绍，一边远眺曼哈顿下城高楼群的风光。沿着环岛步道，不知不觉间就来到自由女神像的正面（见图2—12）。

▼ 图 2—12　自由女神像正面

自由女神像头上戴着巍峨的桂冠，身着希腊式曳地长裙，脚上有象征推翻暴政的断铁镣，左手抱着一本书，右手高举表示光明和希望的火炬，头冠上的七道光芒象征自由遍及七大洲，庄严肃穆的表情中蕴含着广博的人类之爱。很多人知道自由女神像，却很少有人知道女神左手抱的是什么书。其实她左手抱着的是一本象征美国《独立宣言》的书板，上镌代表美国独立日的"JULY IV MOCCLXXVI"字样。参观完自由女神像后，还可以继续坐渡轮前往埃里斯岛参观移民博物馆，然后再返回码头。

以上是花钱游览自由女神像的攻略，这里顺便告诉穷游党一个免费游览自由女神像的方法，就是搭乘纽约市交通局所营运的史泰登岛渡轮（Staten Island Ferry）。该渡轮是连接纽约市曼哈顿炮台公园南码头（South Ferry）和史泰登岛圣乔治渡轮码头（St. George Ferry Terminal）的通勤渡轮，全年 365 日，每日 24 小时运行，免费接送纽约市民往返于纽约市的上述两个大区之间。该渡轮每天的具体时刻表可以查询这个网站：http：//www. siferry. com/schedules. html。由于其航线刚好经过自由女神像所在的自由岛，史泰登岛渡轮也成了免费观赏自由女神像和曼哈顿天际线（Skyline）的一个非常好的方式。你一定好奇为什么这条航线是免费的呢？可能是因为纽约垃圾焚化场设在史泰登岛，因此这条航线的费用就由纽约市政府支付，作为对史泰登岛居民的补偿，同时也有鼓励在曼哈顿工作的纽约市民在史泰登岛居住的作用。在史泰登岛的渡轮上，看自由女神像和欣赏 180 度的下曼哈顿景观，不论是白天还是晚上，都可以有很好的视角，很适合喜欢拍照的朋友。到了对岸史泰登岛码头时，不必出站，直接下渡轮再进月台换另外一艘渡轮回曼哈顿岛即可，往返只需一小时左右。这条免费渡轮主要是服务史泰登岛居民的，但是因为可以远眺曼哈顿摩天大楼丛林的外观，而且途经自由女神像，又可以眺望布鲁克林大桥与新泽西，因此也颇具观光价值，只是多数人不知道而已，甚至许多老纽约人都不晓得！

和女神亲密接触后，就可以乘坐渡轮返回炮台公园，然后步行去游览"9·11"纪念园和华尔街。"9·11"纪念园离华尔街不远，坐落在"9·11"恐怖袭击中遭摧毁的世贸中心大楼遗址上，也被称为归零地。在2011年"9·11"十周年纪念仪式结束后的第二天，纪念园内的完工建筑正式向公众开放。"9·11"纪念园中的公园免费开放，入场需绕过一大堆通道和检查哨，2014年5月21日首次对公众开放的"9·11"纪念博物馆则需要提前预订，门票是24美元。纪念园里面主要是在原世贸双子塔大楼原址上以同等面积向下修建的两个超级大水池（Reflecting pools），水池四周的花岗岩上刻满了3 000多名不幸在"9·11"事件中遇难的人的名字。水池四周挂着高高的人工瀑布，所有瀑布的水都流到深不见底的最底处，代表着一切回归原点；最后通过再循环系统又回到高处，循环往复，生生不息（见图2—13）。上善若水，水可以抚平人们内心的伤痛，用水池和流水作为纪念园的主体，这样的设计方案和理念非常富有创意和震撼力。站在水池边，想到这个世界上不同文明、国家、民族乃至个人之间不断上演的各种冲突和悲剧，真希望它能够重新唤醒每个人心中应有的良知，多一点包容和理解，少一点暴力和仇恨，让蓝色地球更和谐美好。

"9·11"纪念园里还有传说中的"树坚强"——一棵在"9·11"恐怖袭击中遭受磨难而幸存下来的梨树。这棵树原先在世贸中心东侧靠近教堂街的地方，在"9·11"

图2—13 "9·11"纪念园

恐怖袭击后，人们在废墟中找到这棵梨树，当时它已经树枝枯萎，树干烧焦，奄奄一息。随后这棵树被移植到纽约一座公园内培育并存活下来，因此被称为"幸存树"（Survivor Tree）。如今，这棵"幸存树"又重新被移植到"9·11"纪念园，并且开花结果，绽放出生命的活力，给人带来新的希望。每到春天，很多来到这里的游人都争相与它合影。

世贸中心倒塌之后，一直有争议是否重建新大楼，有人认为应该重建以恢复该区的贸易功能，且象征着不向恐怖分子低头。但也有人认为在死伤惨重的地方重建是对于受害者的不敬。最终进行了折中，原址上建立了"9·11"纪念园，而在原址西北角建一座名为"自由塔"（Freedom Tower）的新世界贸易中心一号楼。新世贸中心一号楼在2006年4月27日动工兴建，历时8年多，于2014年11月3日开放营业。重建后的世贸中心一号楼成为美国新的最高建筑，有104层，541米高，这一高度数字代表着《美国独立宣言》签署的年份。屋顶高417米，象征原世贸中心北塔的屋顶（417米），而观景台及最高的可使用楼层高415米，象征原世贸中心南塔的屋顶（415米）。新世界贸易中心的建成了却了许多美国人的怀旧情结，也是借此显示打不倒、摧不垮的美国精神。

参观完"9·11"纪念园，逛完华尔街，沿着百老汇大街依次游览华盛顿广场公园——熨斗大厦——纽约公立图书馆，最后就来到今天的最后一站帝国大厦了。帝国大厦名称源于纽约州的昵称——帝国州（Empire State），楼高381米、102层，于1951年增添的天线高62米，使其总高度至443米，它曾经是1931—1972年全球最高建筑。在新的世贸大厦封顶之前，它一直是纽约最高的建筑，在构成纽约天际线的建筑群中，它以鹤立鸡群的姿态常年屹立于曼哈顿中城，迎接世界各地往来的游客。帝国大厦位列全美拍照最多的景点第一位，其顶层一直是诸多中外影视作品的取景地，其中最为著名的包括《金刚》、《金玉盟》、《西雅图不眠夜》和《北京遇上西雅图》等。经过美国大众文化不遗余力地渲染，大厦顶楼的观景平台被塑造成了著名的浪漫符号，成了纽约庆祝情人节的传统场所——在这里求婚和举行婚礼成了时尚，而在这里举行过婚礼的人还能成为帝国大厦俱乐部的成员——每年情人节，他们都会受邀重游帝国大厦。只是要取得在这里举行婚礼的资格并不那么容易，除了雄厚的经济实力，你得先写信给帝国大厦，讲述为什么要在这里举行婚礼，大厦还要根据你的情况和是否有"原创性"来进行挑选。对中国情侣来说，在帝国大厦顶楼的一句深情的我爱你，其效果直逼马尔代夫的蜜月，不输希腊圣托里尼的婚纱照，据说在这里求婚的成功率是100%。

Day 6　纽约（New York）—瓦尔登湖（Walden Pond）—波士顿（Boston）

纽约到波士顿自驾距离约200英里，开车需要3~4小时。波士顿市中心和后湾地区的宾馆离景点距离近，适合旅游观光，只是大多数都贵得离谱，几乎赶上纽约曼哈顿的宾馆价格了。如果你不差钱，可以选择这些高档的精品旅店，如果要缩减预算，也可以选择市中心较为简单的青年旅舍，但是也要提前预订。对于有车一族的自驾游来说，强烈建议住到波士顿市区以外的沿海小镇。那里离波士顿车程一般在一小时左右，不但价格相对低廉，而且还可以享受一下大西洋美丽的海岸线风光。这里值得推荐的几个海边小镇有位于波士顿东北部的美国著名的女巫镇 Salem、颇具欧洲风情的艺术小镇 Rockport 和美国最古老的渔港 Gloucester，以及位于波士顿东南部著名的"五月花"号登陆地普利茅斯镇（Plymouth）等。只是我们去波士顿的时候正是当地的夏季度假旺季，提前十几天预订都已经全部爆满，一房难求，可见火爆程度。我们又把目光转向波士顿附近几个陆上的历史名镇，一个是位于波士顿西郊的大学镇 Wellesley，宋庆龄宋美龄姐妹、冰心都曾经在这里著名的卫斯理学院（Wellesley College）上学，美国前国务卿奥尔布赖特、希拉里也毕业于该校。另外一个是位于波士顿西北郊的莱克星顿镇（Lexington），这里打响了美国独立战争第一枪，被人们赞誉为"美国自由的摇篮"。还有一个紧挨莱克星顿的康科德镇（Concord），就是这个人口不到两万的小镇孕育出了美国历史上四位举足轻重的文学家和思想家：梭罗、霍桑、奥尔科特和爱默生，可谓人杰地灵。最终我们选择了位于莱克星顿的一家二星级宾馆 Aloft Lexington（导航地址：727 Marrett Road-A Lexington，MA 02421），采用附录住宿攻略里提到的 Priceline Express Deals 方法拿到的价格是一个房间每晚 83 美元，非常划算。之所以选择这里，还有一个非常重要的原因，就是我神往已久的瓦尔登湖就在这附近。这样今天除了用半天时间赶路并安排住宿外，还可以余下半天时间专门游览瓦尔登湖。

瓦尔登湖并不大，绕湖走一整周也才不过两个小时（见图 2—14）。但正应了那句"山不在高，有仙则名；水不在深，有龙则灵"的古话，这个看起来再普通不过

▼ 图 2—14　清澈静谧的瓦尔登湖

的湖之所以声名远播，得益于同名名著《瓦尔登湖》及其作者，一位叫做亨利·戴维·梭罗的自然主义作家。美国的 19 世纪被一些历史学家认为是独特的美国文化诞生和成长的时期，是继政治独立之后美国精神、文化从欧洲大陆的母体断乳并真正独立的时期。而 19 世纪中叶的康科德镇，正好汇集了当时美国文化思想界的翘楚，最著名的是被美国总统林肯称为"美国文明之父"的文学家、诗人、思想家爱默生，其代表作是演讲与随笔体的《论文集》，以及 l837 年 8 月 31 日在剑桥镇对全美大学生荣誉协会发表的著名演说《美国学者》，被美国人称为"我们思想上的独立宣言"，宣告美国文学已脱离英国文学而独立；此外还有梭罗，代表作《瓦尔登湖》；霍桑，代表作《红字》；以及路易莎·梅·奥尔科特，代表作《小妇人》。巧的是这四人不仅是同乡，也是同时代人。梭罗一度住在爱默生家中，每晚高谈阔论，而奥尔科特的家离爱默生家也很近，据说曾在心中默默地爱过这位父辈学者。爱默生的影响在于他的超验主义（Transcendentalism）哲学思想，他常常与梭罗、奥尔科特、霍桑等在一起讨论超验的哲学命题，因此他的家被称为超验主义实验室或俱乐部，谈笑往来皆鸿儒。

超验主义哲学思想提倡热爱自然，尊崇个性，号召行动和创造，反对权威和教条。正是受爱默生超验主义哲学思想的影响，1845 年 3 月，梭罗向《小妇人》的作者奥尔科特借了一柄斧头，孤身一人跑进了无人居住的瓦尔登湖边的山林中，自己砍材在瓦尔登湖畔建造了一个简陋的小木屋，独居了两年零两个月又两天，与大自然融为一体，劳作、观察、沉思、写作，在瓦尔登湖旁边的森林里完成了传世之作《瓦尔登湖》。据说当年梭罗在此居住时，并非自己开垦荒地种粮食，而是将自己完全融入大自然，尽量不影响原生态环境。所需食物和日常用品，定期到两英里之外的家中去取，徒步往返。梭罗毕业于哈佛大学（Harvard University），品学兼优，本来完全可以继承家人的铅笔制造业过上富足的生活。但 28 岁的他放弃了所有，到大自然中体验原生态生活，思考人生的哲理，虽不为世人理解，但其精神却得以长存。梭罗的一生潦倒早逝，在梭罗生前，他的《瓦尔登湖》这本书在 1854 年问世时是寂寞的，没有引起大众的注意，甚至有些冷落或讥评，但在其去世后，随着时光的流逝，其声誉与日俱增，被誉为美国环境运动的思想先驱和绿色经典之作，他自己也被誉为环保主义之父。他的文风影响了海明威等大作家，被哲学家誉为 19 世纪超验主义运动的重要代表人物，其深刻的人生哲理感动了许多人，被政治历史学家普遍认为其名篇《论公民的不服从权利》影响了甘地、托尔斯泰、马丁·路德·金等伟人。《瓦尔登湖》被美国国会图书馆评为"塑造读者的二十五本书之一"。哈丁曾评说，《瓦尔登湖》内容丰富、意义深远，它是简单生活的权威指南，是对大自然的真情描述，是向金钱社会的讨伐檄文，是传世久远的文学名著，是一部圣书。20 世纪 80 年代以来，由著名作家徐迟翻译的中文版《瓦尔登湖》也影响了一代中国读者。在生态日益恶化，人们整日忙碌奔波却丧失心灵安宁的今天，《瓦尔登湖》中梭罗所倡导的简单物质生活、对自然的敬畏、对资源的谨慎使用、对生活的精神追求这种智慧和眼光，令人肃然起敬。中国诗人海子也深受梭罗的影响，据说他卧轨自杀的时候身边带了三本书，其中一本就是《瓦尔登湖》。海子离世后被广泛传吟的那句"面朝大海，春暖花开"可以说正是梭罗在《瓦尔登湖》中追求简单本质生活的诗化。

现在瓦尔登湖已经成为 Walden Pond State Reservation，只要交几美元的停车费就可以尽情游览。湖区管理得很好，规定每天游客不超过 1 000 人，只能走沿湖圈定的一条环湖小径，且不设垃圾桶，垃圾必须自己带出来。湖边有很多悠闲的美国人在晒太阳，或钓鱼，或野餐，或阅读，湖面上也有人在游泳、划船，恬静怡然自得其乐，一派迷人的世外桃源风光。走在风景宜人的湖边，我仿佛和 170 多年前在此生活的梭罗重逢，他引领着我进入一个澄明、恬美、素雅的世界，告诉我们要放慢脚步，简化生活，返璞归真，把宝贵的时间腾出来去亲近自然、深入生命、品味人生、充实精神，不要被纷繁芜杂的生活表象所迷惑，以免失去生活本来的方向和本质的意义。

梭罗当初在瓦尔登湖畔的小屋遗址，现在只剩下一堆石头和几个木桩，还竖有一块牌子，上面是梭罗的名言：我步入丛林，因为我希望生活得有意义，我希望活得深刻，并汲取生命中所有的精华；然后从中学习，以免让我在生命终结时，却发现自己从来没有活过（I went to the woods because I wished to live deliberately，to front only the essential facts of life，and see if I could not learn what it had to teach，and not，when I came to die，discover that I had not lived）（见图 2—15）。

离开瓦尔登湖时我在游客中心买到了一本英文原版的《瓦尔登湖》，准备在旅途中慢慢感怀梭罗的恬静、充实和智慧。要么读书，要么旅行，身体和灵魂，总要有

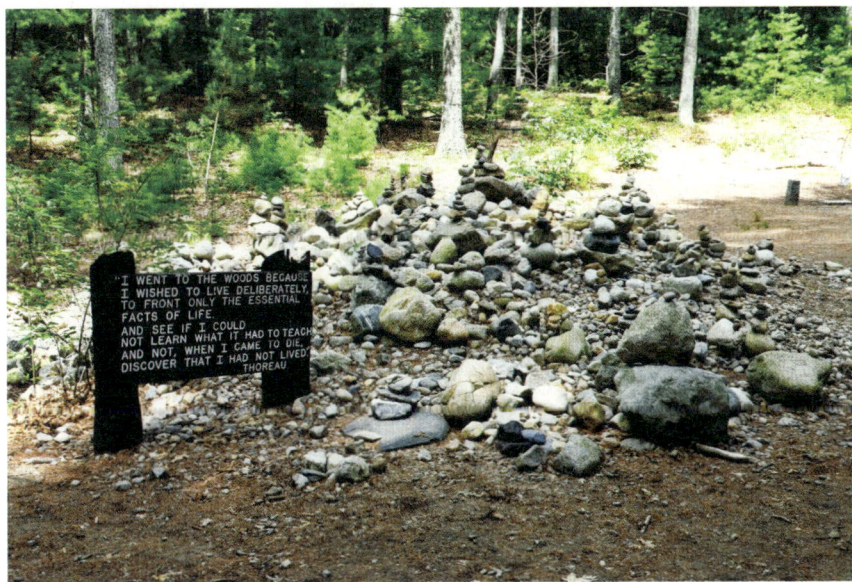

图 2—15　梭罗在瓦尔登湖畔的小屋遗址

一个在路上。匆匆前行的人生路上，《瓦尔登湖》永远是一本值得随身携带、反复品读的书。只是，书中的优美文字和深刻哲理，需要一颗安静的心才能领会。我想，哪怕身不在瓦尔登湖边，只要拥有简单、平实、淡泊、清远的心境，也能在喧闹的现代生活中达到"大隐隐于市"的禅境，重新塑造自己的生活。

最后以这本书中我最喜欢的几段经典哲言结束今天的朝圣之旅吧！再见，瓦尔登湖！再见，梭罗！

一个人越是有许多事情能够放得下，他越是富有。（A man is rich in proportion to the number of things which he can afford to let alone.）

时间决定你会在生命中遇见谁，你的心决定你想要谁出现在你的生命里，而你的行为决定最后谁能留下。（Time decides who you meet in life, your heart decides who you want in your life, and your behavior decides who stays in your life.）

我愿我行我素，不愿涂脂抹粉，招摇过市，我也不愿——我不愿生活在这个不安的、神经质的、忙乱的、琐细的 19 世纪生活中，宁可或立或坐，沉思着，听任这世纪过去。（I delight to come to my bearings—not walk in procession with pomp and parade, in a conspicuous place, but to walk even with the builder of the universe, if I may—not to live in this restless, nervous, bustling, trivial nineteenth century, but stand or sit thoughtfully while it goes by.）

无论你的生活如何卑微，要正视它，生活下去；不要躲避它，也不要恶语相加。你的生活不像你本人那么糟糕。最富有的时候，你的生活也是最贫穷的。吹毛求疵的人即便在天堂也能挑出瑕疵。要热爱你的生活，尽管它可能一贫如洗。一个安心的人在哪都可以过自得其乐的生活，抱着振奋乐观的思想，如同居住在皇宫一般。犯不着千辛万苦求新，无论衣服还是朋友。把旧的翻新，回到它们中去。万事万物没有变，是我们在变。（However mean your life is, meet it and live it; do not shun it and call it hard names. It is not so bad as you are. It looks poorest when you are richest. The fault-finder will find faults in paradise. Love your life, poor as it is. A quiet mind may live as contentedly there, and have as cheering thoughts, as in a palace. Do not trouble yourself much to get new things, whether clothes or friends, turn the old, return to them. Things do not change; we change.）

Day 7　波士顿（Boston）

波士顿，这个被誉为"美国最古老城市"的地方总是有着说不完的故事，从倾茶事件到独立战争，从哈佛大学到麻省理工学院（Massachusetts Institute of Technology），从第一次高唱国歌到最后一英里的马拉松，洋洋洒洒。波士顿是马萨诸塞州（简称"麻省"）的首府，也是新英格兰地区最大的城市，位于美国东北部大西洋沿岸。1630 年 9 月 17 日，英国的清教徒移民乘"五月花"号船只在普利茅斯登陆，后迁移到查尔斯（Charles）河口定居，创建了波士顿。清教徒的道德规范在波士顿塑造了一个极端稳定、结构良好的社会。波士顿建立不久，清教徒就创立了美国第一所公立学校波士顿拉丁学校（1635 年），和美国第一所大学哈佛大学（1636 年）。直到今天，努力工作、道德正直、重视教育仍然是波士顿文化的一部分。这也使得波士顿与美国其他大城市不同，这里没有了大都市的芜杂和喧嚣，却更多了份文雅和书卷之气。再加之浓厚的学府气息，现代与传统交相辉映的建筑特色，成就了它独一无二的气质。

波士顿虽然是新英格兰地区最大的城市，却也是一个适合走路观光的小城市，没有太多的高楼大厦，走在大街上随时随地都可以看到蓝蓝的天空。今天我们将花一天时间步行游览波士顿最有名的免费旅游路线：自由之路（Freedom Trail）。自由之路是波士顿市政府特别设计的一条观光路线，将美国独立战争时期 16 处重要历史古迹用人行道上的红砖或红漆连接，以此形成轨迹来标明线路，从波士顿公园（Boston Common）开始到查尔斯顿（Charleston）的邦克山纪念碑（Bunker Hill Monument）结束，总长大约 2.5 英里，是美国独立和波士顿发展的重要历史见证。对于那些路痴来说也不用担心迷路，因为整条自由之路都用红砖或红漆做了标记。好像类似的创意设计在国内还没有见过，我觉得这一点很值得国内的一些旅游城市学习借鉴。下面介绍自由之路上的几个重要景点。

自由之路的第一站从 1634 年落成的波士顿公园开始，其号称全美历史最为悠久的公园，是波士顿市中心的绿洲，相当于纽约的中央公园。公园内还有波士顿最古老的墓园之一：中央墓园（Central Burying Ground），埋葬了邦克山战役（Battle of Bunker Hill）中阵亡的美军将士。后来在参观哈佛校园时也发现教堂外就是一片安葬地。其实一路走来我发现很多美国城市都有这样有趣的现象，似乎美国人不怎么把墓地当回事儿，经常把墓地放在城市中心或公园内，而市民也毫不避讳地闲庭信步甚至在墓地附近居住。这和我们中国人对墓地的感觉和安排完全不同，都巴不得离墓地远点。或许这和美国人宗教观念里对死亡的认识和观念有关吧。

波士顿公园里的游客中心（Visitor Information）算是自由之路的真正起始点。一般别的游客中心的景点地图都是赠送的，而这里一副详细的自由之路导游地图要卖 6 美元。其实不远处就能在路边看到很多服务游客的便民点，可以拿到免费的自由之路导游图，虽然可能没有游客中心买的地图详细，也够用了。还有一种方法是算好时间跟着免费的导游一路玩，或者利用公园里的免费 WiFi 到官方网站上下载地图。图 2—16 中红线标示的就是自由之路沿线的景点示意图。

接下来就是有着金色圆形屋顶被称作"太阳系中心"的州议会大厦（The State House），是波士顿著名的地标之一，也是波士顿明信片上的常客（见图 2—17）。它

图 2—16　自由之路沿线景点示意图

图 2—17　州议会大厦

建于 1798 年，由设计华盛顿特区国会大厦的知名建筑师布尔芬奇所设计。从州议会大厦向南转一个弯，即是位于公园街（Park Street）与崔蒙特街（Tremont Street）交叉路口的公园街教堂（Park Street Church），这处原为农产品存放地的教堂，在 1831 年美国独立日的那一天响起了《美丽的阿美利加》（又称《美哉美国》），这是美国一首很受欢迎的爱国歌曲，几乎与美国国歌《星条旗》一样脍炙人口。

在教堂背后是建于 1660 年的历史悠久的谷仓墓地（Granary Burying Ground），这里是波士顿许多活跃于美国独立战争时期的名人志士的安息地，例如《独立宣言》的三个签署人约翰·汉考克、塞缪尔·亚当斯以及罗伯特·崔特·潘恩。还有独立战争时期的英雄保罗·里维尔，正是他在莱克星顿枪声响起前从波士顿披星戴月一路策马奔赴莱克星顿，将英军即将到来的消息传达给前线的塞缪尔·亚当斯，为美国独立战争的打响立下了不可替代的功劳，世称"午夜骑行"（Midnight Ride）。

穿过墓地，就来到了国王礼拜堂及墓地（King's Chapel & Burying Ground）。这个教堂倒没什么特色，不过后面的波士顿旧市政大楼（Old City Hall）就很值得一叙了（见图 2—18）。市政厅左边就是在前面介绍费城时曾经提到的本杰明·富兰克林的雕像（100 美元大钞上印着他的头像），按现在的标准，他可是标准的全能学霸型人物，除了是美国开国元勋和政治家外，还是外交家、科学家、发明家、慈善家、作家、英国皇家学会院士等，避雷针就是他发明的，中学课本里大暴雨天扎个风筝找雷劈的故事最为家喻户晓。市政厅门口还有头驴子的铜像，很多小孩在上面骑着玩。说起这头驴子，就不得不提到美国历史上的第七任总统安德鲁·杰克逊。当年杰克逊竞选总统，他的对手把他叫做"Jackass"（公驴、笨蛋），以讥笑他长着一张驴脸。

▼ 图 2—18　波士顿旧市政大楼

不曾想杰克逊欣然接受这一外号，并把驴作为自己的竞选标记，让对手大跌眼镜。后来驴子就成为杰克逊创建的民主党的吉祥物。驴子的对面有两个脚印，里头画着大象，上写"Stand in Opposition"。大象正好是民主党的对手共和党的吉祥物，站在驴子的对面，以示制衡，蕴涵民主的本意。这一驴一象的雕塑，生动形象地描摹了今日美国的政治生态。

继续走就是老街角书店（Old Corner Bookstore），这里从 19 世纪开始即是波士顿传播文化知识非常重要的地标，从 1828 年开始，先后有十几家出版公司的出版物在这里发行，像前面提过的爱默森、梭罗、霍桑等人的著作都在此发行过。

接下来是老南会议厅（The Old South Meeting House），建于 1729 年，独立战争时期发生的"波士顿倾茶事件"，就是 1773 年由塞缪尔·亚当斯在此地发起的。向前走是现为波士顿历史博物馆的老州议会大厦（The Old State House），也是首次宣读《独立宣言》的地方，它建于 1713 年，是自由之路上历史最悠久的公共建筑。老州议会大厦外面空地上标识的波士顿惨案遗迹（Boston Massacre Site）是为了纪念 1770 年 3 月 5 日与英军冲突时被打死的五位爱国者。

接下来的法尼尔厅（Faneuil Hall）自 1742 年建成后就成为公众讨论的会场，美国独立战争领袖之一的塞缪尔·亚当斯曾在这里发表独立演说。现在的法尼尔厅与附近的昆西市场（Quincy Market）连成一体，是波士顿市区内最适合逛街与购物的地方。昆西市场门口常年有各式街头艺术表演，值得驻足片刻（见图 2—19）。昆西市场里面有各式美食，相当于波士顿的王府井小吃街，逛累了的话可以在这里解决午餐，品尝波士顿最有名的两样美食：醇厚而黏稠的蛤肉浓汤（Chowda）和各式龙虾卷（Lobster Roll）。当然，美国最好吃的龙虾还是在缅因州。

▼ 图 2—19　昆西市场门口的街头艺术表演

继续向前就来到前面提过的美国独立战争时期著名英雄保罗·里维尔故居（Paul Revere House）了。故居建于 1680 年，至今仍完好保留着当年这位商人兼银匠的生活用品。保罗·里维尔后来曾被英军逮捕，但幸运地没有受到处罚便释放了，真是幸运之极。

接下来的老北教堂（Old North Church）是波士顿最古老的教堂，建于 1723 年，美国革命期间曾通过这个教堂门前挂的灯来传递信息，著名的信号"One if by land, and two if by sea"据说就是从这里发送出去的，意思是假如挂一盏灯，就表示英军是从陆路进攻过来；假如挂了两盏，就是从海路打过来。

从教堂后门出来，顺着红砖继续走，是考普山墓地（Copp's Hill Burying Ground），再往北一点就来到了美丽的查尔斯河畔。接着要过桥去对岸的查尔斯顿，沿桥右侧是停满游艇的港湾，左侧是波士顿明信片中出镜率极高的邦克山斜拉桥。在桥上可远眺邦克山纪念碑（见图 2—20）。

过桥到了查尔斯顿这边，自由之路的红砖路会分成两边，一边去邦克山纪念碑，一边去参观"宪法"号护卫舰（USS Constitution），有时间的话两边都可以看看。"宪法"号护卫舰是目前全球舰龄最大的现役海军舰艇，自 1797 年下水服役，至今已 200 年，在 1812 年曾与英国战舰连续交锋 44 次，没有被击垮过，绰号"老铁甲"号。自己登船的话只能在甲板上参观，若想进入船舱底下参观可以等待每半个多小时一批的免费导游的讲解。高 67 米的邦克山纪念碑是自由之路的终点站，用以纪念 1775 年 6 月 17 日在此发生的邦克山战役。走到这里还有体力的人，不妨试试纪念碑 294 级的台阶，站在上面，波士顿市区以及查尔斯河两岸的风光一览无余，虽然有些累，但也的确值得。会当凌绝顶，一览众山小。放飞心灵，享受生活，或许这也是

▼ 图 2—20　远眺邦克山纪念碑

自由之路留给我们的另一种感悟吧。

Day 8 波士顿（Boston）—阿卡迪亚国家公园（Acadia National Park）

今天的安排是先花大半天时间继续游览波士顿两所最著名的大学：哈佛大学和麻省理工学院，然后再赶赴四小时车程外的缅因州阿卡迪亚国家公园。

哈佛大学和麻省理工学院都在波士顿市郊的剑桥城，有人说没到过这两所世界名校就不算到过波士顿。哈佛大学成立于 1636 年，是美国历史上第一所高等学府，比 1776 年美国建国还早 140 年。哈佛大学作为常春藤盟校成员之一，是一所在世界上享有一流大学的声誉、财富和影响力的学校，被誉为美国政府的思想库，被人戏称为"哈佛帝国"，其商学院案例教学盛名远播。在世界各报刊以及研究机构的排行榜中，哈佛大学经常排名世界第一。哈佛毕业的学生有 8 人当选为美国总统（包括现任总统奥巴马），40 人获诺贝尔奖，32 人获普利策奖。哈佛的校徽是"真理"二字，校训是"以柏拉图为友，以亚里士多德为友，更要以真理为友"，昭示着哈佛立校兴学的宗旨即是"求是崇真"。

我们首先驱车到达哈佛大学颇有名气的威德纳图书馆（Harry Elkins Widener Memorial Library）附近，找到路边的咪表投币停车。下车后正好遇到一位中国女生在带领几个同学参观哈佛，就顺便加入了他们的队伍。其实哈佛大学也有提供给普通参观者的免费一小时 Tour，从 Harvard Information Center 出发，由该校学生带领游客参观校园，介绍学校的相关历史，可以提前去哈佛大学的网站 http：//www. harvard. edu/visitors/tours/查询 Tour 的时间安排。图 2—21 是哈佛老校园（Harvard Yard）的地图，沿着图中虚线走就可以游览到哈佛的经典景点。下面重点介绍其中几个值得说道的经典景点。

第一个是图中标注为（5）的庄士顿门（Johnston Gate），算是哈佛的一个象征性校门。严格意义上讲哈佛大学并没有校门，因为整个校区都是开放式的。在哈佛有个没经证实的传说，就是哈佛的学生念书期间只能经过这扇门两次，一次入学，一次毕业，如果中途经过的话，那么这个学生就毕不了业。

第二个是图中标注为（10）的科学中心（Science Center）。它坐落在哈佛老校园的正北面，玻璃混凝土的现代建筑风格同哈佛传统的红砖青藤形成鲜明对照。这里是哈佛数学系、统计系和科学系的所在地，曾荣获号称"数学界诺贝尔奖"的菲尔兹奖的著名华裔数学家、哈佛大学终身教授丘成桐先生就在这里任教并担任过哈佛数学系主任。讲到哈佛数学系就不能不讲到 MATH 55。如果你的孩子是 USAMO（USA Math Olympiad）或 IMO（International Math Olympiad）级别的数学极客（Geek），他多半知道 MATH 55（在这一圈子里这门课的名头是如雷贯耳）。如果他不知道，应该让他百度一下，因为这门课就是为他而设计的。

第三个是图中标注为（11）的纪念堂（Memorial Hall，见图 2—22）。纪念堂于

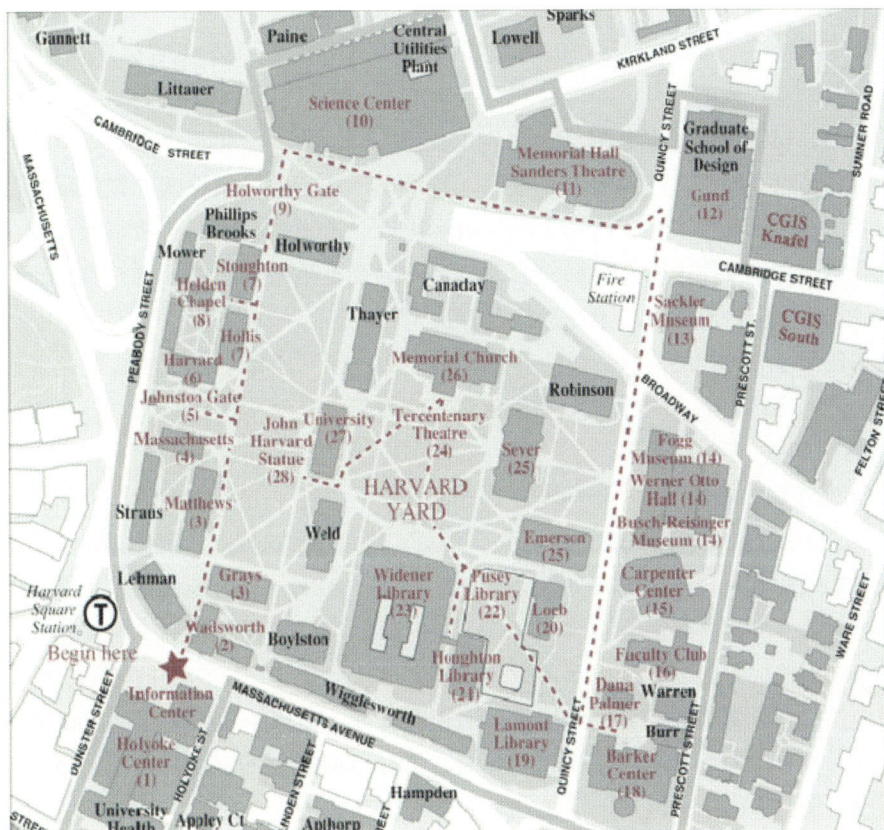

图 2—21　哈佛老校园景点地图

图 2—22　哈佛大学纪念堂

1878 年建成，分为四个部分：十字涌道纪念堂、桑德斯剧场、学生会、安能堡厅。其中十字涌道纪念堂是为纪念在内战中为联军作战阵亡的 136 名哈佛毕业生而建，是唯一向公众开放的地方。桑德斯剧场是 1997 年 11 月 2 日江泽民主席在哈佛大学演讲的地方。安能堡厅现在是哈佛大一新生食堂，只为大一学生提供餐饮，据进去过的人说餐厅里富丽堂皇，四周都是壁画，与哈里·波特中的霍格沃茨魔法学校的食堂很相似，很多人传说当年哈利·波特电影也曾在这里拍摄。其实霍格沃茨魔法学校的食堂原型是牛津大学基督教会食堂，而哈佛受英格兰的影响非常深刻，哥特式的建筑风格相似，有此说法也在情理之中。

第四个是图中标注为（23）的赫赫有名的威德纳图书馆，位于中心区最显眼的地方，是哈佛最大的图书馆，藏书量超过 350 万册，只对哈佛学生开放，想要进去参观要有哈佛的学生或教师带着才行。威德纳图书馆与泰坦尼克号很有渊源，图书馆正门两侧各有一块石碑，分别刻着这样的碑文：威德纳是哈佛大学毕业生，生于 1885 年 1 月 3 日，1912 年 4 月 15 日在泰坦尼克号沉没时去世；这座图书馆是威德纳的母亲捐赠的，这是爱的纪念，1915 年 6 月 24 日。哈利·埃金斯·威德纳家是美国费城有名的富豪。小威德纳在哈佛时就对藏书着迷，1907 年从哈佛大学毕业后，年纪不大的他已成为相当有名的藏书家。1912 年春天，威德纳在父母的陪伴下到大西洋彼岸的英国收集了很多珍贵的图书。回程的时候，他们一家踏上了那艘著名的泰坦尼克号，有钱的威德纳一家住在一等舱。当泰坦尼克号沉没的时候，作为一等舱的重要贵宾，他们幸运地搭上了第四号救生艇，而正当上船之际，爱书胜过生命的威德纳突然发现自己此行的最重要收获——培根的一本诗集——落在房中，于是他坚持回房寻找，他的父亲也陪他一同前往，谁知这一去就再也没有回来，只有老威德纳夫人一人回到了美国。回国之后的老威德纳夫人每日沉浸在痛苦之中，日夜思念自己的丈夫和儿子。后来她作了一个决定，要把威德纳收集的图书全部捐给他的母校哈佛。哈佛大学听到消息后非常高兴，打算修建一座图书馆收藏威德纳的书籍。无奈资金窘迫，于是与老威德纳夫人商量，看她是否能在捐书的同时也捐钱修建一栋图书馆。老夫人果真财大气粗，一口答应，在哈佛大学为她的儿子建起了一条不沉的大船：一个满载人类智慧的宏伟图书馆，我想威德纳父子在九泉之下也一定会微笑的。

第五个是图中标注为（28）的约翰·哈佛铜像（Statue of John Harvard）。雕像上刻着如下的文字：约翰·哈佛，创始人，1638（John Harvard，Founder，1638）（见图 2—23）。

然而这个雕像中却藏着三个谎言，被人戏称为"三谎言雕像"：首先，约翰·哈佛并不是创始人，他只是捐赠了书籍和遗产，所以以他的名字命名哈佛大学；其次，哈佛不是 1638 年成立，而是 1636 年成立；最后，雕像本身并不是约翰·哈佛本人。由于 1764 年哈佛楼的一场大火把所有约翰·哈佛的图片资料都烧毁了，所以约翰·哈佛并无画像传世，建造雕像的时候，设计师从哈佛毕业班里找了一名帅哥作为模

▼ 图 2—23　左脚被摸得铮亮的约翰·哈佛铜像

特铸造了约翰·哈佛的铜像。如今铜像的左脚被游客摸得铮亮，传说摸了之后会带来好运气，即使自己这辈子不能上哈佛，子孙后代也会有人到哈佛来读书。所以排队等候一摸约翰·哈佛先生左脚的游客也成了哈佛大学校园的一景。在哈佛老先生雕像的注视下，陪衬着古色古香的砖红建筑，宁静而庄重的哈佛校园很美，仿佛空气中流动的都是书香的味道，我想在这样环境中的哈佛学子们想不"好好学习，天天向上"都难吧。

逛完哈佛，我们继续驱车赶往两公里之外麻省理工学院参观。哈佛大学和麻省理工学院均位于波士顿查尔斯河北岸的剑桥市，这一点很像我国北京大学和清华大学的地理位置关系。北大位于清华的西边，哈佛也位于麻省的西边。就像很多人喜欢比较北大和清华，我想很多人也很好奇哈佛和麻省的异同。麻省理工学院创建于1861 年，比哈佛大学整整晚 225 年，二者如今都是世界名校。要说二者的不同，我想主要有两个方面。一是校园氛围不同，这一点集中体现在校园建筑上：哈佛几乎是清一色的砖红色古老建筑，给人厚重的历史气息和深厚的文化底蕴，体现的是一种"高大上"；麻省理工则是典型的理工气质，校园里充满了各种风格迥异甚至夸张的现代化建筑，既有接地气的外表像极了车间厂房的实验大楼，又有色彩和外形张扬的科幻式建筑，体现着理工科的简朴实用、无穷无尽的想象力和不拘一格的创意。二是开放程度不同，在哈佛参观有很多的限制，很多建筑门口有门卫或自动门锁，需要门卡才能进出，门前还往往挂着"要进此处须持有哈佛证件"的提示；而麻省理工则几乎完全开放，你可以随便走进任何一栋建筑，一般没有人问你，更没有人检查证件，游客甚至可以进图书馆查阅资料。在麻省理工校园 WiFi 也是全免费的，无须密码和认证。可以说麻省是自由开放的代名词，就像其有名的免费开放式网络课程一样。

正是这种自由开放的学风，让麻省理工成为世界理工大学之最和全球高科技研究的先驱，先后有 78 位诺贝尔奖得主在该校学习或工作过，成为全球莘莘学子心向神往的科学圣殿。麻省理工学院的校训是："手脑并用，创新世界"，学生以聪明和恶作剧出名，以"恨它也很爱它"而誉满全球院校。据说麻省理工学院有个著名的 3S，即学习（study）、睡觉（sleep）、社会活动（social activity）。这三项的英文单词都以 S 字母开头，如学生能做好其中两项就很了不起了，能做好三项就是超级学霸了，由此可见在麻省理工学习的艰辛和竞争的残酷。

参观麻省理工有两种方式，一种是参加由麻省理工本科生当导游的免费一小时 Tour，需要提前上网站 http://mitadmissions.org/visit/visit 了解相关信息；另一种是在网站下载麻省理工推出的 MIT Mobile App 安装到手机里，里面有非常详细的自助游介绍。下面介绍麻省理工最有名的几个建筑。

第一个就是麻省理工有名的东倒西歪的 32 号楼（麻省理工的校园建筑都是采用数字编号区分），正式名称是计算机科学中心（Ray and Maria Stata Center）（见图 2—24）。这座建筑外形以圆筒形与长方形相互交错，颜色和造型大胆，结构错综复杂，给人超时空的现代感，被称为最能反映麻省理工学院创新精神的建筑，是参观者必到之处。

第二个就是著名的华裔美国建筑师贝聿铭为母校设计的麻省理工学院主建筑中央的大圆顶（Great Dome），也是麻省理工的标志性建筑（见图 2—25）。这是一座仿罗马神殿对称式的巨大建筑，由于建筑内部有六分之一英里长，因此被人戏称为"无尽长廊"（Infinite Corridor）。

图 2—24　麻省理工学院计算机科学中心

▼ 图 2—25　麻省理工学院主建筑中央的大圆顶

参观完大圆顶后可以就近走到查尔斯河畔，这里不仅是拍摄大圆顶全景的最好位置，还可以远眺波士顿市区两大地标：约翰·汉考克大厦（John Hancock Building）和保德信大厦（Prudential Building），以及近距离欣赏查尔斯河上的点点帆影（见图 2—26）。

▼ 图 2—26　波士顿查尔斯河畔风光

Day 9　阿卡迪亚国家公园（Acadia National Park）

阿卡迪亚国家公园位于缅因州大西洋沿岸，是缅因州乃至美国东北部唯一的一个国家公园。很多到美国旅游的中国人可能从来没有听说过这个公园，但在美国当地，阿卡迪亚绝对是数一数二的热门旅游休闲地。它虽然是美国面积最小的国家公园之一，但到访人数却常年名列前茅，被评为十大最受欢迎的美国国家公园之一。我们不惜在游玩波士顿后绕一个大弯专门拐到这个国家公园，再取道千岛湖（Thousand Islands）终达尼亚加拉大瀑布（Niagara Falls），除了这个国家公园久负盛名的壮阔的大西洋海岸线风光，还有一个重要的原因，就是来这里品尝全美最好吃的缅因州龙虾，而 8 月份正是当地龙虾最肥美的时节，并且此时还有缅因州特产野蓝莓可以采摘，可谓来得正是时候。

下面首先说说阿卡迪亚国家公园的住宿攻略。阿卡迪亚旁边有一个以旅游为主要产业的小镇巴尔港（Bar Harbor），居民人口也就几千人，不过这里酒店、饭馆、酒吧、咖啡店林立。住在这里的好处是你可以非常方便地到海边，早上可以看日出，晚上还可以四处逛逛，当然代价是不菲的食宿价格，特别是每年夏天七八月份旅游高峰季节价格更是不得了，一般的汽车旅馆每晚通常都在一百美元以上。当然这里也有个青年旅馆，价格比较适中，不过铺位不多，需要提前好些天预订。我们在阿卡迪亚国家公园要住两个晚上，最终我们选择住在离巴尔港只有 5 英里的一家叫 Robbins Motel 的汽车旅馆（导航地址：396 State highway 3 Bar Harbor, ME 04609），就在出入巴尔港和阿卡迪亚国家公园必经的唯一公路 Hwy 3 边上。这家旅馆七八月份旺季的税后价格只有每晚 70 美元，还有免费 WiFi 和停车场，唯一的缺点就是挨着马路，有点吵，不过对我们这些常带耳塞的穷游党来说倒无所谓了。值得称道的是，我们当天由于从波士顿赶过来的路上耽误了时间，到这里已经快夜里 11 点了，服务员下班前给我们打电话告知房间号并说已经把房间打开，到时候直接入住即可，第二天上午再 Check In，非常贴心。为了便于次日清早欣赏最负盛名的阿卡迪亚国家公园卡迪拉克山（Mt. Cadillac）壮丽的日出，第二天晚上我们需要进入公园露营，当然这要得益于我们一周前的幸运，预订到了公园里 Blackwoods Campground 最后一个露营位置，并且只要 20 美元一晚。公园中总共有两处露营地，其中长年开放能够安置 306 顶帐篷的 Blackwoods Campground 距离巴尔港以南 5 英里，接受网上预订，并且只能通过网站 www. recreation. gov 预订；而拥有 214 个位置的 Seawall Campground 距离 Southwest Harbor 以南 4 英里，只在 5 月中旬到 9 月中旬开放，一半的露营地不接受预订，实行先到先得。在公园外还有几家商业露营地，但是想看日出的话最好在公园里面露营。图 2—27 是阿卡迪亚国家公园各景点和露营地的分布情况。

整个阿卡迪亚国家公园包括 Mount Desert Island、Schoodic Peninsula 及 Isle au Haut 三个岛，主要景点集中在 Mount Desert Island 岛的东边，入口处有个游客中心

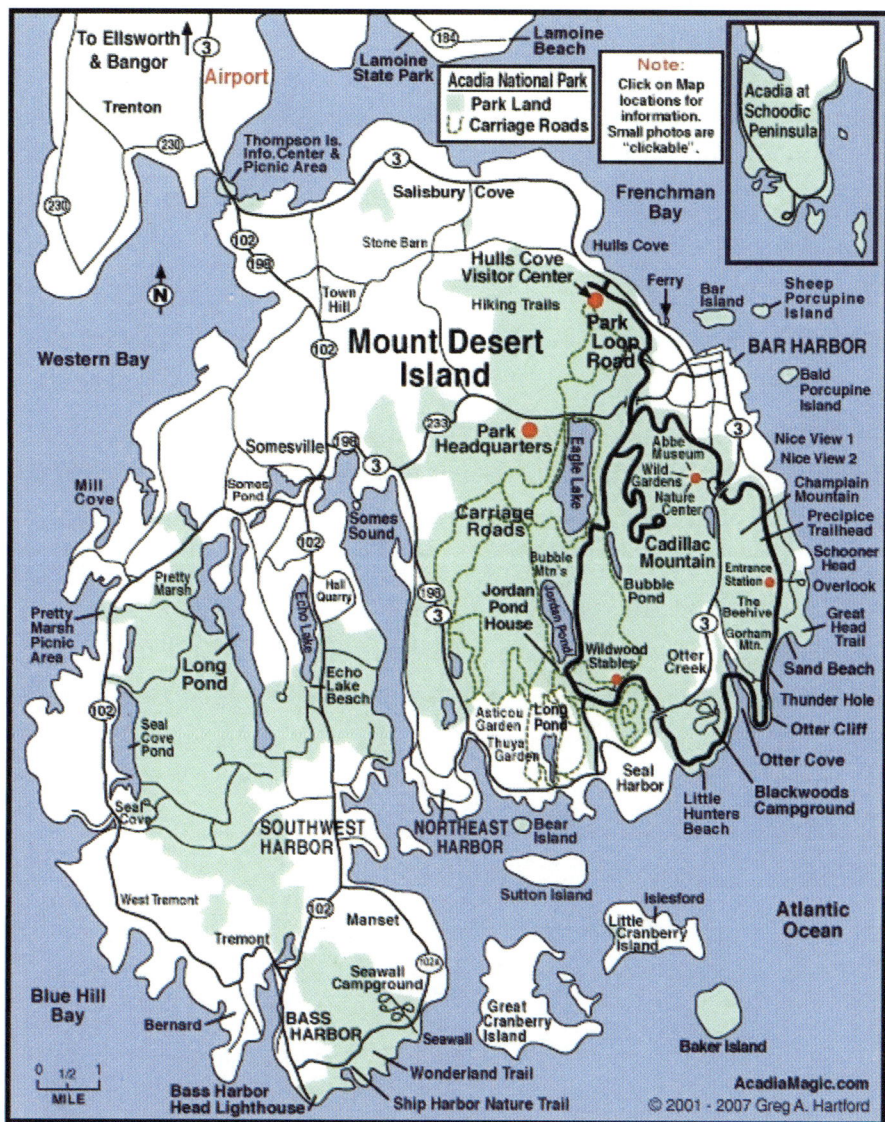

图 2—27　阿卡迪亚国家公园各景点和露营地示意图

（Hulls Cove Visitor Center），再往前走就是围绕着卡迪拉克山的环线公路（地图上比较粗的黑线），基本上绕着开一圈就能把大部分景点看过来。这里要注意的是环线的右半边一直快到 Jordan Pond House 是单行，左半边这一小段是双行，所以顺时针开比较合理。岛的西南部景点较少，比较有名的只有 Bass Harbor Light House，从巴尔港开过去要半个多小时。可以说整个岛上 27 英里长的公园环线揽尽了整个阿卡迪亚国家公园的精华：嶙峋的礁石、苍郁的森林、蜿蜒曲折的海岸线、高耸的山峰、深邃的峡湾、明镜般的湖泊、壮丽的潮汐，再加上一望无际蓝得没有一丝杂色的大海，这一幅幅如诗如画的美景勾勒出阿卡迪亚国家公园的概貌。下面简单描述下我们走的阿卡迪亚国家公园一日游经典自驾路线，总体安排是第一天先花半天时间开车沿环线顺时针游览各个景点并登上卡迪拉克山欣赏日落，第二天早上再开车上卡迪拉克山欣赏日出。

　　由于昨晚到达旅馆比较晚，加上美国国家公园露营地的入住时间一般都是在中午 12 点，所以我们今天上午睡了个懒觉，直到 10 点左右才从汽车旅馆出发，先去附近的沃尔玛购买了今晚的露营装备，然后朝公园进发。阿卡迪亚国家公园是我们整个环游行程中的第一个国家公园，我们首先在游客中心花 80 美元购买了美国国家公园年卡，购买时在卡后签上两个人的名字，有效期一年，自购买日起算。这个卡在每个国家公园的游客中心都有卖，非常划算，对全美所有的国家公园均通用，不限人数、公园数、次数，按车算，入园时一车人只要一张卡就可以全部带进去，并且每次去车里还可以载不同的人，只是入园时需要签名的两个持卡人中至少有一个人在场，并出示国家公园年卡和签名人的身份 ID 验证。和我们国内某些 5A 级景区动辄几百元的门票相比，这个 80 美元可以游遍全美所有国家公园的年卡太强悍了！买卡的同时我还花 8 美元买了一本美国国家公园护照，可以一路收集玩过的每个国家公园的印章，记录自己的足迹，非常有纪念意义，强烈建议大家购买。

　　买了国家公园年卡后我们直奔预订的露营地登记入住，第一次在美国国家公园露营还是有些小激动的。我们几个人手忙脚乱搭好了帐篷，然后就直奔今天的第一个景点：沙滩（Sand Beach，取名够直白的）。这是阿卡迪亚最长的海滩，适宜缓步徐行。在这里短暂停留后，再往前走大约 1 英里，就到了公园里有名的雷洞（Thunder Hole），这里汹涌的大西洋海浪冲进一道狭窄的裂口，会涌起很高的水柱，发出雷鸣般的轰鸣，据说涨潮的时候最是壮观（见图 2—28）。

　　继续向南就是雄伟的水獭悬崖（Otter Cliffs），它从海面垂直升起，俯瞰岩石林

图 2—28　雷洞

立的海岸线，是绝佳的攀岩地点。天气晴朗的时候在水獭悬崖看日落也是不错的选择。继续沿环线向前，慢慢的美丽的海岸线在汽车的后视镜里渐行渐远，我们也逐渐进入岛的内陆，约旦池塘（Jordan Pond）近在咫尺，触手可及。这是阿卡迪亚国家公园里最美的景点之一，景区很多宣传照片都是在这里拍摄的。有一条 1 英里长的天然小路环抱着池塘的南岸，另一条 3.5 英里长的小路绕池塘一周。喜欢远足的朋友可以沿着池塘走上一大圈。如果感觉饿了，可以在 Jordan Pond House 的青青草地上享用美味的野餐。

继续向前，在公路左边可以俯瞰公园内最大的淡水湖老鹰湖（Eagle Lake）。再往前一段公园环路的旁边有一条 3.5 英里长的支路通往卡迪拉克山顶，可以开车直达。雄伟的卡迪拉克山高 466 米，是阿卡迪亚国家公园内的制高点，也是美国东海岸的最高峰。如果喜欢爬山，也有几条小路从不同方向通向山顶，其中 Precipice Trail 有一段需要用手攀扶钢索方能通过。登上山顶，纵览四周：大西洋海面波涛汹涌，水天相接；Mount Desert Island 群山环绕，海岛耸峙，景色蔚为壮观。遗憾的是我们上去的时候云雾比较重，无法看到日落。不过据说这里黎明时的景致最佳，我们只有期待明天早上能够欣赏到 Frenchman 湾的日出美景了。

驱车回到露营地时，只剩下天边的最后一抹绯红。由于这个营地就在大西洋边上，虽然是夏天，帐篷里依然比较冷，所以一定要买厚实点的睡袋。也有充电的地方，但洗热水澡很贵，2 美元 4 分钟，离营地还有 1 英里左右，需要开车去。我们简单洗漱后就赶紧睡下了，准备明天早起再次登顶卡迪拉克山看日出。

Day 10　阿卡迪亚国家公园（Acadia National Park）—纽约州沃特敦（Watertown）

今天一早 5 点多天没亮我们就起床驱车赶往卡迪拉克山，幸好昨晚开过一次这条路线，不然很容易在半路上迷路。山顶 8 月的清晨还是挺冷的，等我们到达山顶时，发现已经有不少人了。据说这里是美国境内太阳最早照耀到的几个地方之一，所以如果能在卡迪拉克山顶看日出，将有幸成为最早沐浴到美国第一缕阳光的人（见图 2—29）。

从高耸于小岛上的山峰放眼望去，碧波万顷的大西洋尽收眼底，一座座散落于海中的林木森森的小岛在晨光的照射下一览无遗，颇似杭州的千岛湖，但比杭州千岛湖少了几分婉约，多了几许大气。绕山顶一周俯瞰这一被 Lonely Planet 称之为"国家公园里最美丽的风景之一"（one of the best views among NPs）的绝妙美景，山海相映的广阔壮美令人顿时有一种"海到尽头天作岸，山登绝顶我为峰"的豪迈感。

欣赏完日出，我们发现有不少人在路边的植被中寻找着什么，凑上去一看，原来是在采摘缅因州特产——野生蓝莓，这在国内可是不多见的绿色食品。很多蓝莓上还挂着晶莹剔透的露珠，我们也学起他们边摘边吃，口感非常不错。

下山回到营地吃完早餐，就差不多到了上午 10 点，这是规定的露营地 Check

　　图 2—29　卡迪拉克山的日出美景

Out 时间。今天我们的最终目的地是纽约州 Alexandria Bay 附近，以便明天乘船游览千岛湖。从这里到千岛湖附近的小城沃特敦差不多 500 英里，所以今天是赶路的一天。不过在离开缅因州之前可不能错过这里最有名的美食——龙虾。要享用缅因州龙虾大餐，推荐当地最有名的一家：Trenton Bridge Lobster Pound，就在进出 Mount Desert Island 岛必经的路口，导航地址是 1237 Bar Harbor Road，Trenton，Maine 04605（见图 2—30）。

　　图 2—30　Trenton Bridge Lobster Pound

虽然附近一路上有很多类似的龙虾店，但这家在 Yelp 和各路攻略上最出名，有自己的营销网站 http：//www.trentonbridgelobster.com/。经营方式也最粗犷，直接在路旁起了几个大灶，竖起一排烟囱，加上一块大招牌，相当好认，开车经过一般都不会错过。这里的龙虾可以买鲜活的带走，自己回去加工（一般非煮即蒸）；也可以选好后让他们帮你烹饪，在店里现场享用（见图 2—31）。龙虾分大中小三种，每磅单价不等。烹饪方式相当原始粗放：将顾客选好的龙虾编号后直接装进网袋，扔到外面大锅里滚沸的海水里煮熟。我买了一只中等大小的，大概 2 磅重，20 多美元，足够一个成年人吃到饱。如果是女生，两个人合买一只 2~3 磅的估计够吃了。开煮之前活蹦乱跳的龙虾是青黑色的，煮好后就变成了像清蒸螃蟹一样诱人的红色（见图 2—32）。新鲜海水煮的鲜活龙虾肉有一种天然的海水咸味，吃起来很劲道，不用蘸料也很鲜，如果蘸上黄油更有风味，真是名不虚传的美味。另外这家店是自助式的，可以不用付小费。营业时间最晚到晚上 7 点半，想尝美味的千万别去晚了。

图 2—31　煮之前称重的鲜活龙虾

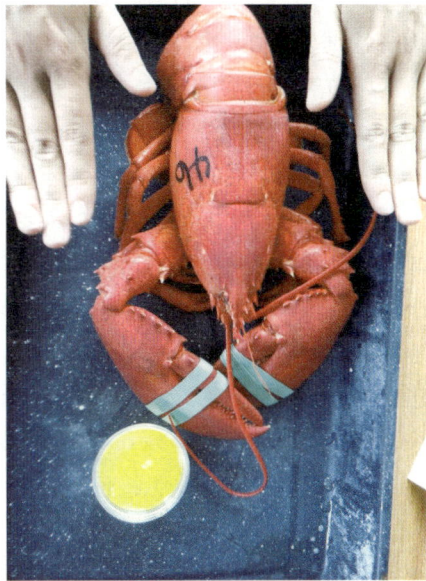

图 2—32　煮好后的鲜红龙虾

吃完鲜美的龙虾，我们算是正式告别如诗如画、旖旎多姿的阿卡迪亚国家公园，启程奔向下一个目的地。顺便提一下，当地巴尔港还有出海观鲸的旅游项目，如果时间充裕有意观鲸的话，最好提前预订。

Day 11　千岛湖（Thousand Islands）—尼亚加拉瀑布城（Niagara Falls）（美国）

今天的行程安排是先花大半天时间坐游船游览美加边境的千岛湖，再驱车赶到 200 多英里外的尼亚加拉大瀑布附近住下。千岛湖又称千岛群岛，位于北美洲圣劳伦斯河（Saint Lawrence River）与安大略湖（Lake Ontario）的交汇处，是世界闻名的旅游胜地。说起千岛湖，很多中国人首先会想到浙江淳安县境内的千岛湖，因湖内拥有 1 078 座翠岛而得名，也是我国知名的风景名胜。如果说中国的千岛湖是人工修建水库形成的美景，那么美加交界的千岛湖则是自然天成的杰作，二者同名同姓，一东一西，遥相呼应。严格来说，美加千岛湖其实不是湖，而是圣劳伦斯河口与安大略湖接壤处的广阔水域。属于北美洲五大湖之一的安大略湖的湖水流出注入圣劳伦斯河，在 50 英里长、5 英里宽的河面上，散落着 1 865 个大小不同的岛屿，分属加拿大、美国两国。湖中心的分界线将千岛湖一分为二，南岸是美国的纽约州，北岸则是加拿大的安大略省。在 1 865 个岛屿中，1 244 个岛屿在加拿大境内，不过这些岛屿大多数是小不点，而美国境内虽然只有 621 个岛屿，但大部分面积比较大，且有深水航道通往北美五大湖。

千岛湖一年四季风景秀丽，不过最好的游览季节是夏季和秋季。夏季是有名的避暑胜地，秋季则是有名的北美赏枫圣地。游览千岛湖最好也最轻松的方式是乘坐久负盛名的千岛湖游船，游船缓慢穿行在圣劳伦斯河上错综迷人的岛屿中间，尽览千岛群岛的美景。美加两国均有千岛湖游船项目，加拿大一侧是在湖北岸金斯顿（Kingston）的加纳诺克（Gananoque）码头，而美国一侧是在纽约州 Alexsandria Bay 码头，二者绕湖一周的游船路线基本一样，全程都是三个小时左右。由于我们一行四人中有人没有加拿大签证，所以决定在 Alexsandria Bay 这个港口码头乘坐豪华游轮游览千岛湖。只是等我们预订在这个港口的住宿时，才发现正赶上千岛湖的旅游旺季，Alexsandria Bay 酒店几乎一房难求，剩下不多的房间房价也是高得吓人。研究地图后我发现离 Alexandria Bay 仅 30 英里有一座叫沃特敦的小镇，俗称"水城"，酒店房价相比之下亲民许多，非常适合作为游览千岛湖的基地。最后我们利用附录订房攻略订到的一家叫做 Best Western Watertown/fort Drum 的两星半酒店，房价只要每晚 58.00 美元，非常超值，导航地址是 300 Washington Street Watertown，NY 13601。

由于路途遥远，昨天从缅因州赶到酒店时已经比较晚了，今天早上大家睡到 9 点多才起床，出酒店解决早餐时发现就在酒店对面有一个热闹的露天市场，引起了我们的极大兴趣，和当地人一聊才知道赶上了当地一周一次的露天集市（见图 2—33）。集市上卖什么的都有，除了蔬菜水果，还有当地的各种美食美酒等特产，以及各种工艺品。其中木板做的手工艺品古色古香，看着真是喜欢，如果不是因为长途旅行不方便携带，真想买几片回去挂到自己家里的墙上，一定很有味道。在市场边上绿茵茵的草坪上，还有一群人在自弹自唱，那一刻一切的幸福和满足都融汇在他们怡然自得的神情里，小镇生活的平静悠闲不由让人向往。这里离千岛湖游船码头不远，还可以预订千岛湖的游船票。不过因为不是周末，据小镇的居民讲，现场买票一般也可以买到，所以就没有预订。

在这里品尝完当地美食，我们退房驱车赶往 Alexsandria Bay。到了后发现这个

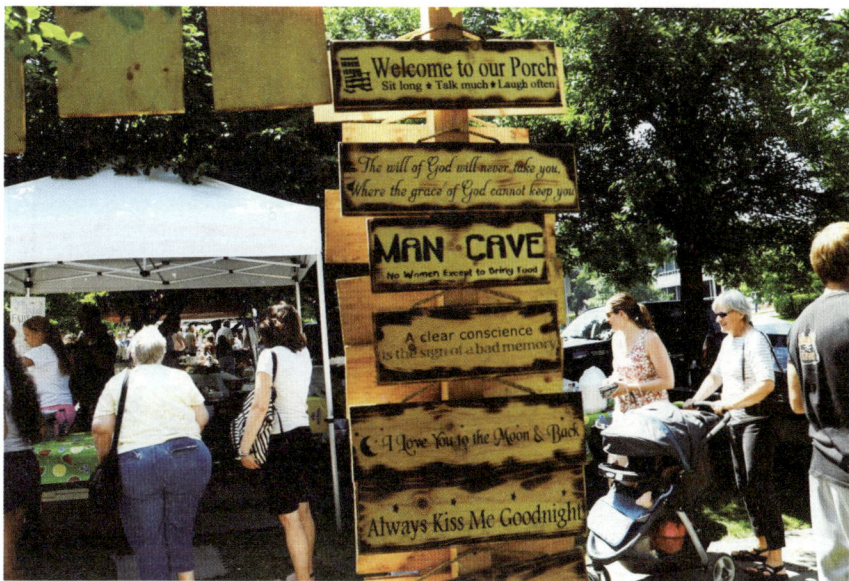

图 2—33　沃特敦小镇的露天市场

镇并不大，但因为美国千岛湖游船都以此地为主要码头，所以镇上游人很多，熙熙攘攘，热闹非凡。声誉比较好的游船公司是 Uncle Sam Boat Tour（官方网址：http：//www. usboattours. com/1000islands/）和 Clayton Island Tour（官方网址：http：//www. claytonislandtours. com/）。Uncle Sam 公司的游船有一个好处，就是会在经过心岛（Heart Island）的博尔特古堡（Boldt Castle）时让游客自由选择是下船游览还是待在船上返回码头。如果是下船游览博尔特古堡的话，下船买票后可以在岛上逗留任意长的时间，出来后再乘坐任意一班 Uncle Sam 公司的船回码头就可以，只要不错过最后一班就行。于是我们选择了 Uncle Sam 公司的 2 Nation Tour（不算在 Boldt Castle 停留时间是 2 小时 15 分钟，22 美元/人），这个 Tour 可以进入千岛湖的核心风光地带游览，全程约 22 英里，所有船只都是从美国境内出发，再回到出发点上岸，所以不涉及加拿大签证问题。另外，Uncle Sam 还有 Lunch 和 Dinner Tour，行程跟 2 Nation Tour 一样，只是船上有自助餐，要多花十几或几十美元，不差钱的话可以考虑。Uncle Sam 游船公司所在码头可以免费停车，导航地址是 47 James Street，Alexandria Bay，NY。我们当时不知道码头有免费的停车场，就停在离码头不远的路边，结果还花了好几美元给咪表投币，以后一定要先打听好景点附近有没有免费停车的地方。

　　我们买好下一班的游船票，就在码头附近等待闲逛。突然间看到的一幅景象让我心跳加速，只见离码头大约 100 米开外的湖面上，有一个人影悬浮在距离湖面几米高的地方，莫非是见到了传说中的外星人？揉揉眼睛定睛一看，原来人影下面还有管子在喷水，才明白这是最近几年新发明的名为"喷射悬浮飞行器"的喷水飞行背包，能向下喷射两道高压水柱，把使用者推离水面好几米。其力学机械原理是通过附在喷水飞行背包上的一个巨大管子抽吸海水或湖水，然后再通过管子将水喷出，形成两道高压水柱把人推向空中（见图 2—34）。

图 2—34　神奇的喷射悬浮飞行器

据说喷射悬浮飞行器价格不菲，低配版在国外售价就近 6 万英镑，纯粹是高大上的东西，普通人玩不起，似乎国内还没有见过。不过今天能够亲眼见识到这种神奇的东西，也算大饱眼福了。

登上游船，游客们大都聚集在最上层的甲板，这里没有遮挡，视野极好，导游也在上面随着游览的进程同步讲解。只见一座座岛屿如繁星般散落在圣劳伦斯河上，宛若童话中的绝美仙境，又仿佛超脱凡尘的世外桃源。这一千多个岛屿中，有不少岛屿背后还有着动人的故事和美丽的传说，其中最有名的就是心岛。该岛的整体形状成心形，象征爱情，是纽约前旅馆业大王乔治·博尔特买来送给爱妻的礼物。据记载，1864 年，家境贫寒的乔治·博尔特从普鲁士移民到纽约，白手起家，初时当厨房工，后来在中学同班同学露易斯父亲经营的酒店当店员。露易斯看上了博尔特，不顾父母反对嫁给了他。婚后，博尔特凭自己的拼搏奋斗，终于发家致富，成为纽约旅馆业大亨和亿万富翁。为了感谢露易斯的忠贞爱情，博尔特于 1900 年斥资 2 500 万美元买下这个岛，并将岛特意修筑成平面心形，在岛中心高地建了一座美轮美奂的欧洲宫殿式古堡，作为送给妻子的礼物（见图 2—35）。因爱妻要带母亲同住心形岛，博尔特又专门在旁边一个小岛上另建了一座小别墅孝敬岳父母，还建了一座小桥把两岛相连。

就在城堡建筑已经完成还来不及装修的 1904 年，噩耗传来，47 岁的露易斯突然病逝。忠贞的博尔特为痛失爱妻悲恸万分，遂急令停工，遣散工匠，决定不再续建。为免睹物思人，他还决定永远不再踏足此岛。

图 2—35　心岛

　　后来博尔特的家人把这个心形岛和城堡以 1 美元的价格"卖"给了美国政府，政府将其辟为公园和博物馆。由于此岛外形像一颗心，又曾寄托着一对爱侣心心相印的爱，故美国政府将此岛定名为"心岛"，岛上的古堡称为"博尔特古堡"，并在岛上设立了美国移民局办事机构。如果游客下船上岛观光，要花 8.5 美元另购参观券才能进入。我们从船上可以看到在这片古堡群入口处，设有一间小小的移民及海关办公室，专门为乘加拿大游船登岛的客人办理宽松的入关手续，因此心岛也成了美国国土上唯一可以落地签证入境的特区。

　　在游览过程中细心的游客会发现，在千岛湖每个岛屿上都挂有国旗，有单挂美国国旗的，也有单挂加拿大国旗的，还有同时挂星条旗和枫叶旗的。前面两种比较好理解，代表该岛的国籍，那同时挂美加国旗代表的又是什么意思呢？经咨询导游才明白：岛上只挂一面国旗的，就代表这个岛与岛主都属于同一国家；如果加拿大人买了美国的岛屿，那么就要同时挂两面国旗，并且加拿大国旗要比美国国旗挂得高一截；如果美国人买了加拿大的岛屿，则美国国旗要挂得比加拿大国旗高一截。由此可见，岛上的国旗挂谁的、挂多少、挂多高，个中还真有不少规矩和讲究。不仅岛上，千岛湖上的各式船只也都挂了国旗，每当这些船擦肩而过时，人们都互相招手问候，这一刻可以不论国籍，不分种族。千岛湖原本就是人类共同的美好家园。

　　好奇的游客可能还会问，千岛湖作为美加两国的界湖，那么"国界线"又在哪里呢？其实，这条看不见的"国界线"就在湖中心的水中，游客是看不见的，开船的舵手却是清楚的，尽量在己方的水域航行，不过依我看，作为游船也没有那么精准，曲曲折折打点擦边球，偶尔跑到对方水域的情况应该也是有的。当然，千岛湖也有一处游客看得见的小小的标志性"国界"，那就是连接加拿大扎维孔（Zavicon）

岛与毗邻一个美国小岛之间的一座小桥。这座小桥全长只有 9.75 米，桥的中央就是美加两国的分界。据说当初美国通用汽车总裁托人代购了美属一个小岛，后亲临现场一看，嫌岛小建不了大屋，便又添购了毗邻的一个加属大岛（扎维孔岛），为了两岛相通，又建了这座"国际桥"。站在疆土国界角度上说，过桥即过境。导游笑说，主人在加拿大煎鸡蛋时，可以抽空到美国踢踢腿、伸伸腰。因此这座小桥被称为世界上最小、最短的跨国大桥，成了千岛湖一个标志性景点（见图 2—36）。

▼ 图 2—36　千岛湖上世界最短的跨国大桥

　　看美景天气非常重要。我们今天的运气特别好，坐船游览时晴空万里，蓝天绿水映衬下拍出来的照片特别漂亮，如果是阴天就要大打折扣了。

　　清风为伴，绿水荡舟，只见千岛湖碧蓝的湖水与蓝天交相辉映，湖面上千舟竞发，白帆点点，一个个葱葱郁郁的绿色小岛点缀着一泓澄湖，宛如万顷碧波之上漂浮的簇簇绿洲，令人心旷神怡。难怪现在这里的岛屿大多都已被美加两国的富人买走，建起了风格各异的别墅，成了富人们避暑度假的天堂（见图 2—37）。游览中看到不同小岛上的建筑风格各异，极具个性，有的富丽堂皇，有的平淡典雅，相同的则是出入都得靠船。

　　依依不舍地告别千岛湖，我们驱车赶往下一个目的地：尼亚加拉大瀑布。从地图上看，千岛湖和尼亚加拉大瀑布就像安大略湖上一东一西两颗璀璨的明珠，吸引了全世界的游客。和千岛湖一样，尼亚加拉大瀑布也属于美加两国共有。更有意思的是，在尼亚加拉大瀑布所在地有两个都叫"尼亚加拉瀑布城"的小城，大家在预订住宿或开车导航时可千万别弄错。说起来这里面还有个故事。当时为了争夺尼亚加拉大瀑布这块宝地，美、加（当时还属英国）两国曾于 1812—1814 年间进行过激烈的战争，战争结束后，两国签订了《根特协定》，规定尼亚加拉河（Niagara Riv-

📍 图 2—37　千岛湖上的别墅

er）为两国共有，主航道中心线为两国边界。从那时起，两国在大瀑布两侧各建了一个叫做尼亚加拉瀑布城的姐妹城，一个隶属于加拿大的安大略省，另一个隶属于美国的纽约州，两城隔河相望，由彩虹桥（Rainbow Bridge）连接，桥中央飘扬着美国、加拿大和联合国的旗帜，星条旗在南，枫叶旗在北，联合国旗居中。自此之后，美加两国人民和平相处，和平的环境也使尼亚加拉大瀑布丰富的旅游资源为两国带来了更多的回报。按照事先的计划，我们今晚住在美国这边的尼亚加拉瀑布城，明天白天在美国这边游览大瀑布，明天晚上再住到对面的加拿大尼亚加拉瀑布城，换一个角度欣赏大瀑布的美。

从美国这边去大瀑布游玩一般都是住在有名的水牛城——布法罗（Buffalo），这里距大瀑布 20 多英里，开车过去半小时左右。不过我们去的时候正值大瀑布的旅游旺季，水牛城的宾馆房价都水涨船高，很少有低于每晚 90 美元的。后来我们找到一家两星级的宾馆 Quality Inn Niagara Falls（导航地址：7708 Niagara Falls Blvd. Niagara Falls，NY 14304），在美国这边的尼亚加拉瀑布城，距离大瀑布非常近，不到 5 英里，比水牛城宾馆位置更好，双床房税后价格每晚大概 100 美元，也算不错了。住在离大瀑布近的地方还有个好处，就是方便晚上去欣赏大瀑布美轮美奂的夜景。

Day 12　尼亚加拉大瀑布（Niagara Falls）（美国）

被誉为世界七大奇迹之一的尼亚加拉大瀑布，与南美的伊瓜苏瀑布、非洲的维多利亚瀑布并称为世界三大跨国瀑布，是北美大陆最著名的自然奇景之一。尼亚加拉大瀑布其实不是一个瀑布，加拿大人一般说它由两个瀑布组成，加拿大瀑布（Canadian Falls）和美国瀑布（American Falls）。按美国人的说法则是 3 个瀑布，从大到小依次为：马蹄形瀑布（Horseshoe Falls）、美国瀑布（American Falls）和新娘面纱瀑布（Veil of the Bride Falls）。其中马蹄形瀑布位于加拿大境内，其形如马蹄，就是上面说的加拿大瀑布；美国瀑布在美国境内，由山羊岛（Goat Island）隔开；美国瀑布旁边的新娘面纱瀑布也在美国境内，由月亮岛（Luna Island）隔开，尽管只有细细一缕，却自成一支，别有韵味，所以美国人"宣告"了它的"独立"。尼亚加拉的三条瀑布流面宽达 1 160 米（如果加上两个岛屿，宽可达 1 240 米），虽然分成三股，却是同一水源和同一归宿，均来自全长仅 54 公里，连接伊利湖和安大略湖的重要水道——尼亚加拉河。不过从观赏的角度来说，在美国境内看到的只是尼亚加拉大瀑布的侧面，而在加拿大可以一览大瀑布全貌。如果有机会，最好美加两边都看一看。图 2—38 就是从加拿大一侧看过去的大瀑布位置示意图。

美国这边的大瀑布景点属于 Niagara Falls State Park，如果只是想站在岸边欣赏大瀑布，不需要购买任何门票。如果要乘船游览或从位置更好的观景台（Observation Tower）欣赏大瀑布，就要另外买票了，因为 Niagara Falls State Park 属于州立公园，不属于国家公园体系，我们先前买的美国国家公园年卡在这里不适用。这里推荐大家购买一种叫 Discovery Pass 的联票，比单买优惠近 35%，包含五个景点：Niagara Adventure Theater、Aquarium of Niagara、Cave of the Winds、Niagara Gorge Discovery Center、Maid of the Mist，成人价格是每人 36 美元（2015 年涨到 38 美元），五个景点中乘坐 Maid of the Mist 看瀑布和去 Cave of the Winds 探险是大多数游客的首选项。另外三个景点有时间也值得一看，特别是 Niagara Adventure Theater 里介绍大瀑布的高清电影还是很赞的。此外购买 Discovery Pass 的另一个好处就是当天能够无限制乘坐园区里往返各个景点之间的绿色电车（trolley），不用自己开车跑来跑去，更不必担心有没有停车位。Discovery Pass 的购买方式有两种：一种是现场购买，虽然园区很多小摊有卖，不过我们感觉不放心，还是到游客中心购买的；另外

图 2—38　尼亚加拉大瀑布位置示意图

一种就是提前上官网 http：//www.niagarafallsstatepark.com/Buy-Niagara-Discovery-Pass-Tickets.aspx 购买。当然，如果时间紧张，只能坐游船和看 Cave of the Winds，分别在各个景点单买票也是可以的，不过省不了多少钱。

我们上午驱车从酒店出发，十分钟左右就到了大瀑布附近。其实不需要导航就能知道去尼亚加拉大瀑布的方向，因为出酒店就能远远看到西方的天空中有一大团如烟似雾的水汽（开始不明就里，以为那里起火了），并伴随着轰隆的"雷声"，那里就是大瀑布了。景点的停车场已经爆满，我们在附近看到有一个停一天 10 美元的私人露天停车场，就驶进去了。从这里步行到游客中心，买好 Discovery Pass 后可以顺便先在游客中心负一楼的 Niagara Adventure Theater 观看介绍大瀑布的高清电影，观众可在 45 分钟内见证尼亚加拉大瀑布背后令人难以置信的故事和历史，包括印第安人的传说、人类对瀑布的探险史等。我印象最深刻的是历史上最先乘木桶从瀑布上漂下去的居然是 1901 年一个叫安妮·爱德森·泰勒的老太太和她的小猫；另外一个故事也非常富有传奇色彩，说的是三个人乘船在瀑布上游休闲游玩，没想到船的引擎坏了，船只能顺水流漂往瀑布，中途急流掀翻了小船，三人落入水中，一个人在瀑布边缘被救，另两个人顺瀑布跌了下去，幸好穿了救生衣，居然奇迹般生还了。更厉害的是那些不使用任何安全设施而跳入落差达 57 米的马蹄形瀑布并幸存下来的超级勇士，到目前仅有三人。

看完电影，我们先去乘坐 Maid of the Mist 游船，去往这个游轮码头需要经过观景台坐电梯下到河边，所以可以顺便在乘坐游轮的前后在这里从高处欣赏大瀑布的雄浑与壮美。虽然刚刚在电影里看过大瀑布的雄姿，但当真正站在观景台上第一次直面尼亚加拉大瀑布的一瞬间，整个人都被震撼了，整颗心都被征服了：时间仿佛在这一刻停住脚步，天地万物间，只有这从天而降的滔滔河水，只剩下这如雷般的吼声。怪不得当地印第安人用"雷神之水"来称呼它，作为中国人，我想用李白那句"飞流直下三千尺，疑是银河落九天"的诗句来形容这幅大气磅礴的景象或许最为合适（见图 2—39）。

从观景台乘电梯下到河边就是游船码头。为了让游客近距离感受大瀑布的磅礴气势，美加两国在河的两岸分别建造了码头，配备了 Maid of the Mist 游船，每腾船能载客数百人。自 1846 年初航以来，Maid of the Mist 游船年复一年地载着全球来的游客与大瀑布亲密接触，成为游览尼亚加拉大瀑布最负盛名和最刺激的游览方式之一。如果是坐船，Maid of the Mist 航行路线在美加两边没什么差别，都会开到最大、最壮观的马蹄形瀑布底下转一圈。唯一的区别就是登船时配发的雨衣，美国这边是蓝色的，而加拿大那边则是红色的。游船分上下两层，中央位置设了一些座位，但几乎没有人去坐。美景当前，大家上船后都争先恐后地抢占上层船头的绝好观景位置。如果想拍照，刚上船的时候就要抓紧拍，因为后面的航程实在没办法拍，水太大，想不湿身是不可能的，切记保护好自己的相机。游船先是经过美国瀑布，然后继续驶向马蹄形瀑布。由于这个瀑布是马蹄形的，等船开到马蹄内转圈时，大瀑布

图 2—39　从美国观景台看尼亚加拉大瀑布

的水铺天盖地浇过来，你会感觉四面八方都是瀑布，眼睛几乎睁不开，只能眯着眼透过水雾仰望从天而降的大瀑布，感觉人就像裹在瀑布里，身上雨衣覆盖之外的地方全打湿了，非常刺激（见图 2—40）。

乘坐完 Maid of the Mist 后我们接着搭乘绿色电车赶往下一个景点——Cave of the Winds。真正的 Cave of the Winds 在山羊岛上，隐匿于新娘面纱瀑布后壁下的地层中，是一个高 45 米、深 30 米的洞窟，早在 1920 年就已经关闭了，在这之前曾有

图 2—40　在 Maid of the Mist 游船上看马蹄形瀑布

不怕死的人进去过。如今的 Cave of the Winds Trip 游览项目主要是在瀑布下端观景，需要先乘坐电梯下去，再走一段木板路。虽然不能深入当年的 Cave of the Winds 探险，少了几分惊险和刺激，但可以亲手拨开"新娘面纱"、触摸瀑布、感受瀑布，也算是一种补偿。我们去的时候队伍已经很长，这时候先不要忙着排队，先去旁边的小屋领一双还算漂亮的凉鞋，检票后再去排队坐电梯，不然就白忙活了。下电梯后领一件黄色的雨衣，这也是 Cave of the Winds Trip 俗称"黄雨衣项目"的原因。但相比之下还是 Maid of the Mist 发放的蓝雨衣更长、更实用，如果可以把它留到这里，不失为一个明智的选择。我们一行几人都尝试了下穿着雨衣站在瀑布下，享受天然淋浴的酣畅和刺激。

　　Cave of the Winds 探险后可以去桥另一侧的月亮岛，换个角度欣赏美国瀑布和新娘面纱瀑布。然后再搭乘绿色小巴士或步行到不远的 Terrapin Point 近距离观赏马蹄形瀑布的侧影。站在这里极目远眺，清澈的尼加拉河水从上游奔腾而来，就在几尺远的地方陡然跌至深潭，溅起万丈水花，升起重重水幕。至此，美国一侧的大瀑布之旅基本结束，如果天色尚早可以坐小巴士去 Discovery Pass 联票中剩下的两个景点 Niagara Adventure Theater 和 Aquarium of Niagara 玩一下，也可以就近休息或就餐，等待迎接夜幕降临后大瀑布更为迷人的夜景。

　　白天的尼亚加拉大瀑布波澜壮阔，像一头狂野、凶悍和咆哮的巨兽，入夜后则是另一番完全不同的景象。当夜幕降临，加拿大一侧的彩色探照灯投影到大瀑布上，使瀑布变得晶莹剔透，变幻出各种瑰丽的色彩，熠熠生辉，宛如从天而降的彩色纱帘，又如一位妩媚多姿的少女在轻歌曼舞（见图 2—41）。每年 5—10 月，每周五和

▼ 图 2—41　迷人的大瀑布夜景

周日晚上 10 点，瀑布上空还会有绚丽的焰火表演，与彩色的瀑布相映生辉，非常美丽灿烂。在美国一侧夜观大瀑布推荐两个地方，一个是白天乘坐 Maid of the Mist 经过的观景台上，另外一个就是山羊岛。不知为什么马蹄形瀑布仅仅是打白光，看起来比较平淡，还是到观景台上面居高临下欣赏打彩光的美国瀑布最过瘾。

在美国这边欣赏完大瀑布夜景，我们几个有加拿大签证的立即驱车赶去对面的加拿大尼亚加拉瀑布城，这样安排一是想体验一下美加两国大瀑布的夜景有何不同，二是为明天白天从加拿大那边看大瀑布的全景做好准备。横跨尼亚加拉河的彩虹桥连接着美国纽约州的尼亚加拉瀑布城和加拿大安大略省的尼亚加拉瀑布城，是往来两个姐妹城的必经之路。我们开始还担心在美国这边租的车能否开到加拿大，后来发现完全多虑了，在桥上排队等候加拿大海关检查入境时发现前后不少车都是美国车牌。只是没想到晚上 10 点多了，从美国这边去加拿大的车还有这么多，都排起长龙了。美加的出入境政策皆是"管入不管出"，出境是无人核查的。加拿大海关的办事效率比较高，可能是见多了来往美加边境看大瀑布的游客，只是让我们摇下车窗（估计是防止我们私藏人员入境），询问了我们在加拿大逗留的时间，查看了护照和签证就放行了，很顺利。经彩虹桥从美国前往加拿大（即西行方向）的车辆需要缴付 3.5 美元/加元的过桥费，反过来从加拿大到美国则无须缴费。图 2—42 就是彩虹桥的雄姿。

那么到加拿大这边看大瀑布住哪里最好呢？图 2—43 是你选择时的必备，图中只有已标识的十个 fallsview hotel 才是可以站在房间就能看到大瀑布全景的酒店，足不出户就能尽览大瀑布美景。不过可想而知这些酒店的"瀑布房"自然价格不菲，我们预订的最优惠的 The Oakes Hotel Overlooking the Falls ［导航地址：6546 Falls-

图 2—42　美加边境彩虹桥雄姿

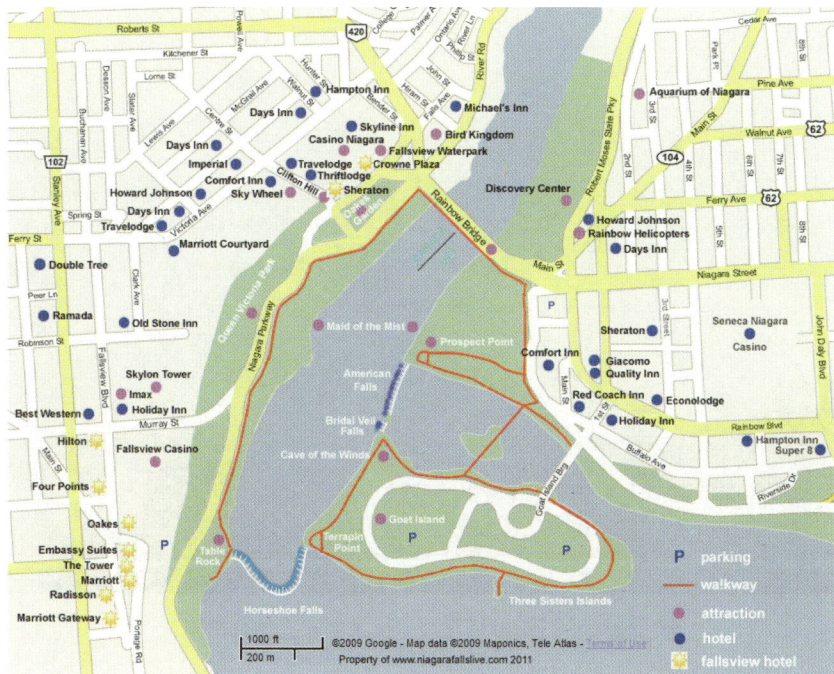

图 2—43 加拿大一侧大瀑布景点与酒店示意图

view BoulevardNiagara Falls (Ontario)，L2G 3W2 Canada]的"瀑布房"每晚税前价199 加元，另加 13％的税，停车还需额外付费。不过想想坐在房间里，喝着咖啡静静欣赏大瀑布的全景，那种感觉太爽了，咬咬牙还是下了订单。遗憾的是等我们办完入关手续在酒店登记入住下来，已经过了零点了，拉开房间的窗帘，发现大瀑布上的彩色灯光已经熄灭，只剩下城市隐约的灯火和头顶依稀的星河。没能从加拿大这边欣赏到大瀑布的全夜景，实在是此行的一大憾事。所以建议预订这样的酒店一定要尽早入住，否则对不起所做的那么多的准备工作。

Day 13　尼亚加拉大瀑布 (Niagara Falls)（加拿大）—芝加哥 (Chicago)

昨晚错过了在加拿大这边看大瀑布夜景，今天我们决定早起看大瀑布的日出作为补偿。图 2—44 就是透过酒店房间的玻璃窗拍摄到的美国瀑布上的日出美景。遗憾的是窗户不能打开，影响了摄影效果，于是我们又下楼来到河边专门欣赏大瀑布的观景道上，近距离欣赏和拍摄大瀑布的全景。

尼亚加拉大瀑布不愧为美洲大陆最著名的奇景之一，伴随着初生的朝阳，缓缓展开的是一幅波澜壮阔的立体画卷。在这里，不同的角度有不同的景致，不同的景致会带给你不同的感受。与在美国一侧相比，这一次我们终于识得了庐山真面目，还是这里看到的景象更为震撼和壮观，可以俯瞰整个大瀑布的全貌，可以尽情拍摄马蹄形瀑布的全景（见图 2—45）。如果在河边拍摄觉得不过瘾，还可以买票到天塔 (Skylon Tower) 上面去。这座建于 1965 年高达 160 米的观景台是加拿大这边距马蹄

▼ 图 2—44 从酒店房间欣赏大瀑布上的日出美景

▼ 图 2—45 马蹄形瀑布全景

形瀑布最近的最高建筑，和对面美国的观景台遥相呼应。除了观景台，加拿大这边也有和美国 Cave of the Winds Trip 观光项目类似的瀑布后之旅（Journey Behind the Falls），可以通过隧道抵达瀑布后的观光平台近距离亲密接触瀑布。

在游览过程中我们看到不少年轻的夫妻，估计都是慕名到这个世界蜜月之都——加拿大安大略省的尼亚加拉市——来度蜜月。据说这个传统要追溯到法国皇帝拿破仑的兄弟吉罗姆·波拿巴，当时吉罗姆带着他的新娘不远万里从新奥尔良搭乘马车来到尼亚加拉大瀑布度蜜月，回到欧洲后在皇族中大肆宣扬这里的美景，于是欧洲兴起了到尼亚加拉度蜜月的风气。时至今日，到这里度蜜月仍是一种时尚，并且可以去一趟洛宾逊大街（Robinson Street）5 400 号的尼亚加拉大瀑布旅游办公室（the Niagara Falls Tourism Office），领取官方的尼亚加拉大瀑布蜜月纪念证书（Official City of Niagara Falls Honeymoon Certificate），这是新人们在尼亚加拉大瀑布享受甜美蜜月时光的见证。最后顺便提一下，由于水流的常年冲蚀，使得石灰岩崖壁不断坍塌，大瀑布逐年向上游方向后退，落差和规模也在逐渐减小，所以这里的美景不等人，建议大家提早来。

在加拿大这边欣赏完大瀑布，我们再次驱车经过彩虹桥返回美国和没有加签的驴友汇合，奔赴下一个目的地芝加哥。这里有个小插曲要特别提醒大家注意：我们从美国的尼亚加拉瀑布城设定 GPS 导航仪到芝加哥时，没意识到导航仪会默认取捷径选择走加拿大境内的一段高速经底特律再到芝加哥。等我们按照导航仪的指示沿着高速公路开了半个小时，突然发现前面出现"加拿大欢迎您"的标识时才意识到这个问题，此时已经没法调头返回，只能硬着头皮和加拿大海关的官员解释。还好他们可能经常见到像我们这样粗心的游客，在检查登记了我们的护照后开了个单子让我们调头，美国海关官员看了单子后又让我们返回美国境内。虽然经此折腾耽误了一个多小时，不过同车没有加拿大签证的驴友却很兴奋，在离开加拿人海关时还偷偷抢拍了几张照片做纪念。

Day 14　芝加哥（Chicago）（1）

由于从美国尼亚加拉瀑布城到芝加哥距离近 500 英里，加上被导航仪带到加拿大转了一圈耽误了近两个小时，昨夜到达芝加哥的酒店已经接近凌晨了。考虑大家已经出来玩了近半个月，身心都有些疲惫，于是决定在芝加哥停留两天，一天专门用来休整，一天用作芝加哥精华一日游。

上午大家都是睡到自然醒，吃了早午餐后感觉精神好多了。虽然今天没有安排游览景点，不过还有一件相对轻松但很重要的事情需要处理，就是去附近的 Alamo 租车店换辆车。因为几天前我们从缅因州往千岛湖的途中就发现租的这辆雪佛兰科帕奇 SUV 的仪表盘上不断显示"Oil change required"（要求更换机油），搞得心里有点小紧张，担心机油的问题导致半路抛锚，上网查询才知道这可能是行车电脑根据维护保养周期给出的自动提醒，问题不大。不过为了安全起见，我们还是决定利用在芝加哥休整的间隙把车辆换了，最好是能够换辆同级别的丰田 RAV4。因为我们先前在阿卡迪亚国家公园露营时发现晚上帐篷里还是很冷的，后续我们还计划在其他国家公园露营，到时候如果冷得不行的话睡到车上也是一种选择，而 RAV4 是我心目中最适合露营的 SUV，它的后排座椅可以完全放平，铺上垫子就是一个标准的大床，雪佛兰科帕奇就做不到这一点。所以前几天我们在预订芝加哥住宿时就考虑了这一点，订了附近有 Alamo 租车连锁店的酒店。

芝加哥作为美国五大湖区的知名旅游城市，常年举办各种国际国内会议，夏天又是当地旅游旺季，市中心的酒店税前价格很少有低于 120 美元的。后来我们通过 Priceline 找到了一家位于芝加哥市区西北方向奥黑尔国际机场（O'Hare International Airport）附近的三星级万豪酒店（Courtyard By Marriott Chicago O'Hare）（导航地址：2950 South River RdDes Plaines，IL 60018），税后价每晚 101.10 美元，这个价格能够住万豪酒店已经很值了。更重要的是这个酒店离奥黑尔国际机场只有 1 公里，而机场的租车连锁店车型比较齐全，换到 RAV4 的可能性也大。所以等我们开车到了机场 Alamo 租车连锁店，和店员说明了情况，对方很爽快地让我们重新挑了一辆几乎全新的 RAV4 开走，不需要额外付任何费用，让我们体会到了在美国租车的方便与便捷。所以大家如果在美国自驾过程中发现车辆有任何问题，都可以就近找同一家公司的租车连锁店解决。

Day 15　芝加哥（Chicago）（2）

今天我们的计划是花一整天时间来一个"芝加哥精华一日游"。听说芝加哥市区停车难且贵，所以我们早餐后先开车到离酒店最近的蓝线（Blue Line）地铁 Rosemont 站，这里有很大的停车场，停车费 5 美元。由芝加哥运输管理局 CTA 运行的蓝线地铁是奥黑尔国际机场往来芝加哥市区最经济方便的交通工具，全天 24 小时不间断运营，成人单程票价格为 2.25 美元，在地铁站有自动售票机。这里要提醒大家，在芝加哥地铁自动售票机购买地铁票时一定要准备好相应的零钱，因为自动售票机是不找零的。我们当时不知道，放进去一张 20 美元的大钞，结果发现根本不找零，白白让机器吃掉了 10 多美元。蓝线地铁由机场起点站至市区有 20 多站，大约需要 40 分钟，但与芝加哥经常拥堵的机场至市区的高速路相比还是快很多，还不用担心市区停车难的问题。

大约半小时后我们在蓝线地铁的 Chicago 站出地铁，然后沿着 West Chicago Avenue 一路向东朝芝加哥市中心前进，路上常看到汽车和拉游客的马车在大街上并行，传统与现代交融，而这也恰好契合了芝加哥这座城市的精神内涵（见图 2—46）。

继续向前，摩天大楼越来越多，意味着离市中心也越来越近了。在 East Chicago Avenue 与 North Michigan Avenue 的十字交叉路口，你会看到芝加哥的地标性建筑：芝加哥旧水塔（Old Water Tower）。高约 47 米的芝加哥旧水塔位于 Michigan Ave. 北部，紧邻约翰·汉考克中心（John Hancock Center），是 1871 年芝加哥大火中幸免的少数建筑之一。它建于 1869 年，使用的材料为大型的石灰石，整个水塔颇具 13 世纪欧洲哥特式建筑的风格，看上去似乎更像是一座微型城堡（见图 2—47）。现在这里成为一个游客信息中心，是芝加哥最主要的旅游景点之一，参观水塔时可以到游客中心领取免费的芝加哥导游地图。

参观完水塔，可以从水塔所在的游客中心沿 N. Michigan Ave. 往北走几分钟到约翰·汉考克中心参观。它在美国摩天大楼中排名第七，在大楼的 94 楼设有观景

图 2—46   芝加哥传统与现代并存的交通方式

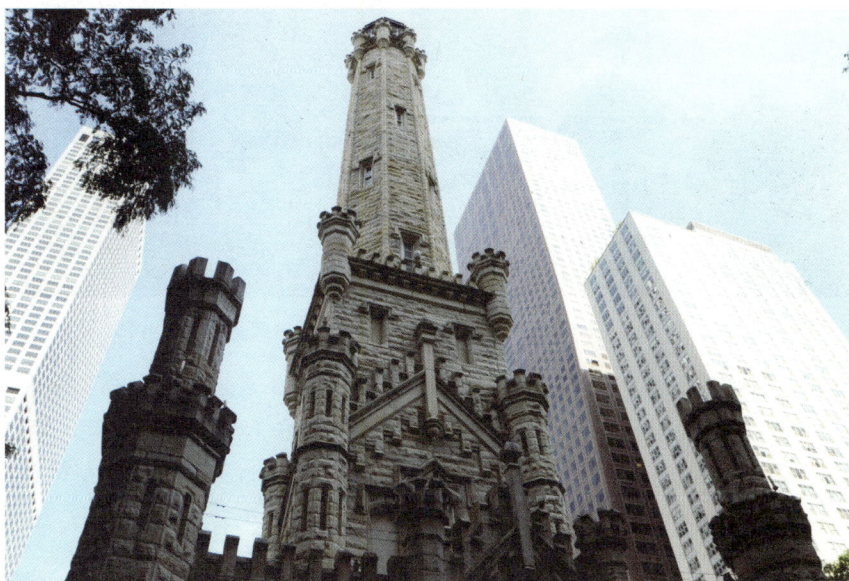

图 2—47   芝加哥旧水塔

台，95 楼设有餐厅，能 360 度饱览芝加可和密歇根湖的景色，票价是成人 18 美元。想省钱的话也可以从水塔开始沿 N. Michigan Ave. 一路向南，免费游览芝加哥有名的华丽一英里（The Magnificent Mile）。华丽一英里是芝加哥人对 N. Michigan Ave. 的昵称，专指南起芝加哥河（Chicago River）北至橡树街（Oak Street）的这一段 N. Michigan Ave.，是芝加哥市区最为繁华的一段商业街，相当于纽约的第五大道和巴黎的香榭丽舍大街。在这条混合了装饰艺术和现代设计元素的大道上汇集了全球各大时尚品牌的专卖店、旗舰店、精品店，还可以欣赏到许多芝加哥代表性的特色建筑。走完华丽一英里就到了芝加哥河边，只见河面上船来船往，热闹非凡，这就是芝加哥的知名旅游项目 Architecture Boat Tour，类似曼哈顿的环线游轮，游客可以在船上从不同角度观赏芝加哥的建筑，值得尝试（见图 2—48）。Michigan Ave. 上横跨芝加哥河的钢桥下就是多数游船的出发地，从这里也可以花五美元乘坐水上的士（Water Taxi）直接到芝加哥另外一个知名景点——海军码头（Navy Pier）。为了将穷游精神进行到底，我们选择从这里沿芝加哥河北岸一路向东步行到海军码头，其实并不远，不过十几分钟的路程。

图 2—48　芝加哥河两岸的城市风光

密歇根湖岸向外延伸长达 1 000 米的芝加哥海军码头是芝加哥的热门免费景点之一，以前是军港，在第一次和第二次世界大战期间曾作为海军训练基地，后来改造成了休闲娱乐场所，修建了海军栈桥公园，现在已经成为芝加哥人消遣的好地方。这里有芝加哥儿童博物馆、芝加哥海洋博物馆，还有摩天轮、旋转木马、电影院、剧院、大小餐厅等游乐及附属设施，各种类型的游船也均是从这里出发（见图 2—49）。由于这里位置突出，站在码头上回望市区，能看到参差不齐的高楼大厦沿密歇根湖岸列队，是欣赏芝加哥这座风城天际线的绝佳地点之一。登上这里的摩天轮，从高处欣赏密歇根湖水天一色的迷人景色，也别有一番韵味。夏日这里还会举办丰富多彩的活动，包括露天的音乐会和焰火表演等。

海军码头很适合散步，我们迎着清爽的湖风走到码头尽头，凭水倚栏，极目远眺，只见清澈的密歇根湖像大海一样广阔，湖面帆影点点，还有很多私人游艇在悠悠然开着夏日派对，一派迷人景象（见图 2—50）。

参观完海军码头，天色已近黄昏，我们继续沿密歇根湖岸南下。虽是夏日，由

图 2—49　热闹的芝加哥海军码头

图 2—50　密歇根湖上的游艇

于风大浪急，夜晚的湖边还是有些寒意，华灯之下的密歇根湖畔依旧延续着白日里的欢快节奏，骑车的，跑步的，更多的是和我们一样流连忘返的游客。大约半个小时以后，直到天边的最后一抹绯红也淹没在这繁华都市的霓虹里，我们来到了芝加哥有名的湖滨博物馆区（Museum Campus），这里环绕矗立着三座造型各异的博物馆建筑，分别是菲尔德自然历史博物馆（Field Museum of Natural History）、塞德水族馆（Shedd Aquarium）和阿德勒天文馆（Adler Planetarium）。博物馆附近的 E. Solidarity Drive 一带是欣赏和拍摄芝加哥夜景位置最好的地方，这里有很多拿着三脚架专门拍摄夜景的摄友。以我的经验来看，在陌生的地域想要拍摄最美的风景，只要循着拿着长枪短炮三脚架的摄友们的足迹，准能找到最佳的拍摄地点（见图 2—51）。但我相信最美的风景是眼里看到的，是经过思想的滤镜，投射到心灵的影像，这样的影像历久弥新，即便有岁月的风剥雨蚀，依然会铭刻在脑海中，融汇在生命里。

图 2—51　芝加哥夜景

　　欣赏完夜景，在经过塞德水族馆门口时我们意外邂逅了名列世界十大奇怪雕塑之一的"男人和鱼"。水族馆门前矗立一件鱼的雕塑不奇怪，但是一个男人抱着鱼的构思便显得有点奇怪。然后我们又沿着 Lake Shore Drive 向北折回，夜游芝加哥最有名的两个市区公园：格兰特公园（Grant Park）和千禧公园（Millennium Park）。位于格兰特公园中心的白金汉喷泉（Buckingham Fountain）是芝加哥著名地标之一，它建于 1927 年，是世界上最大的喷泉之一。夜幕下喷泉水柱随着悠扬的音乐忽高忽低不停地变化，灯光的颜色也不断变幻，远看就像是一个舞者在翩翩起舞，如梦似幻（见图 2—52）。

　　穿过格兰特公园就到了千禧公园，这里有两个不容错过的好玩的地方：一个是云门（Cloud Gate），另一个是皇冠喷泉（Crown Fountain）。

　　人们更喜欢亲切地称呼云门为大豆子（The Bean），因为其外形宛如一颗巨大的豆子。周边的高楼大厦在它身上形成独特扭曲的投影，同时大豆子中间部分升起，使得游人能从"豆脐"下面穿过去（见图 2—53）。站在下面时大豆子就像一个哈哈镜，可以投影出别样的自己，变幻无穷，非常有趣。皇冠喷泉是西班牙艺术家约姆·普朗萨设计的公共艺术与互动作品，由黑色花岗岩的倒影池和两侧高 15 米的玻璃塔楼组成，喷泉从玻璃塔上不断变化的人脸的嘴里喷出，被戏称是在向人们"吐口水"。

▼ 图 2—52　夜幕下的白金汉喷泉

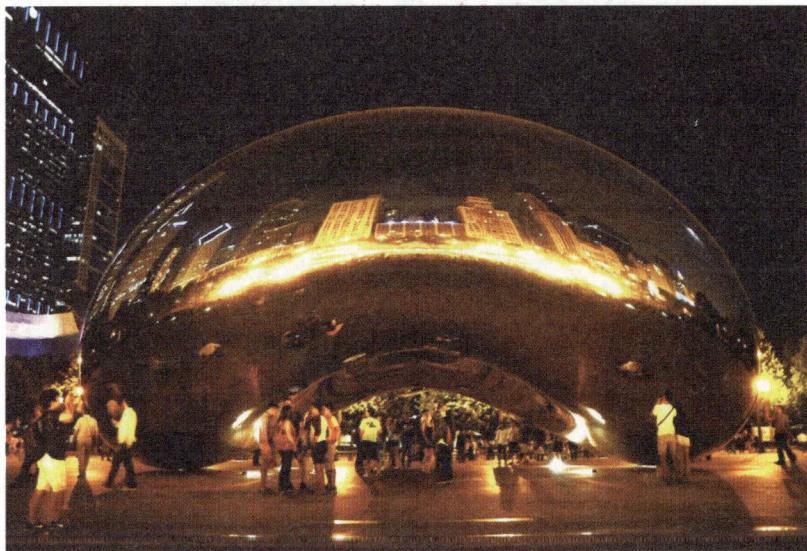

▼ 图 2—53　夜幕下的云门

　　今天芝加哥一日游的最后一站就是去寻找传说中的美国 66 号公路（Route 66）的起点。以美国"母亲之路"著称的 66 号公路见证了无数人对自由、梦想和开拓的追逐，全长近 4 000 公里，由芝加哥一路贯穿到洛杉矶，横跨八个州、三个时区，将芝加哥的大湖区美景与都会风情、得克萨斯州的牛仔风、新墨西哥州的印第安文化、亚利桑那州的大峡谷、内华达州的沙漠戈壁与加利福尼亚州的西部阳光海滩一网打尽。现在很多重走 66 号公路的驴友往往会把车开到芝加哥写有"BEGIN"字样的路牌下再出发，似乎成了必须的仪式（见图 2—54）。这个路牌从 1926 年以来随着芝加哥城市的发展有过两三次小的变迁：1926 年，66 号公路最初的起点在杰克逊大道

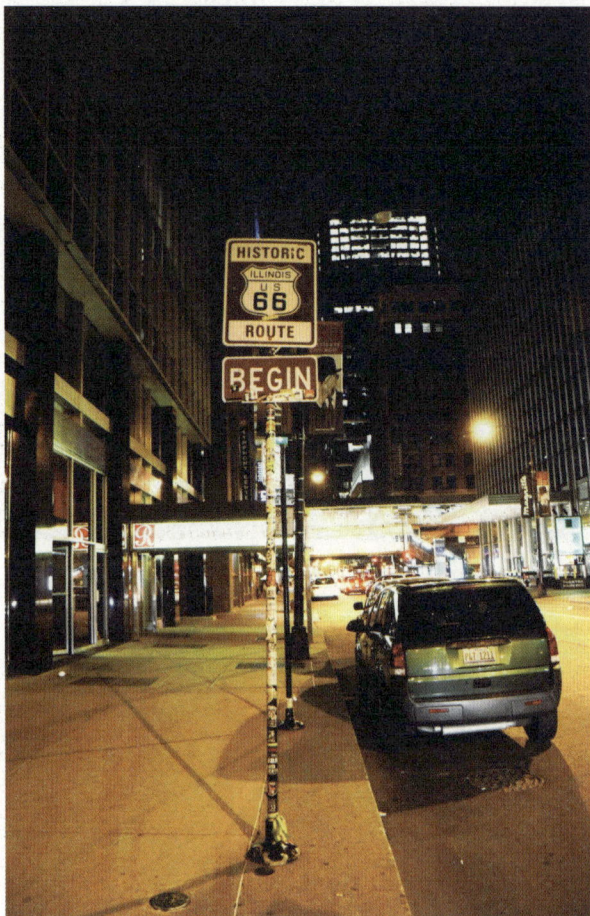

▼ 图 2—54　美国 66 号公路起点

（Jackson Blvd）与 Michigan Ave. 交叉口；1950 年开始，杰克逊大道改为东向单行道，于是亚当街（Adams Street）又成为 66 号公路西去寻找旧时美国梦的起点。

我们在附近转了好几圈，终于在亚当街上离与 Michigan Ave. 交汇处不远的地方找到一处不显眼的牌子，上面标明 "Historic Illinois US 66 Route BEGIN" 字样，就是它指引着许多人踏上寻找美国文化的公路之旅。在这块路牌能被伸手够得着的高度以下，贴满了全世界来此朝圣的游客的贴纸。

Day 16　芝加哥（Chicago）—沃辛顿（Worthington）

游完芝加哥，下一个目的地是南达科他州拉皮德城（Rapid City）附近的恶地国家公园（Badlands National Park）和拉什莫尔山国家纪念公园（总统山雕像）（Mount Rushmore National Memorial）。从地图上看最便捷的走法是沿 I-90 州际公路一路西行，行车距离约 800 英里。我们打算用两天时间赶到，中途在明尼苏达州一个叫沃辛顿的小镇歇息一晚，预订的酒店叫 Days Inn Worthington，税后价是每晚

84.27 美元，导航地址是 207 Oxford Street Worthington，MN 56187。其实我们从波士顿开始基本上就是在沿 I-90 西行，它是美国州际公路系统中最长的一条公路，修建于 1957 年，东起马萨诸塞州波士顿，西至华盛顿州西雅图，横贯美国大陆东西，全长 3 020 英里。有意思的是，这条公路在东部的几个州比如马萨诸塞州、纽约州、俄亥俄州、印第安纳州和伊利诺伊州都有收费路段（虽然收费不高，每次只是象征性收几美元），但从芝加哥一直到西雅图都没有再收费。

虽然从芝加哥到拉皮德城这段一千英里左右的 90 号州际公路上没有知名的景点，但是沿路蓝天白云下的美国中西部田园风光还是很养眼的（见图 2—55、图 2—56）。

▼ 图 2—55 I-90 号公路沿线的田园风光 1

▼ 图 2—56 I-90 号公路沿线的田园风光 2

Day 17　沃辛顿（Worthington）—恶地国家公园（Badlands National Park）

从沃辛顿到恶地国家公园大约 330 英里，中途会跨过密苏里河（Missouri River）。密苏里河位于北美洲中西部，是美国主要河流之一，发源于蒙大拿州黄石公园附近的落基山脉东坡，流至密苏里州圣路易斯以北汇入密西西比河，全长 4 300 多公里，是密西西比河最长的支流。由于赶路，我们开车经过跨河大桥时没有停车，只在飞奔的车上欣赏了一下密西西比河的雄姿。

今晚我们计划住在离恶地国家公园最近的小镇沃尔（Wall），预订的酒店是Americas Best Value Inn，税后价是每晚 85.64 美元，导航地址是 Wall201 South Boulevard Wall，SD 57790。住在这里非常方便明天早起赶到恶地国家公园里面去欣赏美丽的日出。本来我们计划直接从沃辛顿开到我们预订的酒店住下，即将到达目的地时在 I-90 路边看到提示说恶地国家公园就在前方 131 号出口，一看天色尚早，才下午 4 点多，就临时决定先去恶地国家公园溜达一圈，为明早欣赏日出踩踩点。

恶地国家公园位于美国南达科他州西南，也称"恶土"，是一个地貌公园，占地面积 988.68 平方公里。顾名思义，这个国家公园以"恶地"这种地形闻名。所谓恶地，就是穷荒险恶之地，因印第安人无法在此种地而得名，是世界上著名的地质奇观。这里植被稀少，一片荒凉，就像火星或月球表面一样。这种地貌源于千百年持续的降雨、冰冻和融化。当达科他人第一次见到这片土地时，他们形象地称之为"恶地"——恶劣的土地。早年的法国狩猎人在穿越这片崎岖的土地后也把这片土地描述为"Badlands"。虽然南北达科他州许多地方都有这种地形，但恶地国家公园规模最大、最为壮观。

恶地于 1978 年被定为国家公园，分北部（North Unit）和南部（South Unit）两个区域。北部交通便利，环园公路状况良好，大部分景点都集中在公路沿线，适合一般游客开车游览（见图 2—57）。南部位于 44 号高速公路以南，属于松背岭印第安人保护区，国家公园服务组织和印第安人部落联合起来共同管理和保护这部分公园。南部园区内没有道路，公路只在园区边缘环绕，要进去游览得靠双脚。第二次世界大战期间，恶地公园的南部区域常被美国军队用作空中远程导弹试射地。尽管后来做了清理工作，听说该地区仍存留着一些未引爆的弹药。此外，游客还可以在附近的民兵导弹国家历史遗址中找到冷战时期的证据。

从 I-90 的 131 号出口下来后沿 240 号公路只需十几分钟就来到公园的东北入口（Northeast Entrance），一进公园，恶地盛夏的暑热扑面而来。虽然已经是下午 4 点多，但是阳光依然很强烈，因为整个公园缺少绿色植被覆盖，停车下来观赏时只觉热浪烤人，温度估计超过 35 摄氏度。所以夏天游览这个公园最好的时段应该是每天的清晨和傍晚。看这阵势我们原打算细游每个景点的计划只得临时调整，先开车沿

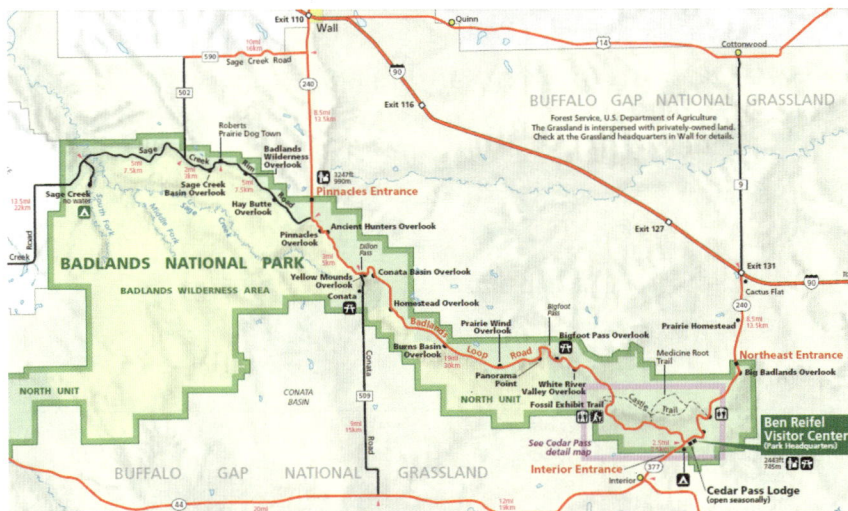

图 2—57　恶地国家公园位置示意图

着公园北区的环线 Loop Road 逛一圈，顺便看一下哪里最适合明天早上看日出。走完 Loop Road 就到了公园的北出口（Pinnacles Entrance），这时快傍晚 7 点了，正是黄昏日落的时候。这个出口到我们今晚住的小镇沃尔只有 8.5 英里，没想到这么短的距离竟能欣赏到漂亮的田园日落风光：只见一片金黄的麦田在夕阳的照射下熠熠生辉，清澈的池塘和翠绿的青草掩映其间，草坪上星星点点散落的牛羊若隐若现，真是一幅唯美浪漫的画卷（见图 2—58）。

图 2—58　恶地国家公园北出口外的绝美麦田风光

Day 18　恶地国家公园（Badlands National Park）—拉什莫尔山国家纪念公园（总统山雕像）（Mount Rushmore National Memorial）—温泉城（Hot Springs）

今天的行程安排是先早起进恶地国家公园欣赏日出，然后趁清晨凉快游览其中一些景点，等到了上午 10 点左右气温升高了就返回酒店早餐，再退房赶往一个半小时车程外的总统山雕像，也就是拉什莫尔山国家纪念公园游览，最后就近住在温泉城，为明天赶路去 300 多英里外的落基山国家公园养精蓄锐。图 2—59 是相关景点的位置示意图。

图 2—59　南达科他州西南地区景点示意图

今天老天爷很给力，是个很棒的晴天，所以我们看到了壮丽的日出（见图 2—60）。

在看日出的时候，我无意中看到一对开着房车在公园里露营的年轻夫妇，两人伫立在房车顶上，一个专注地拍摄日出，一个静静地眺望远方，初生的朝阳把他们的身影染上了一层金边，时间仿佛在他们身上停滞，天、地、人三者完美融为一体，真是羡慕这种充满诗意的房车流浪生活（见图 2—61）。

看完日出，我们沿着环园公路前行，每到一个感觉不错的观景点（Overlooks）就停下来观赏。恶地国家公园虽然荒凉，但却是不少野生动物的家园，有大角羊、叉角羚羊、北美野牛、草原狐和濒临灭绝的黑足鼬，还有很多鹿。我们在路边就看到了好几只吃草的小鹿和羚羊。同时这里也是响尾蛇的家园，每个观景点都能看到提醒游客注意响尾蛇的牌子，所以大家游览时要小心脚下。

晨光下的恶地国家公园大气荒凉，像极了好莱坞大片中的外星球场景，怪不得著名的西部冒险片《与狼共舞》选择这里作为拍摄的大本营。这部 1990 年上映的美

图 2—60   恶地国家公园壮丽的日出

图 2—61   在房车上拍摄日出的夫妇

国西部题材的电影由凯文·科斯特纳执导并亲自主演，凭借恢宏的背景和故事情节，该片 1991 年在第 63 届奥斯卡奖上获得了包括最佳影片、最佳导演、最佳编剧、最佳摄影等七项大奖。2007 年，此片因为它"文化上、历史上、美学上"的重要价值，被选为美国国家电影保护局典藏。也正是这部电影让之前默默无闻的恶地国家公园名声大噪，电影上映后特地来此游玩的游人比以前增加了不少。据说在美国人的眼中，从恶地国家公园这里往西，才是真正意义上的美国西部，我们此次的美版西游记也由此正式拉开帷幕。

恶地国家公园的地貌大部分是由一种较软的沉积页岩和黏土组成，最引人注目的是岩土中间一条条褐黄色的彩带，非常分明和富有层次感（见图 2—62）。据说这种彩带是由古土壤形成的，又称化石土，里面蕴含着丰富的化石。所以恶地国家公园内有世界上最为丰富的自渐新世时期以来的化石沉积物，古生物学家在这里已发现古代三趾马遗迹、小鹿类生物、乌龟、剑齿虎和其他史前动物化石。据说在这里很容易发现化石，如果游客看到了千万别把化石带走，否则就是触犯了美国法律，抓到会被重罚甚至面临牢狱之灾。

凝视着这些沉淀着亿万年沧海桑田和诉说着遥远时光故事的岩土，你会感觉人在自然面前是那么的渺小，而人的一生又是那么的短暂。时光荏苒，生命如歌，我们每个人的人生何尝不是像这样在层叠：无忧无虑的童年，青涩懵懂的少年，躁动叛逆的青年，充满压力的中年，英雄迟暮的老年，一切梦想和时光最后都被浓缩成一幕幕永恒的片段，化为记忆里的一抹似水流年。

沿着环园公路，不同的观景点既能俯瞰整片荒漠山谷的壮观，也可以走入谷底仰望四周奇形怪状的突兀岩石，很像一个缩微的大峡谷公园，可以说如今的"恶地"已经成为游客的"好地"。总的来说游览这个公园还是很轻松的，大部分景点开车都可以到达，不需要走太多路，基本上半天下来就可以游完。

告别恶地国家公园，我们奔赴下一个目的地：拉什莫尔山，俗称美国总统山，据说是美国人一生中必来的景点之一。这里有四座高约 18 米的美国历史上著名的前总统头像，他们分别是乔治·华盛顿、托马斯·杰斐逊、西奥多·罗斯福和亚伯拉罕·林肯，这四位总统被认为是美国历史上最伟大的总统，从国父华盛顿立国，

▼ **图 2—62　恶地国家公园的典型地貌**

杰斐逊起草独立宣言，林肯统一南北，到罗斯福经济富国，可谓代表了美国建国 150 年来的四个发展阶段：建国、独立、统一、强大（见图 2—63）。

▼ **图 2—63   美国总统山雕像**

　　早在 1923 年，就有一位名叫多恩·罗宾逊的历史学家提出在拉什莫尔山雕刻总统群像，以为南达科他州吸引更多游客，为此他在 1924 年说服了雕刻家格曾·博格勒姆前往黑山（Black Hills）地区勘察。1925 年 3 月，美国国会正式批准建设拉什莫尔山国家纪念公园，1927 年 8 月，当时的美国总统库利奇主持了开工仪式。1930 年，华盛顿头像揭幕；1936 年，杰斐逊头像揭幕；1937 年，林肯头像揭幕；1939 年，罗斯福头像揭幕。按照原计划，四位总统的雕像均应为半身像，即雕刻要包括腰部以上所有部分。1941 年 3 月，博格勒姆因血栓去世。他的儿子林肯·博格勒姆接替了他的工作，但后来工程受到资金问题的困扰被迫停止。由于整个雕刻并没有按原定计划完成，长时间以来拉什莫尔山国家纪念公园从来没有宣布正式落成。直到 1991 年 7 月 3 日，时任美国总统的老布什才为拉什莫尔山国家纪念公园举行了官方的落成典礼。

　　总统山没有门票，但是要交停车费。进门的时候车子排了很长的队，不愧是美国人的爱国主义教育基地。其实在进门之前的山路上就已经可以远远地看到雕像了。进门之后，好不容易找到停车位，然后步行向前就到了纪念园里的旗帜大道，两旁 56 面代表美国各州的旗帜在雕像下飘扬。旗帜大道走到底是一个大观景台，这里是和雕像合影的好地方。环绕雕像的步行路有半英里长，被称为总统小道，游客可以从不同的角度观赏雕像。在纪念园内的林肯·博格勒姆博物馆（Lincoln Borglum Museum）里有互动演示、展览及电影播放，讲述了那些将一座大山变成对伟大国家献礼的人们的故事，并集中介绍了雕刻家格曾·博格勒姆，正是因为他的独创性、雄心和拓荒者精神使总统山的梦想变成现实。在这里游客还可以了解到四位总统的生平，沿着他们的足迹梳理出这个国家的发展脉络。

　　总统山可以算作到此一游的项目，大概两个小时就可以全部游览完毕。随后，我们离开总统山前往今晚的住宿地温泉城。沿途这一带由于松林茂密墨绿，远眺黑压压一片，被称为"黑山"，风景很美。这片地区在很早以前就是北美印第安土著"拉科塔"人的栖息地，尽管美国政府在 1868 年签订了友好条约，向印第安部落承诺白人不向黑山地区移民，但后来由于黑山地区金矿的发现，淘金热兴起，大批白人移民涌入，政府食言毁约，将印第安土著从他们的家园赶到印第安保留圈。在这个大背景下，黑山地区上演了无数的传奇故事，前面提到的电影《与狼共舞》描述的就是一段黑山往事。

　　就在离总统山雕像不到 20 英里，也有一整座花岗岩山正在被雕琢成巨型人像，称为"疯马"纪念碑（Crazy Horse Memorial）。"疯马"是个人名，此人是"拉科塔"印第安部落的一个酋长，是印第安人反抗白人的民族英雄。在总统雕像对面树立起"疯马"石雕，一看就是印第安人在唱对台戏。印第安人部落委托美国波兰裔雕刻家柯克扎克·焦乌科夫斯基雕刻这座头像，他策划的这尊"疯马"巨石雕像庞大无比，光是"疯马"的头就比拉什莫尔山四个总统的头合起来还要大，在气势上压了白人一筹。加上酋长的身躯和骑的马，整个雕像足有 169 米高、192 米长，完成后将是世界上最大的石雕人像。1948 年雕像正式动工，1982 年"疯马"尚未完成，柯克扎克就抱憾离世，葬在"疯马"雕像下。

　　他的妻子鲁思和七个孩子继续这一工程，并成立了柯克扎克基金会，简直就是活生生的美国现代版"愚公移山"。1998 年，在工程进行了 50 个年头时，"疯马"酋长的头像才完成。如今雕刻家的遗孀鲁思依然活跃在工地上（她实际就居住在工地的纪念馆里），来参观的游客经常询问雕像何时才能完工，对此鲁思总是回答："说实话，我们自己也不知道。"美国政府的基金会多次要给"疯马"雕像赞助，都被柯克扎克和他的家人拒绝了，坚持依靠民间筹资和门票收入来完成雕像。正因为如此，雕刻家柯克扎克及其家人被看做是与"疯马"酋长一样特立独行的英雄，他们都有着顽强不屈的精神传承，令人敬佩。本来我们经过时打算进去参观，结果一看门票需要 20 多美元，就放弃了，只在门外远远地照了一张相（见图 2—64）。后来我进一步了解到这座雕像背后的故事，还真有些后悔当初没有购票进去支持一下柯克扎克一家人，为帮助印第安人早日实现他们的梦想做一点贡献。不过反正"疯马"雕像完成至少还要 50 年，以后还有机会。

　　远眺"疯马"后，我们赶往温泉城。这座宁静迷人的小镇有 19 世纪 90 年代建造的红色砂岩建筑，还有温暖的矿泉水汇入流经该镇的福尔河（Fall River），这大概是其名的由来。我们住在镇上一家叫 Dollar Inn Hot Springs 的两星级旅馆，从这里很方便步行游览整个小镇，税后房价每晚 68 美元，还是比较经济划算的，导航地址是 402 Battle Mountain Avenue Hot Springs，SD 57747。

图 2—64　至今未完工的"疯马"雕像

Day 19　温泉城（Hot Springs）—美国落基山国家公园（Rocky Mountain National Park）

纵贯北美大陆的落基山（Rocky Mountains），又译作洛矶山，位于北美洲西部，从加拿大横穿美国西部一直到新墨西哥州，绵延超过 4 800 公里，在丹佛附近达到海拔最高点，巍峨壮观的美国落基山国家公园就坐落于这个位置。其实在巍峨的落基山脉上，除了最南端的美国落基山国家公园，自南向北还有很多世界知名的国家公园，比如属于美国的大提顿国家公园（Grand Teton National Park）和黄石国家公园（Yellowstone National Park），美加边境共有的冰川国家公园（Glacier National Park），以及加拿大境内的班芙国家公园（Banff National Park）、库特尼国家公园（Kootenay National Park）、幽鹤国家公园（Yoho National Park）和贾斯柏国家公园（Jasper National Park），均属于这个山系。落基山被称为北美洲的"脊骨"，除圣劳伦斯河外，北美几乎所有大河都源于落基山脉，是北美大陆的重要分水岭，东侧的水流入大西洋，西侧的水则最终注入太平洋。

美国的落基山国家公园位于科罗拉多州，于 1915 年成立，至今已有一百年历史。虽然它没有加拿大一系列落基山国家公园出名，但是加拿大和美国分别为其设立国家公园，由此可推断美国这个落基山国家公园的景致一定也有独特之处。美国落基山国家公园占地 1 000 多平方公里，三分之一的园区位于林线以上，以众多的高峰和高山公路闻名。在 1 000 多平方公里的区域里，海拔超过 3 600 米的山峰就有 60 多座，其中朗茨峰（Longs Peak）海拔 4 346 米，是公园里的最高峰。

美国落基山国家公园面积辽阔，东南西北分布着四个出入口（Entrance Station）。

因为我们之前幸运地在夏季旺季预订到了公园里面的一个露营地 Moraine Park Campground 连续两晚的位置，所以我们选择离这个露营地最近的公园东北部入口（Beaver Meadows Entrance Station）进入，将导航目的地定位在附近的游客中心：Beaver Meadows Visitor Center，Moraine Avenue，Estes Park，CO，United States。从温泉城到这个游客中心行车距离大约 329 英里，耗时六个多小时，中途会经过美国怀俄明州首府和最大城市夏延（Cheyenne）。落基山脚下海拔 2 200 多米的小镇 Estes Park 是离公园最近的小城，也是从东北部进入落基山国家公园的必经之地，据说这个小镇是号称美国除拉斯维加斯之外的第二大流行结婚地，一是结婚手续方便，二是拿证后可以就近到公园里拍摄绝美的外景婚纱照。由于后面连续两天我们要在山里露营，所以在这个小镇上一个 Safeway 超市补充了些食物和水，就直接进山了，从这里出发沿 36 号公路驱车半个小时，就到了 Beaver Meadows Visitor Center 游客中心（见图 2—65）。

Beaver Meadows Visitor Center 游客中心很有创意地修建了供游人休息和观景的长廊，落地窗外就是壮丽的落基山风光，远远望去犹如一幅天然的山水画，婉约秀丽，雄浑壮阔。在这里短暂停留后，我们开车到达露营地 Moraine Park Campground，只见四周青山环绕，苍松翠柏，耳边松涛阵阵，鸟语花香，环境非常优美，能睡在这样的大自然怀抱里真是惬意（见图 2—66）。已经是第二次露营的我们轻车熟路，很快就搭好帐篷和搞定晚餐一切收拾妥当后我们早早休息，为明天极富挑战性的徒

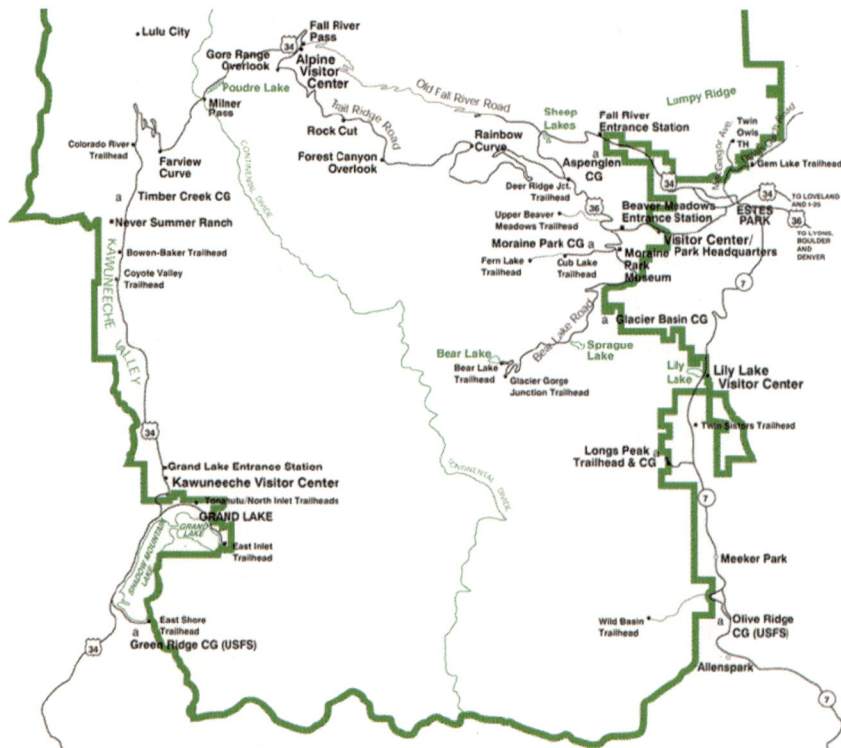

▼ 图 2—65　美国落基山国家公园交通示意图

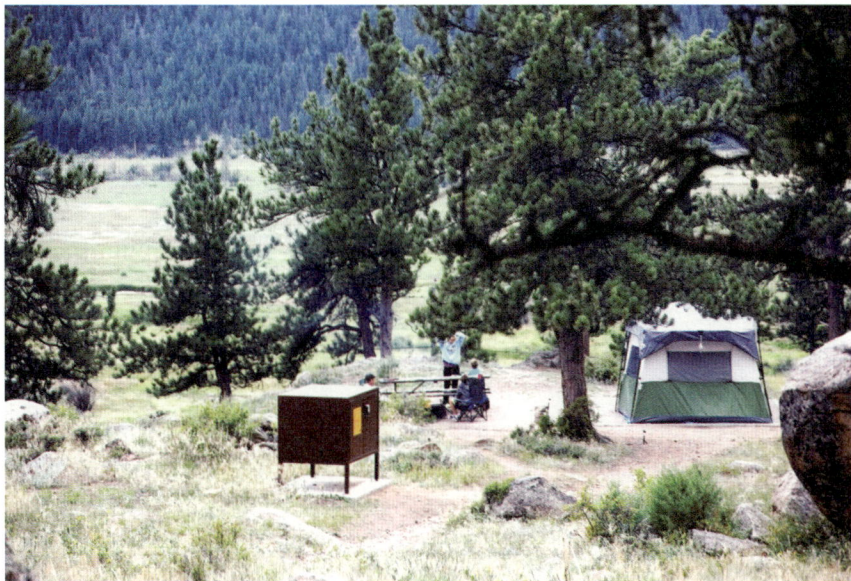

▼ 图 2—66　落基山公园环境优美的露营地

步养精蓄锐。由于落基山经常有熊出没，所以无论白天还是晚上，一定切记要把食物放进营地专门用来存储食物的大铁箱里，并把气味浓郁的食物装袋扎紧，否则很可能引来熊。

Day 20　美国落基山国家公园（Rocky Mountain National Park）（1）

研究了昨晚入园拿到的地图，我们的落基山国家公园两日游准备这么安排：第一天徒步挑战公园东部难度极高的 Longs Peak Trail，一路欣赏朗茨峰的雄姿；第二天乘公园免费的 Shuttle Bus 去熊湖（Bear Lake）和梦湖（Dream Lake）游览，然后自驾走公园里全美海拔最高的盘山公路 Trail Ridge Road，并在沿途的观光点停车观景，最后从西南出口离开公园。

Longs Peak Trailhead 位于 Estes Park 以南约 9 英里处，海拔 2 867 米（9 405 英尺），从我们的露营地出发可经 Marys Lake Rd 和 7 号公路开车抵达，徒步起点处有停车场。中途会经过 Marys Lake 和 Lily Lake，可顺便短暂停留游览一下。海拔 4 346 米（14 259英尺）的朗茨峰是北美著名的 14er 之一（14er 是对海拔超过 14 000 英尺的山峰的统称），不少北美登山家在挑战珠峰前，常在这座北美名山进行冬季训练。它只比位于加州内华达山脉的美国本土最高峰——海拔 4 418 米（14 496 英尺）的惠特尼峰（Mt. Whitney）矮一点点［北美最高峰是位于阿拉斯加州的麦金利山（Mt. Mckinley），海拔 6 194 米（20 320 英尺）］。从图 2—67 的朗茨峰登顶路线示意图可以看出，由 Longs Peak Trailhead 到山顶单程 7.5 英里，爬升近 1 554 米。我们打听到前 6 英里是一般的登山路线，相对易行；后面 1.5 英里无明显路径，且在陡峭山壁间爬行，登顶前的一段非常险峻，难度非常大，为 class 3，这还是一般人有可能

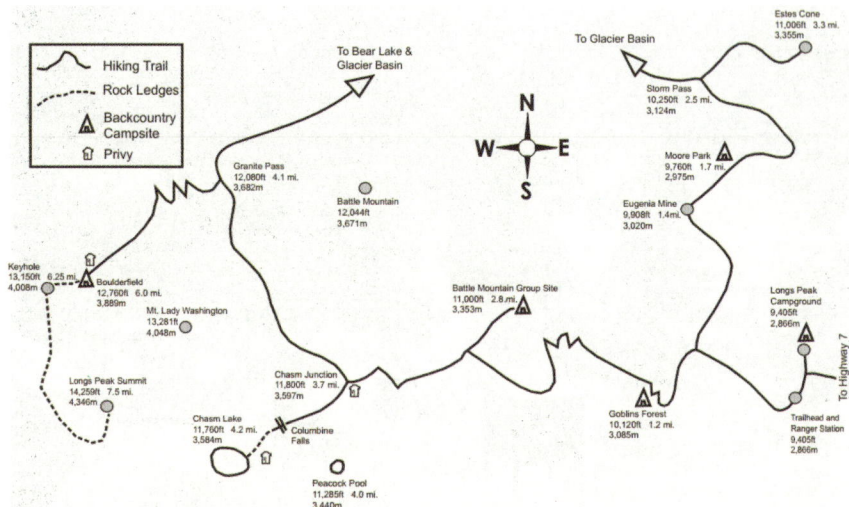

图 2—67　朗茨峰登顶路线示意图

完成的经由钥匙口（Key Hole）的路线走法，其他几条登顶路径则难度更大，据说至今已经有 50 多位登山爱好者不幸长眠于此。因为朗茨峰攀爬时间上下共需 10～15 小时或者更久，大部分登山爱好者为了避开夏季午后的雷阵雨、冰雹、雷击等带来的危险，一般都是凌晨就开始摸黑上山，在上午 11 点以前就开始下山。考虑到我们的队伍里大部分都是体力一般的驴友，为了安全起见，我们很理性地把今天的目的地定在朗茨峰峰顶下的 Chasm Lake，单程徒步距离 4.2 英里，往返大约 6 小时，一般人咬咬牙也可以坚持下来。

我们一路走一路回头瞭望，随着海拔的升高视野越来越开阔，松树林也逐步变成了高山草甸。蓝天白云下群峰逶迤，大气磅礴；云卷云舒像山峰一样叠在一起，一直向天边延伸，最后融于山与天的交界处（见图 2—68）。蓝天白云青山三者交相辉映，给人难得的畅快与自由感，真是一个浮生偷闲的好地方，难怪这里是全美游客量排名前十的国家公园之一，每年接待近 300 万游客。落基山公园还自有一个完整的生态体系，不论海拔高低，到处可见野生动物的踪迹，像松鼠、土拨鼠、麋鹿、长耳鹿、土狼、角鹿和大角羊等随时可能遇见。我们在登山途中就看到一大片 8 月盛夏里还没有融化完的积雪旁有一大群鹿，有的在雪地里行走，有的躺在雪地旁的草地上，非常悠闲，旁若无人的样子仿佛在宣告它们才是这里的真正主人（见图 2—69）。

走了近三个半小时终于接近 Chasm Lake，想着这次虽然不能登顶朗茨峰，能够在近处仰望也是好的。Chasm Lake 下面有片绿草青青的谷地，数条小溪淙淙流淌。休整片刻爬上旁边的乱石堆，终于见到了美丽的 Chasm Lake，此时阳光正好照到朗茨峰，湖里显现出一幅绝美的倒影，此时我们虽然很累，却也值了（见图 2—70）。

▽ 图 2—68　落基山壮美的风光

▽ 图 2—69　夏季落基山上的积雪和鹿群

欣赏完美景，一看天色已晚，到山下还需近两个小时，于是加快脚步往山下冲。有一段为了抄近路，我们没有按照标识走，远远看上去觉得可以从一个斜坡上直接插下去，结果弄巧成拙，在坡上迷了路，绕半天才回到步道上去，真是欲速则不达。以后可要吸取教训，一定要按照公园里标识的小径走。不过走错路的意外收获是看到了一家可爱的土拨鼠，两口子似乎第一次见到有人类闯入它们的家园，非常好奇，和我近距离对视了老半天，给我当了一次非常敬业的模特（见图 2—71）。

▼ **图 2—70　朗茨峰下的 Chasm Lake**

▼ **图 2—71　偶遇可爱的土拨鼠一家**

Day 21　美国落基山国家公园（Rocky Mountain National Park）(2)

昨天的徒步耗费了我们大量的体力，今天的行程相对就轻松多了，基本以开车游览为主，少量步行游览。我们上午先从露营地 Check Out，然后就开车上了通往熊湖的熊湖路（Bear Lake Road）。到了 Glacier Basin，就可以看见 Park & Ride 的标识。因为熊湖是公园里最著名的景点之一，也是大多数人游览的经典线路，导致从 Glacier Basin 到 Sprague Lake 再到熊湖这一路车辆很多，加上停车位有限，在旅游旺季这里往往很难停车，所以公园倡导游客将车停在 Glacier Basin，乘坐公园免费的摆渡车前往 Sprague Lake 或熊湖。

公园的摆渡车频次很高，等了不到五分钟就来了一辆，我们上去后沿着熊湖路行驶不一会就到了熊湖，下车的地方就在湖边。环绕熊湖有一个不到 1 英里的步道，基本都是环湖平路，走的路不多，风景却相当得美，可以从不同角度欣赏青山环抱清澈见底的熊湖，以及那座棱形的朗茨峰（见图 2—72）。天气晴好风平浪静的时候，还可以看到朗茨峰在湖中的倒影。熊湖边没有看到熊，倒是有很多可爱的松鼠，一点都不怕生，经常主动凑上来看你手中是否有食物。

▼ 图 2—72　从熊湖远眺朗茨峰

　　回到熊湖环路起点往停车场方向走，会看到旁边有指示牌提示有去往梦湖的步道，单程大概 1.1 英里。据说 1932 年，在炸掉了 90 棵树桩并用拖拉机清理了湖底后，建起了这座美丽的湖泊。该湖在 1937—1938 年冬天毁于洪水，1939 年重建。听着这么诗意的名字，我们决定去看看这个湖到底有多梦幻。去梦湖的步道基本一路都在爬山，不过山势还比较舒缓，沿途流水潺潺，走了不久就能看到一个瀑布，大概 0.5 英里的地方出现第一个湖，这就是仙女湖（Nymph Lake），不过看起来很普通，游客很少驻足，恐怕也难以留住仙女吧。从仙女湖往上继续徒步 0.6 英里左右，便到了传说中的梦湖。可惜此时下起了小雨，没有了蓝天白云的衬托，梦湖也不再梦幻；缺少了湖水中的倒影，灰蒙蒙的朗茨峰也不再诗意（见图 2—73）。

　　从梦湖继续往上攀爬 0.6 英里左右便可以到达翡翠湖（Emerald Lake）。这个四处环山的湖泊因在阳光下湖水呈绿色，故名为翡翠湖。只可惜，站在湖边极目远眺，苍天大地一片灰蒙蒙，不要说翡翠，连一抹亮色都无从寻觅。考虑到今天天气不好，昨天的徒步又耗费了大量体力，我们决定从梦湖原路折回。下山后乘坐摆渡车回到停车场取车，开始向公园里著名的山脊路 Trail Ridge Road 进发。Trail Ridge Road 长达 48 英里，穿梭于落基山山脉间，海拔 3 200～3 713 米，是美国海拔最高的铺砌公路，有 11 英里是在林线以上穿行，海拔最高处为 3 713 米。因为海拔高，气候多变，每年只有 5 月底到 10 月中旬才对公众开放。最高海拔的公路，美丽的沿途风光，有限的开放时间，更点燃了人们的热情，自驾这条公路穿越落基山国家公园成为必游项目。中途可以在沿路的观光点停车观景或徒步，纵览落基山的群峰，俯瞰峰峦之间的平原沟壑，充分享受高原驾车的刺激（见图 2—74）。

盛夏山中果然天气多变，刚刚还是蓝天白云，等我们开车接近 Trail Ridge Road 的最高点时，突然下起了雨夹雪。风雪影响了视线，加上这条路弯道和上下坡特别多，我们开车更加小心。沿路遇到不少骑着摩托车甚至自行车在风雪中奋力前行的人，真是佩服他们，要知道这里氧含量只有平地的 60%。风雪中，高山草甸上不知名的野花伴着终年不化的皑皑白雪，在冰碛的罅隙间，在短暂的夏季里，尽情绽放。据说到了冬季，落基山公园依然热闹非凡，因为这里是知名的滑雪胜地，有全美最昂贵、最豪华、最贴心的滑雪场。

Trail Ridge Road 的后半段一个叫 Milner Pass 的地方，有一个叫 Poudre Lake 的

图 2—73　从梦湖远眺朗茨峰

图 2—74　美国海拔最高的公路上的美景

湖，湖边竖了一块牌子，根据牌子上的介绍，这是北美的分水线湖泊，东边的水流往大西洋，西边的水流往太平洋，很多人在这个海拔约 3 279 米的标识处拍照留念。继续行驶快出公园时，我们发现路边停了不少车，很多人拿着望远镜张望或端着相机拍摄。我们随即停车，一探究竟，原来是一大群野鹿在路边悠然吃草，闲庭信步，这可是在国内难得看到的景象。我们抑制着心里的兴奋，蹑手蹑脚地靠近拍摄，生怕惊动了它们。据旁边的美国人说这是喜欢秀美臀的白尾鹿（whitetail deer），第一次亲眼见识到这种鹿的我们，将其命名为"美臀鹿"（见图 2—75）。

带着偶遇"美臀鹿"的惊喜，我们驶离公园，经过位于公园西南部的 Shadow Mountain Lake 和 Granby Lake 时正值夕阳西下，远处连绵的群山在夕阳的照射下熠熠生辉，倒影在近处的湖水里波光荡漾。正所谓灵山多秀色，空水共氤氲（见图 2—76）。

图 2—75 喜欢秀美臀的白尾鹿

图 2—76 夕阳下 Granby Lake 的美景

Day 22　美国落基山国家公园（Rocky Mountain National Park）— 盐湖城（Salt Lake City）

昨天，我们原计划住在离落基山公园西南出入口最近的十几英里外的 Granby 小镇，由于预订太晚没有房间，不得已改为 40 号公路边上一个叫 Winter Park 的小镇，离公园西南出入口大约 30 英里。预订的酒店是 Americas Best Value Inn-Sundowner Motel，导航地址是 78869 Us Hwy 40 Winter Park，CO 80482，税后房价每晚 98 美元。虽然也不便宜，但是比 Granby 小镇上的宾馆还是实惠了些，条件也还不错，赶上落基山公园的旅游旺季没办法。

从 Winter Park 到我们的下一个目的地盐湖城近 430 英里，所以今天一天基本都在赶路。我们选择的行车路线是沿横穿落基山脉的 40 号公路一路西行，沿途是典型的西部风光，相当原始荒凉，人烟稀少，路上难得碰到一辆车。在这一天的西部狂飙中，有一段山路格外惊险：就在要进入盐湖城所在的山谷前，从 40 号公路拐上 80 号高速公路时，有一段长长的上坡，紧接着是九曲十八弯的长下坡，似乎有近 13 英里长，长时间频繁使用制动，让我不由得担心刹车是否还忠诚可靠；同时自东向西，虽是夕阳黄昏，迎面而来的阳光依然明晃晃的，炫人眼目，更增加了驾车的难度，那十几分钟我犹如坐了一次漫长的过山车，格外紧张，汗湿衣背。不过如今回想起来，可以在美国西部以这样的方式恣意狂奔，是一种体验，更是一种难得的经历，回味悠长。熬过这段之后，眼前豁然开朗，盐湖城所在的三面环山一面临水的开阔谷地呈现在眼前，远远还能望见谷地尽头在夕阳下闪烁的大盐湖。面对此情此景，估计很多的旅行者都会像我一样，在那一瞬间想起两百多年前摩门教（Mormonism）先知杨百翰在穿越大半个美国后，踏上这片当时还是与世隔绝的土地时说过的一句话：就是这了！（This is the place!）

今晚我们住在盐湖城市中心一家叫 Shilo Inn Salt Lake City 的三星级酒店，通过 Priceline 预订到的税后价格是每晚 103.61 美元，房间非常宽敞，相当超值。这家酒店的导航地址是 206 S. West Temple, Salt Lake City, UT，位置也相当理想，离盐湖城的地标——摩门教的圣殿广场（Temple Square）——非常近。入住酒店后，我们打算吃中餐犒劳一下自己，便去了酒店前台推荐的附近一家叫 P. F. Chang's 的中餐馆，就在酒店背后的转角处。到了餐厅才发现食客爆满，有不少人在门口等座位，我们赶了一天路实在不想再找，索性就坐在门口等。仔细观察了下才发现这个餐厅的侍者都不是华人，透明厨房里的厨师也全是白人，心想味道估计也被全盘西化了。没想到我们点的鱼香茄子和宫保鸡丁两个菜吃起来"中国味"非常地道，真是出乎意料。

Day 23　盐湖城（Salt Lake City）（1）

今天的活动是盐湖城市区一日游。说起盐湖城，除了其独特的大盐湖，不能不提摩门教。摩门教，更准确的称呼应该是耶稣基督后期圣徒教会（The Church of Jesus Christ of Latter-day Saints），发源于美国，总部位于美国犹他州盐湖城。目前全球教会成员人数超过 1 500 万，其中美国本土成员 600 多万。其创始人约瑟夫·史密斯声称 14 岁那年（1820 年春）在小树林中做祷告时看见了神和耶稣显现的异象，听到了神谕，并得到了记载着美洲大陆 1 000 多年文明（公元前 600 年—公元 421 年）的金页片，翻译成册后，成为了摩门教中与《圣经》并重的经典《摩尔门经》，因此在信仰内容上摩门教与基督教有别。刚成立的后期圣徒教会，被当时美国的主流宗教基督教（新教）所不容，后来约瑟夫·史密斯被杀害，由杨百翰带领教徒辗转来到美国中部犹他州大盐湖山谷，并于 1847 年在该处定居发展起来，因此教会的总部位于盐湖城。盐湖城便是早期的摩门教教徒凭借对神的信心在一片包围在沙漠和盐水之中的不毛之地上拓荒所建的一座绿洲。目前超过半数的当地人为摩门教教徒，而摩门教清规戒律很多，使盐湖城成为美国犯罪率和离婚率最低的大城市。怀着对这个神秘宗教的好奇，今天我们去摩门教的大本营——圣殿广场——一探究竟。

圣殿广场是犹他州盐湖城市中心一组属于摩门教总部的建筑群，将盐湖城最著名的几处景点集中在一处，包括盐湖城圣殿（Salt Lake Temple）、盐湖城大礼拜堂（Salt Lake Tabernacle）、盐湖城聚会堂（Salt Lake Assembly Hall）、海鸥纪念碑（Seagull Monument）和两个游客中心，占地 0.04 平方公里，四周围墙环绕。圣殿广场作为犹他州最热门的免费旅游景点，每年吸引了 300 万～500 万的游客，超过大峡谷和黄石公园。

我们从南边的入口进入广场，进门后左手边就能看到盐湖城聚会堂及海鸥纪念碑，纪念碑顶端是两只海鸥吞食昆虫的青铜像。1848 年春摩门教先驱们种植的作物成熟之际蝗虫来袭，幸亏成群的海鸥吞掉了铺天盖地的蝗虫，此事件亦被称为"海鸥的奇迹"，为此摩门教教会修建了海鸥纪念碑（见图 2—77）。

圣殿广场有免费为各种语言的游客提供导游服务的志愿者，我们听见有熟悉的母语正在介绍盐湖城圣殿（见图 2—78），循着亲切而又熟悉的乡音，我们便跟了过去。

高达 210 英尺的盐湖城圣殿是整个圣殿广场的核心，同时作为摩门教总部，吸引了来自世界各地的摩门教教徒来此朝拜。圣殿顶部有一尊天使莫罗尼的金色雕像，据说就是他曾在摩门教创始人约瑟夫·史密斯面前显灵。圣殿外面允许照相，内部不向游客开放，只有级别较高的摩门教教徒才能进入。参观完盐湖城圣殿，志愿者又带我们进入毗邻的盐湖城大礼拜堂参观（见图 2—79）。气势恢弘的盐湖城大礼拜堂建于 1867 年，外表呈蛋形。里面的一面墙上由 11 000 个管子组成的巨大管风琴非常震撼，世界著名的摩门教神殿唱诗班（Mormon Tabernacle Choir）就驻扎在这里。由于特殊的声学设计，巨大的教堂里不用话筒声音听起来也很清晰。为了展示殿内的音响效果，志愿者专门给我们表演了在台上撕纸片和丢大头针，细微的声音在偌大的教堂后面听得一清二楚。

▶ 图 2—77　盐湖城聚会堂前的海鸥纪念碑

▶ 图 2—78　盐湖城圣殿

　　说起摩门教，人们最先想到的就是其一夫多妻的制度。我们也没有避讳这个问题，向带我们参观的志愿者求证。她告诉我们其实这个制度在摩门教早期有其特定的历史背景：当时拓荒条件艰苦，许多男教徒很早去世，留下妇女和孩子，为了方便照顾孤儿寡母才提倡一夫多妻。随着时代的进步，摩门教的一夫多妻制也早在 1890 年就取消了。1995 年，摩门教教会发布《家庭：致全世界文告》，倡导一夫一妻制以及核心家庭价值观。现在的摩门教教徒特别重视家庭，认为家庭是教会及社

图 2—79　气势恢弘的盐湖城大礼拜堂

会的基本单位，强调"任何成功都不能弥补家庭的失败"，教会也鼓励教徒家庭每周举行一次家庭晚会。

除了历史人文的积淀，整个圣殿广场还是一个美丽的大花园，它的绿化和环境让人印象深刻，哪怕你对宗教不感兴趣，在这里徜徉也能带给你愉悦。据说摩门教教徒非常注意形象，如果在当地看到穿着非常正式的男女一般是摩门教教徒。我们果然在圣殿广场看到有不少穿着正式的当地人在附近散步，还遇见一对新人在拍婚纱照，含情脉脉的画面温馨唯美。置身其中，圣殿广场的和谐安宁让人深有感触。无论是基督新教还是摩门教，他们的教义里都有一个基本原则，那便是劝人向善和倡导人与人之间的相互关爱，这一点也与东方的宗教殊途同归，都闪耀着人性的光芒，对促进家庭和社会的和谐稳定无疑是有益的。

从圣殿广场出来，正值下午两三点，明晃晃的阳光非常毒辣，此时才真正领教到盐湖城夏季干热的沙漠性气候的威力。本来我们还计划去圣殿广场北边不远处的犹他州议会大厦（Utah State Capitol）参观，走了两步就已经通身是汗，于是决定早点回酒店休息。如果气候适宜，推荐大家还是去看看议会大厦这个盐湖城的地标之一，据说这是一座全部由大理石建造的大厦，外形仿照美国国会大厦，内墙与穹顶有很多雕塑，装饰得华美典雅，充满艺术性，并且免费对公众开放。在从圣殿广场回酒店的路上，我们经过了家谱图书馆（Family History Library），这里收藏了世界上三亿多个姓氏的家谱，是世界上家谱资料最全的图书馆，公众可以免费检索家谱，说不定在这里你还能查找你的家谱。可惜今天正好是节假日，图书馆不开放，甚是遗憾。

Day 24　盐湖城（Salt Lake City）（2）

考虑到有两位驴友马上就要离队回国，需要买些东西，加上前几天长途赶路，我们决定今天以休闲购物为主，去盐湖城附近最大的一家 Outlets 购物。这家 Outlets 位于盐湖城东边的山谷里，导航地址是 6699 North Landmark Drive，Park City，UT，离我们酒店只有 20 多英里，不过又要经过前天我们来盐湖城时走过的那段超长上下坡的考验。还好已经有了开这种路的经验，第二次走从容很多。这里约有 65 家店铺，包含了常见的大众品牌，包括 Coach、Guess、Tommy Hilfiger、Polo Ralph Lauren、CK、Levi's、Gap、Fossil、Columbia 等。

Day 25　盐湖城（Salt Lake City）—羚羊岛州立公园（Antelope Island State Park）—大提顿国家公园（Grand Teton National Park）

盐湖城除了市区的圣殿广场和犹他州议会大厦几个景点，在其周边还有几个值得一游的地方。一个是位于盐湖城东郊的高贵峰（Grandeur Peak），海拔 2 529 米，登上山顶可以俯瞰整个盐湖城，景色很赞。另外一个就是位于盐湖城西北方向的羚羊岛州立公园，这里的羚羊岛是大盐湖九个岛屿中最大的一个，也是游览大盐湖的最佳地点。到了盐湖城自然要看看大盐湖，而且羚羊岛又在从盐湖城去大提顿国家公园的路上，比较顺路，所以今天我们决定先去羚羊岛参观半天，再赶到大提顿国家公园附近住下。

进入羚羊岛的路有相当长一段是建在大盐湖 7.5 英里长的堤道上的。刚上这条堤道的时候，一定要记得将车窗关闭，将空调调到内循环模式。因为在这一段湖面会散发出一股类似尿素的强烈气味，不过如果你想考验下你的鼻子，也可以打开车窗试试，独特的臭味保证让你一辈子都记得来过此地。过了这段长堤，就到了门票站，每车 9 美元，最多允许 8 名乘客。羚羊岛相当大，修有环岛公路，适合自驾游。岛上还有 21 英里长的山地自行车道，和很多步行或登山的小道。进去之后马上就能体会到这个公园的特色：湖光山色浑然一体，天高水阔美不胜收（见图 2—80）。

除了美丽的自然风景，羚羊岛上还有叉角羚羊、美洲野牛、长耳鹿、加州大角山羊等动物，同时这里也是观鸟的理想场所。叉角羚羊，是犹他州和岛上土生土长的动物，"羚羊岛"名称就来源于此。这些像鹿一样的小家伙是北美奔跑最快的动物，最高时速可达 70 英里。美洲野牛则是岛上最有名的动物，1893 年羚羊岛首次迎来了 12 头野牛，这些野牛便成了今天岛上近 700 头野牛的鼻祖。早就听说这里是观赏北美野牛的好地方，我们就沿着环岛公路到处找牛，果然走不多远就发现了目标（见图 2—81）。

除了观赏景色和动物，羚羊岛还可以进行水上活动。因为大盐湖以高浓度含盐量著称，含盐量大约 4%～28%，与著名的死海相差无几，所以不会游泳的人在这里也能很容易地漂浮起来。我专门带了泳衣来这里体验"水上漂"，只是在酷夏毒辣的

▼ 图 2—80　羚羊岛州立公园的湖光山色

▼ 图 2—81　羚羊岛州立公园的野牛群

阳光下从停车场到沙滩要走近一公里，一定要做好防晒措施。盐湖里的水比较浅，刚好够人漂浮，我第一次体验到那种神奇的漂浮感，闭上眼睛心无杂念，仿佛心灵已经游离于身体之外。由于太晒，而且湖里有大量滋生的蝇类，我体验了十分钟就赶紧返回停车场，找到附近免费的冷水冲淋。这里有岛上唯一的一家餐厅，我们品尝到了独特的北美野牛肉汉堡，非常美味。回味着野牛肉的醇香，我们依依不舍地告别了这个"又臭又美"的公园，奔赴大提顿国家公园。

Day 26　大提顿国家公园（Grand Teton National Park）

大提顿国家公园位于美国怀俄明州西北部，公园的名称来自于提顿山脉的最高峰——高 4 197 米的大提顿峰。大提顿国家公园于 1929 年 2 月 26 日成立，园内拥有长度达 300 公里的步道，并有以杰克逊湖（Jackson Lake）与珍妮湖（Jenny Lake）为首的众多湖泊。大提顿国家公园的大部分区域均位于落基山脉内，自然景观十分壮美。此外，大提顿国家公园还拥有极为丰富的野生动物种类，包括美洲野牛、灰熊、黑熊、驼鹿等。大提顿国家公园距离世界上第一个国家公园黄石国家公园非常近。两者同属于大黄石生物圈，因此游客常常一起游览这两个公园。

由南向北游览大提顿国家公园最便捷的方式是住在离公园南门不远的 Jackson Hole 小镇或 Teton Village。不过我们去的时候正值旺季，这两个地方的住宿很难预订，价格也都在每晚 100 美元以上。公园里面的露营地也是一位难求，又贵又难订上的几个 Lodge 更不适合我们。我们选择住在 Jackson Hole 小镇南边约 30 英里的 Alpine 小镇上，这里一家叫 Alpen Haus Hotel 的旅店税后价是每晚 89 美元，条件相当不错，导航地址是 46 U. S. 26Alpine（Wyoming），WY 83128。这里距大提顿公园南门大概一个小时车程，沿途还能欣赏到美丽的蛇河（Snake River）风光。

从盐湖城到 Alpine 小镇约两百多英里，自驾有两种走法：一种是走 15 号州际高速公路再转 US-30、34、89 号公路到 Alpine 小镇；另一种则是经 80 号州际公路接 US-16、30、89 号公路抵达。前者大部分行驶在 15 号州际高速公路，后者则大部分在非高速公路的乡间小路上行驶，比较费时，但是据说沿路景色优美。我们离开羚羊岛州立公园时已经是下午两点多，为了尽量在天黑前赶到 Alpine 小镇，选择了第一种走法。不过在下 15 号高速公路后的 30、34、89 号公路上，依然欣赏到了美丽的田园风光，短短几十英里的乡间小路，我们一路留恋，不断停车拍照，走了近两个小时才到。所以如果时间充裕，建议避开美国的高速公路，多走走这种乡间小路，一定会有意外的收获，看到不一样的风景（见图 2—82）。

我们计划以 Alpine 小镇为营地，用两天时间来游览大提顿国家公园。从图 2—83 大提顿国家公园游览示意图上看，公园的核心景区是由 Teton Park Road 和 US-191 两条主要公路围成的一个南北向的狭长环形区域，这两条公路在南端的汇合点叫 Moose Junction，在北端的汇合点叫 Jackson Lake Junction。靠左边的 Teton Park Road 横穿整个大提顿公园，常被称为西线，公园大部分经典景点和两个游客中心都在这条线上，是大多数游客最常走的线路；靠右边的 US-191 公路常被称为东线，去的人相对少一些，不过绝对是摄友们的最爱，因为这条线上的几个观景点是拍摄大提顿风光大片的绝佳位置。因此，我们决定今天花一天时间走传统的 Teton Park Road 这条西线，晚上返回 Alpine 小镇；明天再从南向北走不一样的 US-191 东线，游览完后顺道北上去黄石公园露营，不走回头路。

早上从 Alpine 小镇出发，大概半个小时就到了大名鼎鼎的 Jackson Hole。Jack-

图 2—82　去大提顿国家公园 34 号公路上的美景

图 2—83　大提顿国家公园游览示意图

son Hole 是从南边自驾前往大提顿、黄石的必经之路，可以说是大提顿国家公园的南门户。小镇位于山谷中，据说从空中看就像一个凹下去的洞穴，故而得名 Jackson Hole。这个小镇至今仍保留着传统的西部风情，我们开车经过时看到了小镇的镇标——镇中心"鹿角公园"由数千鹿角堆成的巨型拱门（Antler Arch）。穿过 Jackson Hole 继续沿 89 号公路北行，大约十分钟后就会看到一条岔路指向 Jackson Hole 机场，这是离黄石最近的机场，游客可以选择飞到这里再租车游览大提顿和黄石。再向前开十分钟左右就到了大提顿国家公园东西线南面的交汇点 Moose Junction，在这里向左拐上 Teton Park Road，很快就到了游客中心（Craig Thomas Discovery and Visitor Center）。游客可以先在这里休整一下，一来里面的剧院可以欣赏到介绍大提顿公园风光的影片，影片放映前还可以透过大大的落地窗远眺雄伟的大提顿峰；二来大厅里的三维公园地图模型边上有非常丰富实用的旅游信息，包括公园里最佳的观赏日出日落的地点、最佳观赏野生动物的地点、最佳的摄影地点、最佳的徒步路线等，可以拍下这些信息作为后续参考。

从游客中心出来，我们继续沿 Teton Park Road 一路北上，路边设计了很多 Turnout 供游客停车赏景。其中，一个叫 Teton Glacier Turnout 的观景点视野不错，角度颇佳。站在这里举目四望，可以看到远处一排巍峨的高山，其中最高的一座山峰显得很特别，就像金字塔塔尖一样直刺蓝天，在周围山峦的衬托下，显得异常险峻。这就是公园里的最高峰，高 4 197 米的大提顿峰了，山上还有一些冰川和积雪，即便是在盛夏时节依旧不曾消融（见图 2—84）。

远眺完大提顿峰，我们驱车去往西线一个不容错过的经典景点珍妮湖。这是个由山上积雪融化形成的湖泊，湖面并不是很大，但水质纯净，清凉透澈，在蓝天、白云、雪山和周边森林的映衬下，显得更加宁静秀丽，是大提顿国家公园的精华所

▼ 图 2—84　远眺大提顿峰

在。大多数来大提顿徒步休闲的游客，都会在这里停留。环湖徒步线路的起点 Jenny Lake Trailhead 就在游客中心（Jenny Lake Visitor Center）边上，由于距离较长，环湖一周近 4 英里，公园提供了摆渡船（Shuttle boat），可以穿越珍妮湖直接到达对岸的山脚下。这个环湖步道主要是看湖，另外有两个观景点需要爬山，分别是 Hidden Falls 和 Inspiration Point。为了节省体力爬山，我们决定坐船到对岸山脚下。摆渡船船票单程是 9 美元，往返票是 15 美元。我们买了单程票，准备回程时沿湖走半圈欣赏风景。从游客中心边上的 East Boat Dock 到对面山脚下的 West Boat Dock 坐船只要十几分钟，就在船要靠岸的时候，船上有人发现在离码头不远的岸边有一只母驼鹿带着一只小驼鹿在水中嬉戏，船长说这样的景象可不多见，我们也算是饱了眼福。可惜没有带长焦镜头，抓拍不到驼鹿母子温馨的画面，看来在美国旅游欣赏和拍摄野生动物，长焦镜头必不可少。

上岸后走到 Hidden Falls 大概一英里，沿途景色不错，不过有些地方会有岔路，一定要看好路标，免得走错。看到瀑布之后，再继续爬一英里就可以到达这条步道的顶点 Inspiration Point，在那里可以俯瞰整个珍妮湖，视野极为开阔。如果体力充沛，还可以沿着小溪走一走 Cascde Canyon。当然，爬上这个公园里最有名的观景点 Inspiration Point 也着实不易，特别是在登顶之前要走一段峭壁路，得非常小心才行。不过，无限风光在险峰，从这里可以俯瞰珍妮湖全景，只见湖面水平如镜，森林郁郁葱葱，风景美不胜收（见图 2—85）。可惜当时天阴沉沉的，照片拍不出效果。这里还有好多松鼠、花栗鼠窜来窜去并不怕人，有的甚至跳到人身上索要吃的，可爱而又任性。

胜利登顶 Inspiration Point 后，我们沿原路下山，经过半山腰 Hidden Falls 时发现一条岔路，指示牌显示这条路也可以返回游客中心的停车场，想着这或许是条近

图 2—85　在 Inspiration Point 俯瞰珍妮湖

路，我们决定进行一次探险。这条路幽闭安静，没有一个游人，一路上的观景视野也很好，可以从不同角度俯瞰珍妮湖。后来我们才知道这其实是一条马道，鲜有人走，回想起来，我们的探险行为还是有些冒失，万一遭遇熊出没，又没有装备防熊喷剂，真可能会有危险。

经过近 6 英里的徒步行走，我们顺利返回停车场，稍作休整就驱车赶往今天最后一个景点 Signal Mountain。近 7 英里的盘山公路（Signal Mountain Rd）直通山顶，但是这条公路的入口比较隐蔽，大概在 Teton Park Road 上从珍妮湖游客中心往北约 3 英里的道路右边，附近有"Signal Mountain Summit"路标提示，沿着山路前行即可到达顶峰。峰顶视野辽阔，河谷山峦一览无余，东边是空旷无边的山谷和草原，蛇河形如其名，在森里和草地间蜿蜒流过，而西边连绵起伏的提顿山脉一直延伸到视野的尽头，最后消失在天际（见图 2—86）。

图 2—86　**Signal Mountain** 山顶风光

Day 27　大提顿国家公园（Grand Teton National Park）—黄石国家公园（Yellowstone National Park）

今天的行程是沿大提顿公园的东线 US－191 公路去往黄石。US－191 是非常适合拍摄提顿山脉的一条公路，取景角度和画面甚至比西线还要好很多，摄影爱好者不应错过这段公路。比较好的拍摄点从南往北有 Mormon Row、Schwabacher Road、Snake River Overlook、OxBow Bend Turnout 等，这些点都有小型停车场供游客泊车，很方便。由于时间关系，我们略过 Mormon Row 直接到 Schwabacher Road 停车观景，据说这里是拍摄大提顿日出的首选地点，巍峨雄伟的大提顿群峰与蜿蜒舒缓的蛇河在这里展开的是一幅刚柔并济的画卷。我们由于没有住在公园内，赶不上日出，不过在这里看到山水相印的画面，也能想象到日出时这里的盛景（见图 2—87）。

　　让我们停车驻足的第二个观景点是 Snake River Overlook，位于东线的中段，也是一个非常著名的拍摄点。蛇河在此蜿蜒流淌，正好与远处的提顿山脉相呼应，可以在同一张照片中将二者囊入，构成一幅绝妙难得的山水画。唯一有点遗憾的是靠近拍摄点的树长得有点高，取景时会挡住一部分河水（见图 2—88）。

　　从 Snake River Overlook 继续北行几百米，在道路左边有一条 Deadmans Bar Road 可以去河边。蛇河纵贯公园南北，滋养了这片土地，赋予提顿群峰以灵性，我

图 2—87　Schwabacher Landing 风光

图 2—88　Snake River Overlook 风光

们怎能放弃一次与它亲密接触的机会。在河边，我们遇到一群从这里开始蛇河漂流的游客，这是游览大提顿公园秀丽风光的最佳也最具野性的方式。在这里我们还第一次见识了传说中的飞钓（fly fishing）。飞钓是用一种假的长得像苍蝇的拟饵，通过钓鱼者甩杆、提线、放线、卷抛等等的动作，让河里凶猛的鱼以为有飞蝇而咬钩。飞钓在北美和欧洲是很流行的一种钓鱼方法，飞钓者不把这种钓鱼看成是爱好，而是一种运动，包括着装、动作、姿态等都很讲究。飞钓最吸引人的就是它那种"飞扬"的神韵，那种天、人、水、鱼合一的境界（见图 2—89）。

图 2—89　蛇河上的飞钓

　　分享了飞钓者收获的喜悦，我们继续前行，忽然发现前方很多车都停在路边，根据这一路走来的经验，我相信附近一定"有情况"，肯定有动物或风景可看。果不其然，一下车就看到路边的草甸上有成群的野牛和骏马，在蓝天白云和远处提顿山脉的映衬下，一幅"风吹草低见牛马"的绝美景象（见图 2—90）。

　　继续前行很快就到了 Moran Junction 岔路口，从这里向左不远就是 OxBow Bend Turnout 观景点。这里是拍摄大提顿公园另一座名山，海拔 3 842 米高的莫瑞山（Mount Moran）的好地方，比西线的 Mountain Moran Turnout 位置更佳（见图 2—91）。

　　继续前行很快就来到 Jackson Lake Junction 岔路口，从这里向右可以北上黄石，向左就是昨天走过的公园西线。由于昨天天色已晚，没有去西线的最后一个著名景点杰克逊湖大坝（Jackson Lake Dam），我们今天先弥补这个遗憾，然后再去黄石。据说这里也是个绝佳的拍摄点，运气好的话湖面水平如镜，包括莫瑞山在内的提顿山脉北侧群峰都能倒映在湖面上。可惜我们去的时候风起浪涌，湖面一片混沌，终究还是有些遗憾，短暂停留欣赏了一下大坝风光，我们便北上赶往黄石了。

　　从这里去往黄石的路有很长一段都是沿着杰克逊湖行驶，两旁山清水秀，一路

▽ 图 2—90　大提顿东线 US‒191 公路风光

▽ 图 2—91　OxBow Bend Turnout 远眺莫瑞山

皆是风景，真可谓人在景中游，车在画中走。大概半个小时后来到黄石公园的南门，不过这里距离我们今晚计划入住的黄石公园桥湾露营地（Bridge Bay Campground）还有近 40 英里。等我们赶到营地时天色已暗，高海拔的天气说变就变，竟然下起了大雨，我们被冻得瑟瑟发抖，温度似乎也只有几度的样子，没想到黄石的夏天也会这么冷。看这样子是没法搭建帐篷野外露营了，我们决定先去离营地只有两英里的黄石湖酒店解决晚餐，再看能否住宿。吃完晚餐，雨小了很多，不过外面气温还是很低。这种天气睡在帐篷里肯定会冷，我们问了黄石湖酒店前台说是已经没有空房。看见大堂有很多沙发，就问在餐厅吃饭时遇到的一个很友善的中国服务员，她说可以帮我们问问能否在大堂将就一晚。可能看我们实在是"无家可归"，酒店网开一面，说可以让我们在大堂待一晚上。这里的大堂非常温暖，只是我们觉得四个人晚上都待在这里目标太大，我就和另外一个驴友商量回营地睡到车上，只留两个人在这里。等回到营地将我们租的 RAV4 变成一张床时，我不经意间抬头一看，不知何时雨停风驻，已经露出满天繁星，久居城市平时难得一见的银河异常清晰明亮，像是回到了童年的乡村，耳边似乎又响起理查德·克莱德曼《星空》的旋律，那是我这一生中见到的最美的星空。

Day 28　黄石国家公园（Yellowstone National Park）（1）

黄石国家公园作为美国乃至世界上第一个国家公园，无疑是美国名气最大的国家公园之一。特别是电影《2012》的上映，让本就名满天下的黄石公园更加为世人瞩目。黄石国家公园成立于 1872 年，1978 年被列为世界自然遗产，主要位于怀俄明州，部分位于蒙大拿州和爱达荷州，面积达 8 983 平方公里，是美国本土 48 州面积排行第二的国家公园〔美国本土排行第一的是加州的死亡谷国家公园（Death Valley National Park），全美最大的国家公园则是位于阿拉斯加的朗格-圣伊利亚斯国家公园（Wrangell-St. Elias National Park），面积有整整六个黄石国家公园大〕。在黄石公园游客可以同时欣赏到终年白雪皑皑的山峰、壮丽的高山湖泊、优美恬静的溪流、浪漫迷人的黄石湖、雄伟壮丽的大峡谷、万马奔腾的黄石瀑布、神秘浩瀚的森林、五彩缤纷的温泉等。黄石公园最大的特色就是广泛分布的地热现象，上千个炙热喷泉及冒着泡的泥浆形成了世界上最大的地热谷。同时黄石公园还被誉为"世界上最著名的野生动植物庇护所"，是整个大黄石生物圈的核心地区。图 2—92 是公园的浏览路线示意图。

黄石公园共有东、南、西、北及东北五个出入口，公园内的景观公路呈 8 字形，沿景观公路分布着众多各具特色的景点，大致分为五个区：西北以石灰石台阶为主，故也称热台阶区；东北仍保留着老西部风光；中间为峡谷区，可观赏黄石大峡谷和瀑布；东南为黄石湖区，主要是湖光山色；西及西南为间歇喷泉区，遍布间歇喷泉、温泉、蒸气、热水潭、泥地和喷气孔。我们昨天是从南边的入口进入，在公园东南位于黄石湖湖畔的桥湾露营地露营，营地周围景色优美，空气清新。这里顺便说一下黄石公园的住宿和露营地预订攻略。和之前在别的国家公园露营一般都是通过 https://www.recreation.gov 网站预订不同，黄石公园内部所有的露营地、小木屋和酒店等住宿都必须在这个网站预订：http://www.yellowstonenationalparklodges.com/，而且旺季的话往往要提前几个月订，我们能够在旺季只提前几天就订到园内两晚的露营位算是非常幸运的。没有提前预订也可以去下面这些先到先得的露营地碰碰运气：Mammoth、Norris、Indian Creek、Lewis Lake、Pebble Creek、Slough

▼ 图 2—92　黄石国家公园游览路线示意图

Creek 及 Tower Fall。如果黄石公园内部的住宿没订上，也可以考虑西门外 West Yellowstone 和北门外 Gardiner 两个小镇上的酒店，旺季价格虽然也不太便宜，但住宿条件要比园区内的好很多，而且提前一点基本都能订上。

　　我们计划在黄石玩两整天，第一天主要玩 8 字形景观公路的下半部，从露营地自东向西依次游览西拇指间歇泉盆地（West Thumb Geyser Basin）、老忠实喷泉（Old Faithful）、黑沙盆地（Black Sand Basin）、上间歇泉盆地（Upper Geyser Basin）、中间间歇泉盆地（Midway Geyser Basin）、下间歇泉盆地（Lower Geyser Basin）和大棱镜热泉（Grand Prismatic Spring）等精华景点；第二天玩 8 字形景观公路的上半部，主要包括诺里斯间歇泉盆地（Norris Geyser Basin）、猛犸象热泉区（Mammoth Hot Springs），如果后面还有时间再去东北部罗斯福区（Roosevelt）走走班瑞克步道（Bannack Trail），看看塔瀑（Tower Fall）和黄石大峡谷（The Grand Canyon of the

Yellowstone）。

从桥湾露营地开车到西拇指大约 20 英里，大部分都是沿着黄石湖边行驶，一路上可以欣赏美丽的湖光山色，可以呼吸温润的湖风，非常惬意。远远地看到前方升腾的热汽和缭绕的水雾，就意味着西拇指到了。西拇指间歇泉盆地位于 8 字右下部分的最底端，依偎在景色宜人的黄石湖畔，沿着外圈和内圈观景步道能看到不同的间歇喷泉，也可以走到黄石湖边，饱览整个黄石湖以及远处的雪山风光。这里有着众多的热泉，喷水口位于湖底，热泉从湖底汩汩涌出，就是所谓的湖中热泉，是此处的一大特色。这里的喷水口颜色多种多样，有的呈透明绿色，有的呈现宝石蓝色，有的呈现暗黑色。走在步道上，人有时会陷入大团的蒸汽里，可以闻到明显的硫磺味。个人感觉这里最漂亮的两个温泉池是 Bluebell Pool 和 Black Pool。不过要特别提醒一下个别游客，千万别把旅行陋习带到这里，往这么漂亮的泉眼里扔硬币、石头或者其他东西，这在黄石公园里是严格禁止的，也是非法的，可能招来巨额罚款。说实话，看着这样的美景应该也不忍心扔（见图 2—93）。

游完西拇指，我们沿园内 8 字形环路左下部分继续西行，去黄石公园中最负盛名的景观——老忠实喷泉——一探究竟。老忠实喷泉于 1870 年被首次发现和命名，它不像园区内其他喷泉爆发没有规律，而是每隔 90 分钟左右就会喷发一次，每次历时约 4 分钟，前 20 秒喷得最高最美，每次共喷出热水约 1 万加仑，高度达 40～50 米，水温 93 摄氏度。经年累月，老忠实喷泉都是这样按照一定的规律喷发，从不让观光客失望，遂得"老忠实"美名，成为黄石公园的标志性景点。在很多人心目中，老忠实喷泉几乎可以说是黄石公园的代表，没有亲眼目睹老忠实喷泉的喷发就等于没有来过黄石。

图 2—93　**Bluebell Pool**

从停车场去老忠实喷泉前会先经过一个比较高大的木结构建筑，叫做"Old Faithful Visit Education Center"游客中心，游客中心的门口及大厅中央的显著位置摆着一个牌子，标示着下次老忠实喷泉的预计喷发时间，工作人员会在每一次喷发过后根据上一次的喷发情形去预计下一次的喷发时间，但现在基本上都差不多是间隔90分钟。每次预计喷发前的15分钟，在观众席正中央区域会有人员解说，所以建议提前15分钟到正中央占个好位置，否则去晚了一般的位子也难找到。

在游客中心旁边还有一个著名的旅馆Old Faithful Inn，据说如果住在这家旅馆的东翼（East wing）房间里，就能从窗户欣赏到老忠实喷泉从早到晚喷发的不同风姿，只是想要住在这里至少要提前半年预订，并且房价高得离谱。不过想想携手心爱之人日看泉起泉落，夜听泉声入眠，那该是一幅多美的画面。

每当老忠实喷泉喷发时，大部分游客都是挤在老忠实喷泉一周的环形观景平台上欣赏，站在前排能够近距离感受到喷发时自然之力带来的震撼。不过近距离欣赏却不利于拍摄，尤其大喷发时水雾缭绕，拍出来的效果大打折扣。我们在等待喷泉爆发的时候发现在老忠实喷泉背后的山坡上有几个人影，架着长枪短炮跃跃欲试，无疑那里才是老忠实喷泉的最佳拍摄地。图2—94就是我从公园官网上找到的一张从对面山坡上拍摄的老忠实喷泉喷发照，果然大气磅礴，视野超赞。所以如果是摄影发烧友，可以先近距离欣赏一次老忠实喷泉喷发，然后朝对面的山坡进发，沿路还可以欣赏到其他大大小小的各式热泉，大约一个半小时后到达山坡上的观景点，正好赶上下一次喷发。

欣赏完老忠实喷泉，我们看到一个指示牌显示从这里的游客中心到黑沙盆地还有1.8英里，决定直接去黄石公园里和老忠实喷泉齐名的另外一个著名景点——大

▼ 图2—94 老忠实喷泉

棱镜热泉。大棱镜（又称大彩虹）热泉位于中间间歇泉盆地，是美国最大的热泉，也是世界第三大热泉，被称为"最美的地球表面"。大棱镜热泉因为各处的温度不同，适合不同的微生物生长，因此从里向外呈现出蓝、绿、黄、橙、橘和红等一圈圈不同颜色的彩虹色环。大棱镜热泉最特别的地方就在于泉水的颜色会随季节的变化而变化。春季，湖面从绿色变为灿烂的橙红色；夏季，叶绿素含量相对较低，泉水显现橙色、红色或黄色；到了冬季，由于缺乏光照，泉水呈现深绿色。

和老忠实喷泉一样，欣赏大棱镜热泉也有近观和俯瞰两种方式。近观就是沿大棱镜热泉周围的木栈道步行游览，一圈走下来大概需要 40 分钟。站在栈道上，能感受到阵阵热风和巨大的水汽。不过从木栈道平视，只能看到大棱镜热泉边缘部分橙红色水滩，难窥全景（见图 2—95）。要想看到大棱镜热泉的七彩色环和全景，必须要爬到周边的山坡上俯瞰。这样的山坡有两处，一处位于东面 8 字形公路边上，我们经过时有几个人已经登上坡顶，不过目测这个山坡不是很高，估计视野依然受限；另外一处在大棱镜景区南面，需要通过仙女瀑布步道（Fairy Falls Trail）方能到达，是欣赏大棱镜热泉的最佳位置。

不敢贪功，其实走仙女瀑布步道去俯瞰大棱镜在网上有人提过，但没有说清确切的位置。在黄石公园官方的地图上也没有仙女瀑布步道的示意图，只标注有仙女瀑布这个不知名的景点，无从知晓步道的起点在哪里。我们研究了地图，估计步道的起点应该在南边，就从大棱镜停车场出发沿着园内 8 字形环路左下部分向南，一路观察，果然发现了在右手边一个不起眼的地方有这条步道的标识，旁边还有个停车场。停好车，走过一个很有特色的钢木混合结构的小桥，便是一条比较平整的步道。这条步道走起来比较轻松，路旁边还会不时出现一个个的小间歇泉，看上去清

▼ 图 2—95 近观大棱镜热泉

澈碧绿，非常精致。原本以为应该走一会就可以到，但差不多走了半小时近 0.6 英里，才远远看见右前方大棱镜热泉冒出的热气，此时正好左手边的一个山坡上下来几个人，一问果然就是这里，工夫不负有心人啊。

终于找到俯瞰大棱镜热泉的最佳观景点了，攀爬这个土坡的过程却异常艰辛。山坡很陡，差不多有 45 摄氏度，通往坡顶的蜿蜒小径上到处都是石块和东倒西歪的树干，更增加了攀爬的难度。因为这里并不是公园设置的正规观景点，还没有进行正式开发，路边的警示牌提醒游客注意安全，可能有熊出没。这条小路原本并不存在，就像鲁迅先生说的，只是去的人多了才踩出这条路。还好今天没有下雨，要不然很难上去。我们手脚并用，一边爬一边回头望，随着高度的增加，视野愈发开阔，仿佛徐徐展开的帷幕，大棱镜的全景真容呼之欲出。差不多爬了 10 分钟，我们终于到达半山腰一个只能容纳两三个人的小平台，平台很是局促，视角却极为独特。回首一望的瞬间，我一下子被眼前的绝世美景惊呆了！只见一只巨大的水汪汪的绿眼睛深深地镶嵌在大地上，周边是彩色条纹形成的一道道美丽的"睫毛"，犹如"上帝之眼"，再配上葱郁的森林和远方的黄石河为背景，整个景象壮美无比，不愧是传说中黄石公园非官方的五星级私房美景（见图 2—96）。遗憾的是当时是阴天，听说晴朗的午后到傍晚时分金灿灿的阳光投射到大棱镜湖面上时色彩更加丰富，景色更是无与伦比。从唏嘘震撼中回过神来，我们赶紧拍照留念，就像阿姆斯特朗登上月球时的感言：站在这里，对于黄石公园和大棱镜热泉来说，只是多了几个脚印，对我自己却是生命里值得铭记的时刻。很快，后面又陆续有游客上来，我们让开这个最佳的位置，继续向上攀爬，至坡顶才发现我们犯了好高骛远的通病，坡顶的视野和角度还不及半山腰的平台。多耗费了一些体力，消耗了二十几分钟，不过在我看来

▼ 图 2—96　俯瞰大棱镜热泉

依然值得，很多时候不亲自体验总以为错过了最美的风景，留下永远的遗憾。如果你问我黄石之旅印象最深刻的是什么，那我绝对毫不犹豫地推荐到这个半山坡上俯瞰大棱镜，因为这是我在黄石最美好的回忆。

今天最后一站是下间歇泉盆地。黄石公园十大景观之一的 Fountain Paint Pot 就在这里。Fountain Paint Pot 没有老忠实喷泉那样大气震撼，也不似大棱镜喷泉那样五彩斑斓，却很有特点。雨水充沛的时候，喷泉附近会变成一片泥沼，一个个泥泡泡涌起来，散开去，像是正在熬制一锅浓汤，充满乡野童趣。可惜，我们去的时候降雨较少，浓汤最终变成了锅巴。倒是旁边的 Red Spouter 给了我们意外的惊喜，这两个洞是 1959 年一场大地震之后才出现的，夏末秋初地下水位低，Red Spoute 呈现喷气孔（Fumaroles）的样貌，蒸汽声嘶嘶作响（见图 2—97）；雨季或冰消雪融的春天这两个洞会变成泥泉（Mud Pot）甚至是温泉（Hot Spring）的模样。这里顺便科普一下泉的分类：不断有地下热水补充的称为热泉（Hot Spring），不断喷发的称为喷泉（Fountain），定时或不定时喷发的称为间歇泉（Geyser），只冒气不喷发的叫蒸汽泉（Steam Geyser），喷泥巴的叫 Mud Pot，火山口叫 Crater。

图 2—97　Red Spouter 气孔

离开下间歇喷泉时已近黄昏，想想野外露营还是会有些寒意，我们决定放弃一晚 21.5 美元的露营地，就近到西入口外的黄石镇去碰运气。路上近距离偶遇一只带着小鹿在路边吃草的母鹿，还捕捉到了它们亲吻的温馨时刻（见图 2—98）。

西黄石镇距地热喷泉区只有约半小时车程，是大多数游客在黄石住宿的首选地，原本我们也计划住在这里，但提前一周已经预订不到了。在镇内一家名叫"华城"的中餐馆吃过一顿美味的中餐后，我们逐个酒店询问，最终找到了空房，双床房每晚税后 100 美元，在旺季能临时找到这个价格也算很幸运了。

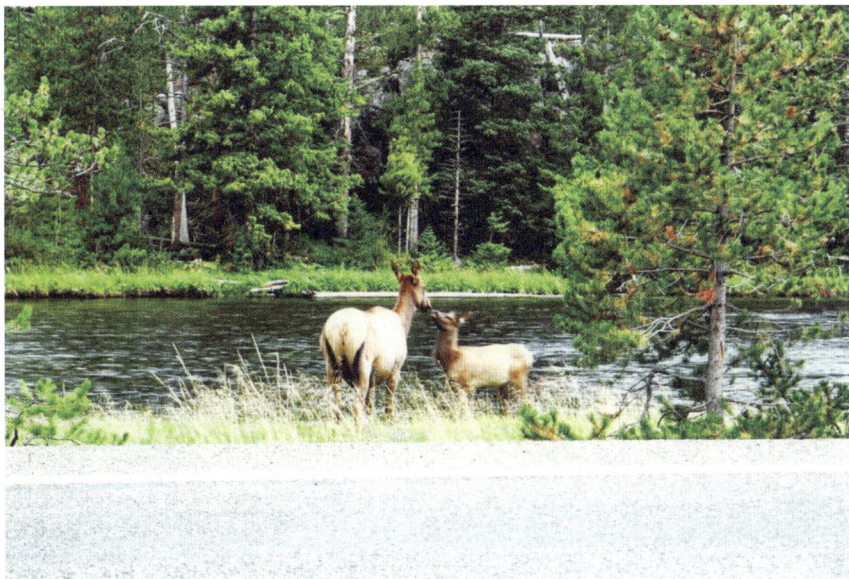

图 2—98   在路边淡定亲吻的母鹿和小鹿

Day 29   黄石国家公园（Yellowstone National Park）（2）

今天继续游览黄石 8 字形景观公路的上半部，考虑到前面已经游玩过尼亚加拉大瀑布，后面还要去大峡谷国家公园（Grand Canyon National Park），于是决定放弃 8 字形右上的塔瀑和黄石大峡谷等景点，主攻 8 字形左上的猛犸象热泉区等知名度更高的景点，顺道游览 8 字形中部的诺里斯间歇泉盆地。

诺里斯间歇泉盆地以各式各样的间歇喷泉为特色，而且范围较大，由两个盆地组成，分别叫做 Porcelain Basin 和 Back Basin，因为有两个盆地，相应地就有两段观景步道：Porcelain Basin Trail 和 Back Basin Trail。步道两边分布着不同类型的间歇喷泉，其中较短的 Porcelain Basin Trail 走完全程大概需要半小时，较长的 Back Basin Trail 则需要一个多小时。诺里斯间歇泉盆地入口处设有一个小型的博物馆，记着黄石公园里几个著名的喷泉喷发记录。博物馆的左右两边分别是两个景观步道的起点，我们先去了 Porcelain Basin Trail，这里的凹地上布满了缤纷的彩带，这些彩带是一群嗜热微生物的杰作。这些不同种类的微生物各自生存在不同的水温及 PH 值环境下，有些微生物甚至在不同的环境下会产生不同的颜色，因此造就了如此五彩斑斓的梦幻色彩（见图 2—99）。

接下来的 Back Basin 内有一个黄石公园里比较有名的喷泉——汽船喷泉（Steamboat Geyser），它喷发时的高度约为 90～120 米，是老忠实泉喷发高度的 2～3 倍，但它的喷发不可预测，不像老忠实喷泉那么准时。汽船喷泉在 1983 年曾经有过一次大爆发，其后就一直嘶嘶地冒着白烟，世人难得一见其再次大喷发。我们到那里的时候正好赶上一次中等规模的喷发，赶紧将之录下来，也算是不虚此行（见图 2—100）。

图 2—99　五彩斑斓的 Porcelain Basin

图 2—100　汽船喷泉

　　从诺里斯间歇泉盆地到猛犸象热泉区大概 21 英里，中途行车时在左手边可以看到几座很有特点的山峰，包括高 3 150 米的 Mountain Holmes 和高 3 016 米的 Mountain Dome，夏季还能看到山上点缀着白雪，如果不急着赶路，可以靠边停车拍照留影。这里顺便提一下在国家公园里的行车潜规则。如果你的车速比较慢，导致后面积压了两三辆车以上，你最好赶紧在前方找一个标识有 Turnout 的地方靠边停车让行，不然很容易招人鄙视。

猛犸象热泉区在景区 8 字形公路左上部分的最顶端，也就是在公园北门附近 Mammoth Hotel 的南面。因为不顺路，大众观光团一般不会安排这个景点，但这里有非常特别的温泉梯田景观，类似九寨黄龙的钙华台地，值得花上半天的时间游览。猛犸象热泉区分成上下两区（Upper/Lower Terraces Area），上区有一条可以开车进去的单行道，绕一圈不长，景观相比下区要逊色一些，沿着单行道两旁有几个小温泉梯田景点，可以停在旁边的空地上下车拍照；下区则需要步行游览，猛犸象热泉区最精彩的景点几乎都集中在这里（见图 2—101）。

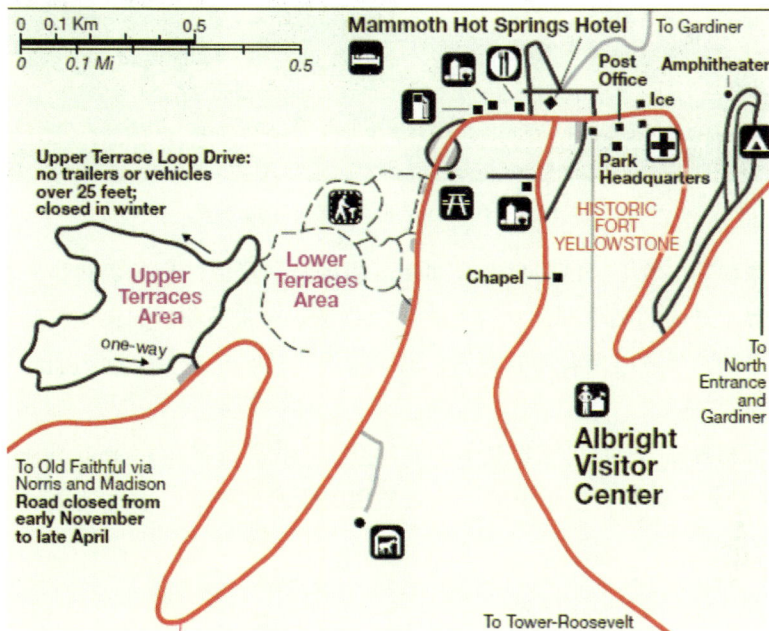

图 2—101   猛犸象热泉区的景点位置示意图

我们是从南边开车过来的，所以先到了上区 Upper Terraces Area。上区的停车场旁有通往下区的木栈道，在游览上区的时候可以顺便沿着木栈道走下去一段，俯瞰 Lower Terraces Area 下区温泉梯田的顶部，然后返回来取车，再开车到 Lower Terraces Area 木栈道的底端，那里才是整个猛犸象热泉区最漂亮的地方。

不过在上区一片色彩斑斓的地表上，一棵棵仿佛烧焦的枯木顽强屹立着，还有一个由于地下热泉常年喷涌沉积而形成的石丘 Orange Spring Mound，整个场景还是很神奇壮观的。离开上区，在进入下区之前会有一个停车场，停车场旁边有一个同样由热泉活动沉积物形成的岩石柱——自由帽（Liberty Cap），高约 11 米，因其状似法国革命战争时期爱国战士所戴的帽子而得名。停车场旁有一条游览栈道，不是很长，直通下区的温泉梯田。沿栈道前行会看到黄白相间的彩色山坡，坡上有不少死而不倒的枯木（见图 2—102）。

图 2—102　Lower Terrace Area 美景

接下来便是由数千年热矿泉水冷却和沉积碳酸钙形成的猛犸象热泉阶梯了，据说这是世界上最大的钙华存积，看上去晶莹剔透，异常美丽。如果天气晴好，或恰逢旭日东升的清晨或霞光满天的黄昏，温泉梯田上还会呈现另一种绚丽的景观（见图 2—103）。

欣赏完猛犸象热泉区，已经是下午五六点了，我们选择在 Mammoth Hot Spring Hotel 旁的快餐厅就餐。坐在窗边，一边享用美味的汉堡，一边远眺猛犸象热泉阶

图 2—103　猛犸象热泉阶梯

梯，草坪上三只麋鹿在悠闲地吃草，黄石的生活就是这样舒缓从容。

解决了温饱问题，今天最后的一个压轴节目就是去泡泡传说中的免费室外温泉了。根据我们提前查找的信息，在北门 Gardiner 小镇附近有一条河流叫 Boiling River，当地人经常到河里泡免费的室外温泉，大致位置是从猛犸象热泉区到黄石北门的 89 号公路边上，需要从路东侧一个停车场走进去才能到。由于这个免费的温泉浴场是民间人士发现的，所以具体停车场的名字以及位置在官方地图中并没有标注。我们只好沿着 89 号公路一边开车一边寻找可能的停车场，中途发现几个，似乎都不像，就这样快接近北门时又折返回来细细寻找，终于在路边远远望见有一个停车场似乎有不少车辆。这个停车场其实离路边还有段距离，需要通过一条小道才能进去，相当隐蔽，很容易错过。具体的停车场入口特征信息可以参考图 2—104，开车时看到路边一个写有 Entering Montana 路牌，就意味着离这个入口很近了。

图 2—104　黄石公园免费室外温泉的入口

停车场附近有一个厕所，可以换泳衣，因为人多，我们就在车里换好泳衣穿上拖鞋，然后跟随人群沿着停车场旁边的小路走向"温泉浴场"，这是一段完全靠游人踩出来的土路，差不多有一英里，要走半个小时。走到 Boiling River 与 Cardner River 的交汇处，只见河面热气腾腾，河里人声鼎沸，我们苦苦寻找的温泉浴场便是这里了（见图 2—105）。这里是冷水与热水的交汇处，外水道 Gardiner River 的水很凉，内水道 Boiling River 的水很烫，中间用一排大石头隔开形成一个天然的露天温泉。因为冷热交换不均，水温相当不稳定，泡的时候忽冷忽热，可谓冰火两重天，需要小心烫伤或者冻着。这里的设施非常简陋，相当原生态，却是黄石公园最具人气的一个地点，很多当地人全家老小一起来泡。这里无人管理，只有一个牌子注明使用时间是早上 5 点到晚上 9 点，实际上并没有人来检查或清场，这个时间上的限定估计是出

图 2—105　黄石公园免费泡室外温泉的地方

于安全的考虑，因为太早或者太晚可能会有野生动物在附近出没。

　　泡过温泉，身心舒畅，皮肤似乎也光滑了很多，旅途的疲惫一扫而光，大家倍感神清气爽。返回停车场，天已经完全黑了下来，驱车前往位于黄石公园东门入口外 50 多英里的小镇科迪（Cody）。当时考虑住在科迪，是便于第二天走著名的熊牙公路（Beartooth Highway），再经黄石北赴蒙大拿州冰川国家公园（Glacier National Park）。不过现在看这样的安排并不科学，因为从露天温泉浴场到科迪小镇要横穿整个公园，走一百多英里的山路，耗时约三个小时，得午夜时分才能抵达。其实比较妥当的安排应该是在附近的 Gardiner 小镇或西黄石镇预订住宿，第二天出东北门走熊牙公路。

　　不尽合理的安排为我们吃到旅行途中的第一张罚单埋下了隐患，不过这样也给我们留下了特别的回忆。静寂的夜里，在黄石公园行车可谓有惊无险：雾气飘飘的盘山公路宛如仙境，不时蹦出的小动物虽让人惊出一身冷汗，却也让我们感到新奇兴奋，不过除了这些惊险和刺激，我们印象最深刻的是美国警察的敬业。当我们开到 8 字形右边中部时已经临近午夜，心里想着这时候警察应该早下班了，又赶上一段下坡路，速度不知不觉就超过了 50 英里/小时（公园限速是 35 英里/小时）。当时我坐在副驾驶位置上，忽然发现后面有辆车跟着我们，开始还没在意，几分钟后发现后面的车亮起了警灯，才知道被警察盯上了，我赶紧示意开车的驴友靠边停车。就在这时，坐在后排的一个驴友可能是好奇为什么有警车跟着我们，刚停稳就准备打开后面的车门下去看个究竟。我在前排听见后面开车门的声音，马上紧张地赶紧叫停。这在美国是一个非常危险的举动，会被警察视为一种威胁，很可能因此开枪射你没商量。根据美国警察执法的规则，被警车盯上后首先要主动尽快靠边停车，停车后车上人员千万不能自行下车，司机也要双手放在方向盘上等待警察前来询问。可能就是因为警察看到我们有人想要打开车门，一直在警车里观察了好几分钟才下车上前盘问我们。我们解释了半天，但是警察告诉我们晚上在公园里超速很危险，很可能撞到行人或野生动物，坚持给我们开了罚单，不过表示本来是可以处罚 200 美元的，考虑到我们首犯从轻，只罚 100 美元。我们只得说了声谢谢，接下了罚单。这里顺便再说下处理罚单的两种方法。一种是按照罚单上的说明，在一个月内到指定的网站缴纳罚款；另外一种就是上法庭和警察辩论，如果能够说服法官的话也有可能免掉罚款。不过我们作为游客，还是在网站缴纳罚款更实际些，不然租车公司也会从担保的信用卡里扣掉这笔钱，也免得留下不良记录影响以后入境美国。不过这 100 美元也没白花，相当于给我们后面的旅程买了额外的保险，自那以后大家都时刻记得深夜遭遇警察的事情，开车时都非常小心谨慎，生怕再次被警察盯上，可谓是坏事变好事。

Day 30　熊牙公路（Beartooth Highway）—冰川国家公园（Glacier National Park）

一般黄石公园自驾游客都是由南门、西门或北门进出，但其实在黄石公园的东北入口外隐藏着一条被誉为全美最漂亮也最危险的公路——熊牙公路，非常值得花上大半天的时间走一次，前提是你要对自己的山路驾驶技术足够自信，要知道"熊牙"之名就是因其险峻曲折像熊的牙齿一样（见图 2—106）。

事实上，熊牙公路是美国 212 号公路 US 212 的西侧一段，东起蒙大拿州的 Red Lodge，西至黄石公园东北门外的蒙大拿州的 Cooke City，全长约 69 英里。这条山路蜿蜒曲折陡峭异常，加上海拔高气候多变，所以每年只有 5 月底至 9 月初这段时间才会开放。沿途高天流云波澜壮阔，湖光山色尽收眼底。一路上随着高度的上升，气温逐渐下降，超过海拔 2 400 米的地区树木已经无法生长，只剩下墨绿色的耐寒植被一直延伸到天际。

我们今天从科迪镇出发，奔赴熊牙公路的东起点 Red Lodge。先说说这个在美国也算小有名气的科迪镇吧。它位于怀俄明州帕克县（Park County），镇名来自一个叫 William Frederick Cody 绰号 "Buffalo Bill" 的传奇人物。他是美国西部牛仔中响当当的人物，可谓家喻户晓。他当过兵打过南北战争，又是野牛肉贩子，"Buffalo Bill" 的绰号就来自他在 8 个月内连杀 4 280 头野牛的威名。他也是个著名的娱乐人士，首创的 "Wild West Shows" 风靡全世界，镇上还有一个专门为他设立的纪念馆。科迪镇的牛仔表演也比较出名，只是考虑我们要留出充足的时间闯关熊牙公路，所以没有在这个小镇久留，吃过早餐在镇上的沃尔玛补充了食品就出发了。

从科迪镇到 Red Lodge 这一段虽然不是熊牙公路，但是一路天苍苍野茫茫的丘陵平原风光还是很赞的，沿途设有一些停车点，可以停车休息拍摄。一个多小时后我们到达 Red Lodge 附近，继续行驶不远就能在路边看到熊牙公路的标识牌

图 2—106　熊牙公路

（见图 2—107）。

　　从 Red Lodge 开始沿 US 212 向西南方向行进十几英里，在导航仪的缩略图上已经可以看出前面的一段路犬牙交错，这就是熊牙公路最惊险刺激的那段盘山路了。这里弯道不仅多、急、陡，好多地方还没有护栏，迎面来车的时候，更是对走在外车道的驾驶者心理素质的极大考验。成功闯过这段险路，就会到达山顶一个叫 Rock Creek Vista Point 的最佳观景点，这里设有停车场，可以俯瞰壮丽的高山峡谷风光，享受征服熊牙公路最惊险路段后的酣畅快意（见图 2—108）。

　　从 Rock Creek Vista Point 继续向前很快就来到 US 212 公路上蒙大拿和怀俄明两州的分界处，这里相对而立竖着两块分别写有欢迎进入蒙大拿州和怀俄明州的牌子，值得拍照留念。此时天空飘起了雪花，熊牙公路多变的气候和惊险的驾驶体验，比起落基山公园的山脊之路可谓有过之而无不及。

　　继续向前就进入美丽的高山湖泊区，宁静高远的双子湖（Twin Lakes）像两颗绿色的翡翠镶嵌在群山峻岭中；接下来会经过熊牙公路的最高点——海拔 3 337 米的熊牙峰（Beartooth Pass Summit）；再向前便是加德纳湖观景点（Gardner Lake Over-

图 2—107　熊牙公路标识牌

图 2—108　熊牙公路 Rock Creek Vista Point 风光

look），站在这里俯瞰四周，雪山湖泊相映成趣，森林草甸美不胜收（见图 2—109）。

　　继续前行便进入 Shoshone National Forest，它是美国第一个国家森林。接下来会依次经过长湖（Long Lake）、岛湖（Island Lake）和熊牙湖（Beartooth Lake）等一系列大大小小的高山湖泊。其中熊牙湖的一座桥上是欣赏远处熊牙山（Beartooth Butte）的最佳位置，而即将下山去往 Cooke City 的路上也有一处观景点视野非常好（见图 2—110）。

🔻 **图 2—109　加德纳湖观景点美景**

🔻 **图 2—110　壮丽的熊牙公路风光**

　　虽然一路惊险，我们还是平安到达熊牙公路的终点 Cooke City，这里离黄石东北门很近，不到半个小时车程。开车穿过这个小镇时，路边的一户人家正在举行婚礼，十分热闹，新郎新娘还主动打招呼邀请我们一同拍照留念。饱览美国西部风光，还可以感受一下纯正的西式乡村婚礼，也算是旅途中的意外收获吧。很快我们就到了黄石国家公园的东北门，再次进入黄石，门票站的工作人员看我们是中国人，还主动给了我们一份黄石公园的中文介绍，可见黄石公园一年要接待多少中国游客。从黄石公园东北入口到园内 8 字形右上这一段叫 Lamar Valley，据说黄石的野生动物经常在这一带出没，果然进园不久我们就看到路边一大群北美野牛在悠闲地吃草。平时在国内不要说成群的野牛，即便是家牛野外聚集的场面也愈渐稀有，我们索性停车欣赏。原本人、车、牛相安无事，没想到过了一会儿野牛群转换草场，直接奔着我们的车雄赳赳气昂昂地走过来，此时耳边是轰隆隆的牛蹄声，鼻子里嗅到的是野牛身上青草混合着牛粪的气味，甚至只要打开车窗伸出手就可以摸到野牛的皮毛。第一次和野牛群如此近距离地接触，我们既紧张又兴奋（见图 2—111）。看来这群野牛是以实际行动宣告它们才是黄石真正的主人，而我们只是这里的匆匆过客。

▼ 图 2—111　在黄石亲密接触野牛群

野牛渐行渐远，天色愈发昏暗，我们不敢久留，直奔黄石北门出口，再从那里奔赴下一站冰川国家公园。就这样，我们用三天的时间把黄石公园的五个出入口都走了一遍，虽然有点赶，也很辛苦，但是收获了很多常规路线难以看到的美景，也算是比较圆满了。

Day 31　冰川国家公园（Glacier National Park）（1）

在落基山脉的中段，隐藏着一片神秘的净土，一件大自然亿万年来精心营造的艺术品，这便是素有"落基山脉皇冠"之称的沃特顿—冰川国际和平公园（Waterton-Glacier International Peace Park）。公园的北部，是加拿大境内的沃特顿湖国家公园（Waterton Lakes National Park）；公园的南部，则是美国境内的冰川国家公园（Glacier National Park）。虽然两个公园分属不同的国家，但在地理上浑然一体，只不过被国界线隔开了。为了表达两国人民和平共处，共享美好自然的愿望，1932 年，这两处公园联合成立了世界上第一座国际和平公园。1995 年，联合国教科文组织将沃特顿—冰川国际和平公园作为自然遗产列入《世界遗产名录》。虽然冰川国家公园是美国为数不多被列入世界自然遗产的国家公园之一，不过由于地处偏远，名气比不上黄石、大峡谷和约塞米蒂这三大国家公园，到访的中国游客更是少之又少。但是，在我去过的众多美国国家公园中，冰川公园在我心里位列三甲，因为这里集山、湖、瀑、云、林、冰、雪等诸多美景于一身，既有细节上的唯美精致浑然天成，又有整体上的浩渺雄浑变幻莫测，每一样风景都令人沉醉，令人流连其中乐不知返，堪称雄壮大气版的九寨沟。

冰川国家公园一般从每年的六月开始开放，到九十月份就要关闭，基本上只能夏天去看，最美的时间是每年七八月份，这里非常适合避暑消夏，因为七八月份即使是白天也能称得上凉爽，晚上更要称为寒冷了。几个月前规划行程我就考虑到了这一点，尽量将"在每个景点最美的季节去游览"的旅游原则进行到底。不过最美的季节同时也意味着旺季，就不一定能够找到理想的住宿地。冰川国家公园内部有不少住宿的地方，除了几个露营地，还有现代的宾馆、复古的木屋、古老的颇具历史风韵的小屋等。但由于冰川公园每年开放的时间短，而且风景相当美，特别是七八月份时公园内部的住宿往往要提前好几个月预订。由于我们提前量太小，根本没有订到的可能，只能考虑预订住在公园外相对较近的几个小镇。冰川国家公园自驾可以到达的景区主要有三部分：自西南向东北横穿公园的向阳大道（Going-To-The-Sun Road）、中北部的 Many Glacier & Swiftcurrent Valley 和东南部的 Two Medicine Valley（见图 2—112）。我们的计划是从东部进入公园游览，最方便的是住在公园 Saint Mary 入口附近的宾馆，但当时这里的房间已经爆满，我们就退而求其次，准备住在 Saint Mary 入口外约 30 多英里的小镇 Browning，没想到那里也满了，最后不得已我们只好住在 Saint Mary 入口外约 50 多英里的小镇 Cut Bank，宾馆是两星级的 Glacier Gateway Inn，房间很大，税后价大概 60 多美元，导航地址是 1121 East Railroad Street，Cut Bank，MT。虽然每天往返公园要花一个多小时，但有秀美的西部田园风光一路相伴，也算是一种收获。如果是从西部进入公园游览，则最好住在离西部入口最近的小城卡利斯佩尔（Kalispell），附近有冰川公园国际机场（Glacier Park International Airport，FCA）。考虑到我们团队中有两个驴友在游完冰川国家公园后要从这个机场回国，所以我们计划在东部 Cut Bank 住两个晚上，花一天时间游览 Many Glacier 景区，再花一天时间开车沿向阳大道穿越整个公园游览，然后在卡利斯佩尔住一晚，第二天一早送驴友乘机。

冰川国家公园的一大特点是其山间步道众多，不同的步道有不同的特色，可谓是徒步的天堂。公园内堪称极品的步道多集中在公园的腹地——Many Glacier 景区，其中一定要去的是 Grinnell Glacier Trail，其次是 Iceberg Lake Trail。这两条步道难度系数差不多都是中等偏上，来回都要六七个小时。理论上一天可走完这两个步道，但会非常累，需要超强的体能和毅力。稳妥起见，我们这次只主攻被称为冰川公园里最优美、最经典的步道 Grinnell Glacier Trail。

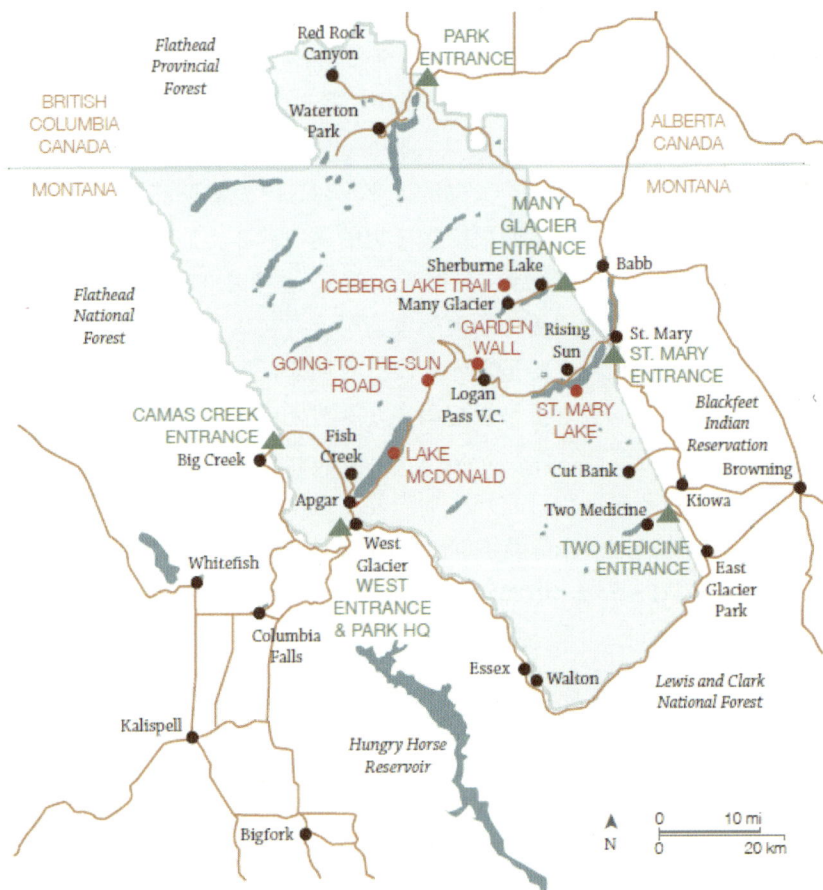

图 2—112　冰川国家公园景区示意图

　　Grinnell Glacier Trail 有两种游览方式：全程步行或乘船＋走路。如果全程步行，步道起点从 Many Glacier Picnic Area（在 Many Glacier Hotel 西边并与之隔湖相望）附近的一个小停车场开始，走到 Swiftcurrent Lake 南端的转乘码头，再绕到 Lake Josephine 西北，最后汇入标称 Grinnell Glacier Trail 的主道上，这样走往返距离约 11 英里，爬升高度约 560 米，难度系数是 11.28，普通人全程走下来的确有一定难度；另外一种比较节省体力和时间的方式就是乘船＋走路，这也是绝大多数游客的首选：先在 Many Glacier Hotel 楼下的码头购票乘船渡过 Swiftcurrent Lake，走一小段路后再转乘渡船渡过 Lake Josephine，到达 Lake Josephine 南端的码头后下船继续走步道的主要部分，这种方式比全程步行可以少走 3.4 英里，即便这样也要预留五六个小时的徒步时间。我们的实践证明这个乘船的钱最好不要省，并且最好是提前买好返程船票保证回程有位置。另外，去程最好选择上午 10：00 以前的早班船，以确保赶上下午 17：15 最后一趟从 Lake Josephine 出发的回程船，否则从山上下来后就要走路返回，那会相当痛苦。船的班次和价格不同月份可能有变动，最好提前上 http：//www. glacierparkboats.com 查询并预订好。

我们一早从住地出发驱车一个小时来到 Many Glacier Hotel。这个据说已经成为美国国家历史地标的酒店依山傍湖，坐落在 Swiftcarrent Lake 的湖边上，选址非常讲究，无论从哪个角度看都能非常和谐地融于周边景色。它于 1915 年建成，距今已有百年，历史差不多跟 Many Glacier 景区一样长。这是一座典型的瑞士风格的酒店，设计上带有原汁原味的瑞士元素：大气的人字形屋顶，宽敞明亮的阳台，裸露在外的粗大的立柱和横梁，加上酒店四周冷峻挺拔的雪山和冰冷静谧的冰川湖，游客仿佛置身于阿尔卑斯山间的瑞士小镇（见图 2—113）。这种时空穿梭的错觉也符合设计者将 Many Glacier 打造成为"美国的阿尔卑斯"这一初衷。自然酒店的价格同样很瑞士，在酒店经营之初顾客主要是来此度假的有钱人，虽然现在的价格也逐渐平民化，不过一间普通标间的税后价格也起码要 200 美元，并且旺季至少提前两个月预订。虽然价格不菲，但没能预订到 Many Glacier Hotel，还是此行的一大遗憾。下次再来冰川公园，一定要提前预订这里坐拥湖光山色的湖景房享受一下。此外，这里不仅是诸多极品步道的起点，清晨还可以看到 Mount Grinnell 火焰山般的日出奇景，傍晚又能在碧波荡漾的 Swiftcurrent Lake 中享受 Kayaking 或是垂钓的惬意，可谓远离尘嚣的世外桃源。

在 Many Glacier Hotel 楼下码头，我们很幸运，没有预订就买到了上午 9 点出发的往返船票（每人 24 美元）。游船首先会穿过 Swiftcurrent Lake，湖面碧波荡漾，游船划开一道波纹缓缓前行，充满瑞士风情的 Many Glacier Hotel 愈渐模糊，最终融汇在湖光山色里；大概十几分钟游船就抵达对岸，登岸后船员带领我们徒步穿越一段大约 300 米的茂密森林中的路，走出森林眼前豁然开朗，美丽的 Lake Josephine 呈现在面前。再次乘船，穿过 Lake Josephine 抵达终点码头，下船后沿步道向前走 100 米

▼ 图 2—113 坐拥湖光山色的 Many Glacier Hotel

左右有一个岔路口，左边的一条通往 Grinnell Lake，往返大约 1.8 英里，这条步道全程平路，往返约一个小时，可以近观 Grinnell Lake；右边的一条才是 Grinnell Glacier Trail，终点为冰川湖，上下山全程往返约 7.6 英里。建议先走 Grinnell Glacier Trail，虽然上山路难走体力消耗大，但风景壮丽，从高处看 Grinnell Lake 要比近处看漂亮一百倍，强烈推荐。走完 Grinnell Glacier Trail 回到这个分叉口后，如果有时间和体力，可以再走 Grinnell Lake Trail。

　　所以我们决定先走右边的 Grinnell Glacier Trail，开始并不难走，经过最初的一段爬坡，很快就能看到镶嵌在半山腰墨绿丛林中美得不可思议的 Grinnell Lake，它的湖水呈现出一种仿佛加了牛奶的粉蓝或粉绿色，如同梦里的幻境（见图 2—114）。

❤ **图 2—114　冰川 U 形谷里的 Grinnell Lake**

　　沿途绵延不绝的野草和恣意盛开的野花构成的高山草原美景更是给碧湖做了绝美的衬托，不同的高度，不同的地点都有游客驻足回望聚焦拍摄。Grinnell Glacier Trail 之所以成为冰川国家公园首选的极品步道，Grinnell Lake 是绝对的主角。蔚蓝的天空、洁白的云朵，宝蓝镶嵌于翠绿，再辅以岩石与冰雪，也成为我们美国西行中最缤纷、最瑰丽的记忆。沿步道向前与 Grinnell Lake 并行的中途，还可以看到半像瀑布半似激流的 Grinnell Creek 从山坡上飞流直下一泻湖中。继续向前，走过一个缓坡的高山草原，之后的一段路较为难走，这一段有在悬崖上凿出的陡峭石径，有在土坡上踩出的羊肠小道，也有积雪覆盖的崎岖山路，并且都没有护栏，下面就是陡峭的悬崖，还是相当危险的。走过这些险峻的路段，回头俯瞰，可以清晰地看到整个具有典型冰河切割地貌特征的 U 型谷。沿途还可以看到三个美丽的湖泊，由远及近依次是 Swiftcurrent Lake、Lake Josephine 和 Grinnell Lake，三个碧湖像是串在一起的蓝宝石项链垂挂在阿伦山（Allen Mountain）的项下。欣赏完三湖连影，继续往前是一段爬坡的碎石路，这最后一程也是 Grinnell Glacier Trail 最最艰苦的一段了。

这里植被稀疏，全是石头，爬到你几近绝望的时候，突然眼前一亮，视野尽头一个蔚蓝的冰川湖仿佛娇羞的少女，轻拢薄纱浮现眼前，湖面上漂浮的碎冰漫射出点点光芒，湖上方则是雄浑壮阔的 Grinnell Glacier 和皑皑白雪，亦刚亦柔的画面美轮美奂，美得让人无语，美到让人窒息（见图 2—115）！直到这时候，你才能体会到花上三四个小时艰难徒步来到这里是多么的值得和自豪！

图 2—115　Grinnell Glacier Lake

欣赏完壮美的冰川湖，我们不敢久留，赶紧下山，以免错过回程的最后一班游船。下山途中我们和大角羊不期而遇：在一个拐角处，一位队友差点撞上一只正在吃草的大角羊，结果人和羊都吓了一大跳，那场面真是太有喜剧性了（见图 2—116）。不过这也提醒我们，这条绝美的步道不仅游客喜欢，动物也不例外。事实上，由于熊的频繁光顾，这条步道常被临时关闭。走这条步道时一定要记得随身携带防熊喷剂，熊铃也最好带上，徒步过程中尽量弄出声响，尤其在转角处要避免与熊狭路相逢，否则万一吓到熊，让它误以为人要攻击它，那就惨了。尤其是灰熊，相比黑熊，它们的体型更为庞大，生性更为凶残，危险性极大。

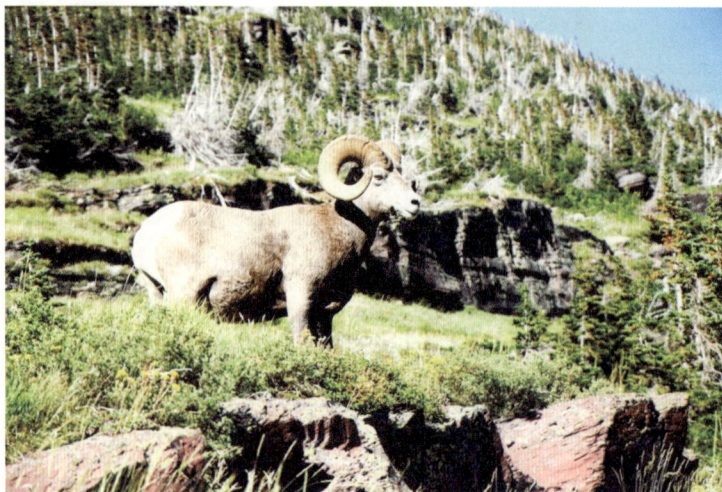

图 2—116　偶遇大角羊

我们回到湖边码头时已经非常疲惫，还好没有错过最后一班游船。至于 Grinnell Lake Trail，我们也只有忍痛割爱留待下次了。

Day 32　冰川国家公园（Glacier National Park）（2）

今天我们的行程是自东向西沿向阳大道自驾穿越整个公园，然后赶到公园西门附近的卡利斯佩尔住下，以便回国的驴友第二天早上就近到冰川公园国际机场乘机。预订的旅馆是 Motel 6 Kalispel，税后价大约一晚 95 美元，离冰川公园国际机场很近，导航地址是 1540 Us 93 South，Kalispell，MT。

在美国，向阳大道名气很大，堪称全美国家公园中最美、最经典的自驾公路之一，连接了麦当劳湖（McDonald Lake）、Logan Pass 以及圣玛莉湖（St. Mary Lake）几个主要景区，沿着这条路可以欣赏到在过去两百万年间因无数次的冰河消退所造成的奇异景观，因此开车游览这条公路是来冰川公园的一个必玩项目。这条路也是冰河国家公园的主要道路，每年只有 6 月底到 9 月底对外开放，是一条沿着群山在悬崖上开辟出来的道路，修建历时 11 年，于 1932 年建成，堪称工程史上的一个奇迹。向阳大道全长 53 英里，期间需要翻过海拔较高的 Logan Pass 景区，道路蜿蜒狭窄，一边是悬崖一边是山壁，最为曲折处限速 15 英里/小时，几乎是一个对折的 U 形，开起来要非常小心。整条路全程限速 25～40 英里/小时，光开不停大概要两个小时，不过没有人能够抵御这一路美景的诱惑，远山、近水、隐约其间的野生动物，总要停车驻足拍照定格。不仅如此，还可以走一些热门的步道，比如隐湖步道（Hidden Lake Trail）、雪崩湖步道（Avalanche Lake Trail），这样游下来很容易就会花上整整一天的时间在这条景观大道上。

向阳大道除了自驾游，也有免费国家公园摆渡巴士接驳穿行，分东线（Eastside Shuttle）和西线（Westside Shuttles），在中央的 Lagan Pass 汇合转车。摆渡巴士在路边主要景点停靠，站点等候时间 15～30 分钟，无车游客可先到游客中心（公园东、西入口加上中央高海拔处共三个游客中心）索取摆渡巴士线路地图，再根据地图规划自己的行程路线。冰川国家公园独特的红车导览（Red Bus Tours）或昵称 Red Jammer 的复古观光车已经成为公园的流动标识。

如果早上自西向东走向阳大道，正好是迎着初升的太阳前进，这正是这条道路被称为向阳大道的来历。不过我们这次是自东向西行反其道而行之，恰好避免了迎光对驾车的影响。向阳大道在公园东入口连接南北走向的 89 号公路，两条路的 T 型交叉路口就是由数家旅馆构成的 St. Mary 小镇，从小镇沿向阳大道主道往西，不远处就是公园东入口醒目的游客中心（Saint Mary Visitor Center）。继续向西行驶，经过深蓝色的圣玛丽湖北岸，湖中有个叫野鹅岛（Wild Goose Island）的小岛，风光旖旎。另外建议在附近的 Sun Point 短暂停留一下，这两个地方早上迎着阳光，湖光山色在晨光下很是恢弘壮观，与黄昏逆光下的婉约柔曼大相径庭。再往西可在步道起点 St. Mary Falls Trailhead 停车，步行到达圣玛丽瀑布（St. Mary Falls）。因为上游冰河侵蚀和摩擦作用形成了总量很大、颗粒很小的岩屑，造成水体的混浊不透明（或称 Glacial Milk），使得 15 米高的圣玛丽双层瀑布水体呈现出非常特别的青绿或蓝绿色，事实上冰川国家公园许多溪流湖泊都有此现象。从步道起点到圣玛丽瀑布来回 1.6 英里，如果继续前往 Virginia Falls 则往返又增加 1.4 英里，各需约 1 小时。继续西行可以在 Jackson Glacier Overlook 观景点眺望 Jackson Glacier 冰河。

经过了这一系列美景，向阳大道已经蜿蜒攀升至高海拔处，只见远方雪山瞩目，下方山谷清幽，道路海拔最高处就是 Logan Pass Visitor Center。从游客中心开始往西南方向前行，沿途是典型的由冰川侵蚀而成的冰川角峰，形似高耸的金字塔。这里距离公园东入口约 18 英里、西入口 32 英里，有两条著名的步道，一条是超级长的 Highline Trail（18 公里），要在悬崖上足足走一天，极度挑战体力；另一条是很怡情的隐湖步道，是一般游客的首选。旺季时这里的停车场上午 9 点半差不多就停满了，最好赶在 9 点前到达。隐湖（Hidden Lake）顾名思义，暗示你如果走到尽头，会有一座"深藏不露"的湖泊。名字如此内敛，步道也很平和，坡度不大，可以作为冰川公园的"热身"步道。步道起点在 Logan Pass Visitor Center 的后面，前后分两段，前半段开始是木板路，之后的土路即便是 7 月底很多地方还是被冰雪覆盖，会有些难行。这段路到达 Hidden Lake Overlook 观景台即结束，来回 2.7 英里爬升 165 米，附近常有野山羊出没，大多数游客都是到这里就折返了。后半段可以一直走到山下隐湖湖边，只是来回要再加 3 英里，下降 238 米。后半段山路虽然崎岖，却是极美的观湖之旅，体力好的话强烈建议走走后半程。

从 Logan Pass Visitor Center 继续往西，沿途山高沟深，峭壁林立。道路东侧的花园墙（Garden Wall）是北美大陆河流向太平洋和北极海的 Continental Divide 分水岭，哭泣墙（Weeping Wall）则是因为整排山壁渗水状如哭泣而得名，它其实不是天然形成的景色，而是当初修路时穿凿岩壁造成的，水源主要是融雪，6 月到 7 月初水量较大。继续往西行驶，转过向阳大道"人"字形的最尖部 The Loop 急弯后，在 McDonald Creek 与 Avalanche Creek 交汇处停车，以 Avalanche Gorge 桥为起点的雪崩湖步道是冰川国家公园最具代表性步道之一，来回 4 英里爬升 152 米花费约一个半小时，适合下午顺光照相。Avalanche Creek 溪流北岸另有平坦的 Trail of the Cedars Nature Trail 木板道，适宜在森林中放松身心缓步徐行，来回仅 1.4 英里。

继续沿向阳大道往西，会看到水光激滟的麦当劳湖，它是冰川国家公园中最大的湖泊，是最具代表性的冰川国家公园景色之一，古代印第安人曾在此举行宗教祭典。麦当劳湖相传是 1878 年记者 Duncan McDonald 无意中将自己的名字刻在湖旁树上而得名。麦当劳湖东湖畔靠北有一家 Lake McDonald Lodge 旅馆，是当年瑞士木屋（Swiss Chalet）风格的历史旅馆，建于 1913 年，3.5 层与自然完美融合的原木建筑是国家历史地标。因 Lake McDonald Lodge 建成时向阳大道尚未开辟，需驾船前往，所以正门在建筑后侧朝向湖畔处，在此也可租船游玩。沿着湖东畔继续向南到达冰川国家公园西口的 Apgar 游客中心，附近的 Apgar Village 有餐厅、商店，夏天时可以在湖畔戏水或租船游湖。在向阳大道与 Camas Rd 的交叉路口，有免费接驳车车站 Apgar Transit Center。西门入口外的 West Glacier 小镇是冰川国家公园周边较热闹的小镇。我们在快出西门时已近黄昏，夕阳余晖中的向阳大道和金色山峰景色迷人，我们还有幸看到了觅食的黑熊（见图 2—117）。

▼ 图 2—117　夕阳下的向阳大道和金色山峰

最后再小结一下沿向阳大道进行冰川公园一日游的攻略，一是普通人版：看野鹅岛、走 St. Mary Falls Trail 和 Sunrift Gorge & Sun Point Trail，然后走 Hidden Lake Trail 或 Avalanche Lake Trail。二是资深驴友版：1 小时游览野鹅岛和 Sun Point 一带，到 Logan Pass 走 Highline Trail，全程走下来约 7 小时，然后再观赏麦当劳湖。总之冰川公园是当之无愧的"人生必去"地点之一，但随着全球气候变暖，公园内的冰川正在迅速消融，目前仅存的冰川面积已不及 1850 年的四分之一，据测算到 2030 年全部冰川将会消失无踪。美景时不我待，旅行还须趁早啊。

Day 33　美国卡利斯佩尔（Kalispell）—加拿大坎莫尔（Canmore）

今天早上送别两位回国的驴友，我们余下的行程将会跨越美加边境第二次进入加拿大，奔赴加拿大最负盛名的班芙国家公园（Banff National Park）。游览班芙国家公园最理想的方式是住在公园内部的班芙镇（Banff Town）上，但是我们去的时候正值 8 月旅游旺季，班芙镇上所有客房全部售罄，实际上即便能够订到价格也会贵得让人瞠目。最后我们预订到了班芙镇东南约十几英里外的小镇坎莫尔的一家两星半酒店 Ramada Inn And Suites Canmore，房间很大、很舒适，平均每晚约 160 加元。我们计划在这里连住三个晚上，以它为根据地游览班芙公园。事实证明我们的选择很明智，这里离班芙不到 20 分钟车程，以此为中心游览班芙及周边的几个公园很方便，宾馆的性价比也高。而且这个小镇安静优美，生活便利，又能看到漂亮的山景，还没有班芙镇那么旅游化，是这一路上我最喜欢的加拿大小镇之一。

从卡利斯佩尔到坎莫尔有两种走法，距离都是 300 英里多一点。第一种走法如图 2—118 中蓝线所示，走 US-93 N 穿越美加边境后沿加拿大境内的 BC-93 S 公路继续行驶，再转道 Trans Canada Highway/AB-1 E 到达坎莫尔；另一种走法是图 2—118 中灰线所示，先走冰川公园里的向阳大道，然后沿加拿大境内的 2 号公路经过 Calgary 到达坎莫尔。考虑到向阳大道险峻费时，不想因此耽误时间，我们选择了第一种走法，用了六个多小时顺利到达坎莫尔。有了第一次从美国进入加拿大的经历，这次我们通过加拿大海关很是从容。和上次我们在加拿大只去了大瀑布城看瀑布不同，这次进入加拿大后，发现加拿大与美国还是有一些差异的。一是加拿大的道路没有美国开阔，不少高速路也只是双车道，这一点可能与加拿大地广人稀有关；另外加拿大限速路标使用的单位是公里，让人一下子以为又回到了国内，如果租用的车速表是英里，一定要注意换算以避免超速。二是加拿大的乡村田野风光似乎更清爽些，映入眼帘的是大片整齐的稻田和绿色的草地，公路边的草坡都割得整整齐齐，甚至稻田和公路之间的杂草都被清理得干干净净，不像美国道路旁半腰高的杂草到处都是。

▼ 图 2—118　二进加拿大路线示意图

需要提醒的是，在沿加拿大 BC-93S 公路从 Radium 进入库特尼国家公园（Kootenay National Park）时，实际上就已经进入以班芙国家公园为核心的加拿大落基山脉国家公园群（包括班芙、贾斯珀、幽鹤、库特尼四个国家公园）了，这时会有一个门票站。当时我们试探着说明今天我们只是从此路过去坎莫尔住宿，能否明天一早从切莫尔进入班芙时再买门票，工作人员很痛快地告诉我们这样没问题，并给了我们整个国家公园群的导游手册（Mountain Guide，非常有用），这样我们就节省了一天的门票费用。事实上整个国家公园群里的几条主干道路除了是观景大道，同时也兼具非观光游客通行的用途（在有的门票站会有提示这两种不同目的的车要走不同的车道）。这里顺便说说美加两国国家公园门票的异同。总体来说加拿大的门票费用要比美国贵很多。游览美国国家公园最划算的方式就是像我们这样一车人合买一张 80 美元的年卡，平摊下来很划算；加拿大国家公园虽然也有年卡（成人 67.70 加元），但是这个卡对人不对车，同一辆车上的每个人都要有这个卡才行。由于我们在加拿大游览的国家公园数量有限，所以选择了相对最合算的 Daily Pass，每人 9.8 加元，可以用到第二天下午 4 点钟，实际上是两天的门票。我们每人都买了三天的门票，可以在整个国家公园群内玩上四天再出去。实际上后来又发现，我们当晚预订的旅馆如果是在国家公园内部，后面几天其实不用买门票就可以游览。由此可见，加拿人完全是靠个人的诚信和自觉缴费来维持公园的运转，我们在后续游览过程中也一直很自觉地把门票贴在前挡风玻璃上，以示与非游客车辆的区别，并严格按照门票规定的时间进出。

Day 34　加拿大班芙国家公园（Banff National Park）

我们这次计划在加拿大落基山脉国家公园群（包括班芙、贾斯珀、幽鹤、库特尼四个国家公园）游玩四天，由于时间有限只能去前面三个公园，总的安排是前两天游览班芙及幽鹤，第三天从班芙出发沿世界上最美丽的风景路——冰原大道（Icefields Parkway）自驾到达贾斯珀，第四天游览贾斯珀。

班芙国家公园是加拿大第一个、也是世界上第三个国家公园，被联合国教科文组织列为世界自然遗产。班芙国家公园创立于 1885 年，是加拿大落基山脉的门户，整个国家公园面积达 6 641 平方公里，以壮丽的冰川和美丽的湖泊而著称，还包括班芙和露易丝（Louise）两座迷人的小镇。这里被称作地球上最漂亮的地方之一、人生必去的 50 个地方之一、最美的摄影地之一和最理想的夏日度假地之一。我们今天的行程安排是以班芙国家公园的核心——班芙镇为中心，游览小镇上的经典景点，主要包括班芙镇、弓河瀑布（Bow Falls）、班芙温泉酒店（Banff Springs Hotel）和班芙空中缆车（Banff Gondola），游累了再泡泡最负盛名的阿帕温泉（Upper Hot Spring）。

班芙镇坐落在班芙国家公园中心，依偎在雄伟的高山、碧绿的湖水之间，天然美景盛多，是加拿大落基山脉中最受欢迎的观光点之一。班芙镇只有不足 9 000 常住人口，每年却能够吸引约 350 万名游客。班芙大道是班芙镇最繁华的地方，两侧仍保留着 19 世纪的建筑特色，布满了各种精致的纪念品商店、饭店、超市和咖啡馆。尽管游客众多，这里略显熙攘喧闹，但也不失小清新的雅致风范，就连平时不爱逛街的人都会在这里流连忘返（见见 2—120、图 2—119）。

图 2—119　班芙小镇风光

弓河（Bow River）由西向东静静流过班芙小镇，在镇子的东南端形成一个瀑布，这就是有名的弓河瀑布。弓河瀑布是著名影星玛丽莲·梦露主演的电影《大江东去》（又译《不归河》）的外景地，所以虽然没有壮阔的景象，但还是吸引了不少人。弓河岸边的弓河步道，是条很不错的散步小道，很容易遇到麋鹿等野生动物，我们就看到几只麋鹿大摇大摆地在路边吃草。

班芙温泉酒店就在弓河瀑布上方，脚下静卧着清澈的弓河。这家掩藏在密林深处看上去像欧洲中世纪城堡的酒店于 1888 年创建，建成后吸引了无数国家元首、王公贵族、电影明星等来自世界各地的上流社会人士，其中包括乔治六世、伊丽莎白女王、海伦·凯勒、玛丽莲·梦露等。作为班芙小镇的标志性建筑，它一直位列世界上各类著名旅游类杂志评选的最受欢迎的温泉酒店榜单之上。无论是在室外还是室内泡温泉，都能看到远处的落基山静静地陪伴着。班芙温泉酒店拥有 27 洞冠军级高尔夫球场，是世界上风景最优美的山地高尔夫球场，可以在高山流水的环绕间享受最自在的挥杆乐趣。这座积淀了百年历史与文明的城堡酒店还流传着很多神奇的故事，囊中羞涩无法进去享受一晚的游客可以参加酒店每日安排的店内游览去发掘它神秘的往事与辉煌，也会有不错的意外收获。

除了以上必看的几个地方，来班芙必做的事就是乘坐班芙空中缆车（Banff Gondola）登硫磺山（Sulphur Mountain）。当地人称硫磺山是世界之顶，在硫磺山山顶眺望周边景象宛如仙境。有时间和体力的话，可以花两个半小时从山脚徒步走到山顶。

我们选择乘坐缆车，约 8 分钟到达 2 451 米高的硫磺山山顶后，可一览班芙镇、弓河谷（Bow Valley）、明尼汪卡湖（Lake Minnewanka）等摄人魂魄的美景，远眺雄伟壮阔的落基山脉（见图 2—120、图 2—121）。只见山连山、山接山、山套山、山靠山，四面八方都是无边无际的落基山脉，还有蜿蜒的弓河如纽带一样，穿过群山绕过班芙小镇在山谷间徜徉徘徊。

班芙还是个很好的温泉镇，有很多美丽的温泉度假村，在旅途劳累时正好可以泡泡温泉舒畅一下身心。其中最著名的是阿帕温泉，它露天而建，水温常年在 47 摄

图 2—120　从硫磺山顶俯瞰班芙温泉酒店

图 2—121　从硫磺山山顶俯瞰班芙镇、弓河谷、明尼汪卡湖

氏度左右，价格只要 7.3 加元/成人，非常超值。这里可以一面泡温泉一面欣赏四周天然的风景。如果在大雪纷飞时前往，天环地抱间栉风沐雪感受到的却是如春的温暖，那绝对是一种超五星级的奇妙享受。

Day 35　班芙国家公园（Banff National Park）——幽鹤国家公园（Yoho National Park）

班芙国家公园除了班芙镇及其附近的几个景点，还有一条知名的风景大道即弓谷公园大道（Bow Valley Parkway/Highway 1A），它将班芙镇与公园里其他知名景点如约翰斯顿峡谷（Johnston Canyon）、露易丝镇（Louise Village）、露易丝湖（Lake Louise）等串联在一起，沿途到处是绝佳的风景和野餐场所。今天我们的行程就是沿弓谷公园大道游览班芙公园余下的这些景点，然后顺道游览附近的幽鹤国家公园，具体行程是约翰斯顿峡谷——露易丝湖——梦莲湖（Moraine Lake）——天然桥（Natural Bridge）——翡翠湖——塔卡考瀑布（Takakaw Falls）。

从班芙到露易丝湖有两条路可以选择，一个是 1 号高速，另一个就是弓谷公园大道。上 1 号高速后不久就能看到有一个出口显示为 HWY 1A，从此出口就能走到这条景观道上来。这条景观道是 1 号高速开通前的老路，公园的不少景点就在这条路上，途中也有不少观景点供游客停车观景。虽然这条路限速比高速低不少，不过正好可以用来慢慢领略落基山的美。

我们沿着处处皆风景的弓谷公园大道首先来到约翰斯顿峡谷入口处，这里有游客小屋和大型停车场，自驾游非常方便。约翰斯顿峡谷有一条易于行走的栈道镶嵌在峡谷间，沿着铺就的徒步路线，步行 1.1 公里大约 20～30 分钟可以到达下瀑布（Lower Falls），步行 2.6 公里（约一小时）则可以抵达上瀑布（Upper Falls）。全程游览约需两小时，如果时间紧可以忽略掉这个不是非游不可的地方。

从约翰斯顿峡谷出来驱车半小时，就可以到达班芙国家公园里名气最大的湖泊——露易丝湖了。由于名气太大，这里的停车场有时会很难找到车位，需要耐心等待。这世界上有的地方，你可能仅因为其名字的发音就喜欢上它，就像露易丝湖一样。露易丝湖的名字来自维多利亚女王的小女儿露易丝公主，当年她不顾高贵血统下嫁平民小子，结果被女王贬黜到加拿大。当地人把露易丝湖称作"维多利亚的眼泪"，以纪念这段美丽的爱情故事。露易丝湖身后有座海拔 3 464 米的维多利亚雪山，巨大的山屏与蓝色圣湖组成一幅和谐的画卷，像是一颗巨大的钻石镶嵌在雪山的怀抱里（见图 2—122）。露易丝湖的名气，莫过于她绚丽的色彩，其湖水是一种乳质的绿色，跟其他湖水的颜色有比较明显的区别，并且随着日出、日落、阴天、晴天、雾天、雨天以及季节变换，不同时间段湖水都会呈现出不同的色彩，是备受摄影者青睐的景点。据说露易丝湖最迷人的时刻是在清晨，那时微光初至，雪山倒映湖中，组成了一幅极其梦幻的雪山圣湖美景。露易丝湖上能荡舟，沿湖有步道，还可以乘坐露易斯湖观光缆车轻松到达怀特豪山（Mt. Whitehorn），在那里不仅能够

图 2—122　露易丝湖与维多利亚雪山

一睹露易斯湖的全景和雪山的壮阔，还可以在山上的餐厅享用一顿别致的午餐或晚餐。如果是情侣或夫妻同行，在这里租一艘皮划艇泛舟湖上，伸手探入湖水感受一下"维多利亚的眼泪"这滴动人的爱情泪水，那将是两人最浪漫的回忆。另外值得一提的是湖东侧位置极佳的露易丝湖费尔蒙城堡酒店（The Fairmont Chateau Lake Louise），其最大亮点是西餐厅面朝湖水的一排落地大窗，窗外的风景比超现实的油画还要富于层次和美感，坐在这里一边品尝美食，一边欣赏远处那倒映在湖水中的巍然雪山，感觉相当梦幻。我们一行人选择了在露易丝湖畔徒步，环湖大半周从不同角度欣赏湖景，也算完成对这片山水的致敬。

　　梦莲湖就在露易丝湖东南方约 14 公里处，从露易丝湖沿 Moraine Lake Rd 行驶到尽头就是，因此这两个湖常被称为姐妹湖。有人误以为梦莲湖的名字来源于著名影星玛丽莲·梦露，实际上梦莲湖的名字早在梦露之前就有了，而且两者的英文拼写也相去甚远。梦莲湖是由露易丝湖的发现者 Tom Wilson 的助手 Walter Wilcox 在 1899 年 8 月发现的，他根据湖边看到的由冰川携带下来的砂石等沉积物把此湖命名为梦莲湖。Moraine 的中文意思是"冰碛"，一个地质学上的专有名词。由冰川溶水形成的梦莲湖被白雪皑皑的十峰山（Ten Peaks）所环绕，湖底积满了富含矿物质的碎石，经年累月的沉积形成了变幻多姿的碧蓝色湖水，晶莹剔透，如诗如画，像是一颗璀璨的明珠，靓丽景色不输露易丝湖（见图 2—123）。梦莲湖的迷人景色曾被印制在 1969 年和 1979 年发行的 20 加元纸币上。观湖入口左侧有个乱石堆，后面有一条小路可以爬上去，据说是清晨拍摄日出最好的位置，很多有名的照片都是从这里拍摄的，包括 *lonely planet* 加拿大的封面。

　　虽然幽鹤国家公园是加拿大落基山公园群里最小的国家公园，却有着千变万化

图 2—123　梦莲湖

梦幻般的独特景色，是绝对不能错过的一处胜地。这个公园离露易丝湖只有 27 公里，从露易丝湖出发沿冰原大道向北行驶一小会儿就会出现分叉路口，要走左边上 Trans Canada Hwy1 号公路，沿 1 号公路向西行驶的时候要注意右手边标识有 Yoho Valley Rd 入口的分岔口，这个分岔口很隐蔽，当时我们来回走了两趟才找到。幽鹤国家公园值得游览的主要景观有天然桥、翡翠湖和塔卡考瀑布，不过最神秘的还是每天仅接待 42 人的欧哈拉湖（O'Hara Lake）。这个湖是位于幽鹤国家公园踢马河（Kicking Horse River）上游支流处的高山湖泊，为维护湖区脆弱的生态系统，禁止私人车辆驶入（包括自行车），但不限制步行者。游客只有通过搭乘限制人数的巴士或徒步远涉 11 公里才能到达湖区，但乘坐巴士必须提前预约，一般要提早三个月才有可能订上。不过我们这次能够游览完这个公园的前三个景点，已经很满足了，也算是不虚此行。

我们首先来到天然桥，它是水和岩石较量的产物，坚硬岩石在经历了千万年抵御后，最终给水让道，结果是岩石变成了石洞，湍急的踢马河河水从桥洞中喷泻而出，发出雷鸣般的巨响，扬起腾腾水雾，气势恢弘，形成今日鬼斧神工的天然桥奇景，让人又一次见证了水的以柔克刚的超能力（见图 2—124）。

翡翠湖湖水的色彩随着阳光的变化改变，碧绿，湛蓝，或深浅搭配。尤其在夏季，翡翠湖面呈碧绿的翡翠色，真的就像翠绿的宝石，让人心驰神往。绕湖一周的徒步线路约 5 公里，全程需 1.5 小时。在湖岸边行走，湖水的颜色和湖里的倒影也随着我们的步履不停变换，每一个角度拍出的照片都是令人心醉的明信片（见图 2—125）。尤其幸运的是，我们在这里还见到了雨后绚丽的彩虹。

图 2—124 天然桥

图 2—125 翡翠湖

塔卡考瀑布高 384 米，是北美最长的瀑布之一，加拿大西部第二高的瀑布。塔卡考是土著语"壮观"、"惊人"的意思，用来形容塔卡考瀑布是最恰当不过的。从停车场走到瀑布近处大概需要 10 分钟，由于地势高，几里外人们就能看见它飘扬的婀娜身姿，走到瀑布底下才能体会它的恢弘大气（见图 2—126）。

▼ 图 2—126　塔卡考瀑布

Day 36　班芙国家公园（Banff National Park）—冰原大道（Icefields Parkway）—贾斯珀国家公园（Jasper National Park）

　　冰原大道作为 93 号高速公路的一部分，是加拿大落基山脉国家公园群的一条主干道，南起露易丝湖，北到贾斯珀镇，连接着班芙和贾斯珀这两个世界顶级的国家公园，在加拿大落基山脉腹地绵延 232 公里，是加拿大政府为发展观光旅游业于 1940 年兴建的。沿途可以看到冰川、湖泊、瀑布、草甸和雪山等丰富多彩的景致变化，让人目不暇接，曾入选全球十大最美公路之一，是加拿大自驾游绝对不容错过的一条路。在冰原大道不仅可以欣赏到迷人的自然风光，还可以观赏野生动物、进行野餐、露营、徒步、攀冰及滑雪等活动，亲身体验大自然的无穷魅力。我们今天计划游览冰原大道沿途主要景点，自南向北依次是乌鸦爪冰川（Crowfoot Glacier）——弓湖（Bow Lake）——佩托湖（Peyto Lake）——哥伦比亚冰原（Columbia Icefield）——森瓦普塔山口（Sunwapta Pass）——森瓦普塔瀑布（Sunwapta Falls）——阿萨巴斯卡瀑布（Athabasca Falls），详尽游览地图参见 http：//www. pc. gc. ca/eng/pn-np/ab/jasper/visit/cartes-maps/Parkway. aspx。

　　从班芙进入冰原大道的时候需要检查国家公园的门票，自驾游的话记得把提前买好的票据贴在车窗上。由于冰原大道沿途景点众多，不可能个个都停下来观赏，那样两天也走不完。我们最后总结的原则就是：看路边停车场，如果停车场小，景点一般相对稍逊；停车场大的，特别是有大型旅行车停放的，千万不能错过。乌鸦爪冰川距离露易丝湖 32 公里，是冰原大道上的第一个景点，沿冰原大道开车时就可以观赏到。由于气候变暖，冰川融化，乌鸦爪只剩下两个脚趾了（见图 2—127）。乌

▼ 图 2—127　乌鸦爪冰川

鸦爪冰川下的弓湖湖面开阔，还有沙滩，阳光照耀下湖水绿莹莹的，仿佛在召唤我们，见此情形我们也发了童心，下去玩了会才走。

　　佩托湖在从冰原大道南端起算的 40 公里处路西侧，路边有一个通往 Bow Pass 的标记，从停车场沿着步道上山走大约 500 米可以到达一个观景平台。在落基山脉众多的湖泊之中，佩托湖可以说是高山之巅的一块瑰宝，山上的冰雪融化后汇聚成一池湖水，在阳光照射下散发出碧绿或宝蓝的光泽，给壮阔的落基山脉增添了几分小家碧玉的温润，美艳不可方物。与露易丝湖不同，佩托湖是镶嵌在群岭之中，狭长的湖面完全被陡峭的山崖和茂密的森林包围，几乎无路可以抵达湖畔，人们只能从山上向下俯瞰（见图 2—128）。大多数游客都是到第一个观景台看湖，所以这里游客很多，照相往往需要等待。也可以继续向左手边沿着环形道路的 Old Fire Road 路口往高处走 2.5 公里（海拔升高 250 米），到达 Bow Summit Lookout，这里看到的美景是第一个观景台无法比拟的，只是因为时间关系我们没有上去。

　　接下来的一个景点是米斯塔亚峡谷（Mistaya Canyon），并没有传说中的那么壮观，我们就没有停留。过了米斯塔亚峡谷会出现一个大的休息站 Saskatchewan Cross，里面有吃饭和加油的地方，在这里一定要检查一下油量，因为过了这个休息站一直到贾斯珀（约 130 公里车程）就再也没有加油站了。继续前行会经过哥伦比亚冰原游客中心（Columbia Icefield Center），里面有许多服务设施，可以在这里稍作休整，这里也是冰原大道上游客最多、最热闹的地方。冰原大道的名字就来自这沿线风景中最精彩的部分——哥伦比亚冰原，这里是地球上除极地之外面积最大的冰雪区域，位于加拿大落基山两大国家公园——班芙和贾斯珀——交界处，面积达 300 多平方公里，海拔 3 000 多米。由于它刚好位于大陆分水岭，它的千年融水神奇般地沿着不同的方向分别汇入了大西洋、太平洋和北冰洋，一路滋润了北美无数的峡谷和山川（见图 2—129）。

图 2—128　佩托湖

图 2—129　哥伦比亚冰原的喉舌

如果想直接登上冰原的话，可以报名参加 Glacier Adventure Guided Tour，乘坐摆渡巴士再换乘可以直接开上冰面的全驱动巴士 Snow Coach，就可以亲脚踏上著名的阿萨巴斯卡冰川（Athabasca Glacier）。只是当初觉得收费有点高，每人要近 50 加元。我们选择的是 2014 年 5 月才开放的哥伦比亚冰原另一处标志性景点——冰川天空步道（The Glacier Skywalk），收费每成人 24.95 加元。天空步道距离哥伦比亚冰原游客中心不到十分钟的车程，在天空步道游客可以沿着完全开放的峭壁步道抵达辛华达峡谷（Sunwapta Valley）上方 280 米的玻璃地板观景台。游完天空步道我们都觉得景色一般，相当后悔，建议读者购买天空步道和冰川探险（Glacier Adventure）的套票（合计 64.95 加元），或者直接单独花 49.95 加元买冰川探险的票就行。

相信神秘莫测的冰原裂缝和晶莹剔透的冰河，只需一眼就可以让你对大自然的鬼斧神工心生敬畏。传说喝了冰原的千年寒冰化成的纯净冰水之后可以长生不老。我们虽然没有在加拿大喝到冰川圣水，但这个遗憾后来在阿拉斯加攀爬冰川时还是弥补上了。

过了哥伦比亚冰原继续北上，翻过森瓦普塔山口，就算正式进入贾斯珀国家公园了。很快就来到森瓦普塔瀑布，它实际上有上下两个瀑布，上瀑布就在路边，下瀑布离路边稍远一点。瀑布来源于阿萨巴斯卡冰川的融水，初夏冰川融化时瀑布最为壮观。在瀑布边上的停车场就能听见轰隆隆的响声犹如万马奔腾，湿气也不断扑面而来。这个瀑布落差其实只有 20 米左右，但是水流量很大。周围小径设有多个观景点，游客可从不同角度欣赏奔腾不息的瀑布（见图 2—130）。

今天行程的最后一个景点是阿萨巴斯卡瀑布，位于 93 公路和 93A 公路的交会处，北距贾斯珀镇 32 公里，南距哥伦比亚冰原 70 公里。它不是落基山脉中最高的瀑布，但大小河流交汇于此使其相当壮观，而且层层叠叠很有特色，有点缩微版"壶口瀑布"的味道。停车场离景点很近，游览时间约 1 小时。和昨天高悬天际的塔卡考瀑布相比，这个瀑布给人一种容易亲近的感觉（见图 2—131）。

▼ 图 2—130　森瓦普塔瀑布

图 2—131　阿萨巴斯卡瀑布

　　游完阿萨巴斯卡瀑布天色已晚，我们驱车赶往今晚的住宿地欣顿（Hinton），酒店是两星级的 Econo Lodge Inn & Suites，导航地址 571 Gregg Ave.，Hinton，AB，Canada。其实为了方便明天继续游览贾斯珀国家公园，今晚理想的住宿地是住贾斯珀小镇。但是此时正值旺季，我们没能提前预订到贾斯珀小镇的宾馆，只能退而求其次，住在贾斯珀小镇东北方向 70 多公里外的小镇欣顿，还好去欣顿的这一路风景不错，也算是一种补偿。回味今天整个冰原大道自驾之旅，感觉行驶在这条路上，不管往哪个方向看去，落入眼帘的落基山风光都可以说是美得一塌糊涂，美得太任性！怪不得去过瑞士的同行驴友下结论：这条大道可以顶几个瑞士！

Day 37　贾斯珀国家公园（Jasper National Park）

　　贾斯珀国家公园是加拿大落基山地区最大的国家公园，1930 年正式成为国家公园，1984 年被列为世界遗产。今天我们的主要行程是游览贾斯珀国家公园里余下的几个景点，包括贾斯珀小镇和附近的派翠西亚与金字塔湖（Patricia And Pyramid Lake），以及贾斯珀小镇东南边沿玛琳河（Maligne River）分布的玛琳峡谷（Maligne Canyon）、巫药湖（Medicine Lake）、玛琳湖（Maligne Lake）等。

　　我们首先游览的是玛琳峡谷，它是加拿大落基山脉最为壮观的峡谷，平均近 50 米深，长度也不短，从进口到出口超过 5 公里。峡谷上面有 6 座桥，从停车场开始，如果走完全程 6 座桥必须折返到停车场取车，所以一般人都是走到第 4 座桥就折返，因为后面的沿途风景和前面大同小异。由于在环游的第三段行程还要观赏美国著名的大峡谷风光，所以我们在这里短暂停留后就奔赴下一个景点玛琳湖了。玛琳湖长 22.5 公里，宽 1.5 公里，平均深 35 米，是贾斯珀地区最大的冰川湖。该湖因四个特点而闻名：湛蓝的湖水，湖四周白雪皑皑的山峰，从湖上可见的 3 个冰川（Charlton，Unwin，Maligne），以及需乘船渡湖才能探访的精灵岛（Spirit Island）。玛琳湖中的精灵岛是整个贾斯珀公园中最靓丽的风景，常常出现在各种旅游书和风景明信片中。图 2—132 是从 Wikipedia 下载的玛琳湖照片，拍摄季节是 7 月份，我们到达时是 8 月底 9 月初，山顶的冰川所剩不多了。

▼ 图 2—132　玛琳湖

　　在游完玛琳湖返回贾斯珀小镇的途中，可顺道游览巫药湖，它是会消失的湖，湖水每年消失一次。之所以水位时高时低甚至消失，是因为受到湖内独特的地下排水系统的影响，湖的西北端就是排水口。秋天时，山上的雪水开始结冰，融雪大量减少，湖水开始下降，甚至干枯；夏天时雪水融化，湖水又会出现。印第安人认为安静的湖水有水位高低的变化，一定有神灵住在其中，所以取名"巫药湖"。这个湖边也是最容易看见野生动物的地方，比如大角羚羊和北美驯鹿。告别巫药湖，我们先返回贾斯珀镇，然后沿镇后方一条蜿蜒的道路很快抵达两个景致如画的湖泊：派翠西亚和金字塔湖。第一个湖在左边，即派翠西亚湖，再往前行，即为金字塔湖。两个湖泊背后衬以金字塔山，蓝天白云下湖中倒映着壮丽山景，美得简直无法想象（见图 2—133）。由于这里离贾斯珀镇很近，成为众多游客野餐、钓鱼、划船的热门

图 2—133　金字塔湖和金字塔山

地点，据说这里日出和日落的景色更是无比瑰丽。我们在金字塔湖边闲逛时发现了很多临湖的小木屋，在湖边停留的一个小时里就亲眼看到了湖水颜色的绮丽变化，感觉住在这里就像住在天堂一样，非常后悔当时没有尝试预订这里的住宿，只能等下次来再弥补了。

　　游完派翠西亚和金字塔湖，我们返回贾斯珀镇开始逛小镇。贾斯珀镇位于贾斯珀国家公园的中心，清幽宁静，有世外桃源之美，这一点与班芙镇众多的游客和喧闹的气氛很不同。小镇不大，但很精致，30 多分钟就可以轻松逛完。贾斯珀镇原为加拿大太平洋铁路的一个车站，是加拿大国家公园内唯一一个有火车通达的城镇。一百多年前的铁路修建者中有不少华人，现在镇上还有家广东食馆，我们逛完小镇后就是在这里吃的晚餐，味道非常地道。在这里，能看到古老的火车站、精致的小教堂和随处可见的驯鹿与山羊，还有印第安人的图腾和四周壮美的雪山（见图 2—134）。不经意间我们还发现远处雪山上一道稍纵即逝的彩虹，让恬淡安宁的贾斯珀小镇更加宛如人间仙境。

　　在贾斯珀镇吃完晚餐天色已晚，我们依依不舍地赶往公园外约两个小时车程的小镇维尔蒙特（Valemount）住宿。今晚住的酒店叫 Alpine Inn，具体导航地址是 1470 5th Ave Valemount BC V0E-2Z0 Canada，通过 http：//www. expedia. ca 才预订上。从贾斯珀镇到维尔蒙特我们走的是叫 Yellowhead HWY 的 16 号公路的一段，一路风景迷人，中途会经过 Yellowhead Lake 和 Moose Lake 两个风景秀丽的大湖，可稍作停留和休整。路上我还数了下我所见过的最长的加拿大货运火车，整整 123 节，太牛了！回想这几天在加拿大落基山公园群流连忘返的日子，我最大的一个感受就是这里的每个湖泊各有特色，极富美感，同行驴友笑称这几天看湖都快看饱了，这

▼ 图 2—134　贾斯珀镇远处的雪山和 Rocky Mountaineer 观光列车

辈子再也不用看湖了，我总结的一句话是："班芙归来不看湖。"

Day 38　维尔蒙特（Valemount）—温哥华（City of Vancouver）

　　维尔蒙特距离温哥华近 700 公里，开车顺利的话需要八九个小时。我们中途在甘露市（Kamloops）休整吃午餐。甘露市又名灰熊镇，这个不足十万人口的城市，是不列颠哥伦比亚省第三大内陆城和重要交通枢纽，百年前修筑的加拿大横贯东西两岸的铁路就是在这里交汇。"Kamloops"来自印第安语，意为河流交汇点。这里正是南北汤姆森河（Thompson River）的交汇处，因其便捷的地理位置，自古就是交通要道，早年淘金热潮时曾是繁华一时的皮毛交易中心。此外无污染的肥沃泥土和半沙漠干燥型气候条件，也使这里成为北美最大的花旗参产地，因此被誉为"花旗参之都"。

　　温哥华高端的宾馆主要集中在市区，大都可以看到绝佳的海景或山景，房价一般从 200 加元/晚起步，网络、停车、早餐等一般都要额外收费，适合预算充足的游客；中低端宾馆则分布在大温哥华（Greater Vancouver）的各个地区。我们今晚就住在靠北部的北温哥华（North Vancouver）地区，酒店是两星级的 Comfort Inn & Suites North Vancouver，导航地址是 1748 Capilano Road，North Vancouver，BC，Canada，房价是 90 加元/晚，包含免费早餐和停车，相当实惠。这里离温哥华市中心不远，无论是自驾还是乘坐公共交通进城都很方便，而且温哥华市郊的几个知名公园和景点大多分布在北部，从这里出发自驾游玩这些景点非常方便，因此我们决定在这里连住 3 个晚上，来个温哥华 2 日游。

Day 39　温哥华（City of Vancouver）（1）

温哥华是加拿大不列颠哥伦比亚省的第一大城市，也是加拿大全国第三大城市及最大港口城市，可称为加拿大的太平洋门户。这里全年气候温和，拥有多元的文化和具有很强包容性的人民。浩瀚海洋和美丽山峦环抱之中的温哥华，有一望无际的金色海滩，苍青翠绿的原始森林，又有繁华都会的热闹与便利，绝对是适合任何年龄和任何喜好人士的旅游胜地，也是全世界最适宜人类居住的地区之一，常年蝉联全球最宜居城市之首。在美国一个网站日前评选出的"全球 53 个一生中至少必须造访一次的城市"中，温哥华名列第四。

温哥华旅游景点众多，如图 2—135 所示，一般至少需要三日游才能基本逛完精华景点。我们今天的行程安排是游览酒店附近的几个知名市郊公园，主要包括赛普里斯省立公园（Cypress Provincial Park）、马蹄湾公园（Horseshoe Bay Park）和灯塔公园（Lighthouse Park）这三个免费的公园，由于时间关系就没有去收费的卡皮拉诺吊桥公园（Capliano Suspension Bridge Park）。

▼ 图 2—135　温哥华主要景点示意图

赛普里斯省立公园位于温哥华市区的西温哥华地区，从酒店出发 20 多分钟车程就到，对公众免费开放。从山顶可以俯视温哥华市中心和周边的美景，天气晴好的时候还能看到壮观的常年积雪的贝克雪山（Mountain Baker）。这里一年四季都是运动天堂，夏秋可以爬山，冬春可以滑雪。赛普里斯省立公园内有许多步道，最有名的就是豪湾山脊步道（Howe Sound Crest Trail）。这条全长 30 公里的步道部分路段相当陡峭，南端从滑雪场出发，往北到狮子山（The Lions）和 Deeks Lake，然后下山抵达海天公路 Hwy 99。游客可选走其中一段，只要是晴朗天气，在这条步道上徒步，西边的豪湾（Howe Sound）胜景尽收眼底，美不胜收。其他步道如 Hollyburn Mountain Trail、Black Mountain Loop Trail、Yew Lake Trail，路程都相当短，也比较容易行走。此外赛普里斯山也以滑雪场闻名，该山山顶年均降雪 622 厘米，修建有不同难易程度的雪道，公园里 19 公里长的郊野滑雪道更是温哥华北岸其他滑雪场所不具备的。由于时间关系，我们选择的是 Yew Lake Trail，这条步道的起点在赛普里斯山山顶的一个停车场，可以沿盘山公路一直开上来。从 1 号公路的 8 号出口下来就是赛普里斯山上山的路，沿路有几个野餐和看风景的地方。最佳观景点就是赛普里斯山半山腰上的 Cypress Viewpoint，在这里可以拍到温哥华的全景。白天可以清楚地看到温哥华市区和周边区域，只见绿树掩映下高楼交错其中，海面波光粼粼（见图 2—136）。有时低处云雾缭绕，云海间阳光照射进整个城市，朦胧中散发出金色的柔光，美景如梦如幻。这里也是欣赏温哥华夜景最好的免费地点，因此我们决定晚上再重返这里。因为没有公共交通可以到达，所以这里尤其适合自驾游，具体导航地址是 6000 Cypress Bowl Rd，West Vancouver。

我们走的 Yew Lake Trail 两边有不少野生的蓝莓，很多温哥华人都是带着小篮子一路游玩一路采摘品尝。在步道终点不远处也有一个极佳的俯瞰豪湾美景的观景点，叫 Bowen Lookout，天气晴好时从这里能够清晰地看到山脚下的马蹄湾渡轮码头。下了赛普里斯山已近中午，查了下附近最近的中餐馆就在马蹄湾渡轮码头附近，我们就直奔而去。注意驾车进入码头时有两种不同的车道，一种是单纯到码头的马蹄湾公园观光的，另一种是人车一起到码头搭乘渡轮的。马蹄湾两面有山崖包围避风避浪，是加拿大不列颠哥伦比亚省第三大码头，也是轮渡来往美加及各岛的主要

▼ 图 2—136　白天在 Cypress Viewpoint 欣赏温哥华全景

轮渡站，每天有许多轮渡、船只出入港口，非常繁忙（见图 2—137）。码头所在的地方却是个悠闲的小镇，建在海湾里，周围群山环绕，绿树如茵，设有马蹄湾公园。

图 2—137　马蹄湾的渡轮

在马蹄湾吃完午餐，我们驱车赶往灯塔公园，为了看海我们没有走 1 号高速，而是故意选择了一条沿海公路 Marine Dr。在这条路上随着峰回路转，加拿大太平洋沿岸风光一览无余。灯塔公园面向太平洋，入口很隐蔽，不是太好找，要从 Marine Dr 上右转到 Beacon Line，再经过一段两旁都是住宅的小道后才能看到公园的木牌和停车场。这个公园是大温地区少有的一个既有历史古迹又有自然风光的公园。公园位于巴拉德湾（Burrard Inlet）和豪湾相接之处，是海岸山脉的最边缘，面朝广阔无垠的大海。而这个公园内的灯塔则始建于 1874 年，并在 1912 年重建，是加拿大西岸最古老的灯塔之一。在第二次世界大战时，为了防范日本军舰的可能入侵，军方在此地设置了探照灯与机关炮。园内灯塔所矗立的位置称为阿金森点（Point Atkinson），由乔治·温哥华最早在航海图上标注并命名。乔治·温哥华为寻找北美通往东方的西北信道，带领英国船舰"发现号"北上经由巴拉德湾进入登陆，是第一位经由巴拉德湾登陆的欧洲人，后人即以温哥华来命名这个地方。灯塔公园内植被丰富，健行步道幽深，总长度达到 10 公里。公园内的步道总体上属于容易级别，从最里面的一个停车场到灯塔观景点步行仅需 10 多分钟，从灯塔回到停车场因为是上山，大约需要 25 分钟。如果是晴天，带上一些食物到公园海边的礁石上野餐是很不错的选择。伴随着海鸥的鸣叫和阵阵涛声，欣赏着眼前一览无余的海湾风光，尘世的喧嚣早已消融在蔚蓝色的大海中。这里可以远眺温哥华市区的海岸天际线，也是欣赏海上日落的好地方，我们一直等到夕阳西下才依依不舍地离开（见图 2—138）。

▼ 图 2—138　夕阳下灯塔公园里的灯塔

　　回到酒店在附近吃完晚餐，天色已经完全暗了下来，我们惦记着温哥华的夜景，又驱车回到白天到过的赛普里斯山半山腰 360 度转弯处的 Cypress Viewpoint。此时夜幕降临，整个温哥华市区都充盈着温柔的色彩，狮门大桥（Lions Gate Bridge）像彩虹般闪烁着，横跨在海面上。站在这里举目四望，远处灯火辉煌，头顶星光灿烂，吹着清凉的山风，竟有种"不知天上宫阙，今夕是何年"的恍惚（见图 2—139）。听说即便是冬日午夜，这里也常常有人披着毯子贪婪于美景，久久不愿离去。

▼ 图 2—139　晚上在 Cypress Viewpoint 欣赏温哥华夜景

由于时间关系，我们没有去附近收费的北温哥华著名观光胜地卡皮拉诺吊桥公园。卡皮拉诺吊桥长 140 米，高约 70 米，跨越了卡皮拉诺河和大片茂密的森林，是温哥华最古老的观光景点。在这个吊桥公园里，除了走吊桥在高空观景必去外，公园本身也非常值得探索。此外，附近的格劳斯山（Grouse Mountain）雄壮恢弘，被称为"温哥华之峰"，有时间也值得一去。

Day 40　温哥华（City of Vancouver）（2）

我们今天的行程安排是游览温哥华市中心的几个主要景点，先是徒步逛斯坦利公园（Stanley Park），然后去被称为温哥华"第五大道"的罗布森大街（Robson Street）逛街吃饭，再去加拿大广场（Canada Place）体验 Flyover Canada 4D 电影。温哥华市中心停车既难又贵，我们决定乘坐公共交通进城，买的是一日的交通通票 Day Pass，通行范围涵盖了温哥华全部三个区，成人一天是 9.75 加元，适合一天内多次乘坐公共交通工具的游客。

斯坦利公园 1888 年正式揭幕，以加拿大总督斯坦利爵士之名命名，是温哥华最著名的公园。它位于温哥华市中心，因为自然与城市完美的融合被评为世界最佳城市公园之一。它保留着原始森林的自然生态景观，三面环海，森林覆盖率高，人工景物不多，以红杉等针叶树木为主的原始森林是公园最知名的美景。公园北临巴拉德湾，西临英吉利湾（English Bay），长达 8.85 公里的 Seawall 临海大道是一个适合慢跑、骑车、滑旱冰或散步的绝佳地方。除了英吉利湾的三大海滩外，这里还有动物园、水族馆、高尔夫球场、玫瑰花园、小型火车及图腾柱。

从市中心沿海边过来，斯坦利公园的入口有一座昔日总督斯坦利的铜像。碑文是 "To the use and enjoyment of people of all colours，creeds and customs for all time"（供各种肤色、各种信仰、各种习俗的人们在任何时候使用和享受）。在公园入口的服务处 House Drawn Tours 可以搭乘环园观光车，费用是 20.5 加元，运行时间是 9：30—17：30，每 30 分钟一班。我们决定步行游览公园，在沿 Seawall 临海大道往前走的途中还在岸边浅海第一次看到了捕食的海狗。继续向前是观赏温哥华地标性建筑加拿大广场的最佳位置和角度，附近设有一个游客中心，可以在这里小憩并购买纪念品（见图 2—140）。游客中心边上矗立着 BC 省原住民制作的 7 根印第安图腾柱，这几根图腾柱都是面海而立，每根图腾柱都以独特的方式雕刻着象征各部族的熊等动物或人物，带着浓厚的原始色彩。

沿着岸边前行，还有一些景点如九点炮、灯塔、名人雕像等。转过灯塔，就可以非常清楚地看到隔海相望的北岸富人区，那里依山傍海，环境优美。向西边望去，能清晰地看到宛如一条长虹横跨北岸地区和温哥华市中心的狮门大桥，这里也是欣赏和拍摄狮门大桥全景的绝佳位置（见图 2—141）。狮门大桥 1939 年建成并正式投入使用，名称来自北岸山脉中的双狮峰，是温哥华的地标建筑之一，大桥的雄伟身姿也是众多热门影视作品的取景地，比如很多中国人就因电视剧《别了，温哥华》

▼ 图 2—140   在斯坦利公园远眺加拿大广场

▼ 图 2—141   在斯坦利公园远眺狮门大桥

而熟知它。它是目前世界上最长的悬索桥之一，全桥长 1 517.3 米，连同北岸引道长 1 823 米，主桥跨度为 472 米，桥塔高度为 111 米，距离海面高度为 61 米，桥底可通过远洋巨轮，2005 年 3 月 24 日被列为加拿大国家级历史古迹。

临海大道走到一半，我们决定从公园森林内部的小路穿过以节省时间。林间跳跃的松鼠的叫声和不知名的鸟叫声交织成独一无二的交响乐章，不失自然与静谧。公园内还有一大片美丽的玫瑰园，各种品种、各种颜色的玫瑰争相盛放，娇媚至极。

到达公园西面的英吉利湾，可以看到很多在沙滩或岸边草地上歇息或者读书的温哥华居民，看得出他们的生活轻松闲适。在英吉利湾还可以看到一组开怀大笑的铜质人像雕塑群，共有 14 个，每个高 2.5 米，重 250 千克，是中国艺术家岳敏君先生的作品——"迷人的笑者"。该雕塑在 2010 年冬奥会前特别借给温哥华市政府在市内公开展示，之后威尔逊家族出资 150 万美元从岳敏君先生手中买下了这一组作品，并把它捐赠给当地的非营利艺术机构——温哥华双年展露天博物馆（Vancouver Biennale Open-air Museum）。"迷人的笑者"最终被温哥华永久收藏，并被命名为"大笑俱乐部"，免费对市民和游客开放，仿佛彰显着生活在这个城市的人们开怀大笑的幸福生活，成为温哥华城市文化的一个标志（见图 2—142）。这组雕塑不仅吸引了大批游客，还激发了各式各样的幽默互动，成为游客搞怪拍照的绝佳地点。在这组雕塑不远处有一幢高楼，据说是香港某位国际影星的私人豪宅，楼顶上的那棵树可是货真价实的稀有品种，绝不会以假充真，给这里又增添了一处看点。

🔻 **图 2—142 温哥华城市文化标志——大笑俱乐部**

与这些大笑的雕塑互动完毕，我们已经饥肠辘辘，直奔附近 Denman Street 788 号的金太郎拉面店（Kintaro Ramen）。这家拉面店据说是温哥华本地人最爱去的店之一，主营经典的日式拉面，以味道好、分量大、价格低赢得了非常好的口碑，人均消费大约 10 加元。店面不大，一进门就可以看到四个大汤锅在煮着猪骨汤，店里香味四溢。汤底分浓、中、淡三种，有味噌、酱油等几个口味可以选择。一大碗拉面里配有玉米、蟹肉、叉烧、香葱、豆芽等各种原料，面条非常筋道，口感特别好。因为汤鲜面劲所以食客众多，晚上饭点时去是一定会排队的，建议选择中午或避开饭点前去。

吃完日式拉面，我们决定到附近的罗布森街逛街消食。每个大城市都有自己著名的购物闲逛街，在温哥华就是罗布森街。罗布森街汇聚了众多高端时尚的餐馆酒吧、咖啡店，甚至还有明星在此出没。罗布森街成为温哥华著名的购物及美食天堂已经有超过 100 年的历史，街名是为了纪念不列颠哥伦比亚省原来的省长约翰·罗布森。罗布森街逛到一半，到了与 Howe Street 的交叉口左转，沿 Howe Street 向东北方向走十分钟左右就是温哥华的地标性建筑——加拿大广场，这里曾是 1986 年万国博览会的加拿大馆，位于温哥华市区北部湾区。建筑外墙造型为五块白帆，也被称为五帆广场。在这里可以迎着海风散步，欣赏停靠或者离开码头的豪华邮轮，远望海面上起降的水上飞机，非常惬意（见图 2—143）。这里还有不容错过的 Flyover Canada 4D 电影，作为温哥华最新的旅游项目，坐落在加拿大广场主建筑里的剧院上映的 4D 立体电影 Flyover Canada 不会让任何游客失望。对我们这样已经饱览过加拿大美丽风光的游客来说，离开之前看一场这样的电影回顾一下难忘的加拿大之旅是最好的告别方式；对初到加拿大或者在加拿大只有几天时间的游客来说，可以不出温哥华就有机会坐在"飞机"上一览加拿大壮美的风光。Flyover Canada 4D 共分三个部分，约 30 分钟，在特殊视觉效果的作用下，带领观众"飞越"加拿大广袤的国土，饱览这个国家自然和人文风光。它将带领观众冲过山巅、扎进山谷、掠过冰川湖泊、跨越奔涌的河流或悬浮在瀑布上空，有时候甚至能够感受到迎面而来的水汽和拂过面颊的清凉微风，壮美的加拿大风景似乎近在咫尺，画面真实感非常强，非常超值（每人只要 20.95 加元）。

▼ 图 2—143 在加拿大广场远眺斯坦利公园和北岸风光

Day 41 温哥华（City of Vancouver）—西雅图（Seattle）

由于一个多月连续的长途旅行，大家都有些疲惫，所以今天我们的安排是上午先睡个懒觉休整半天，下午再离开温哥华奔赴西雅图。西雅图这座美国第四大城市位于美国西北角，离美国其他著名大城市都比较远，却与加拿大的主要城市温哥华遥相呼应，唇齿相依，距离只有 200 多公里，驾车只要两个多小时，但运气不好的话在美加国界线等上几个小时也不足为奇，因为美国海关检查比加拿大海关要严格些。幸运的是我们一个多月里两次穿越美加边境都很顺利，没有遇到过排长队的情况，简直是人品大爆发。

早就听说西雅图市中心停车费贵，车位也难找，且市中心的酒店房价基本都在每晚 100 美元以上，所以我们预订的是市中心南部约 20 多公里外的西雅图·塔科马国际机场附近的一家两星级酒店，叫 Ramada Inn & Suites Sea-Tac，每晚 80 多美元，具体导航地址是 16720 International Boulevard，Seattle，WA。这里停车免费（没有免费早餐），而且从酒店步行 10 多分钟就有进城的轻轨站，非常方便。我们计划在这里住三个晚上，花两个整天时间游览西雅图这座浪漫之城。

Day 42　西雅图（Seattle）（1）

这里不是威尼斯，但处处可见湖泊海洋；这里不是纽约，却住着世界首富；这里不是巴黎，浪漫气氛却丝毫不减。这里就是西雅图，好莱坞经典唯美爱情片《西雅图不眠夜》、中国爱情片《北京遇上西雅图》、中韩合作文艺片《晚秋》的故事发生地。这几部电影为湿润多雨的西雅图贴上了文艺浪漫的标签，吸引了一批批来此寻找浪漫邂逅的游客。

西雅图建立于 1850 年，得名于一个叫西雅图的酋长，现在是美国太平洋西北区最大的城市和商业、文化及高科技中心。大西雅图地区常年被青山绿水环绕，有湛蓝的海水、绵绵的细雨和飘香的咖啡，被评为"全美最佳居住地"、"最佳生活工作城市"、"生活质量最高城市"、"最有文化城市"、"最爱阅读城市"、"最适宜工作的城市"、"最向往的工作城市"、"最健美城市"等。西雅图的官方别名为"翡翠之城"（Emerald City），其他别名还有"雨城"（Rainy City）、"常绿之城"（Evergreen City）、"阿拉斯加门户"（Gateway to Alaska）、"女王之城"（Queen City）和"喷气机之城"（Jet City）等。西雅图经济发达，人均年收入居美国大城市第 4 名，多家世界 500 强公司的总部设置于此，耳熟能详的包括微软、亚马逊、星巴克、波音、Nordstorm、Costco、Expedia 等。西雅图值得一游的景点也很多，我们西雅图两日游的安排是今天自驾游览北郊的几个景点，主要是参观波音工厂、瞻仰李小龙墓和漫步华盛顿大学；明天则在市中心闲逛。

虽然波音总部已搬迁到了芝加哥，但波音工厂仍然留在了西雅图北郊的艾弗莱特（Everett），离西雅图市中心约 48 公里。对于普通人来说飞机制造充满了神秘的色彩，波音工厂有一个向公众开放的观光项目——波音之旅（Boeing Tour），大约一个半小时，向游客全方位展示波音飞机的建造和组装过程，无论对成人还是对儿童都很有吸引力，是西雅图必游项目之一。旺季成人现场购票是 20 美元，提前预订则是 18 美元，最好提前到 www. futureofflight. org 预订好再去，以免到了现场当天的参观名额已满。这里公共交通不是很方便，一般游客都是自驾前来，导航地址是 8415 Paine Field Blvd，Mukilteo，WA 9827。建议进去前将手机、相机等留在车内，因为整个波音之旅都不允许拍照，而展厅里的储物柜是要收费的。

整个参观过程先是在 The Future of Flight Aviation Center 看航空知识介绍，以及飞机的分解部件——发动机、驾驶舱、客舱、机翼等，这里是航空航天爱好者的乐园；然后通过甬道进入放映室，观看一部 10 分钟的短片（英文版）；再乘坐波音公司的大巴去总装工厂参观。游客都是从厂房的地下通道（Tunnel）进入，再坐电梯到三楼专门给游客观光的平台。从这里俯视下去，就是硕大无比的车间了，场面十分震撼。波音拥有世界上最大的飞机组装工厂，获过吉尼斯纪录，共有 6 个车间，每个车间的都有几个足球场那么大。因为车间实在太大，导游说这里的工人工作时都骑自行车在车间穿梭。每个车间的流水线基本差不多，先是分部件的制造和大部件的组装，然后是整个飞机组装，再从门里出去到喷漆基地上漆，最后还要经过一系列复杂的测试飞行才可以交货。可惜全程禁止拍照，图 2—144 是在波音网站上找的一张波音 787 的组装车间照片。

参观完波音工厂后，别忘了回到售票处坐电梯上顶楼的观景台看看，这个观景台的视野很好，可以看到整个总装工厂和试飞跑道，有时运气好的话能看到正在起降的各型试飞的飞机。天气晴好的话，观景台上还有额外的神秘礼物等着你——瑞尼尔雪山（Mt. Rainier)！只见瑞尼尔雪山像一座白色的金字塔从青黛色的群山中突兀出来，在蓝天白云的背景衬托下非常震撼（图 2—145）。

图 2—144　波音新一代梦幻客机 Dream Liner 787 组装流水线

图 2—145　在波音工厂观景台俯瞰厂区和远眺瑞尼尔雪山

　　从波音工厂出来，我们开车直奔李小龙墓。李小龙墓位于西雅图的湖景公墓（Lake View Cemetery），这里依山傍海，风景优美，因为李小龙这位世界上最著名的功夫偶像长眠于此而被全世界武术爱好者视为圣地。李小龙原名李振藩，1940年出生于美国加州旧金山，祖籍中国广东顺德均安镇。他是世界武道变革先驱者、武术技击家、武术哲学家、武术宗师、功夫片的开创者和截拳道创始人、华人武打电影演员、中国功夫首位全球推广者、好莱坞首位华人演员。他在香港的四部半电影打破多项纪录，其中《猛龙过江》打破了亚洲电影票房纪录，与好莱坞合作的《龙争虎斗》全球总票房达 2.3 亿美元。他让世界记住了中国功夫，让"Kung Fu"写进了英语字典。遗憾的是，1973 年 7 月 20 日，李小龙在香港拍摄《死亡的游戏》时突然逝世，享年 33 岁。由于西雅图是李小龙在美国生活、学习、奋斗过多年的地方，因此他死后遗体被运回美国，下葬在西雅图清幽静谧的湖景公墓。在西雅图的华盛顿大学读书期间，李小龙义务向学校师生和社区居民教授中国功夫，并且有教无类、来者不拒。李小龙的妻子琳达·艾米莉也是他在华盛顿大学期间认识的同学，年近七旬的琳达现在仍然居住在西雅图。李小龙英年早逝，他子承父业的儿子李国豪也意外身亡，年仅 28 岁，死后也葬在其父身旁（见图 2—146）。李小龙和李国豪的死因至今仍是一团迷雾，说法众多。或许是天妒英才吧，他们父子俩加起来只活了 60 岁，真为他们一家的命运扼腕叹息。李小龙墓碑的下方是一块黑色的类似一本翻开的书的石雕，左面一页刻着黑白太极图，图两侧用中文刻着这样两句话："以无法为有法，以无限为有限"，充满了武学的哲学辩证味道，耐人深思。

　　瞻仰完李小龙墓，我们又造访了附近两英里外的华盛顿大学。该校和前面提到

▼ 图 2—146   西雅图湖景公墓李小龙及其子之墓

过的位于美国首都华盛顿的世界名校——乔治·华盛顿大学——的校名很接近，常有人将二者混淆。西雅图的华盛顿大学也是美国顶尖著名公立学府之一，建于 1861 年，在各学科领域中成就卓著并拥有巨大影响力，产生过 11 位诺贝尔奖得主和 12 位普利策奖得主，被誉为"公立常春藤"之一。和乔治·华盛顿大学局促的校园相比，位于西雅图的华盛顿大学占地极为广阔，地理位置得天独厚，不仅紧邻 Portage Bay 和 Union Bay，还面对着广阔如海的华盛顿湖，将湖光山色尽览怀中。这里绿树成荫、鸟语花香，春天娇艳夺目的樱花开满校园，是世界上最美丽的大学校园之一，这一点和国内最美的大学校园武汉大学相仿。华盛顿大学的正门有几根高大的图腾柱，这是华盛顿大学的特有景致，也是美国西北部原住民的特有象征。华盛顿大学另外一个很有特色的地方就是它的建筑，几乎所有主校园的建筑物都以哥特式风格为主。中央广场为红砖铺就，又叫 Red Square。沿着广场左边的台阶走下去，就会看到一座圆形的喷泉 Drumheller Fountain。正对广场的苏赛罗图书馆（Suzzallo Library）是最典型的哥特式建筑：高高的拱门上镶嵌着人物雕塑，门柱与窗框上都雕有复杂精致的花纹，看上去很像一座庄重威严的教堂，厚重的历史感扑面而来（见图 2—147）。图书馆里面有一间酷似哈利·波特魔法学院场景的阅读室，自由开放的学术气氛让游客不用登记就可以入内参观。在校园内的华盛顿湖畔还有游艇码头，我们去的时候看到很多学生在夕阳下泛舟湖上，有的正在船上开着夏日 party，惬意得令人羡慕。

图 2—147　华盛顿大学的灵魂——苏赛罗图书馆

Day 43　西雅图（Seattle）（2）

今天我们乘坐中央线轻轨（Central Link）进城游览西雅图市中心。我们先在西雅图中央图书馆（Seattle Central Library）附近出站，免费参观这座由 11 层玻璃和钢铁组成的棱角分明、外观独特的建筑，顺便还可以在图书馆顶楼俯瞰西雅图市中心。在这里我们还意外地发现几排书架中陈列着中文图书，惊喜之余，竟有种"他乡遇故知"的感动。出了图书馆，我们沿着通往海边的陡坡步行去西雅图古董市场（Seattle Antiques Market）。这里顺便提醒一下，西雅图建在 7 座相邻的山丘上，地势高低不平，坡道很多，有些还很陡，比山城重庆有过之而无不及，如果驾车在西雅图市区游览，是非常考验驾驶技术的。西雅图古董市场位于 59 号码头的海洋馆对面，在这里能够体验到穿越的感觉，因为这里可以淘到老旧的收音机，沧桑的留声机，古色的家具，古香的梳妆台，原始的打字机、电话、唱机，各个年代标志性的酒杯、首饰、胸章，年代久远的 *Playboy* 杂志，几十年前的明信片，还有美国的很多路牌。逛完古董市场，如果饿了，可以就近到 57 号码头附近的 The Crab Pot 或 Fisherman's Restaurant（地址：1301 Alaskan Way，Seattle，WA）解决午餐。The Crab Pot 的特色是一下子把一大盆蒸熟的海鲜倒在桌上，让顾客围上画着店内卡通人物的围兜，用小木槌敲打剥开螃蟹壳，吃法相当原始粗犷。在 Fisherman's Restaurant 则可以一边品尝鲜美的海鲜，一边享受海滨风光。

我们今天早餐吃得晚，决定先继续逛附近的派克市场（Pike Place Market）。派克市场始建于 1907 年，主要贩卖当地新鲜农作物及海鲜，以抛鱼表演及街头艺人演出而闻名。在这里，你能亲眼见到巨大无比的阿拉斯加帝王蟹，还能看到一整条的三文鱼。在西雅图取景的很多电影中常会出现的喧闹市场就是这里，如今已发展成一个重要的旅游胜地。每天有几个固定的时间，在市场门口的海鲜摊位会有著名的

"抛鱼表演"，那些小伙把十几斤的大鱼抛来抛去，吆喝声响亮愉悦，动作配合默契得就像杂技表演，引得游客阵阵欢呼。除了欣赏"飞鱼秀"，在派克市场还有三个地方值得一去：雅典人餐厅（Athenian Inn）、口香糖墙（Gum Wall）和第一家星巴克（First Starbucks Store）。雅典人餐厅是当年汤姆·汉克斯和梅格·瑞恩主演的《西雅图夜未眠》的一个取景地，店内至今贴着电影海报。西雅图派克市场的口香糖墙可以称为世界上最恶心的一面墙，这面墙的旁边原本是一个电影院，排队等不及的人常常百无聊赖地把口香糖往墙上粘，开始影院清理了几次，可清理后总会继续泛滥，后来影院破罐子破摔不再去理会，墙上口香糖越积越多，逐渐形成了一道独特的重口味风景（见图 2—148）。不过这个地方相当不好找，要先找到市场里那只叫 Rachael 的知名铜猪，从它旁边的楼梯下去就是。

▼ 图 2—148　派克市场的口香糖墙

　　喜欢咖啡的朋友千万不要错过位于派克市场的世界上第一家星巴克咖啡店（见图 2—149）。作为建于 1912 年的星巴克起源店，这里依然保留着最原始的星巴克LOGO，并且生产世界上唯一的一种星巴克咖啡豆，小小的店面隐藏在街边的一角，具体地址是 1912 Pike Pl Seattle，WA 98101。这家店里没有座位，门口常常排着长长的队伍，世界各地慕名而来的星巴克粉丝宁愿站着品尝，也要在这里点上一杯咖啡，或者买点纪念品，试图寻找到星巴克咖啡最初的味道。我们也凑热闹排队，每人买了杯咖啡拿在手里，一边喝一边逛。等逛完派克市场，早已是饥肠辘辘了，于是决定到市场里有名的一家生蚝店解决午餐。这家叫 Emmett Watson's Oyster Bar 的小店非常简单朴素，菜单用手写，炭烤的新鲜生蚝和牡蛎味道鲜美浓郁，口感极富层次。这家小店的具体地址是 1916 Pike Pl，Seattle，WA 98101，在 Stewart St 和 Western Ave 拐角处的广场内部。

▼ 图 2—149 第一家星巴克咖啡店

从派克市场出来，我们步行去附近的西湖中心（Westlake Center）乘坐西雅图中心单轨高架列车（Seattle Center Monorail）。西雅图中心的单轨高架列车是一条全长不足一英里的公交路线，于 1962 年为世博会修建，连接西湖中心和音乐体验馆（Experience Music Project），大屏幕玻璃车窗让游客可以在高架轨道上欣赏到西雅图市区的风光，是一种不错的旅行体验，票价 2.25 美元。紧挨着音乐体验馆的就是西雅图最经典的地标——太空针塔（Space Needle）。到了西雅图如果不上太空针塔，就好比到了巴黎没有登埃菲尔铁塔和到了纽约没有登帝国大厦一样。太空针塔建于1961 年，是为 1962 年举行的世博会而建。太空针塔高 184 米，顶层距离地面 158 米，建成时曾是美国西部最高的建筑之一。它的整体造型就像是一个飞碟立在细细长长的金属支架上面，其顶端是以 UFO 为蓝本设计而成的。在当地流传着一个脍炙人口的笑话：那是地球发生大劫难时，美国总统逃往宇宙的专用飞船。在离地 158 米高的瞭望台和旋转餐厅里可以 360 度观看西雅图的全景以及普吉湾（Puget Sound）的美景，天气好的时候还能远眺瑞尼尔雪山，尤其是晴天傍晚时瑞尼尔雪山山顶会被夕阳映得红灿灿的，堪称西雅图一大绝景（见图 2—150）。太空针塔门票单独购买是 22 美元，如果购买了西雅图景点通票 City Pass，则允许游客在一天之内登塔两次，可以白天上来一次看阳光下的西雅图全景，傍晚的时候再来一次看瑞尼尔雪山的日落并品《西雅图夜未眠》的灯火。当然，预算充足的话也可以到塔上旋转餐厅一边品尝美食一边欣赏美景。

虽然太空针塔是欣赏西雅图美景的好地方，但是要想欣赏到它自身的英姿，却需要到克里公园（Kerry Park）。克里公园是拍摄西雅图夜景的最佳地点，从该角度拍照不仅可以将西雅图市区美景和太空针塔同时收在镜头里，还能在天气晴朗时拍到瑞尼尔雪山的山顶，西雅图的风景明信片大都拍摄于此（见图 2—151）。如果足够有耐心，可以于黄昏时在山上看着天色慢慢变暗，看着万家灯火如花般绽开，那时你会在心里想，世界上怎么会有这样一座城市，可以满足人们对美好生活的全部想象……

图 2—150　在太空针塔上俯瞰西雅图市区和远眺瑞尼尔雪山

图 2—151　在克里公园欣赏西雅图夜景

Day 44　西雅图（Seattle）—奥林匹克国家公园（Olympic National Park）

西雅图附近有两座知名的国家公园：奥林匹克国家公园和瑞尼尔山国家公园。我们计划在去阿拉斯加前先游览奥林匹克国家公园，从阿拉斯加回来后再去瑞尼尔山国家公园。

奥林匹克国家公园位于华盛顿州西北角三面环海的奥林匹克半岛上，离西雅图大约三个小时车程。从西雅图前往可以搭汽车轮渡过海峡，再转入 101 号公路，这样可以避免绕很大一个弯。但由于轮渡时间要一个多小时，再加上等待的时间，其实和从南部走陆路绕过去时间差不多，所以我们决定还是走陆路去。奥林匹克国家公园包含了雪山冰川、温带雨林和大海沙滩三种风格迥异的风景，从海边的温暖潮湿到高山上的严寒，游客可以在同一次游览经历中，体会到一年四季的气候以及相应的不同自然生态，堪称美国西北最值得一游的国家公园，于 1981 年作为自然遗产被列入《世界遗产名录》。这个公园得名于其中 2 428 米高的奥林匹斯山（Olympus），据说 1774 年当英国船长 John Meares 见到奥林匹克群山的时候，惊讶于这里的美如同上帝居住的地方，因此用希腊高峰奥林匹斯山命名了这里的最高峰。

奥林匹克公园总面积 3 千多平方公里，景点众多，主要分散在半岛的东北部、南部和西部，101 号环岛公路将各部分景点串联起来。值得重点推荐的景点有：

（1）Hurricane Ridge，是公园内开车可以到达的制高点，视野开阔，可以眺望奥林匹克群山，也是野生动物的乐园，很容易和它们亲密接触。

（2）Sol Duc，有真正天然的室外硫磺温泉浴和壮观的瀑布。

（3）Hoh Rain Forest，位于公园中部，全世界仅有的原始温带雨林。

（4）Lake Crescent 和 Lake Quinault，冰川形成的湖泊，著名度假胜地。

（5）沿太平洋海边的多个海湾和海滩，由北往南依次为 Neah Bay、Shi Shi Beach、Ozette、Rialto Beach、La Push，Ruby Beach 等，是欣赏海上日落的绝佳地方（见图 2—152）。

公园内住宿选择不多，只有 Lake Quinaut Lodge、Kalaloch Lodge、Lake Cresent Lodge 和 Sol Duc Hot Spring Resort。因为地理位置和景观极佳，所以都非常牛气，价钱不菲，旺季更要早早预订。我们选择住在公园东北部的港口城市安吉利斯（Port Angeles）。这是公园北边较大的城镇，与加拿大维多利亚岛隔海相望，有很多餐馆和酒店可以选择。我们预订的是 Days Inn Port Angeles，具体导航地址是 1510 E Front St，Port Angeles，WA，免费早餐、上网和停车，每晚 80 多美元。其实两日游首选的住宿地点是公园西部靠近海边的小镇福克斯（Forks），这是到公园其他各处景点的必经之路，交通最方便。但是这个小镇规模比安吉利斯小很多，只有一些小的汽车旅馆，我们没有预订上，不过我们是自驾游，去哪里都方便。说到安吉利斯和福克斯这两个地方，由畅销吸血鬼小说改编的热门电影《暮光之城》的影迷们再熟悉

▼ 图 2—152 奥林匹克国家公园位置及主要景点示意图

不过。每当女主角贝拉·斯旺感到寂寞的时候，便会到安吉利斯来闲逛，这里一间叫 Bella Italia 的意大利餐馆曾在电影里出现过。福克斯小镇则是电影里故事发生的主要场所，影片里吸血鬼的故事就是从这里的福克斯中学里展开的，当初贝拉·斯旺从大城市里搬到这个小镇，第一天上课时结识了同桌的神人爱德华·卡伦，两人后来演绎出一段浪漫爱情故事。在福克斯镇上有一家贩卖"暮光之城"商品的店，这家店被恰如其分地称作"为暮光之城所倾倒"（Dazzled by Twilight），出售一些纪念品。福克斯这些年经济繁荣许多，也是拜电影《暮光之城》所赐。

在去安吉利斯的路上从 101 号公路下到 20 号公路，再走十来英里会有一个叫汤森港（Port Townsend）的港口小镇，可以作为中途休息和午餐的备选地，离安吉利斯只有一个小时车程。我们去的时候小镇上正好有一个关于船舶的展会，海边停满了各式各样的船只，让人大开眼界。

午餐后到达安吉利斯预订的酒店登记入住后，我们先到镇上的游客中心索取公园地图并给国家公园护照盖章。工作人员告诉我们今天天气晴好，正好适合去公园里最知名的景点 Hurricane Ridge 欣赏风景和观看日落。从山脚下的游客中心出发，沿着山间的公路可以驱车直达山顶的 Hurrican Ridge。这条约 17 英里的盘山路地势险峻，在冬季是封闭的，一般到 5 月份才开放。一路设置有观景点适合停车拍照，可以俯瞰山下的城镇和大海。Hurricane Ridge 是俯瞰奥林匹克公园群山的最佳地点，也是麋鹿和黑尾鹿等多种野生动物的快乐家园，我们一下车就在路边看到大摇大摆吃草的一对母鹿和小鹿。在山顶也设有一个游客中心，附近有三条步道可走：Meadow、Hurricane Hill、Klahane Ridge。我们走了最容易的 Meadow Trail，可以欣赏到美丽的高山草甸，途中还遇到成群的黑尾鹿，短尾巴黑黑的，一点也不怕人，很呆萌。时值夏末初秋，在这里依然可以看到远处白雪皑皑的山峰，金黄的高山草甸和着远处湛蓝的天空，真是一幅绝妙的画面（见图 2—153）。

▼ 图 2—153　在 Hurricane Ridge 的高山草甸上飞翔

Day 45　奥林匹克国家公园（Olympic National Park）

今天我们的行程是从安吉利斯出发，游览公园南部和西部。第一站是最南部的 Lake Quinault，湖很大，是划皮划艇的好地方（见图 2—154）。附近有几条步道可走，能看到很多参天大树，主要是雪松和云杉。湖边有建于 1926 年的 Lake Quinault Lodge 酒店，建筑古色古香，很有森林木屋的味道；临湖还有一块大草坪，一眼望去湖光山色尽收眼底，视野特别好，房价当然不会便宜，尤其是湖景房，想要住上得提前几个月预订才行（见图 2—155）。

离开 Lake Quinault，我们调头重新回到 101 号公路去 Hoh Rain Forest 看温带雨林。沿途会经过好几个美丽的海滩，Ruby Beach 是其中最漂亮的一个。奥林匹克公园里的海滩很多，Ruby Beach 的奇石、落日更是被很多风光摄影迷所推崇。

Ruby Beach 的停车场就在 101 号公路边上，走过一片小树林很快就可以到海滩，频繁出现在公园明信片上的那块大石头就在海滩边上（见图 2—156）。据说从 Ruby

图 2—154　Lake Quinault 的湖光山色

图 2—155　位置极佳的 Lake Quinault Lodge 酒店

Beach 到北边 La Push 的三个沙滩（First，Second and Third Beach）一带还是看鲸鱼的好地方，有时间的话可以等待碰碰运气。

　　地球上有热带雨林的地方很多，但温带雨林却很少。奥林匹克半岛拥有世界上极其独特少见的温带雨林气候，其形成的原因与奥林匹克山脉的地理位置密切相关，从太平洋上吹来的温暖而湿润的西南季风遇到高山阻挡后形成充沛的降雨，造就了这里的温带雨林。公园中部的 Hoh Rain Forest 是奥林匹克国家公园最有特色的温带雨林景观代表，也是游人最多的地方，从 101 号公路拐上 Upper Hoh Road 走到底即是。其实 Upper Hoh Road 一路都是美景，我们常常驻车拍照，简直都"走不动"了。这里也是电影《暮光之城》的取景地，神秘的雨林吸引了大批前来朝圣的暮光迷。到达 Hoh Rain Forest Visitor Center 后可以先了解下温带雨林的相关科普知识，然后走 Hall Of Mosses Trail，这是 Hoh 雨林的经典徒步路线，短短 30 分钟 0.8 英里的环路就可以充分领略温带雨林的特色（见图 2—157）。漫步其中，只见到处都是遮

图 2—156　Ruby Beach 风光

图 2—157　进入 Hoh Rain Forest 温带雨林的道路

天蔽日挂满"胡子"的高大树木，藤蔓缠绕的树干上寄生着厚厚的苔藓，阳光穿透层层树叶和苔藓，映射到树下的蕨类和地衣上，地上灌木丛生、野花遍地，置身其中仿佛走进了魔幻电影的场景（见图2—158）。这样的环境简直就是怕光吸血鬼的天堂，怪不得《暮光之城》将故事场景设在了这里。走在仿佛魔幻世界的雨林里，仰望着直入云端的树梢，你可以尽情想象男主角用自己的超能力牵着女主角在这片雨林里飞翔的浪漫唯美画面。

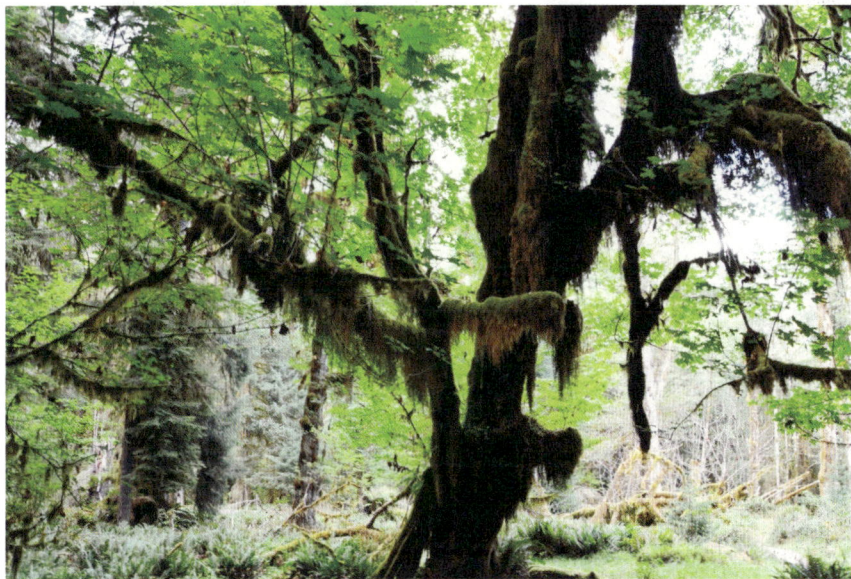

▼ 图 2—158   Hoh Rain Forest 温带雨林风光

Day 46   奥林匹克国家公园（Olympic National Park）—西雅图（Seattle）—安克雷奇（Anchorage）

今天的安排是先游览公园北部的月牙湖（Lake Crescent），然后去 Sol Duc 景区看瀑布 Sol Duc Falls，再到 Sol Duc Hot Springs 泡个天然的室外硫磺温泉浴，最后赶到西雅图机场搭乘晚上 8 点去阿拉斯加安克雷奇的航班。

月牙湖是奥林匹克公园里最大、最深的湖，湖水清澈湛蓝，湖边建了很多度假屋，是当地消暑度假的好去处。不过自从我们在加拿大落基山公园群见识了世界上一流的美湖之后，再面对漂亮的湖景似乎已经有些免疫力了。这个湖也是从北部到西部、南部游览的必经之地，101 号公路就有一大段沿着湖边蜿蜒曲折。湖边有一个规模不大的客栈 Lake Crescent Lodge，风光不输 Lake Quinault Lodge，1937 年 9 月，当时的美国总统罗斯福曾下榻在这里，如果能在这里住一晚一定也是蛮享受的。从 Lake Crescent 到 Sol Duc 景区很近，到了 Sol Duc Trailhead 停车场，可以走路去欣赏 Sol Duc Falls，单程 0.8 英里。其实这个瀑布很小，和之前见过的那些大瀑布简直没法比，时间紧的话可以忽略。不过这条小径除了看瀑布，还可以欣赏到原生态的温带雨林景观。我们在这里玩了两天感觉累了，看完瀑布，也该找个地方休息放松一下，泡温泉就是最好的享受，于是直奔华盛顿州最著名的天然露天温泉 Sol Duc Hot Spring。离温泉很远就能闻到空气中弥漫着一股浓浓的臭鸡蛋气味，那是硫磺的味道，真正的纯天然。这个温泉票价只要每人 12.25 美元，一天内还可以无限次出入，和国内动辄几百块的温泉门票比简直太超值了，而且保证正宗（见图 2—159）。

图 2—159　奥林匹克公园天然露天温泉 Sol Duc Hot Spring

第二段：2014.9.10—2014.9.23 阿拉斯加金秋深度自驾游

（共计 14 天）

在开始叙述这次为期两周的阿拉斯加金秋自驾之旅之前，不能不说说昨夜今晨的"惊魂航班"。

我们预订的是美国捷蓝航空公司（Jetblue）西雅图和安克雷奇之间的往返航班，9 月 9 日晚上 8:15 从西雅图飞往安克雷奇的去程航班号是 Flight 206，飞行距离是 1 444 英里，正常飞行时间是 3 小时 31 分钟，正点到达安克雷奇的时间应该是当地时间 9 月 9 日晚上 10:46（安克雷奇和西雅图有一个小时的时差）。第一次飞往神秘的阿拉斯加，我的心情很激动，睡意全无，正好又坐在靠窗位置，快到预定降落时间时已经能够看到下方城市的点点灯火。原以为马上就要落地了，却发现飞机一直在城市上空绕圈，开始还以为是临时等待，可是半个小时后还在盘旋，才感觉有些不对劲，越来越多的乘客也意识到可能出现问题，机舱里紧张的气氛开始弥漫。经过近一个小时的漫长等待后，广播里终于传来机长的声音，大致的意思是说，飞机机翼出现机械故障，导致降落时无法正常减速，接下来将尝试以比正常降落快得多的速度进行迫降。我的心刹那间紧了起来，虽然机长的语调还算平静，但问题的严重性显而易见，早知道神奇的阿拉斯加会带给我许多的意想不到，却从没想过会以这样的方式开场。看见我紧张不安，坐在我旁边的一位慈祥的美国老太太安慰我说：不用担心，孩子，上帝会保佑我们的。看着她花白的头发，沧桑的皱纹下淡定平和的神情，我的心稍微安定了些。飞机接触地面的瞬间发出巨大的轰响，安全带紧绷着与高速降落后紧急制动产生的惯性相抗衡，整个人连同整颗心仿佛都悬在空中。幸运的是，飞机最终有惊无险地停在跑道尽头不远处，机身停稳的那一刻，机舱里响起雷鸣般的掌声，为机长的沉着冷静和高超的飞行技术，也为我们自己的化险为夷绝地重生。等我们走出飞机，才发现机场跑道周边已经戒严，停满了警车、救火车和救护车，就像好莱坞空难片的现场。原来飞机在安克雷奇上空绕了一个多小时就是为了耗尽燃油并为机场应急救援赢得时间！虽然第一次来阿拉斯加朝圣就遭遇这样的险情，但是后面的行程中阿拉斯加却以它无与伦比的绝世美景给了我们充分的安慰和补偿。

阿拉斯加是一片原始、广袤而又神秘的土地，位于北美洲西北角，西隔白令海峡与俄罗斯相望，南临太平洋和阿拉斯加湾，北临北冰洋，东与加拿大育空地区接壤，三面环海，与美国本土分离成为美国最大的"飞地"，是一片令人向往却不易到达的神秘而遥远的土地。阿拉斯加一词源于阿留申语——Alyeska，意思是"很大的陆地"。1745 年俄国猎人在阿留申群岛建立了稳固的狩猎基地，从而开始了阿拉斯加的殖民时期，到 1799 年俄国确立了对阿拉斯加的主权。在美国南北战争期间，遭遇财政危机的俄国沙皇亚历山大二世决定把这块不挣钱没收益的不毛之地卖给盟友美国，据说俄国甚至花了 10 万美元贿赂、收买美国的新闻记者和政治家，由他们说服美国国会"慷慨解囊"。1867 年 3 月 30 日俄美正式就阿拉斯加买卖交易签约，俄国以 720 万美元的售价将阿拉斯加出售给美国。1912 年美国正式设立阿拉斯加地区，但美国国会最初不愿理会这块人口稀少的领土上民众的立州请求。但阿拉斯加人从未放弃，终于在 1958 年 6 月 30 日促成国会通过了阿拉斯加的立州法案，1959 年 1 月 3 日正式成为美国的第 49 个州。

阿拉斯加面积约 170 万平方公里，占美国总面积的五分之一，人口只有 108 万，是美国面积最大、人口密度最小的州。美国有一句有名的谚语："如果把阿拉斯加一切两半，那么得克萨斯就是第三大州。"在阿拉斯加，人们常称其他 48 个州为 The Lower 48s。阿拉斯加地理上分为五个地区，最受欢迎、游客最多的是中南区（South Central）和内陆区（Interior），有高速公路相连。中南区居住了一半以上的居民，核心城市是阿拉斯加第一大城市安克雷奇，州内重要的公路线、铁路线、航运系统都经过此区，是整个阿拉斯加的交通枢纽和门户。从安克雷奇出发，可以便捷地到达北美最高峰麦金利山、迪纳利国家公园、费尔班克斯（Fairbanks）等。内陆区有地球上最北的大河育空河（Yukon River），长约 3 200 公里，贯穿阿拉斯加内陆区和加拿大，这里还有被誉为"世界极光之都"的阿拉斯加第二大城市费尔班克斯，是阿拉斯加北部的中枢。东南区（Southeast）有阿拉斯加的州府及第三大城市——朱诺（Juneau），这个地区只可通过水路或航空到达，无陆路相通，如果游客从西雅图或温哥华出发以邮轮的方式进入阿拉斯加，这里是必经之地。西南区（Southwest）也只能通过航空和水路进入，这里有著名的卡特麦国家公园（Katmai National Park），是观熊的最佳地点。极北区（Farnorth）是爱斯基摩人的家园，也是最容易出现极光的地区，要看北极熊就必须经该区的道尔顿公路（Dalton Hwy）一直到北冰洋。独特的自然地理环境造就了阿拉斯加独一无二的风光。在美国 20 座最高的山脉中，有 17 座位于阿拉斯加，包括北美最高峰麦金利山（6 194 米）。阿拉斯加还拥有 70 多座活火山、300 多万个湖泊，世界上大多数的活动冰川都位于阿拉斯加。阿拉斯加旅游资源丰富多彩，拥有冰川、苔原、雪山、湖泊、河流、峡湾、漫长的海岸线和种类繁多的野生动物，从冬季的万里冰封到夏季的郁郁葱葱和繁花似锦，自然、原始、粗犷的风光赋予了它独特的神韵，被誉为最后的处女地（The Last Frontier）。

那么，怎样玩才能充分领略阿拉斯加独特的自然风光呢？除了从安克雷奇、费尔班克斯等城市飞入飞出这种常规模式，也可以选择从西雅图或温哥华出发乘坐海上邮轮进入阿拉斯加，然后在阿拉斯加内陆游览，最后再飞离阿拉斯加的"海陆空模式"。到了阿拉斯加内陆后，最好的方式就是租车自驾游，这样可以随意安排行程，灵活自由。当然，想省事的话也可以乘坐阿拉斯加从西沃德（Seward）到费尔班克思的观光火车沿线游览。我们这次选择的是坐飞机从安克雷奇进出阿拉斯加，然后在阿拉斯加内陆地区租车自驾两周，因为在阿拉斯加旅行，最漂亮的风景其实往往是在路上。可以说，阿拉斯加的每一条公路都是观景大道，其中几条更是被列入世界最美公路，尤其是秋季沿途的景色足以撑起一部风光大片。图 2—160 就是阿拉斯加内陆以数字命名的主要公路示意图。

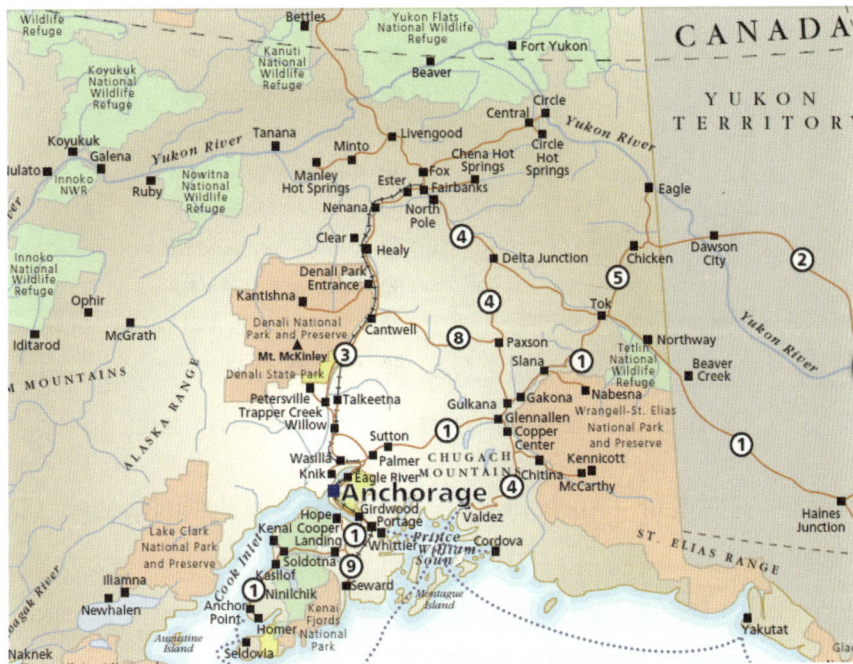

▼ 图 2—160　阿拉斯加内陆公路示意图

阿拉斯加的公路除了以数字命名，几条著名的景观公路还有专门的名字：

（1）Seward Hwy，包含 1 号公路的一段和 9 号公路，从安克雷奇到西沃德。

（2）Sterling Hwy，1 号公路的一段，从安克雷奇到 Homer，部分和 Seward Hwy 重合。

（3）Glenn Hwy，1 号公路的一段，从安克雷奇到 Glennallen。

（4）Denali Hwy，著名的 8 号公路，从 Cantwell 到 Paxson。

（5）Richardson Hwy，4 号公路，从费尔班克斯到瓦尔迪兹（Valdez）。

（6）Park Hwy，3 号公路，从安克雷奇到费尔班克斯。

（7）道尔顿公路，从 Livengood 到 Deadhorse，从阿拉斯加内陆通往北冰洋。

为了通过自驾方式充分领略阿拉斯加独一无二的公路风光，我特别设计了如图 2—161 所示的双 8 字形自驾路线，覆盖了以上 7 条主要景观公路（含部分道尔顿公路）。中途还借助渡轮以避免走过多的回头路，并且个别绝美路段还专门来回走了两次，只为欣赏阿拉斯加初秋和深秋不同的美景，可谓最全面、最优化的阿拉斯加自驾游路线。从时间安排上来说，在 9 月中下旬阿拉斯加国家公园闭园前出行，既避开了 6—8 月的旅游旺季，游客少，各项花费要便宜许多；又正是阿拉斯加秋色最美的时候，运气好的话还有极光可看，可谓是事半功倍、一举多得。

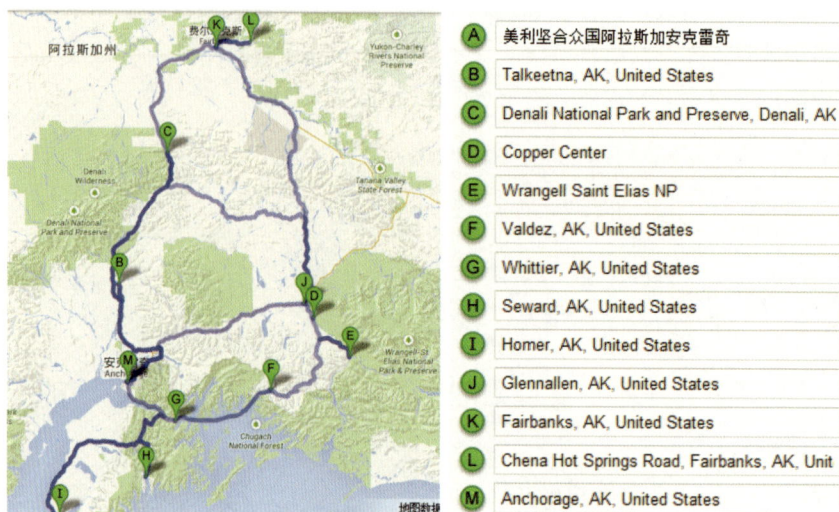

Ⓐ	美利坚合众国阿拉斯加安克雷奇
Ⓑ	Talkeetna, AK, United States
Ⓒ	Denali National Park and Preserve, Denali, AK
Ⓓ	Copper Center
Ⓔ	Wrangell Saint Elias NP
Ⓕ	Valdez, AK, United States
Ⓖ	Whittier, AK, United States
Ⓗ	Seward, AK, United States
Ⓘ	Homer, AK, United States
Ⓙ	Glennallen, AK, United States
Ⓚ	Fairbanks, AK, United States
Ⓛ	Chena Hot Springs Road, Fairbanks, AK, Unit
Ⓜ	Anchorage, AK, United States

▼ 图 2—161　涵盖阿拉斯加最美公路的双 8 字形自驾路线

Day 1　安克雷奇（Anchorage）—Talkeetna—迪纳利国家公园（Denali National Park）

我们昨晚抵达安克雷奇机场领取行李后直接来到机场一层的租车大厅，提前预订了 Alamo 公司七座的 Minivan，到了停车场一看是几乎全新的 Dodge Grand Caravan，两周的租车费用加上全险一共才 1 000 美元，非常划算。顺利租上车，我们从机场出发去市内预订好的青年旅舍 Alaska Backpackers Inn，导航地址是 327 Eagle Street Other Anchorage（AK），United States，离机场大约 7.5 英里。

今天的行程比较宽松，主要游玩项目是去 Talkeetna 碰碰运气，看我们提前预订的下午两点半游览麦金利山的小飞机能否顺利起飞，然后赶到迪纳利国家公园附近住下。由于昨晚的"航班惊魂"，我们到达旅舍时已经凌晨一点多了，所以今天上午大家睡了个懒觉。吃完早饭，我们先去附近的一家 Safeway 购买水和食物进行补给。阿拉斯加的物价整体上比美国本土要贵，不过在阿拉斯加内部，作为最大城市的安克雷奇物价又相对比较便宜，建议在这里把油加满，并购齐后面所需的食物。不过阿拉斯加州没有州税，安克雷奇市也没有市税，所以如果需要买一些电子产品，可去当地的两家 Best Buy。

从安克雷奇到迪纳利国家公园大约 237 英里，Talkeetna 正好位于二者的中点，距离安克雷奇 113 英里。从安克雷奇出发沿 3 号公路 Park Hwy 往北行驶大约一个半小时会有一个岔路口，岔口右边就是指示通往 Talkeetna 的 Talkeetna Spur Rd，左边则是去往迪纳利国家公园。Talkeetna 小镇是阿拉斯加历史名镇，设有离北美最高峰麦金利山最近的小机场，是很多登山爱好者挑战麦金利山的出发点。从岔道口到 Talkeetna 镇长约 14 英里的路上会经过一个漂亮的湖，湖上有很多水上飞机。Talkeetna Spur Rd 开到尽头会看到简易的小机场和两家公司，一家是 Aero Services，另一家是我们预定的 K2。在阿拉斯加旅行，可以说是天气决定一切，很多户外活动包括摄影效果都取决于天气。而且阿拉斯加天气多变，很多事先安排好的活动很有可能因为天气的原因而取消。之前就听说欣赏麦金利山的小飞机被取消的概率还是挺大的，果然也被我们碰上了。虽然我们中午 12 点多到达小镇时阳光明媚，但是 K2 的工作人员说据气象预报在远处的麦金利山附近有暴风雪正在形成，为了安全起见今天飞临麦金利山的小飞机只能取消。由于 9 月 23 日我们行程的最后一天从费尔班克斯返回安克雷奇时还有机会经过这里，因此我们商量了下决定先不取消预订，等最后一天再回到这里碰碰运气。

我们离开 Talkeetna 小镇沿 Talkeetna Spur Rd 原路返回到 3 号公路继续北上，一路秋色如画，美不胜收（见图 2—162、图 2—163）。其实从安克雷奇出来不久就开始呈现类似的秋景了，让我们几乎每隔一会就忍不住要停车拍照。后来发现这样下去没法按时赶到今晚的目的地了，经过观察发现，其实在风景特别美丽的地方往往都设有 Viewpoint 可以停车拍照，因此大可不必一看到美景就刹车急停。这样做也是为了行车安全，因为阿拉斯加的高速公路不像美国本土其他州一样，大多数情况下只有双向 2 车道，只有在个别路段或靠近城市的地方才有双向 4 车道，在非观景点临时停车，如果后方来车的话很危险，所以一定要注意安全，尽量靠边并打紧急灯示意。另外在阿拉斯加经常会遇到由于修路单边依次通行的情况，因此最好把时间预留充裕些，免得有什么意外导致后续行程出现变故。

▼ 图 2—162   阿拉斯加 3 号公路上的壮美秋景 1

图 2—163　阿拉斯加 3 号公路上的壮美秋景 2

从岔道口左边北上开出不远，大约在 Mile 133 处可以看见路边有条上山的小路，这里有个高档住宿地叫 Mt. McKinley Princess Wilderness Lodge，据说在这里观赏麦金利山效果很棒，即使不到这里住宿，建议也导航到这个地址拐到山上来看看北美第一高峰的风景再走。从这里继续往北，会经过麦金利山南观景台，在公路旁边，很容易看见，而且位置很好，天气好的话可以欣赏到麦金利山全景。再继续前行经过 Denali State Park 后有麦金利山北观景台，只是距离公路稍远，淡季时会关闭。我们走走停停，大约傍晚才到达迪纳利国家公园附近，不过这样一路开车一路欣赏美景，如同在画里穿行，如此慢节奏的自驾游真是一种享受。

由于我们预定的明天迪纳利国家公园的观光车早上 7:15 就要出发，所以我们今晚选择住在公园入口附近的一家旅舍，叫 Denali Mountain Morning Hostel& Cabins，六人两晚的住宿费是 361.66 美元，导航地址是 Mile 224.1 Parks Highway，at Carlo Creek，Denali National Park，Alaska 99755。迪纳利国家公园周边的住宿都比较贵，这家算是比较经济实惠的，离公园入口约 15 分钟车程。房间是小木屋结构，住宿条件一般，公用的厨房和洗手间在外面。我们入住的房间紧挨着一条溪流，晚上可以听着潺潺的水声入眠。

Day 2　迪纳利国家公园（Denali National Park）

由于昨天的小飞机观光未能如愿，今天的迪纳利国家公园算是我们这次整个阿拉斯加之旅的开篇重头戏。一般第一次去阿拉斯加的游客，几乎没有不去这个著名的国家公园的。迪纳利国家公园拥有海拔 6 200 米的北美最高峰麦金利山，这个山峰的垂直高度达 5 000 多米，甚至高于珠穆朗玛峰的垂直落差，每年吸引了大量勇敢的登山者前来挑战。迪纳利是爱斯基摩人的叫法，意思是"大山"，实际上就是指麦金利山。除了麦金利山，这里还可以欣赏到极地苔原风光和形形色色的野生植物，随时都可能发现熊、鹿等野生动物。

游玩迪纳利国家公园有三种方式：第一种是在公园里面露营，白天在里面徒步，和大自然零距离充分接触；第二种是住在公园外面，搭乘公园观光车深入公园内部，主要以在车上看风光和寻找野生动物为主，顺便可走一些短途步道；第三种是自驾开车进去游览，不过公园内的公路长约 81 英里，以萨维奇河（Savage River）为界，一般情况下只有最初的 15 英里允许自驾车进入，后面的路段只允许公园观光车进入。很少有人知道的是，其实每年都有个特殊的时段，游客是有机会自己开车深入迪纳利国家公园游览的，这就是传说中的"Denali National Park-Road Lottery"。这是一个网上申请和抽签程序，一年只有一次机会，网址是 http：//www. nps. gov/dena/planyourvisit/road-lottery. htm。一般每年 5 月份开放网上申请，申请进入的时段一般是公园 9 月份闭园后的四天，比如 2014 年开放申请的时段就是 9 月 12—15 日这四天（9 月 11 日是公园 2014 年对外开放的最后一天，每年公园闭园时间都会有小的变动）。这四天中的每天会允许抽中的 400 辆私家车在清晨 6 点以后进入公园，天气允许的话可以一直自驾开到 85 英里处的 Wonder Lake，但不能在园内过夜，必须在午夜 12 点之前出园。网上申请费每辆车是 10 美元，如果有幸抽中还需再支付 25 美元的入园费。虽然四天的中签名额有 1 600 个，但是由于每年申请的人很多，有时会达上万人，所以中签率很低。我当时号召几个人都提前申请了，可惜没有一人中签，只能选择第二种方式，也就是搭乘公园观光车进去游览了。

迪纳利国家公园内部公路如图 2—164 所示，红线是可以让游客自己开车进入的路段，黑线是仅允许公园大巴进入的路段（除非游客在公园闭园后获得上述的 Road Lottery）。公园大巴需要提前预订，最常见的是绿色的 Shuttle Bus 和白色的 Tour Bus，前者有严格固定的时间表，座位多一些，不提供食物，需要游客自带，价格便宜些；后者没有固定时间表，会有更多的时间找动物看动物，车内空间也大一些，适合年纪大一点的人，中间会提供一顿午餐或者小食品，价格也贵不少。这些车中间都会停几次给游人留出上厕所或观景的时间，路上如果看到野生动物，大巴还会随时停下来让大家拍照，只是时间长短有别。具体公园大巴的相关信息可以参考 http：//www. nps. gov/dena/planyourvisit/shuttles. htm，预订则需要到另外一个网站 http：//www. reservedenali. com/，建议提前查询并预订好车票，以免到了现场无车可坐。从上述网站说明以及迪纳利国家公园内部公路示意图都可以看出，预订公园观光大巴车票时涉及一个选择目的地的问题，不同的目的地对应的票价和游览时间长短差异很大。那么，如何根据自身情况来选择最适合的目的地呢？

从网站票价表上看，主要有 4 个目的地可选，由近及远分别是 Toklat、Eielson Visitor Center、Wonder Lake 和 Kantishna，它们的单程游览距离依次是 53 英里、66 英里、85 英里、92 英里，全程游览时间则分别需要 6.5 小时、8 小时、11 小时、13 小

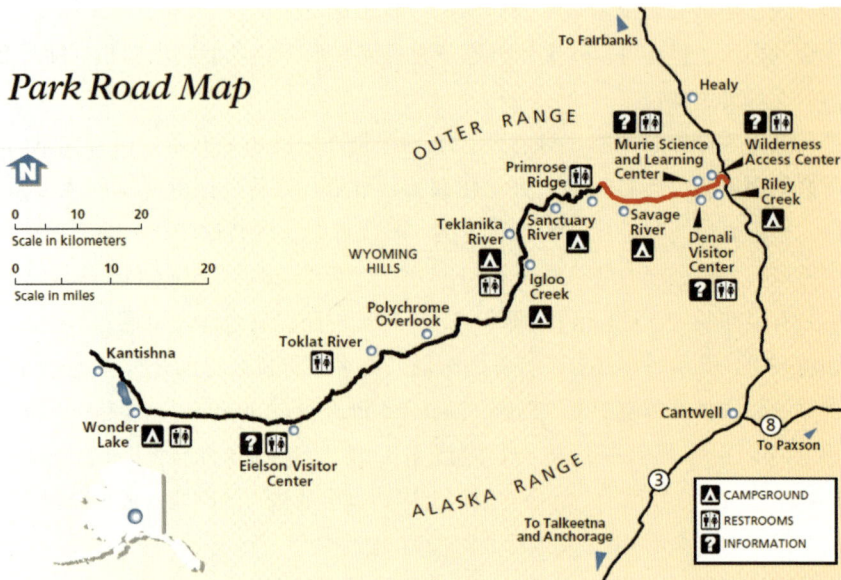

图 2—164　迪纳利国家公园内部观光公路示意图

时。建议大家至少要坐到 Eielson Visitor Center，只是 Eielson Visitor Center 及其以后更远的大巴路线一般要到每年 6 月初以后才开通（到 9 月中旬又关闭），在这之前去的话只有 Toklat 这个选择（Toklat 一般也要到每年 5 月 20 日左右才开通）。至于最远的终点站 Kantishna，它是一个很贵的酒店，一般游客没必要去，所以大部分游客的选择主要集中在 Eielson Visitor Center 和 Wonder Lake 这两个目的地之间。如果喜欢徒步或者爱好摄影，选择到 Wonder Lake 比较合适；如果以看风景和动物为主，选择到 Eielson Visitor Center 就够了。因为从 Eielson Visitor Center 到 Wonder Lake 这一段路由于植被的原因，动物出现几率较低，绝大部分动物都是出现在 Eielson Visitor Center 之前的路段。我们最终提前预订了去 Wonder Lake 的 Shuttle Bus，选择的是早上 7：15 出发的那一班（据说这样坐早班车进晚班车回看到动物的几率较高，因为早晚是动物出没的高峰），票价是每个成人 47.25 美元（15 岁以下免费，成人价格每年也会小涨），订票时还会再多收每张票 10 美元的公园门票费。如果持有美国国家公园年票，在取票的时候记得出示给工作人员，他们会退还相应的门票费。

我们今天早上 6 点就起来吃早餐并准备好今天在园内的午餐，然后在 6：50 出发去公园。需要注意的是，现场取票和乘车的地点不是游客中心，而是 Wilderness Access Center，简称 WAC，在公园入口的主路上右转，有路牌指示，很好找。我们顺利取到票，然后排队登车。如果排在前面的话，去程尽量坐左边的位置，因为左边风景较好，天气好的话一路上能经常看到麦金利山的雄伟身姿。没能坐在左边也没有太大关系，因为在一些风景优美的地方，司机都会专门停车让大家下车拍照留念。到了预订的出发时刻 7：15，司机（同时兼任导游）开始自我介绍，先是说今天是 9 月 11 日，是个值得纪念的日子（指"9·11"事件），然后又开玩笑说今天对车上每一个人来说都是一个幸运的日子，因为今天是这个国家公园今年对外开放的最后一天，明天就正式闭园了，他也可以回家休息了；而且天气预报说今天是个大晴天，所以大家会有更多的机会看到野生动物，拍出来的照片也会更漂亮。然后又讲了途中的注意事项，比如按时上下车，如果乘客发现动物，只要喊 Stop＋时钟方位就可以了，他会停下来找，但请不要喧哗，等等。

观光车刚开出十几分钟，就有人在路边灌木丛发现了一头吃草的雄驼鹿（Moose），体型相当巨大（见图 2—165）。吃了一会儿，它居然还大摇大摆地从我们的车前穿过公路，等它到了公路另外一边，我们才发现那里还有一只雌驼鹿和一只驼鹿宝宝，原来是驼鹿一家人在共进早餐呢。因为大家最希望看到的是熊，所以司机小停一会儿后继续前进。后面又陆续发现了一些动物，但都不是熊。虽然还没有看到熊，但是一路风景美不胜收，路两旁是青翠欲滴的常绿乔木，中间是漫山遍野的红色苔原植被和灌木，再配上远处被朝阳映得红彤彤的雪山背景，真是美醉了。坐在车上呼吸着阿拉斯加初秋清冽的空气继续往里走，发现这条长约 100 英里的园内观光路除了前 15 英里，后面基本都是土路，晴天的时候前面一辆车过去会带起很大的尘土。据司机说这是出于环保的原因，避免柏油公路破坏这里的原生态。观光车中途会停靠几站让大家上厕所小歇一会，然后按照规定的时刻准时开车继续走。这里需要提醒的是，虽然游客可以在起点和终点之间的任意站点下车游玩，然后搭乘后面任意一班有空位的观光车继续游览，但还是建议全程跟随最初乘坐的那辆车，尽量不要中途换车。因为旺季的时候每辆车经常都是满满的，可能会等很久才能等来一辆有空位置的车。尤其是我们乘坐的这趟到 Wonder Lake 的车更是热门，全程玩下来近 11 个小时，就算一直跟随最初

▼ 图 2—165 迪纳利国家公园里的雄驼鹿

的车游玩下来，一般也要到晚上六七点才能返回公园入口，如果中途换车的话就很难保证在天黑前顺利返回，那样就比较危险了。

　　在观光车继续行驶的过程中，不时有眼尖的游客发现各种动物，比如狼、野兔、野羊、狐狸等，不过大都距离很远，往往需要用望远镜才能看清楚，真佩服他们的眼力。有一次一个游客还说在远处的山坡上有只灰熊，我们瞅了半天也没有看到，看来下次来阿拉斯加观赏野生动物一定要带上望远镜和长焦镜头。大约行驶了三个多小时的时候，司机说如果大家闭上眼睛三十秒后再睁开，他将给大家一个惊喜。果然，在拐过一个弯后，只见在一片色彩极富层次感的延绵山脉中，一座通体雪白的山峰忽然呈现在眼前，显得那么突兀、高洁和冷峻。原来这里是公园里观赏麦金利山比较好的第一个地点，叫 Polychrome Overlook，观光车一般都会在这里停车供游客拍照。对于游客和摄影爱好者来说，要想看到或拍到麦金利山还真不是件容易的事情，主要原因是它太高，一年之中 75% 的时间它的主峰都深藏在云雾之中，很难见识到它的庐山真面目，据说只有大约 10% 的游客能看到它的全貌。不过我们这次的确够幸运，在公园闭园前的最后一天老天爷给了我们一个大大的惊喜，晴空万里，视线极其通透，很远就能看到麦金利山的全貌。第一次来阿拉斯加朝圣就能够一睹北美最高峰的真容，我们都非常激动，纷纷下车拍照留念。不过拍摄麦金利山的最佳位置其实是在后面一个叫 Stony Dome 的观景点，那里离麦金利山更近，视觉效果更佳，网上很多关于麦金利山的经典照片都是在该处取景的。图 2—166 是我们在 Stony Dome 观景点拍的。

　　过了 Stony Dome 这个点，很快就来到了 Eielson Visitor Center，一般去 Wonder

图 2—166　北美最高峰——麦金利山

Lake 的观光车到达这里时正好是中午时分，所以会在这里停留大约半个小时让大家午餐休整。这里虽然是游客中心，但是没有餐厅提供食物和水，需要大家自带干粮。不过这里的就餐环境堪称一流，因为在游客中心里面有一面大大的落地窗，可以远眺麦金利山的雄姿，坐在这里看着美景进餐绝对是种享受。

午餐后我们继续乘车前行，赶往今天的终点站 Wonder Lake，这个湖的湖水源自雪山，清澈明净，没有一丝杂质（见图 2—167）。也有人戏称该湖的英文名发音对应的中文意思是"玩到累"（WDL），也真够有创意的，不过倒是很贴切，因为经过五六个小时车程玩到这里的确有些累了。除了漂亮的风景，这里的大号蚊子也是名声在外，数量巨多还很凶猛。幸亏我们提早准备了驱蚊水，从头到脚没有衣服覆盖的地方都喷了一遍，即便这样，下车后蚊子还是穷追不舍。

Wonder Lake 附近有露营基地，如果在这里露营的话，还有几条风景很美的步道可以徒步，主要有 Bar Trail 和 Reflection Pond Trail 两条。Bar Trail 的起点在距离 Wonder Lake 终点 0.5 英里处，全程走下来约 1.5 小时；Reflection Pond Trail 步道则是众多摄影师的最爱，起点在通往 Kantishna 的路上，可以在观光车到达 Wonder Lake 前的 Y 字形路口下车，走右侧进入前往 Kantishna 的路，步行 0.25～0.5 英里后在左侧可以看到 Reflection Pond Trail 的起点，走一个来回约 1.5 小时，是公园里唯一可以完整地拍摄到麦金利山倒影的地方。在 Reflection Pond Trail 拍出好照片的难度很大，主要是受天气和风力影响，最佳时间是晴天的清晨或黄昏，水面会比较平静。据说有些摄影爱好者为了拍出好照片，往往会在 Wonder Lake 露营好多天。不过对我们这样乘坐观光车来这里的游客，一般只能在湖周边逛逛，没有时间走步

▼ 图 2—167　Wonder Lake 秋景

道，因为司机在此停留的时间有限，一般三四十分钟后就要返回。下次再来的话，可以提前预订好这里的露营地，深度体验下阿拉斯加的原始风光。

离开 Wonder Lake 的时候已经快下午两点了，由于来的时候已经一路饱览了公园的风光，回程时我们的最大心愿就是希望能够近距离看到阿拉斯加的灰熊。我们把希望放在 Eielson Visitor Center 到 Toklat 这一段，因为这一段路旁主要的植被是苔原，是灰熊最频繁出没的地方，因此这一段也叫 bear county。不过到底能不能看到灰熊也要看机缘，不能苛求。果然在返程时幸运继续伴随我们，就在大家以为要抱着遗憾离开迪纳利国家公园时，突然司机小声提醒大家保持安静，原来在车子左前方的路边出现了一只觅食的大灰熊。司机非常有经验地降低车速，慢慢地把车静悄悄地开到离灰熊最近的地方。这时灰熊距离车子大约只有 20 多米，不用望远镜就能清清楚楚地看到灰熊身上的皮毛。这是我生平第一次看到野生环境下的大灰熊，而且是这么近的距离，近得几乎可以闻到熊身上的味道，心情无比兴奋，赶紧拿出相机记录下这难忘的一刻。而这只熊似乎对我们一车人熟视无睹，优哉游哉地自顾自寻找着美味的浆果，足足在我们车旁停留了十几分钟才慢慢离开，真是让我们大饱眼福（见图 2—168）。

看完大灰熊，一车人心满意足地踏上归途，到达公园的 WAC 时已经快晚上 7 点了，不过天还没有黑，我赶紧冲刺到旁边的游客中心去给先前买好的美国国家公园护照盖上迪纳利国家公园的纪念章，工作人员说我是今年最后一个盖上 "9·11" 独特纪念章的游客，等我盖完他们就准时关门了，真是幸运的一天。

离开公园驱车返回旅舍的途中，幸运继续伴随着我们，夕阳下落日的余晖透过云间罅隙，投射到远处的山坡，给层林尽染的黄叶又镀上了一层金边，美得无法形

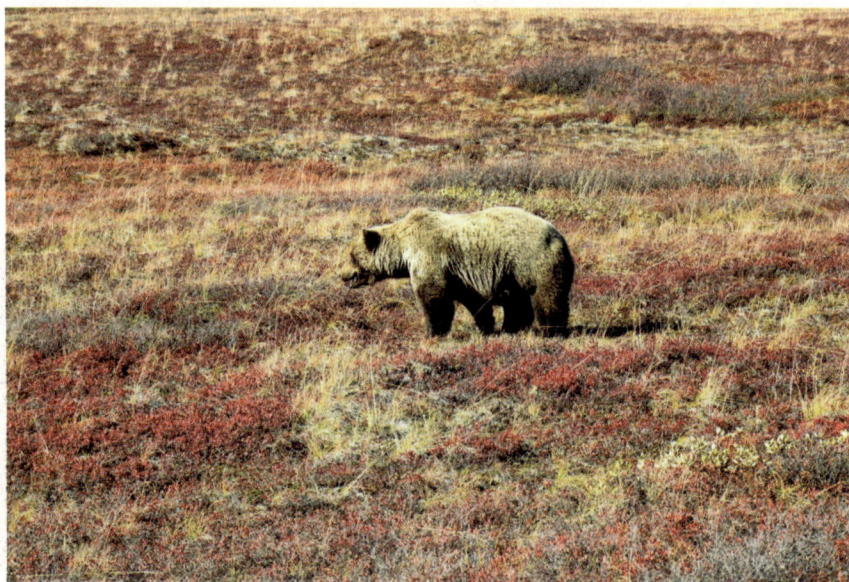

▼ **图 2—168　迪纳利国家公园偶遇灰熊**

容，此时任何语言描述都是苍白的，直接上图吧（见图 2—169）。

▼ **图 2—169**　迪纳利国家公园外公路附近的一处秋景

Day 3　迪纳利国家公园（Denali National Park）—Denali Hwy＋Richardson Hwy—Copper Center—朗格-圣伊利亚斯国家公园（Wrangell-Saint Elias National Park）

离开迪纳利国家公园，沿 3 号公路南行到达 Cantwell，此处左转就上了传说中的阿拉斯加 8 号公路。8 号公路也叫 Denali Hwy，沿着阿拉斯加山脉，从 Cantwell 到 Paxson，南北分别与 3 号公路（Park Hwy）、4 号公路（Richardson Hwy）相交，全长 133 英里，于 1957 年开通。为了保护这里的自然环境，避免过多的车辆通行，政府刻意没有维护这条公路，只有两头从 Paxson 起的 21 英里和从 Cantwell 起的 3 英里路段铺了柏油，剩余 109 英里全是 unpaved 砂石路，路面坑坑洼洼，还有很多碎石，雨后泥泞不堪，旱季尘土飞扬，一不小心就容易爆胎，一路上又没有可以维修车辆的地方，因此平时来往此路的车辆非常少。虽然这条路路况较差，但风景却是一流，充满了原野蛮荒味道，是不少驴友必去的景观大道。之前看到很多游记都对这条路的景色赞叹不已，今天我们决定也尝试走走这条富有传奇色彩的公路。不过需要注意的是，在阿拉斯加各租车公司租的车其实是不允许在这种 unpaved 的路面驾驶的，如果在这种路面出了事故，即使租车时买了全险也是不赔的，可能需要支付昂贵的拖车或修车费用。而且这条路沿途又没有手机信号，万一运气不好车辆抛锚，很有可能就被困在这条前不着村后不着店的路上，所以说实话自驾走这条公路还是有点冒险的。如果真要冒险尝试，最好租底盘比较高的 SUV 或者 Minivan，并且租车时要特别注意检查车况，如果车胎磨损老化严重，最好不要尝试走 Denali Hwy。

Denali Hwy 开始一段是有柏油的路面，但是距离很短，很快就进入了砂石和土路。考虑到一辆车满载着 6 个人和所有的行李，为了保险起见，我们把车速控制在平均 30 英里/小时左右。总体来说这条路大部分还算平整，今天是阴天没有下雨，有些路况好的地段可以开到 60 英里/小时，只有少数路段布满坑洞和石块，这时要把车速降到 20 英里/小时并注意避让，以免对轮胎造成冲击。不过要想快起来其实也难，因为 Denali Hwy 沿途的苔原秋色实在太美，会让你忍不住不时停车驻足。图 2—170 就是前半段经过路边一个湖泊时发现的一家住户，宛如隐居在世外桃源。

▼ **图 2—170   Denali Hwy 旁宛如隐居在世外桃源的人家**

Denali Hwy 沿途的景色和昨天迪纳利国家公园的景色有些类似，不过更加开阔大气、更具野性，前不见古人，后不见来者。一路上只有这一辆车载着我们自由快乐地独行，无论走到哪里，放眼望去都是五彩斑斓的苔原，颜色层次非常丰富，像一幅巨大的地毯覆盖在广袤的大地上，与远处的雪山和近处的湖泊交相辉映，有时还会看到很低的云雾贴着山腰缓缓飘过，宛如人间仙境（见图 2—171）。

由于对 Denali Hwy 美景的留恋，我们整整花了近 5 个小时才走完这段全长 214 公里的风景大道，终于在午后两点左右来到 8 号公路 Denali Hwy 与 4 号公路 Richardson Hwy 交叉路口的 Paxson 小镇，从这里右转往南就上了 Richardson Hwy，它也是一条著名的景观大道，尤其是靠南的一段特别漂亮。Paxson 小镇往南不远有一个很大的湖泊叫 Paxson Lake，Richardson Hwy 有很长一段就是沿着这个湖岸修建的，可以一边开车一边欣赏美景，非常惬意，时间充足的话可以在这里停留游玩。不过我们很快就发现，从这个大湖继续往南走几英里，在路的右侧有一个叫 Meiers Lake

图 2—171　Denali Hwy 上宛如仙境的苔原秋色

的小湖更值得停留，因为这里的秋色简直是超一流，足以秒杀喀纳斯（Kanas）风光。只见湖对岸的山坡上，郁郁葱葱的高大常绿乔木中间，点缀着红黄相间的低矮灌木，大自然就像一位伟大的调色师，利用红黄绿三色调配出一幅浑然天成的画作，美轮美奂（见图 2—172）。第一次看到这么震撼的秋色，简直把我们每个人都看呆了。湖边还有几栋房子，给美丽的秋色又增添了几分灵动，相比之下，我们只是临湖慕景的过客，真羡慕那些如此诗意地在此居住的人们。

图 2—172　Richardson Hwy 旁 Meiers Lake 的绚丽秋色

从 Meiers Lake 继续沿 Richardson Hwy 向南，在距离 Gakona Jct（即 1 号和 4 号公路交叉口）约 25 英里处的风景也很别致，可以停车爬上路旁的山坡拍照（见图 2—173）。

图 2—173　**Richardson Hwy 往南距离 Gakona Jct 25 英里处的一处秋景**

在从 Richardson Hwy 右转进入通往朗格-圣伊利亚斯国家公园的 10 号公路 Edgerton Hwy 之前，会经过一个叫 Copper Center 的小镇，建议在这里加满油，并补充食物和水。Copper Center 历史上是一个铜矿小镇，现在铜矿已经废弃，这里设有一个朗格-伊利亚斯国家公园游客中心，可以在这个游客中心的观景台眺望公园的群山，还有一部小电影可以看。过了这个小镇继续往南 30 英里就是去往朗格-圣伊利亚斯国家公园的 10 号公路 Edgerton Hwy 了，这条公路全长 25 英里，尽头是离公园最近的小镇 Chitina，后面就是著名的长约 60 英里的 McCarthy Road 了。Edgerton Hwy 和 McCarthy Road 这两条公路像 Denali Hwy 一样，带给我们意外的惊喜，有着非同一般的美景。其中印象最深刻的是在只有 25 英里长的 10 号公路 Edgerton Hwy 上，有一段被我们称为"神坡"的路段，可以说是我看到的最美的公路大片。这是一段连续下坡路，一坡接着一坡，绵延近十公里，站在坡顶俯视下方的公路和路旁五彩缤纷的原始森林，加上远处白雪皑皑的雪山，整个画面大气磅礴，具有非常强烈的视觉冲击效果，后来被我们一致评为此次阿拉斯加之行最美风景排行榜第一名（见图 2—174）。

McCarthy Road 之所以出名，除了它是西部通向朗格-圣伊利亚斯公园的唯一道路和沿途的一流景色，还因为它恶劣的路况，据说比 Denali Hwy 还差。为了赴明天

图 2—174　10 号公路 Edgerton Hwy 上的绝美"神坡"

公园的冰川之旅，我们冒险开上了这条很多游客都不敢轻易尝试的烂路，发现实际路况比想象中要好。除了路况最差的几段如开头 0～5 英里、中间 20～30 英里和最后的 56～60 英里要减速，其余路段维护得还不错，基本可以开到 50 英里/小时。这条路上给人印象最深刻的是一座铁桥和一座木桥附近美不胜收的秋色（见图 2—175、图 2—176）。

图 2—175　McCarthy Road 上的 Kuskulana Bridge 铁桥风光

图 2—176   McCarthy Road 上的一处木桥风光

Day 4   朗格-圣伊利亚斯国家公园（Wrangell-Saint Elias National Park）

朗格-圣伊利亚斯国家公园是美国面积最大的国家公园，占地 5 万多平方公里，面积相当于 6 个黄石国家公园或 2 个迪纳利国家公园，属于世界自然遗产。这里有世界上除极圈外最大的潮汐冰川——哈伯德冰川（Hubbard Glacier）、北美面积最大的冰原——巴格利冰谷（Bagley Ice Valley）、世界最大的山岳冰川——马拉斯匹纳冰川（Malaspina Glacier），还拥有美国 16 座最高峰中的 9 座，包括美国第二高峰圣伊利亚斯峰（Mount St. Elias）。因为地处偏远，旅游基础设施缺乏，这个公园连正规的大门和门牌都没有，大部分地方不通公路，吃住行玩都不怎么方便，只有那些勇于挑战自我的背包客才能到达，因此很多初来阿拉斯加的人几乎都没听说过这个公园，即使在旺季也是游客寥寥。不过正因为去的人少，这个国家公园更加原生态，是众多户外爱好者的乐园。

公园里面也有不少活动针对时间相对紧张的普通游客，比如 Root Glacier Hiking、Ice Climbing、Flightseeing 和参观旧时铜矿遗址博物馆等。我们提前通过网站 http：//www. steliasguides. com 预订了冰川徒步（Half-day Root Glacier Hiking），全程大约 6 小时，75 美元/人，对户外经验要求不是很高，属于这里比较大众的一项活动。我们当初把它列入行程也是纠结了一番，主要原因就是那条需要来回开两次的烂路 McCarthy Road，因为所有汽车租赁公司均明文禁止出租车辆驶上 McCarthy Road，一旦发现承租人私自驶入这条道路，所有租赁合同的保险条款均无效，但最终我们还是决定冒险去这个美国最大的国家公园一探究竟。

除了露营，这个公园内部和附近的住宿都不便宜。游客一般都是经 McCarthy Road 到达 McCarthy 和 Kennicott 这两个小镇，公园附近的主要住宿、餐饮和旅游公司也都集中在这两个镇上。我们通过网络搜索到一家叫 Kennicott River Lodge 的旅舍，房间都是简陋的小木屋，算是周边比较便宜的，但淡季 4 人间每晚也要 165 美元，2 人间每晚 115 美元。这里没有手机信号，站在门口就可以望见远处的冰川，仿佛世外桃源。在昨晚到达这个旅舍之前，我们都还一直以为它就在 Kennicott 小镇上，结果按照导航开到 McCarthy Road 的尽头，却发现一条大河横亘在面前，除了一座一米多宽仅供行人通行的桥外再也无路可走。由于这里没有手机信号，无法和旅馆老板联系，我们在附近寻找道路打算迂回过桥时才发现，就在离桥不远的路旁有个比较隐蔽的小道，路口有块小牌子指示进去就是 Kennicott River Lodge。进去以后登记入住时问了老板才知道，McCarthy Road 尽头这座桥的另外一边才是 McCarthy 和 Kennicott 两个小镇，没有车子可以通行，就靠着这个叫 Footbridge 的小桥连通着外面的世界，可以说是与世隔绝。从这座桥另外一头到 Kennicott 小镇还有 5 英里，旺季时有摆渡巴士连接，约 30 分钟一班，中途停靠 McCathy 小镇和 McCathy 机场两站，票价是单程 5 美元/人。不过 9 月份已经是当地旅游淡季，摆渡巴士的班次和时间都不确定。听老板这么一说，我们马上担心起明天早上 9 点是否能准时赶到 Kennicott 小镇上冰川徒步活动的出发集合地点。我们决定借用老板的座机电话联系预订的公司，他们说可以派车来接我们，总算心安了。

今天一早我们过桥去乘坐冰川徒步公司的车，顺利到达 Kennicott 这座被废弃的铜矿老镇。它兴起于 20 世纪初，后来由于资源枯竭被逐渐废弃，20 世纪末期又因为到公园观光的游客增多而恢复人气。今天整个冰川徒步团包括我们 6 个人在内共有 9 个人，由 1 个专业的向导带队。每人试好了专门用于攀爬冰川的特制冰爪鞋，然后就出发了。从 Kennicott 小镇到 Root Glacier 的下端大约有 2 英里，是普通的山路，不需要穿冰爪鞋，需要徒步约 1.5 小时。快抵达冰川的下端时，初看根本不像冰川，因为被沙子和尘土覆盖着，更像是废弃的矿山。向导说尘土下面就是已存在了千万年的冰川，并且每年还在缓缓移动，真是神奇（见图 2—177）。

终于走到冰川边上了，向导找到一个相对平缓的地方让我们换上冰爪鞋，并告诉我们在冰上行走的要领：模特在 T 台上要走"猫步"，在冰川上则要走"鸭步"。简单来说就是像鸭子一样，每脚下去一定要感觉踩踏实了才能换脚继续前行，并且叮嘱我们有些地段很滑很危险，一定要紧跟着他注意安全。向导先带我们走了一个小上坡和一个小下坡，让我们体会上下坡要领。这是我和冰川的第一次亲密接触，第一脚踏上冰川的感觉太棒了，听着冰爪鞋和冰块碰触发出的清脆的咔嚓咔嚓声，我们每个人都感到无比新鲜，无法抑制内心的兴奋。不过和原先想象的蓝色冰川不同，这里的冰川表面看上去有些脏，是灰白色的，只有部分剖面呈现出淡蓝色。不过冰川融化后的水却是湛蓝色的，九曲十八弯，把冰川切割成了沟沟壑壑（见图 2—178）。我们俯下身去用矿泉水瓶装了满满一瓶天然的万年冰川水，喝下去清冽冰爽，

▼ 图 2—177　被沙子和尘土覆盖着的 Root Glacier 下端

▼ 图 2—178　冰川水形成的沟壑

凉入心脾，再用这刺骨的冰水冲洗下脸，那种寒意自上而下瞬间传遍全身，然后是说不出的惬意和舒爽。我们同行的两位男同胞更是兴奋得脱光了上衣，在这冰冷刺骨的冰川上摆出各种姿势拍照留念。

等我们攀上冰川顶部的一个制高点，已经到了中午时分，大家都累得气喘吁吁。导游将他带的防潮垫铺开，并拿出随身携带的气炉给我们每人煮了一杯热腾腾的咖啡，让我们就着吃自带的午餐，就这样我们在冰川上完成了一次特别的"冰火交融"的野餐。午餐后继续前行，经过冰川水融化形成的冰瀑布和冰水池，最终来到一个幽深的冰洞旁。向导说前几年有个游客不幸滑落其中，几天后才从下方几英里外一个冰川融化形成的湖泊中找到尸体。向导带领我们小心翼翼地走过去看，一个一个轮流上前观看，冰洞入口处的冰面明显要更加光滑，站在洞边可以清楚听见下面冰川水流动的声音。为了测试这个洞的深度，可爱的向导还搬起一块巨石扔了下去，通过石头落到沟底击打冰川水发出的巨大声音，估算石头自由降落的时间，从而估计洞的深度约为 50 米，所以千万别"一失足成千古恨"（见图 2—179）。

▼ 图 2—179   向导扔石头测试冰洞的深度

在冰川上逗留了近四个小时，我们开始返程。回程的路上少了些新鲜感，多了些疲惫。等回到 Kennicott 小镇上，我们又抽空在这里转了转。发现这个镇上还有家看上去十分高档的旅馆，周边环境和视野俱佳，叫 Kennicott Glacier Lodge，下次来可以考虑住在这里。在这个镇上也能看到不少被遗弃的破败不堪的房子，如今人去楼空，只留下一些歪歪斜斜的框架矗立在山坡上，仿佛在给路过的游客诉说着当年小镇极盛时期的辉煌（见图 2—180）。真不知道到了冬季游客消失后，少数坚守在这个与世隔绝的小镇上的居民是怎么度过阿拉斯加长达 5 个多月的漫长冬季。不过从另外一个方面来说，这里又可以说是隐居者的世外桃源。逛完了这个传奇小镇，冰川徒步公司安排车了送我们回到 Kennicott River 上的 Footbridge 人行桥，圆满完成了今天的冰川之旅。看着天色尚早，我们又在 Footbridge 桥上欣赏了会 Kernicott River 风光。Kernicott River 河水来自融化的冰川水，水流湍急。两岸的山坡被五颜六色的树林点缀着，秋色正浓，山后夕阳西下，一时间陶醉在这偏安一隅的世外桃源中，恍惚间仿佛忘了自己身在何处，今夕又是何年（见图 2—181）。

图 2—180　荒凉的 Kennicott 小镇

图 2—181　通向 Kennicott 小镇的唯一人行桥 Footbridge

Day 5　朗格-圣伊利亚斯国家公园（Wrangell-Saint Elias National Park）—瓦尔迪兹（Valdez）

今天我们的行程安排是离开朗格-圣伊利亚斯国家公园，途经 McCarthy Road 和 4 号公路 Richardson Hwy，去往被称为"阿拉斯加小瑞士"的海港小镇瓦尔迪兹，全程约 180 英里。回程时又经过前天路过的那个超级"神坡"，等上到坡顶，我们又忍不住在这里流连了半个多小时。今天天气不错，一路阳光灿烂，阿拉斯加广袤的大地在阳光照耀下更加色彩斑斓，生机勃勃，这时的景色才真正光彩夺目。尤其是对我们这群爱好风光摄影的"色友"来说，光线更是意味着一切，因为光线是风景摄影的核心，它决定着画面的构成、色彩和作品的成败。所以我们车上几名超级"色友"看到这么好的天气都兴奋不已，称今天是出"大片"的日子，走走停停，果然拍下了不少美轮美奂的秋色大片，大呼过瘾（见图 2—182）。

▼ 图 2—182　Richardson Hwy 距离瓦尔迪兹不远处的一处秋景

过了"神坡"，我们很快就左转上了 Richardson Hwy，一路向南直奔瓦尔迪兹。这一段到瓦尔迪兹的路可以说是整个 Richardson Hwy 最具代表性的精华路段，一路上雪山、冰川、峡谷和瀑布等各种美景不断涌现。比较著名的有 Mile 28 附近的 Worthington Glacier，它是一个比较容易接近的山麓冰川，穿着普通的旅游鞋就能爬到冰川脚下。过了这个冰川后开始上山，到达 Mile 26 路段就是著名的汤普森隘口（Thompson Pass），是整个山口的最高点，设有观景点，两边都是雪山，地势险峻，常年云雾缭绕，经过时一定要减慢速度，小心驾驶（见图 2—183）。

过了汤普森隘口就开始下山，在 Mile 13.9 处进入 Keystone Canyon 峡谷，这时可以看到从山顶飞流直下的两个挨得很近的瀑布：Bridal Veil Falls 和 Horsetail Falls，就在公路边上很好找，一般不会错过（见图 2—184）。

穿过幽深的 Keystone Canyon 峡谷，眼前豁然开朗，一片开阔的平原呈现在近前，洛威河（Lowe River）从它冲积出的这片平原上欢快地流向不远处的大海。过了洛威河，4 号公路尽头的瓦尔迪兹小镇已隐约可见。瓦尔迪兹依山傍海，三面雪山环绕，一面朝向威廉王子峡湾（Prince William Sound），绝美的风景浑然天成。瓦尔迪兹是北美大陆最北的不冻港和美国降雪最多的地方，也是著名的阿拉斯加输油管道的终端。整个海港有一种安静的美，街上稀疏的车辆，栈道边散步的游客，还有那

　图 2—183　Richardson Hwy 上汤普森隘口秋景

　图 2—184　Richardson Hwy 上的 Bridal Veil Falls 和 Horsetail Falls

星星落落的海港民居和停靠在海边整整齐齐的小船，一切都透着自然、舒适、和谐、宁静的氛围，与其别名"小瑞士"非常搭。如果时间充裕，建议在这里多待上几天。

　　瓦尔迪兹小镇不大，有一个 Safeway 超市可以购物，一个博物馆可以了解这个小镇的历史。镇中心还有座当地印第安人的雕像，剩下的建筑大多是旅馆、B&B 或者是 Tour Company（见图 2—185）。瓦尔迪兹的旅馆价格旺季期间多数在 120～200 美元，经济型的可以选择 B&B。由于我们预订有些晚，在瓦尔迪兹要住两个晚上，去

图 2—185　瓦尔迪兹小镇上的印第安人雕像

的时候又正好赶上一个大型会议在当地召开，只订到今晚的住处 Totem Inn Hotel and Suites，导航地址是 144 Egan Ave Valdez，AK 99686，双床标准间每晚含税价约 136 美元。入住后我们请酒店前台人员帮我们看看镇上其他宾馆明晚是否有空房（这个镇上的酒店都是联网的，可以相互查询），结果明晚所有的旅馆甚至 B&B 都满房了。他们建议我们到镇上的游客中心去碰碰运气，果然这里热情的工作人员帮我们联系了好几家 B&B，终于有一家本来已经闭门停业的家庭旅馆老板愿意明晚为我们专门开两个房间，真是幸运，总算不用担心明晚会露宿街头了。所以提醒大家，去阿拉斯加游玩订房要越早越好，因为旺季时房间很紧张，9 月份淡季来临时很多旅馆又会关门。

Day 6　瓦尔迪兹（Valdez）

瓦尔迪兹最著名的活动当属 Columbia Glacier Kayaking，就是驾驶皮划艇近距离欣赏雄伟的哥伦比亚冰川。经营这个项目的主要有两家公司，一个是 Anadyr Adventures，另外一个是 Pangaea，2014 年的价格是 259 美元（8 人以上打 9 折），全程 10 小时，从早上 8 点至下午 6 点。考虑到这个活动的时间太长，体力消耗太大，我们最终选择预订了 Anadyr Adventures 公司另外一项 6 小时长的 Valdez Glacier Hiking and Kayaking 活动，每人 108 美元（原价 120 打 9 折），参见网址 http：//anadyradventures. com/anadyr-trips/daytrips/。

Anadyr Adventures 公司就在码头旁的一条街上，离我们住的 Totem Inn Hotel 很近，步行几分钟就到。吃完早餐并准备好午餐（这家公司不提供午餐，需要自带干粮），我们来到公司门口，发现今天的皮划艇活动只有我们 6 个人，由一个向导带领。向导说我们很幸运，今天天公作美，前几天的几次皮划艇活动都因为天气原因被临时取消了。出发前向导先是叫我们换上公司提供的防水保暖衣，因为即使是夏季或秋季，在冰川漂浮的湖泊上划船依然很冷。公司另外给我们每人提供了大小两种防水袋，可以用来装相机、午餐等，划船的时候用皮划艇上的绳索扣住防水袋就可以了，需要时随时取出，所以不用担心相机的安全问题。

　　一切准备完毕，向导开车带着我们一行 6 人，后面拖着皮划艇，来到一个冰川湖入口。只见湖面上漂浮着大大小小的冰川，四周雪山云雾缭绕，神秘宁静（见图 2—186）。我们划的是双人皮划艇，前后各一人，后面的那个人是关键，除了用手划桨配合前面那个人，还要负责用脚掌舵控制前进或后退的方向。向导简单讲解了一下划皮划艇的基本要领，就带我们下水了。冰川融化形成的湖水冰冷刺骨，虽然隔着船，还是能感到阵阵凉意。刚下水时我们有点紧张，不过很快就适应并掌握了划船技巧，能够在浮冰间自由穿梭了，有时候还可以用手捞起小的冰块，很是兴奋。中途下了一会小雨，很快又雨过天晴，不经意间一条绚丽的彩虹出现在冰川湖上空，距离我们非常近，似乎触手可及，如梦似幻（见图 2—187）。

　　在靠近湖岸的北侧，向导划船带领我们进入一个冰洞，里面简直就是一个美妙的蓝色童话世界，那是一种让人屏息的蓝色，通透晶莹，让人心醉（见图 2—188）。

　　到了午餐时间，向导带领我们离舟登岸，在一大片被砾石覆盖的冰川上休息野餐。俯瞰周围，砾石覆盖下的冰川环抱着一池湖水，碧湖里倒映着彩色的树林，一切都是那么的安宁，一切都是那么的纯净，美到极致甚至让人感到有些虚幻（见图 2—189）。

图 2—186　漂浮在湖面上的冰川

▼ 图 2—187　瓦尔迪兹冰川湖上的彩虹

▼ 图 2—188　蓝色冰洞

　　划完皮划艇回到镇上，一看天色尚早，我们又开车前往附近一个叫 Solomon Gulch 的地方，那里和瓦尔迪兹小镇隔着海湾相望，从 Richardson Hwy 拐上 Dayville Rd 走不远便是（Dayville Rd 如果走到底就是阿拉斯加输油管道在瓦尔迪兹的终点）。在 Solomon Gulch 可以看三文鱼洄游，据说运气好的话还能看到熊抓鱼的场面。Solomon Gulch 有个很大的停车场，停车场边上有个斜坡通向海边的乱石滩，乱石滩的石

▼ 图 2—189　冰川湖中的彩色树林倒影

缝间有很多死鱼，空气中弥漫着一股腥臭味。这里到处都是海鸥，偶尔还能看见正在抓鱼的海獭，就是没有看到熊，有点小遗憾。斜坡的右边有一道堤坝，无数的三文鱼聚集在堤坝下面的浅滩上，拥挤着翻腾着拼命往上游。旁边还修了一条模拟水道通向养殖场，这样三文鱼就会顺着模拟水道洄游，以保证其繁殖量（见图 2—190）。除了看三文鱼，从这里遥望对面的瓦尔迪兹小镇，视野也是极佳，小镇周围山上缭绕的云雾和山间一条条白练似的瀑布尽收眼底。

▼ 图 2—190　在 Solomon Gulch 看三文鱼洄游

看完三文鱼洄游，回城时我们顺路去瓦尔迪兹旧城遗址逛了逛，感觉满目疮痍。1964 年这里曾发生一场里氏 9.2 级的史上最强地震，地震引起的海啸荡平了整个小镇。事后人们发现原来瓦尔迪兹是建在一片极不稳定的地质断层上，于是在西边 4 英里外重建了现在的小镇。从旧城遗址回到旅馆，我们去了瓦尔迪兹叫 Fu Kung 的唯一一家中餐馆，似乎是韩国人开的，味道还可以，就是价格比较贵。

Day 7　瓦尔迪兹（Valdez）—渡轮（Ferry）—Whittier—西沃德（Seward）

从瓦尔迪兹到西沃德有两种走法，一种是走海路，连人带车坐渡轮到 Whittier，再开车到西沃德，其中渡轮耗时约 2 小时 45 分钟，Whittier 到西沃德陆上距离 88 英里，约 1.5 小时车程，全程约 4.5 小时；另一种则是全程走陆路，从瓦尔迪兹向北返回 Glennallen，然后向西经 1 号公路回到安克雷奇再南下到西沃德，这样绕下来全程 424 英里，至少需要 8 小时。考虑到我们过几天从 Homer 北上去费尔班克斯还要走 1 号公路，为了避免走太多的重复路，我们决定选择第一种走法，这样节省时间，还可以体验下海上渡轮，据说天气好的话，在渡轮上能看到漂亮的峡湾风光和很多海洋动物。

瓦尔迪兹到 Whittier 的渡轮必须通过 http：//www.dot.state.ak.us/amhs/index.shtml 提前预订，这个网址上有阿拉斯加各个港口之间渡轮的详细时刻表。我们预订的是 9 月 16 日上午 11 点从瓦尔迪兹港口出发的渡轮，到达 Whittier 的时间是下午 1:45，总共花费 657 美元，其中船票每人 89 美元，一辆 minivan 运费 123 美元。整个预订过程相当烦琐，网站说明上指出应美国海岸警卫队的安全要求，每个乘客都要填写详细个人信息，我花了一个半小时才把所有人员及车辆信息填完，复杂程度不亚于填写美国签证用的 160 表，并且指定联系人还需要美国本土的住址。

按照要求连人带车乘坐渡轮需要提前一个半小时去候船，所以我们大约 9 点半就开车前往瓦尔迪兹渡轮码头（见图 2—191）。由于前一天我们已经抽空凭护照和驾照顺利拿到了票，码头查票的人看了船票后直接让我们跟随着前面的车辆排队等候上船。按照船上引导员的要求将车停在底舱指定的位置后，我们卜车来到上面的客舱，才发现这个渡轮真是大，下面装了那么多车，上面还可以搭乘上千人，堪比大型邮轮了。客舱四周都是通透的玻璃，天气冷的话可以坐在里面看海湾风景，不怕冷的话也可以到外面的走廊或甲板上去感受清凉的海风。

上午 11 点渡轮准时启程，站在甲板上望着渐渐远去的瓦尔迪兹小镇，心中很有些不舍，如果有机会我一定再来这个最具阿拉斯加味道的海滨小镇，悠闲地玩，细细地品，慢慢地游。船行不久，就可以看到对岸 10 多个巨型的圆柱形大油罐，还有不少大型油轮进出，那里就是著名的阿拉斯加输油管终端。网上有驴友说这条航线晴天时可以看到不少海洋动物甚至大型的鲸鱼，可惜天公不作美，我们坐渡轮时天阴沉沉的，除了欣赏威廉王子峡湾的风光和少数海面上的浮冰、冰川，几乎没看见任何海洋动物，有点小遗憾。

经过 2 小时 45 分钟的航行，渡轮准时停靠在 Whittier 码头（见图 2—192）。

Whittier 是一个只有 200 人左右的小镇，全镇几乎所有人都住在一栋叫做"Be-gich Towers"的 14 层楼房里，这里在 1956 年还是军营，现在里面有警察局、诊所、教堂和自助洗衣房，当地人称这是个人与人关系异常亲密的地方。进出 Whittier 镇的唯一陆路需要穿过一个叫 Anton Anderson Memorial Tunnel 的单行隧道，全长 2.5

▼ 图 2—191　瓦尔迪兹渡轮码头

▼ 图 2—192　Whittier 渡轮码头

英里，火车和汽车共用，半小时交换一次通行方向，到了晚上会关闭。等渡轮停稳后我们将车开下船，按照导航的指示来到这个隧道入口处，排队等候放行。过了一会儿这一侧的绿灯亮了起来，我们开始跟着前面的车开进山洞。隧道狭窄逼仄，汽车完全是在压着铁轨开，左右两侧也与隧道壁贴得很近，让人感到紧张压抑。

胆战心惊地过了隧道，出来后的 Portage Glacier Highway 得名于离 Whittier 很近的 Portage Glacier，一路风光旖旎，还有彩虹相伴。从隧道出来开一小会就到了 Portage Lake，这里设有游船码头和 Begich Boggs Vistor Center。Portage Lake 被雪山环绕，静幽纯美，想要看到冰川还需乘坐专门的 Portage Glacier 游船。我们没有在这里久留，继续前行很快就左转上了号称美国最美自驾线路之一的 Seward Hwy，只见大片大片绚丽的秋林把公路两侧渲染成一幅漫长的彩色画卷，绵延不绝让人目不暇接。因为前面已经见识了类似的秋景，一路上我们没有耽搁太多时间停车拍照，直奔目的地西沃德。我们提前预订了青年旅舍 Moby Dick Hostel，导航地址是 432 Third Avenue，Seward，AK 99664，我们将在这里连住两个晚上，6 个人大通间价格是每人每晚 25 美元。把一切安顿好后我们又逛了下这个依山傍海的小镇，9 月份已经是当地旅游的淡季，没有了夏日的人潮，小镇上显得平和宁静。

Day 8　西沃德（Seward）

西沃德其实是个人名，1867 年，就是这个人作为当时的美国国务卿，主导并促成了美国政府向沙皇俄国购买了阿拉斯加，最后成交价是 720 万美元，相当于每平方公里 4 美元 74 美分，而 720 万美元只占美国当年财政支出的 2.6%。但在当时还无人知晓阿拉斯加的真正价值，如此廉价的买卖在美国竟遭到强烈的反对，很多美国人觉得负责此项购地案的国务卿威廉·西沃德以大量金钱买下的冰天雪地的阿拉斯加并不值钱，并揶揄这是"西沃德的蠢事"（Seward's Folly）或"西沃德的冰箱"（Seward's Icebox）。面对各种质疑和反对的声音，他有一段极具前瞻性的讲话："现在我把它买下来，也许多少年以后，我们的子孙会因为买到这块地，而得到好处。"经过激烈争论，国会终于批准条约，世界土地交易史上最大的一笔土地买卖完成了，美国的领土面积暴增 20%，从此成为名正言顺的大国。随后的发现证实了西沃德的远见卓识，不久之后在阿拉斯加发现了大量的金矿，俄国人后悔不已，但木已成舟。勘察表明阿拉斯加拥有丰富的宝藏，森林面积大约 14 000 平方公里，鲑鱼产量居世界第一位，金、铜、铂、银、煤、石油和天然气等储量极大。据最保守估算，美国人得到阿拉斯加的头 50 年，从这块土地上得到的纯收入就超过了 7.5 亿美元。现在，阿拉斯加出产的石油和天然气占全美总产量的 1/4，自然资源估计价值 5 000 亿美元。除了经济利益，阿拉斯加的军事战略地位也极为重要。

西沃德交通发达，是阿拉斯加铁路的终点，陆路有 9 号公路通往安克雷奇，海港可以停靠大型货轮和邮轮，很多货物通过这个港口运往阿拉斯加内陆，不少游客也乘坐邮轮到此上岸，再转乘火车去阿拉斯加内陆游览。西沃德附近的游玩活动很丰富，比如观赏冰川，可以走著名的 Harding Icefield Trail 去看出口冰川（Exit Glacier），或者乘奇奈峡湾邮轮（Kenai Fjords Cruise）出海去奇奈峡湾看潮汐冰川，如 Bear Glacier、College Glacier 等，运气好的话还能看到冰川裂冰的奇特景观。由冰川运动形成的奇奈峡湾是阿拉斯加最美的峡湾之一，无数海洋动物和野生鸟类栖息在此。西沃德附近还是看三文鱼洄游的好地方，每年 8 月中下旬最大规模的三文鱼洄游期间，经常可以在著名的 Russian River 看到熊抓鱼，这样可以省下好几百美元去卡特麦国家公园看熊抓鱼的机票。我们查了下天气预报，这两天西沃德天气以阴雨为主，出海观风景和看动物的效果会大打折扣，于是决定挑战一下难度很大的 Harding Icefield Trail，去看奇奈峡湾国家公园里的出口冰川。

奇奈峡湾国家公园的入口在 Seward Hwy 的 Mile 3.7 处，从这里进入 Exit Glacier Rd 行驶到头就来到了出口冰川入口处。出口冰川之所以叫出口冰川，是因为 1968 年一个 10 人探险队第一次成功穿越哈丁冰原（Harding Icefield）时就是从这里找到出口走出冰原到达陆地的，它也是哈丁冰原 40 个冰舌中唯一一个从陆路可以到达的。出口冰川的步道起点在道路尽头停车场边上的游客中心附近，从这里出发观赏出口冰川有两条路线：一条是通往出口冰川底部边缘的环形路线，叫 Edge of the Glacier Trail，能够一直走到冰舌前，这是可以接近冰川最近、用时最短的道路，全长约 1.25 英里，往返仅需 1～2 个小时；另一条就是通往哈丁冰原的道路，即 Harding Icefield Trail，沿着出口冰川向上可以一直走到冰川的源头哈丁冰原，全长约 4.36 英里，落差 1 000 米，道路是土路或碎石路，时常有熊等野生动物出没，往返需要 8 个小时，沿路没有服务设施，需要自带水和干粮，非常具有挑战性（见图 2—193）。

图 2—193　Harding Icefield Trail 示意图

我们选择了第二条线路，在小雨中开始爬山，一路基本都是沿着冰川行走，可以从不同高度和角度欣赏出口冰川，风景还是超赞的。但是路比较野，有时还要趟溪涉水，欣赏美景的同时也要注意脚下安全。随着高度的攀升，山上的植被也发生了明显变化，从茂密的杂树林到低矮的灌木丛，然后到高山草甸和苔原，最后只剩黑褐色的岩石和积雪。越往上走道路的痕迹越不明显，只能顺着橘黄色的小旗子寻找行进的方向。可能由于今天下雨天气不好，我们一路没有遇到熊，可以说既是幸运也是不幸运，因为网上有人介绍过在这条步道上和熊狭路相逢的惊险经历，所以潜意识中我们也渴望有一次与熊的激情邂逅，当然结局必须得是相安无事有惊无险皆大欢喜。到达 Mile 3.9 的地方有一个小木屋，是做紧急庇护用的。打开屋门，里面的墙上密密麻麻写满了游客的留言。我们也不能免俗，用笔在墙上留下自己的名字，以见证徒步至此是多么得艰辛不易。到了这个小屋也就意味着临近终点了，再往上爬一点就能看到广阔的冰原。一路风雨兼程，到了这里我们从头到脚里里外外几乎都被汗水和雨水浸湿了，加上靠近冰原温度更低，身子和手脚都快冻僵了。幸好在这里遇到一对好心的美国父女，给我们分享他们随身携带的姜糖，暂时帮我们驱散了寒意。躲在小木屋里温暖了下身子，我们开始向终点冲刺，传说中辽阔的哈丁冰原在我们的欢呼声中豁然呈现（见图 2—194）。哈丁冰原覆盖着奇奈山脉，是美国四大现存冰原之一，也是美国占地面积最大的冰原，总覆盖面积 2 849 平方公里，年降雪量达 122 米。不过由于温室效应的影响，在有记录的近 200 年间，哈丁冰原还是在以每年 15 米的速度消融退缩。所以我们更加珍惜这次近距离亲密接触它的机会，虽然累得几近虚脱，还是觉得值了。

▼ 图 2—194　Harding Icefield Trail 上的出口冰川

站在冰原旁边一股股透彻心骨的冷气袭来，冻得我们直打哆嗦，估计温度应该在零下十度左右，这样恶劣的环境下，哪怕是一刻钟也让人无法忍受，何况我们都穿着单衣，于是再看一眼广袤的哈丁冰原，我们赶紧原路返回。上山近 5 个小时，下山近 3 个小时，加上途中休息拍照约 1 个小时，我们一共花了整整 9 个小时才回到山下的停车场，体力几乎消耗殆尽，真是暴虐的一天。

Day 9　西沃德（Seward）—荷马（Homer）

今天的行车安排是离开西沃德经 Sterling Hwy 开往荷马，全程 168 英里，中途经过 Mile 53 处的 Cooper Landing 时顺道去看三文鱼洄游。Cooper Landing 有两条著名的河：Kenai River 和 Russian River，每年夏末秋初大量的三文鱼沿着这两条河洄游到它们的出生地去产卵，吸引了很多熊前来享用大餐。我们提前打听到附近的 Russian River Falls 是观赏三文鱼的好地方，便按照导航指示进入 Russian River Campground 的停车场。旺季来这里需要交一天 11 美元的停车费，不过此时是淡季，营地已经关闭，我们也就省了停车费。以停车场为起点走单程约 2.3 英里的步道才能到 Russian River Falls，虽然距离不短，但是路平坦好走。果然这里没有让我们失望，在 Russian River Falls 很多三文鱼正迎着瀑布激流奋力拼搏逆流而上，只为实现"龙门一跃"（见图 2—195）。遗憾的是没有看见熊出来，不过相信如果有时间，有耐心等到黄昏的话，在这里一定能看到熊抓鱼的好戏上演。

离开 Cooper Landing，我们沿着 Sterling Hwy 继续向荷马进发，沿途有蓝色的 Kenai River 蜿蜒相伴，河边的垂钓者、船上的捕鱼人怡然其乐。我们在 Sterling 小镇停留解决了午餐，然后从 Clam Gulch 开始 Sterling Hwy 便是沿着海岸线行走了。中

图 2—195　在 Russian River Falls 观看三文鱼"跳龙门"

途我们在一家当地居民的房子边停留，这栋面朝大海的房子超大，居高临下紧邻海边，草坪上还停有一架小型飞机。从这里隔着海湾能看见对面高耸的雪山，在阳光下熠熠生辉，宛如海市蜃楼。一路欣赏着 Sterling Hwy 的美景走走停停，傍晚时分我们抵达今晚在荷马的住处 The Ocean Shores 旅馆。这家旅馆就在海边，导航地址是 3500 Crittenden Dr，Homer，AK 99603，坐在房间阳台上就可以看海景，视野超赞，性价比也很高，四人间价格是每晚 109 美元。我们刚到房间，突然一位队友大叫"快来看"，循着声音望过去，只见不远处的海面上竟然出现了难得一见的双彩虹，里面的一圈色彩丰富、层次鲜明，外面的一圈若隐若现朦朦胧胧，海面上还能看到彩虹的倒影，可谓是四虹合璧天下无双（见图 2—196）。

▼ 图 2—196　在荷马看到的海上双彩虹

Day 10　荷马（Homer）—安克雷奇（Anchorage）—Glenn Hwy

荷马位于奇奈半岛 1 号公路的最南端，因三面环海，公路到了这里已无法继续延展，所以也被称为"陆地尽头"。荷马虽然人口只有几千，但几乎每家都有一艘私人游艇，因此被称为"游艇小城"。荷马还被冠以"世界比目鱼之都"，是世界上捕捞量最大的比目鱼港口。荷马也是阿拉斯加的文化艺术中心，整个小镇不但风景秀丽，而且艺术气息浓厚，聚集了众多渴望回归自然、远离尘嚣的艺术家。

一般游客到荷马的主要目的是看阿拉斯加最有代表性的自然景观——熊捕鱼。附近的卡特麦国家公园的 Brooks Camp 是阿拉斯加最有名的观熊点，这个公园的棕熊保护区拥有世界上数量最多的棕熊种群，每年夏天当大量的野生三文鱼开始洄游产卵时，卡特麦河便会迎来令人叹为观止的棕熊捕鱼的场景。去卡特麦看熊有两种途径，一种是在安克雷奇转机到卡特麦小机场，需要大半天的时间，并在 Brooks

Camp 住上一晚，第二天看了熊再坐晚上的飞机回安克雷奇。这种方式的好处就是有充分的时间看熊，时间灵活。缺点就是 Brooks Camp 住宿有限，木屋要很早预订才能订上。第二种方式就是找一个从荷马出发的一日游团，当天去当天回。这样的好处就是节省时间，缺点是看熊的时间有限，另外这种团一般要六七百美元一个人，比自行去 Brooks Camp 贵了不少。由于看熊捕鱼的最佳季节是七八月份的夏季，现在已经到了 9 月中旬，于是我们决定在这个小镇休整一下，利用今天上午逛逛小镇的地标 Homer Spit，再开车到 Skyline Drive 俯瞰小镇街景，然后离开荷马奔赴 Glennallen。

荷马海岸线上有一条长 4 英里向卡切马克湾（Kachemak Bay）伸展出的细长陆地，它就是荷马市的地标——Homer Spit。Homer Spit 如加长版的海滨栈桥，是世界上伸入海中最长的道路，开车走完全程大约 10 多分钟，道路两边分布着许多餐馆和小店，还有许多提供海钓一日游活动的旅游公司。我们驱车一直开到 Homer Spit 最顶端被称为 "Land's End" 的陆地尽头，这是当地的天涯海角，大名鼎鼎的度假酒店 Land's End Resort 就在这里（见图 2—197）。酒店位置绝佳，走出门口就是广阔的海滩，酒店餐厅做的海鲜也很出名。离开这里，我们又驱车来到 Skyline Drive，顾名思义，这里地势很高，仿佛是在空中行驶，因此是俯瞰荷马风光的最佳位置（见图 2—198）。

由于我们接下来打算走 1 号和 4 号公路从南端的荷马赶到北部的费尔班克斯去追寻极光，两者相距太远，一天之内很难赶到，同时考虑到从安克雷奇到格林纳伦（Glennallen）的 Glenn Hwy 风景一流，所以决定今晚在 Glenn Hwy 的中途找个地方

▼ 图 2—197　Homer Spit 尽头的 "Land's End" 标识

图 2—198　在 Skyline Drive 俯瞰荷马风光

住宿作为中间站，明天再继续赶路到费尔班克斯。在荷马吃完午餐，我们就启程朝着 Glenn Hwy 出发了。先是沿着 Sterling Hwy 走，在距离安克雷奇大概 50 英里时抵达著名的特纳干海湾（Turnagain Arm），它拥有世界级的峡湾风景，沿途风景如画，我们还有幸在这里看到了壮观的潮汐，和钱塘江潮有得一比。著名的从西沃德到安克雷奇的阿拉斯加铁路有一段也是沿着这个峡湾修建的，铁路与公路并行，火车开过时也是一道亮丽的风景。沿着这个海湾开往安克雷奇自南向北会依次经过鸟溪（Bird Creek）、Windy Point、Beluga Point 和波特沼泽（Potter Marsh）等观景点。过了波特沼泽后经过安克雷奇继续沿 1 号公路北上，然后右转上 Glenn Hwy。这是一条从安克雷奇到格林纳伦长约 189 英里的风光大道，沿途设有很多观景点。我们开这段路的时候天气阴沉，不过还是能看清远处的雪山、冰川和苔原，以及近处的河流、湖泊和五彩秋林，其中让我印象最深刻的是沿途 Matanuska River 壮美的河谷秋色，以及巍峨的 Matanuska 冰川（见图 2—199、图 2—200、图 2—201）。

欣赏完 Matanuska River 风光，之后 Glenn Hwy 的走向便不再一直沿着这条河流，而是远离河道折向东北。再往前到达 Mile 102 附近时，可以在路右边看到远处山谷里有一条长长的冰川延伸下来，一直抵达谷底五彩斑斓的森林，这就是著名的 Matanuska 冰川（见图 2—202）。

阿拉斯加冰川众多，但是能够开车到达并可以在冰川上开展徒步、攀冰等活动的地方却不多，Matanuska 冰川是其中一个。不过因为抵达该冰川的道路属于私人所有，每人需要支付 20 美元门票费才能将车开到冰川脚下。考虑到前几天已经多次接触冰川，我们就在公路边上的观景点停留拍照。这附近有一处秋林的颜色黄得恰到好处，黄中带着些许红，隐约几分绿，非常漂亮（见图 2—203）。

图 2—199　Glenn Hwy 上 Matanuska River 河谷秋色 1

图 2—200　Glenn Hwy 上 Matanuska River 河谷秋色 2

图 2—201　Glenn Hwy 上 Matanuska River 河景秋色 3

图 2—202　Glenn Hwy 上的 Matanuska 冰川

图 2—203　Matanuska 冰川观景点附近的秋景

过了 Matanuska 冰川，再往东开 30 多英里就到了我们今晚的住宿地 Slide Mountain Cabins & R. V. Park，导航地址是 Mile 135 Glenn Hwy。我们住的是一个小木屋，房间很舒适，4 人间价格是每晚 99 美元。

Day 11　Glenn Hwy—格林纳伦（Glennallen）—费尔班克斯（Fairbanks）

今天我们的目的地是费尔班克斯冰川，全程约 300 英里，先后途径 Glenn Hwy 的东段和 Richardson Hwy 的北段。由于此时已是阿拉斯加的深秋时节，再加上这一路往北，纬度越来越高，所以沿途风光和前些天在南部公路上看到的景色相比要荒凉得多。不过这一路还有一个最大的看点，就是闻名于世的"阿拉斯加输油管"。这个屹立于冻原上的人造奇观于 1977 年建成，自北向南纵贯阿拉斯加州，全长 800 英里（近 1 300 公里），地下和地上部分约各占一半。该管道 30 多年来抵挡住了 70 多度温差造成的热胀冷缩而无恙，每日持续运输原油 1 800 万桶，为美国带来源源不尽的财富。Richardson Hwy 从格林纳伦到费尔班克斯的这一段几乎是与这条"巨龙"相伴而行，设有不少输油管道观看点（见图 2—204、图 2—205）。

在快抵达费尔班克斯之前，隔着路边的铁丝网可以看到不远处一个规模庞大的机场上停满了各式军用飞机，这就是艾尔森空军基地（Eielson Air Force Base），建立于"二战"期间的 1943—1944 年。路旁有标志说这里是军队训练场所，不准停车和拍照，我们只好故意减慢车速，在行进的车里完成了"偷拍"（见图 2—206）。

继续往前很快就来到有名的 North Pole 小镇，美国人的想象力也够丰富的，居然把这个小城命名为"北极点"，其实这里离北极圈都远着呢，更别提北极了。镇中心有个邮政局，可以在这里寄明信片留念。这里有号称北美最大的圣诞节礼品店，店内商品琳琅满目，店外广场上矗立着一个十几米高的圣诞老人，据说每年圣诞节时这个小镇都会收到成千上万封各地小朋友寄给圣诞老人的信。

图 2—204　远观阿拉斯加输油管

图 2—205　近观阿拉斯加输油管

　　傍晚时我们顺利抵达提前预订好的费尔班克斯万豪酒店（Springhill Suites By Marriott Fairbanks），标间每晚税后 96 美元，相当超值，导航地址是 575 First

▼ 图 2—206　位于 4 号公路边上的艾尔森空军基地

Avenue, Fairbanks, AK。酒店位于费尔班克斯中心地带，紧挨着切那河（Chena River）。费尔班克斯号称"世界极光之都"，据说如果在这停留至少三晚，且每晚都在外面守候，那么看到极光的概率至少是 90%。为了不错过今晚可能的极光，我们预约了酒店的极光叫醒服务，这样等到了后半夜如果出现了极光，前台服务员就会打电话及时通知。可惜即便是在梦中都竖着耳朵，我们整晚还是没有听到电话铃声，只能寄希望于明后两天了。

Day 12　费尔班克斯（Fairbanks）—珍娜温泉（Chena Hot Springs）

今天的安排是上午到费尔班克斯市区的几个景点逛逛，下午前往市区东北方向著名的珍娜温泉，并在那里住上一晚守候极光。

我们先是沿着酒店对面珍娜河边的步道去一个叫 Morris Thompson Cultural & Visitors Center 的游客中心拿些资料，步行只要十分钟。沿路河岸风光不错，途中还会经过一个有爱斯基摩人雕像的广场。这个游客中心除了有免费的导览手册与观光地图，还有专人提供旅游咨询服务，里面的陈列馆通过影像或模拟场景等方式呈现阿拉斯加的历史岁月，值得一看。离开游客中心我们直奔阿拉斯加大学费尔班克斯分校的博物馆，这个博物馆建在小山上，白色的建筑造型别致。这里居高临下视野开阔，风景一流，是市区附近最好的极光观景地之一（见图 2—207）。

从博物馆出来，我们前往费尔班克斯最大的公园——先锋公园（Pioneer Park）。先锋公园是一座以早期美国人开拓阿拉斯加的历史为主题的公园，展现的是美国人在阿拉斯加的艰苦创业史，里面有几个古迹，其中一个就是哈丁总统 1923 年来费尔班克

图 2—207　在阿拉斯加大学费尔班克斯分校的博物馆前俯瞰校园风光

斯时乘坐的火车车厢原物。因为前方有温泉浴的诱惑，我们在这里简单逛了逛，就出发赶去心仪已久的珍娜温泉，希望能早点入住早点享受温泉。虽说费尔班克斯是极光之城，但在市区想要看到理想的极光还是比较困难的，多数游客会前往市区东北方向的珍娜温泉度假村观看极光。那里远离市区，光污染小，可以看到壮观的极光。这个度假村现在发展得比较成熟，服务设施完善，住宿条件也很不错，预订网址是http://www. chenahotsprings. com/。此外，这里还有天然的室外温泉，可以一边泡温泉一边看极光，非常惬意。由于太过热门，造成这里的缺点就是价格贵和预订难。我们预订的家庭套间一晚要 367 美元，不过有两个房间可以住下 6 个人，每人平均下来还可以接受。除了看极光，还可以在这里参加各种旅游活动，比如坐飞机去北极圈观光。

从费尔班克斯到这个温泉度假村有一条与其同名的道路：珍娜温泉路（Chena Hot Springs Rd），全程约 60 英里，一个半小时车程。这条道路沿途风景很不错，走到底就是珍娜温泉度假村。登记入住后我们每人获赠一张温泉票，放下行李后大家迫不及待地直接冲向温泉池，远远地就能够闻到天然的硫磺味（见图 2—208）。露天的温泉池里烟雾缭绕人头攒动，竟然遇到另外十几个来自中国的游客，真没想到这么偏僻的地方还能碰到这么多同胞，看来我们的祖国真的强大了，只有祖国的强盛，才能让我们中国人的脚步走得更远！

度假村里有间 Aurora Lodge 是为方便游客看极光修建的小屋，里面有暖气开放，朝北有透明玻璃，可以坐在温暖的室内静候极光。如果看到极光出现或变强，再到室外观赏。这里也提供极光叫醒服务，可惜我们虽然特意选择了 9 月 22 日秋分时节来这里等候极光，但多云的天气还是让我们的美好愿望落了空。

图 2—208　珍娜温泉

Day 13　珍娜温泉（Chena Hot Springs）—道尔顿公路（Delton Hwy）—北极圈—费尔班克斯（Fairbanks）

一早醒来，大家都为连续两个晚上都没能看到极光而有点失落。为了弥补遗憾，我们临时决定今天冒险自驾勇闯一回北极圈，希望能够成为一名"圈内人"，也算不枉来阿拉斯加一趟。

从珍娜温泉出发去北极圈，需要先沿珍娜温泉路开出来，右转上 2 号公路，然后向北约 10 英里就到了 Fox 分岔路口，右边是前往育空堡的 6 号公路，去往北极圈要走左边的 2 号公路。一定记得要在这里给车子加满油，保险起见最好另外带上油桶并且加满，因为从这往北就很难找到加油站了。我们没有准备油桶，通过导航仪计算得出这里到北极圈的往返距离大约是 400 英里，根据我们这些天对车子油耗的观察，估计一箱油刚好勉强跑个来回，后来证明这样做极其冒险，我们返程回到 Fox 时油量表已经报警多时，差点把我们丢在半路。除了加油的问题，其实租车公司也是不允许将车开上这条路的，万一出了事故保险也是不赔的。从 Fox 往北开大约 60 多英里就到了 Livengood，这附近又有个分岔路口，左边是 2 号公路，右边就是大名鼎鼎的道尔顿公路，这个岔口也是道尔顿公路的起点 MP 0（见图 2—209）。

道尔顿公路建于 20 世纪 70 年代，与贯穿阿拉斯加州的输油管道平行，位于阿拉斯加偏远荒凉的北部地区，连接着 Livengood 和 Deadhorse，全长 414 英里（约合 666 公里），几乎所有路段是砾石，没有铺筑柏油，是探索频道介绍过的极限路线，被称为世界十大死亡公路之一。道尔顿公路沿途缺乏服务设施，没有手机信号，没有旅馆或加油站，所能看到的就只有森林、苔原和山脉。道尔顿公路的路况虽差，但

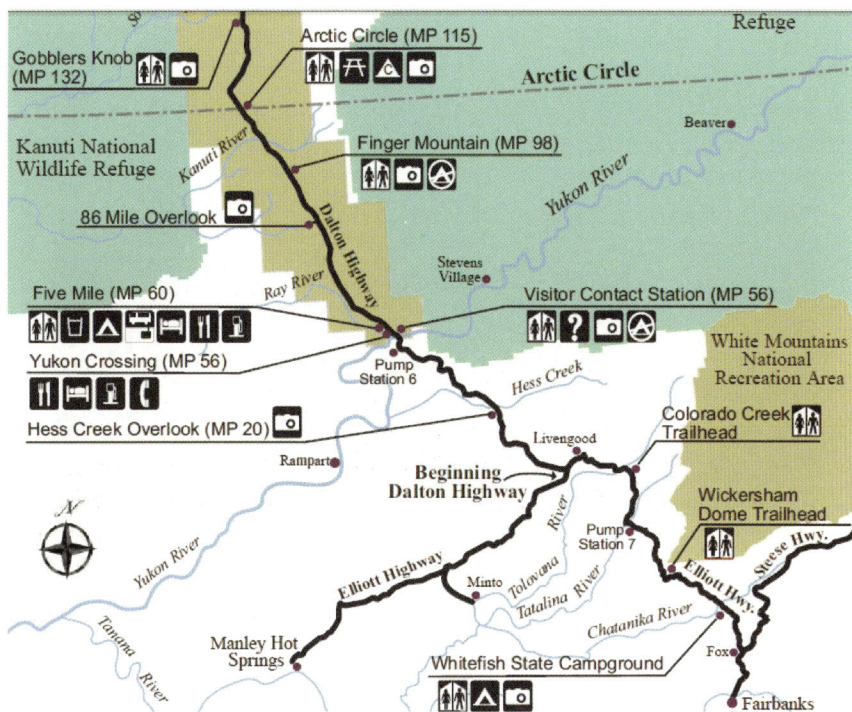

图 2—209　道尔顿公路示意图

运输却很繁忙，夏季时平均每天有 160 辆卡车通过，冬季更是达 250 辆，在这条公路上奔驰的卡车司机被认为是全美最辛苦的职业。事实上这条公路也是为大货车修建的，它们拥有绝对的路权，如果遇到迎面有大货车驶来，一定要减速慢行或者靠边停车避让，否则大货车卷起的石子儿很可能会毫不留情地打碎你的前挡风玻璃。

　　尽管传说中道尔顿公路很不好走，不过有些路段也没有想象的那么差，可以开到时速 60 英里。越往北开，感觉越来越空旷和荒凉，有时候几十分钟都遇不到一辆车，只有一望无际的森林和山脉相伴，公路和输油管道则像两条丝带一样如影随形贯穿其中，阿拉斯加的狂野和自然本色被表达得淋漓尽致（见图 2—210）。行驶到 MP 56 处，我们顺利抵达横跨北美大河育空河的阿拉斯加第一大桥，这是一个输油管道和公路共用的桥。桥旁边有个加油站，看着十分简陋，据说万一没油了可以在这里救急，但油价肯定不低。过了这个桥后继续往北开 60 英里就进入北极圈了，我们一边开车一边紧张地观察油量表，发现已经快消耗了一半油量，心想这样回去估计有点悬。不过这后面的 60 英里上下坡很多，而且坡又长又陡。为了省点油确保回得去，我在车子下坡时都舍不得踩刹车，有时下坡速度一度到达 90 英里/小时，然后再借助车子的惯性和高速冲上下一个坡顶，整个过程就像坐过山车一样刺激。现在回想起来这样开车也够惊险的，幸好当时路上车子极少，没有出事。还要提醒的是，道尔顿公路全程没有路肩围栏，如果滑下路面，就只能等不知道什么时候会路过的大货车来帮忙施救了，所以一定要小心驾驶。

▼ 图 2—210　道尔顿公路沿途风光

在距离北极圈约 7 英里处，会经过一个叫 Finger Mountain 的观景点，其实就是一座尖尖的小山峰，在荒原上显得很突兀，远望过去很像人的大拇指。再往前 7.6 英里就到了位于 MP 115 处的北极圈了，需要按指示牌指示从路右侧的一条小路拐进去，里面有停车场和北极圈的标志牌。我们一车人都是第一次踏入北极圈成为"圈内人"，每个人都激动不已，轮流到标志牌那里摆各种姿势拍照留念（见图 2—211）。不过后来才知道，其实北极圈是指纬度数值为北纬 $66°34'$ 的一个假想圈，它是北寒带与北温带的分界线，而我们拍照的地方显示纬度是北纬 $66°33'$，严格来说离北极圈还差了一点点（真奇怪老美为什么不在北纬 $66°34'$ 处建标示牌），希望下次可以继续沿道尔顿公路北上到北冰洋。

▼ 图 2—211　道尔顿公路上的北极圈标示牌

Day 14　费尔班克斯（Fairbanks）—Talkeetna—安克雷奇（Anchorage）—西雅图（Seattle）

今天我们的行程安排是从费尔班克斯经 3 号公路南下到安克雷奇，全程约 360 英里，正常车程约 7 小时。由于今晚我们从安克雷奇飞往西雅图的航班要到晚上 11 点多才起飞，白天游玩时间充裕，所以决定在返回安克雷奇的路上再顺道去 Talkeetna 碰碰运气，看看游览麦金利山的小飞机能否顺利起飞。

带着昨天圆满征服北极圈的成就感，我们今天一早就启程沿 3 号公路南下。等抵达迪纳利国家公园附近时，才发现前几天这里下了雪，远处的山坡上白雪皑皑（见图 2—212）。不过此时下雪也不奇怪，因为 9 月下旬对阿拉斯加来说已经是秋末冬初了。

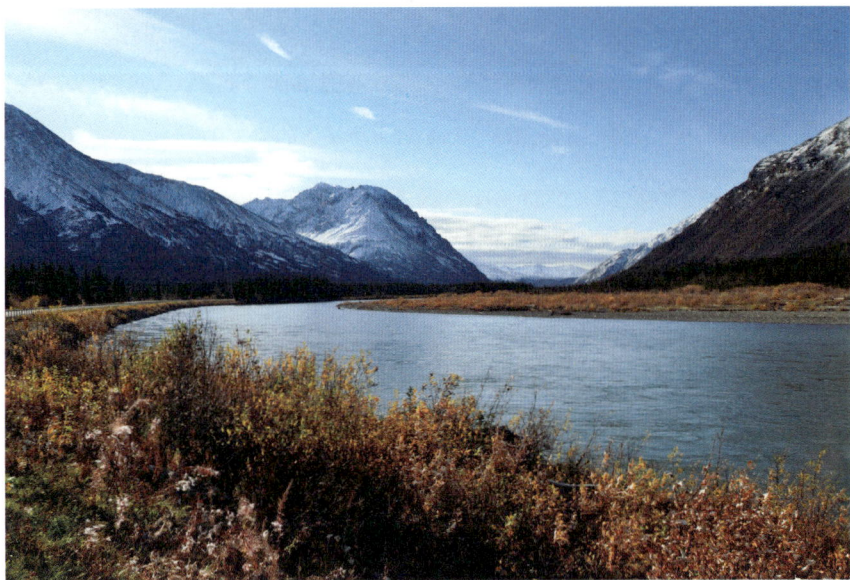

🔻 **图 2—212　阿拉斯加 3 号公路上的深秋雪景**

大概中午时分我们再次来到 Talkeetna，此时这里的天气已经由多云转晴，整个小镇沐浴在深秋灿烂的阳光里，看来今天的小飞机之旅有戏了。在一个铁道口等候绿灯时，一辆火车从金黄色的树林边驶过，很有意境（见图 2—213）。

果然不出意外，K2 公司工作人员告诉我们今天麦金利山的观光小飞机可以正常执飞。这里有个飞行路线的选择问题。K2 的飞行观光（Flightseeing）路线有好多种，根据飞行距离长短以及是否在冰川降落（glacier landing），价格差异很大，具体可参考 http：//www.flyk2.com/denali-flightseeing/index。最初我们预订的是 GREEN FLIGHT ROUTE 所代表的 Denali Grand Tour 中不带冰川降落的路线（2014 年的价格是每人 310 美元，每年都有小涨），这条飞行线路可以从东南西北四个方向全方位观看麦金利山峰，还可以俯瞰迪纳利国家公园风光（见图 2—214）。幸运的是，

▼ 图 2—213　**Talkeetna** 小镇上的火车

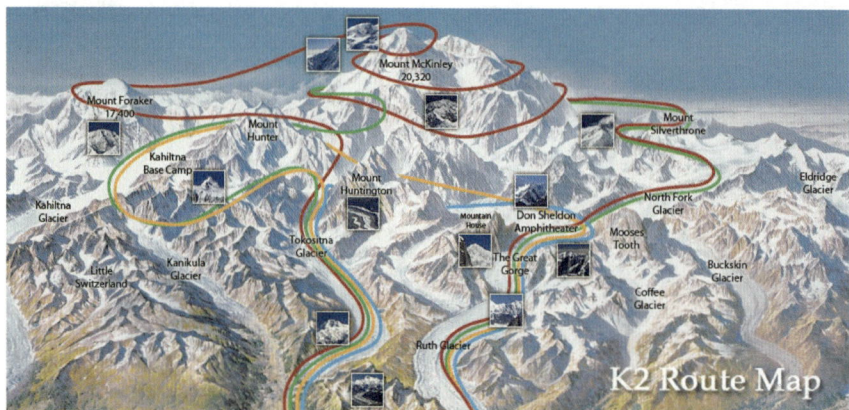

▼ 图 2—214　**K2** 公司飞行观光路线示意图

由于当天下午另外有 4 个美国人预订的是带冰川降落的路线，为了节省飞行成本，K2 公司决定让我们一行 6 人和他们 4 人一起乘坐同一架小飞机，这样我们也可以沾他们 4 人的光体验飞机在冰川上降落的感觉了，相当于免费给我们赠送 glacier landing。

　　除了选择飞行路线，选择座位也有技巧。登机时是按排队顺序依次登机，先上飞机的可以选择座位。一般人可能会优先选择坐机长旁边的副驾驶座，因为在机头观景视野最好，不会纠结是向左还是向右看。不过如果对摄影还有要求，最好不要坐副驾驶位置，因为前窗会有一部分被螺旋桨遮挡，高速旋转的情况下不影响观景，但对拍照会有影响。想拍出好照片，可以选择机身中部的座位，因为中部的玻璃窗较大，拍起照来无阻碍，欣赏风景也不错。至于是坐中部的左边还是右边，则要根据当时太阳的方向而定，总的原则是看景或拍照时尽量顺光。

很快小飞机就在摇摇晃晃中起飞了，第一次乘坐这样的飞机，我们既兴奋又紧张。当时天气真是好得出奇，视野特别通透，阿拉斯加千百万年无人打扰的广袤原野一览无遗：蜿蜒的河流，清澈的湖泊，五彩的苔原，斑斓的森林，巍峨的群峰，耀眼的雪山，璀璨的冰川，出没的动物……所有的这一切汇聚成了阿拉斯加无与伦比的纯粹原生态自然之美，美得摄人魂魄、荡人心扉，真的无法用语言去完整描述，让人叹为观止（见图 2—215、图 2—216）。

除了被美景所折服，机长高超的飞行技艺也带给我们极大的震撼。由于麦金利

▼ 图 2—215　从空中俯瞰阿拉斯加蜿蜒的河流

▼ 图 2—216　从空中俯瞰阿拉斯加广袤的森林

山峰终年积雪，经常云雾缭绕，我们的飞机越向上靠近麦金利峰，能见度越差，而且山谷间的乱流也越大，所以飞机会不时颤动，但是飞行员很好地控制住了飞机，没有出现过山车式的急上急下。更让我惊奇的还在后面，我一直纳闷这种飞机如何在松软的冰雪上进行高难度的冰川降落。只见机长先是在一片狭窄的山谷间来回盘旋寻找最佳的着陆点，有时候感觉机翼离两侧的山峰只有几米远，非常惊险。等机长目测确认了安全的着陆点后，开始操控飞机下降滑向山谷间厚厚的积雪，我当时就在想：这样飞机不会陷入其中吗？没想到飞机竟然在滑行一段距离后稳稳停在积雪上，在停留半小时后又带着我们从积雪上安全起飞回到机场，真是艺高人胆大，让人好生佩服（见图 2—217）。

成功闯关北极圈，又如愿以偿地坐小飞机在冰川上安全降落和返回，我们此次的阿拉斯加金秋之旅可谓圆满，唯一的遗憾就是没能看到绚丽的北极光了。虽然在安克雷奇机场分手时大家相约下次有机会再一起专门到阿拉斯加追逐极光，但我心底其实还留有一个幻想，就是期待奇迹出现，能够在今晚返回西雅图的航班上从飞机上看到北极光，虽然这样幸运的事情概率很小。或许是我的诚心打动了传说中的极光女神欧若拉（Aurora），飞机起飞后恰巧坐在舷窗边位置的我一直目不转睛地盯着窗外，在黑漆漆的夜空中搜索，在飞机爬升到万米高空时奇迹真的出现了：只见在阿拉斯加繁星点点的清澈夜空中，一道道翠绿的极光如同生命之火在绚丽地舞动，上演着自然界最奇幻的光线秀，令人目不暇接。这就是传说中"看见就会让人幸福一辈子，并让第一次见到的人都会流泪"的北极光吗？看着周围已然酣睡的乘客，我简直不敢相信自己的眼睛，真没想到会在最后离开阿拉斯加的时候以这种独特的方式享受一场极光盛宴，这种幸福的感觉像是在做梦。美丽的极光在夜空中变幻，我的心情久久不能平静，那一刻，我想的不是要不要再来或何时再来这片神奇的净土，而是该不该就此留下来……

图 2—217　安全降落在麦金利山冰川上的 K2 小飞机

第三段：2014. 9. 24—2014. 10. 23
西雅图（Seattle）—凤凰城（Phoenix）
（美西南精华游，共计 30 天）

Day 1　西雅图（Seattle）—瑞尼尔山国家公园（Mt. Rainier National Park）

瑞尼尔山国家公园位于西雅图以南约 87 英里处（约 2 小时车程），始建立于 1899 年，面积 954 平方公里，是美国第五个国家公园。公园里的瑞尼尔雪山主峰是美国华盛顿州的地标，海拔 4 392 米，是喀斯喀特山脉（Cascade Range）的最高峰，也是美国海拔最高的火山。4 392 米听起来不是很高，因为在我国四川、西藏六七千米海拔的雪山为数不少，但那是在本身海拔就有三四千米的高原上，而瑞尼尔山雪山几乎是从平地拔地而起，让四周约 2 000 米高的群山相形见绌，因而显得格外高大。瑞尼尔山雪山跟日本的富士山很类似，都是休眠活火山，有姐妹山之称。瑞尼尔山雪山积雪终年不化，风景无比壮丽，天气好、能见度高的时候，人们从百英里外的西雅图市区就能领略这个冰美人的风采，无论从哪个方位远远望去，它宛如一座神山悬浮在空中，被称为西雅图圣山，连华盛顿州的车牌都有瑞尼尔山的标志。

瑞尼尔山国家公园最佳旅游季节是 7 月中下旬到 9 月上旬，通常野花盛开的高峰期是 7 月底到 8 月初的两个星期，那时候满山遍野的野花五彩缤纷，加上瀑布、雪山、冰川的映衬，特别漂亮。瑞尼尔山国家公园共有 5 个入口，主要有两大景区，一是南侧的 Paradise，二是北侧的 Sunrise。Sunrise 风景高峻雄伟，以山、林为主，水源比较少，在多样性和徒步容易程度上不如 Paradise。如果时间有限，建议优先考虑 Paradise 景区。关于住宿，公园里面只有位于 Longmire 的 National Park Inn（全年开放）和位于 Paradise 的 Paradise Inn（5 月中旬至 9 月底开放）这两家旅馆虽然都不便宜，但旅游旺季时往往还是一房难求。公园里还可以露营，位于 Longmire 附近的 Cougar Rock 和东南入口处的 Ohanapecosh 营地，可以通过 Recreation. gov 预订，其他营地则是先到先得。公园外则在东北、东南和西南角各有一两家旅馆。我们经过比较，提前预订了被称为天堂客栈的 Paradise Inn，准备在这里连住两晚，双人间的每晚价格是 170 美元，导航地址是 98368 Paradise-Longmire Rd，Ashford，WA。天堂客栈就在游客中心旁，位置和风景堪称一流，几乎 Paradise 景区所有的步道起点都在客栈旁边，住在这里可以充分享受雪山的晨曦、黄昏和星空，比如在早上七八点开始走 Skyline Trail，在天光正佳时到达步道最高点；或清早去附近的 Reflection Lake 欣赏瑞尼尔山的倒影，傍晚时分再到客栈周边的步道漫步。

从西雅图去 Paradise Inn 最便捷的自驾路线是由 706 号公路从公园东南入口 Nisqually Entrance 进入。由于 Paradise Inn 要到下午 4 点才能 Check In，我们吃完午饭从西雅图出发，并在入园前加满了油，因为公园里面没有加油站。进入公园后沿着公园里的道路一直开，途中经过 Christine Falls 和 Narada Falls 两个瀑布，可以停车观赏。在两个瀑布间还有一条单行环线，可以停车俯瞰满是砾石的 Nisqually 山谷。过了 Narada Falls 很快就来到一个分岔路口，向左就是我们要去的 Paradise Inn，之后很快就抵达紧邻杰克逊纪念馆游客中心（Henry M. Jackson Memorial Visitor Center）的 Paradise Inn，只见一栋古色古香的建筑非常和谐地融入雪山背景中，还没入住就一眼喜欢上了这个宛如"天堂"的客栈（见图 2—218）。

▼ **图 2—218　Paradise Inn 外景**

建于 1916 年的 Paradise Inn 本身就是一个具有历史意义的古迹，它的建筑风格很传统，屋顶有许多用来采光的老虎窗，一楼是整排的玻璃落地窗，可以尽赏外面的好风景。进了客栈大堂，原木柱子建成的大厅里散坐着三三两两的游客，在一个角落里烧得正旺的火炉边坐满了静静读书的人们，大厅中间还有琴师正弹着一架木制的老钢琴，舒缓的琴声从他的指尖流淌出来，抚慰着像我们一样远道而来的旅人。大厅屋梁上挂着许多漂亮的灯笼，充满了艺术感；走廊墙上挂满了黑白的老照片，散发着一股浓浓的怀旧情，在这里仿佛时光都倒流了（见图 2—219）。这家老客栈，果然比想象的还有味道！

办完入住手续后天色已晚，加上前面连续玩了近两个月大家都有些疲惫，简单吃了点东西填饱肚子后就回到古朴温暖的房间里休息了，准备养足精神明天花一整天时间去近距离欣赏瑞尼尔山的美景。

▼ 图 2—219　Paradise Inn 古色古香的大堂

Day 2　瑞尼尔山国家公园（Mt. Rainier National Park）

我们入住的 Paradise 景区名称的由来还有个故事。据说早期造访瑞尼尔山的先驱 James Longmire 的妻子 Martha 第一眼看到这里的风景，就惊呼："Oh，What a Paradise!"从此个这景区就被命名为 Paradise，其景色也的确是美得名副其实，可以称得上是宛如天堂，曾被评为"地球上每个人有生之年一定要去的旅游景点之一"。Paradise 是瑞尼尔山公园唯一全年开放的区域，但很多景点一年大部分时间都会被大雪覆盖，平均年降雪量达 1 727 厘米，1971—1972 年的冬天降雪量竟高达 2 850 厘米，创下当年降雪量的世界纪录。

Paradise 景区有好几条步道的起点在 Paradise Inn 附近，其中 Nisqually Vista Trail 是其中比较好走也是最常被推荐的，步道起点在小停车场的底端（在游客中心相反方向），走一圈大约 1.2 英里。此外附近最有名的步道就是环形的天际线步道（Skyline Trail）了，一圈走下来约 5.5 英里，爬升高度约 518 米，上下坡比较多，约需 4 小时，算是有点挑战的步道，尤其是有些路段几乎常年被积雪覆盖，通过相当困难。如果有体力有时间，推荐走完这一整圈，因为步道最高的那一段视野巨佳。不过对大多数游客来说，走得最多的还是天际线步道环线中从起点到 Myrtle Falls 的这一段，相对比较平坦，景观也很开阔。Myrtle Falls 是融雪形成的小瀑布，再以雪山为背景，非常漂亮，如果是夏季加上漫山遍野的花儿的衬托，就更美了（见图 2—220）。可惜我们错过了花季，只能看看公园官网上七八月份花开时节在这里拍的照片遐想一下了。另外比较容易完成的一段是从天际线步道的起点到海拔 1 811 米的 Alta Vista 这一段，沿途可以欣赏到壮丽的瑞尼尔雪山和 Nisqually 冰川。在天际线步道上行走，很容易遇到各种野生动物，尤其是清晨或黄昏，我们就看到了好几只鹿在路边的草丛或树林中出没。图 2—221 是天堂客栈附近的游览步道示意图。

▼ 图 2—220　花季时天际线步道上 Myrtle Falls 附近的景色

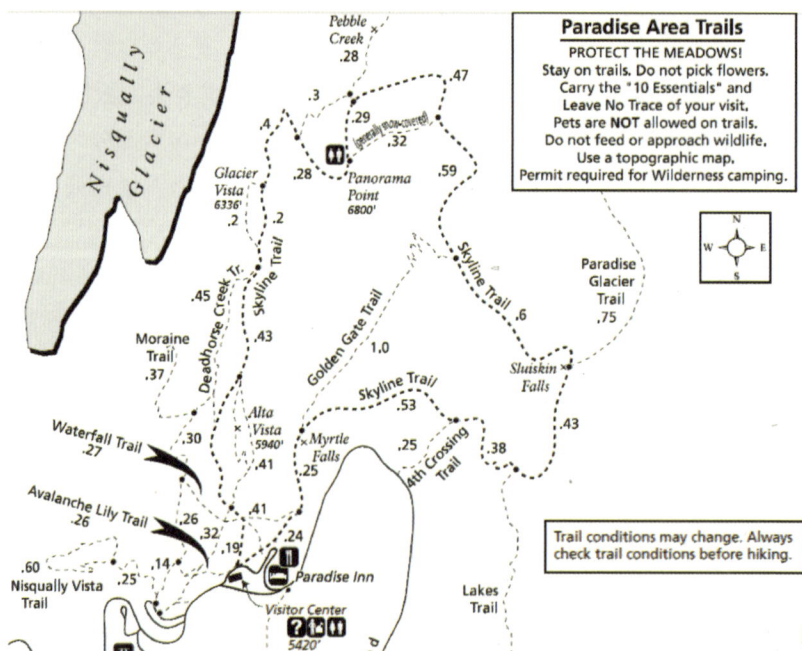

▼ 图 2—221　Paradise Inn 附近的游览步道示意图

走完旅馆附近的一部分天际线步道，我们驱车下山沿着公园内的 706 号公路向东游览。Paradise 景区东部有一连串的高山湖泊，其中 Reflection Lake 最为游客和摄影爱好者所推崇，离 Paradise Inn 只有十分钟车程，天气好的时候湖中能够看到瑞尼尔山靓丽的倒影，夏秋的清晨还可能欣赏到瑞尼尔山日照金山的绝世美景。不过倒影湖一年中几乎有 9 个月都会被冰雪覆盖，所以只有在夏季（7—9 月）并且还要有好天气时才可能观赏到雪山倒映在湖面上的美景。每到夏天旅游旺季，天还没亮湖边空地上就支满了三脚架，摄影迷们瑟缩在寒风中等待着黎明的曙光，成了 Reflection Lake 一道独特的风景线。可惜我们经过该湖时天气阴沉还下着小雨，瑞尼尔山被笼罩在云雾中难露真容，更别指望在湖中看到它的倒影了，只能等下次再来弥补遗憾了。

过了 Reflection Lake 继续往东，就会依次经过 Stevens Canyon 和 Box Canyon，沿途设有几个观景点可以停车拍照。Box Canyon 是在岩石地面上形成的大约一百多英尺深的狭窄凹陷，像是有人拿刀在地上切了一条深沟，有一条很短的步道绕着这条深沟峡谷转了一圈，走下来只需要十多分钟，可以在这里走走看看顺便休息一下。继续往东就到了公园东南入口，这里是 706 号公路与 123 号公路的交叉口，我们左转上了 123 号公路，继续北上去北侧的 Sunrise 景区。到 Sunrise 景区一路都是陡峭多弯的盘山公路，一定要小心驾驶。123 号公路开出一段后就是 410 和 123 公路交汇的 Cayuse Pass 岔路口，从这里向左沿 410 公路走 3 英里再左转前行，就是公园的东北入口 White River Entrance。沿这条路走 11 英里，尽头就是 Sunrise Visitor Center，这一段通往 Sunrise 区的公路只在每年 6 月底至 9 月底才开放。在到达游客中心之前的一个急弯处，天空刚好放晴，从公路上俯瞰，一个像绿翡翠一样镶嵌在山间的湖泊，波澜不惊水平如镜，非常漂亮，可惜只能远观很难接近，这就是 Sunrise Lake（见图 2—222）。

Sunrise Visitor Center 游客中心选址极好，从里面窗户望出去就是雪山顶，天气好的时候在这里眺望远处的雪峰和峡谷，非常惬意。Sunrise 景区也有很多不错的步道，其中主要有：（1）Emmons Vista Trail，比较容易，起点就在游客中心往南一点点距离，有很不错可以看冰河的观景点；（2）Sourdough Ridge Trail，起点在游客中心北边，是大多数游客首选的步道，可以往东延伸到 Dege Peak Viewpoint 或是往西到 Frozen Lake；（3）Mount Fremont Lookout Trail，从 Frozen Lake 往北多走 1.3 英里的单程，是以前观察森林火灾的瞭望点，视野非常不错；（4）First and Second Burroughs Trail，从 Frozen Lake 往西南多走 1.3 英里的单程，可以看到漂亮的冻原。如果在 Sunrise 景区有半天的时间可以徒步，推荐的一圈走法是先走 Sourdough Ridge Trail 到 Frozen Lake，再到 First Burroughs，然后往东到 Glacier Overlook，再往北到 Shadow Lake，最后回到游客中心。由于不同季节路况差异很大，在出发前最好到游客中心确认你要走的步道状况。在 Sourdough Ridge Trail 上远眺瑞尼尔山的美景见图 2—223。

除了上面提到的步道，公园里最特别的步道应该要数 Wonderland Trail，这条全

图 2—222　Sunrise Lake 美景

图 2—223　在 Sourdough Ridge Trail 上远眺瑞尼尔山

长 93 英里的步道环绕瑞尼尔山一圈，高低起伏相当大，一路上能看到极美的风景，但普通人完整走下这一圈的难度实在太大。

Day 3　瑞尼尔山国家公园（Mt. Rainier National Park）—帕卢斯瀑布（Palouse Falls）—Colfax，WA

今天我们要离开瑞尼尔山国家公园，驱车近 300 英里赶到 Colfax，途中顺道去游览一个著名的瀑布：帕卢斯瀑布。我们一早先从瑞尼尔山国家公园的东南入口出园右转上 123 号公路南下，再左转上 12 号公路东行。华盛顿州这条 12 号公路的西段也叫 White Pass Scenic Byway，是美国 120 条国家风景道路（National Scenic Byway）之一，沿途风光如画景色一流。除了美丽的自然景观，这一带还是华盛顿州重要的农业基地，不仅能看见一个个机械化作业的现代农场，还能饱览果园风光，如盛产苹果的 Naches 小镇和华盛顿州的葡萄酒之乡 Yakima（见图 2—224、图 2—225）。

▼ 图 2—224　12 号公路沿线的现代化农场

▼ 图 2—225　12 号公路纳奇斯 Naches 的苹果园

帕卢斯（The Palouse）是指美国华盛顿州东南部与爱达荷州交界的地域，冰河时代由于冰川洪水的冲击，在这片土地上留下了一个个温柔起伏的小山丘，同时冰川洪水也带来厚达百米的淤泥，让这里有着全世界少有的肥沃土地，是美国的小麦粮仓。帕卢斯的地形非常特别，浅丘陵、山脉以及山中盆地和小块平原交错并存，此起彼伏的山脉如同女人的身体曲线一般优美。它的美丽还会随着季节变换，一年变换三种主色调：春天和夏初是绿色，夏末和早秋小麦成熟的时候转为金色，土地耕种的时候又变成红棕色。帕卢斯特殊的地貌和充满生命力的颜色，吸引了众多摄影爱好者，被视为摄影者梦中的隐秘天堂，很多摄影家都来这里创作过，发表了无数令人惊叹的作品。早在 20 世纪 80 年代，帕卢斯就登上了美国《国家地理杂志》的封面，被评为美国"50 个一生必到的地方之一"。图 2—226 是帕卢斯地区的景点交通示意图。

在这片区域有一条美丽的国家风景路——帕卢斯风景路（The Palouse Scenic By-

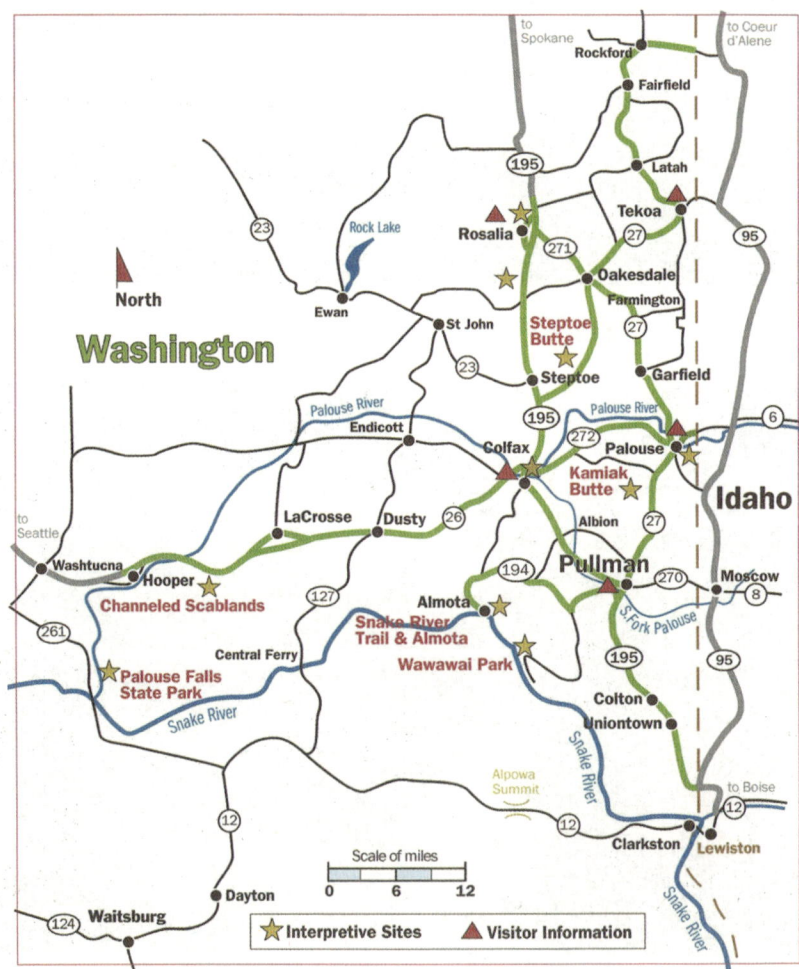

图 2—226 帕卢斯地区景点交通示意图

way）。在这条平缓弯曲而又风景如画的路上行驶，会在不经意中带给你许多惊喜，有时候你会感觉一双眼睛已经不够用了，那么不必纠结，让自己平和下来，然后用全部的身心去领略那份自然原始未加雕琢的纯净之美。我们此行不惜绕个圈远赴这里，就是冲着这片土地上两个最著名的景点：帕卢斯瀑布和史特托小丘（Steptoe Butte）。我们的安排是今天在路上看看帕卢斯瀑布，然后晚上住 Colfax，明天再去史特托小丘看日出。

帕卢斯瀑布被评为令人叹为观止的世界十五大瀑布之一，现在是帕卢斯瀑布州立公园（Palouse Falls State Park）的一部分。我们根据导航的指引开进了公园，停好了车，遥望四周只见到一片荒凉的山头，根本看不到瀑布的影子，也听不到瀑布的轰鸣声，心想是不是找错了地方。问了问在停车场旁边草坪上野餐露营的几个游客，他们用手指着前方告诉我们就在前面。果然往前只走了几十米，一个巨大的峡谷突现在眼前，只见一条长长的瀑布从一圈巨石悬崖断层上急泻而下，坠入下面深不可测的深潭，气势磅礴。以往我们看到的瀑布周围大都植被丰富风景秀丽，而这里只有荒寂的原野和坚硬的岩石，一刚一柔一静一动，倒成就了帕卢斯瀑布的雄浑壮美（见图 2—227）。据说春末夏初充足的雨水和冰山融雪会使瀑布水量更足，更有气势。瀑布高约 60 米，专业皮划艇运动员 Tyler Bradt 曾驾艇从瀑布顶端漂流而下，打破了世界纪录。

公园沿着瀑布修建了观光步道和观景台，喜欢探险的人还可以顺着一条狭窄的步道和帕卢斯河与瀑布来个更亲密的接触。顺着河谷走一小段，再下个小陡坡，会看到山谷中有一条废弃的火车道，再下个长长的碎石陡坡，就可以走到帕卢斯河边，这是帕卢斯瀑布的源头，帕卢斯河河水在这里来了个华丽的俯冲。如果想下到瀑布

图 2—227　帕卢斯瀑布

底下的深潭，也有条羊肠小路，不过最后几十米是将近60度的大斜坡，碎石很多，非常滑，而且还要冒着滚石掉落或响尾蛇出没的危险。公园管理人员早就放弃了对这条步道的维护，如果真要下去探险一定要小心谨慎。

从帕卢斯瀑布到 Colfax 只有 60 多英里，这一段也是帕卢斯风景路的精华，我们经过时又碰巧是黄昏，原本就是红棕色的大地和丘陵被夕阳映得越发红艳，和浅褐色的原野形成鲜明对比，加上远处影影绰绰矗立的一大排发电风车，美得让人觉得有些梦幻，我甚至想要是好莱坞再拍科幻大片是不是应该来这里取景（见图2—228）。

▼ 图 2—228　帕卢斯地区的黄昏夕照

Day 4　Colfax，WA—史特托小丘州立公园（Steptoe Butte State Park）—哥伦比亚河峡谷（Columbia River Gorge）—摩特诺玛瀑布（Multnomah Falls）—波特兰（Portland）

帕卢斯地区拍摄麦田的最佳地点在史特托小丘，位于以其命名的州立公园里，离它最近的小镇就是我们昨晚入住的百年老镇 Colfax，开车过去只要 20 分钟。小镇上只有两家旅馆：Best Western Wheatland Inn 和 Siesta Motel，每年5—8月的最佳摄影季节这两个旅馆几乎天天爆满，一房难求，需要提前很早预订。这附近还有个小镇叫帕卢斯，但镇子很小没有旅馆，离史特托小丘也相对较远；附近稍大一点的城镇有 Moscow 和 Pullman，离史特托小丘约有一个小时车程，住宿的选择比较多。我们为了早上方便去史特托小丘看日出，预订了三星级的 Best Western Wheatland Inn，导航地址是 701 North Main Street，Colfax，WA。虽然此时9月底已是当地旅游或摄影淡季，房价仍要 120 美元一晚。

史特托小丘是一座海拔 1 101 米的山峰，犹如一座孤岛耸立在周围相对较为平缓的帕卢斯山丘大地之上，相对高度近 300 米，是这一地区的制高点。顺着一条盘山路车子可以一直开到山顶，在山顶能 360 度俯瞰周围几十平方英里的美景，视野极好，大部分帕卢斯经典麦田风光照片都是在这里用长焦拍摄的。这里被划为史特托小丘州立公园，入园要收 10 美元的停车费，或者每辆车只要买张 30 美元一年的 discovery pass，就可以逛遍全美所有的州立公园了。我们为了看日出，6 点多就到了这里，还没到开放时间，就免费进入了。虽然这里最美的季节已经过去了，但开车到山顶后，还是感觉很震撼。麦田收割后的大地并不只有一种颜色，布满了深深浅浅的色块：黑褐色、浅黄色、红棕色……（见图 2—229）由此可以想象在麦子还没收割的季节，这里是何等绚丽的一幅画面，不由得让人赞叹大自然是如此慷慨，馈赠给我们这样一个色彩斑斓的人间天堂（见图 2—230）。

图 2—229　史特托小丘 9 月底的风光

图 2—230　史特托小丘麦田收割前的风光

　　9 月底的清晨，史特托小丘山顶上的风很大，温度也不到 10 度，我们都被冻得瑟瑟发抖，看了一会儿风景大家就躲进车里等日出。可是由于云层太厚，等了近一个小时还是没看到旭日蓬勃而出的盛况，却看到了另一道更加美丽动人的风景：一个专业的摄影师正好在不远处给一个模特拍写真。清晨寒风清冽，女子衣着单薄赤脚踩在砾石上，专注地在镜头前摆出各种优雅曼妙的姿势。长发飘飘远山如黛，清丽脱俗的美女，辽阔苍茫的大地，人与自然构成了一幅和谐、恬静的画面，让人心旷神怡（见图 2—231）！

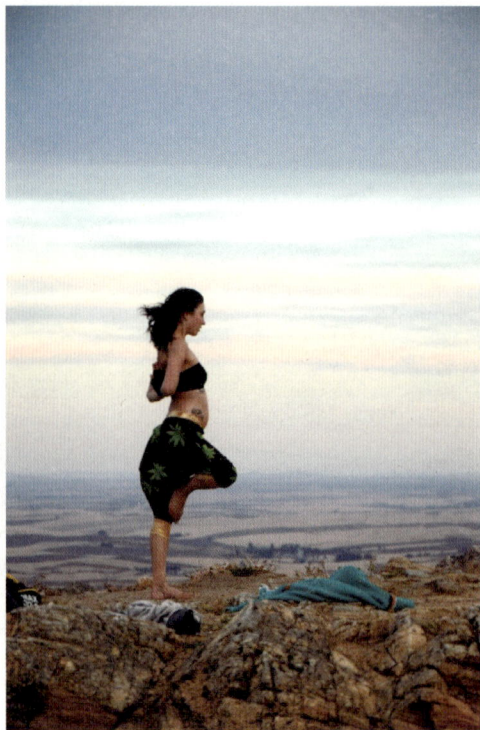

图 2—231　在史特托小丘拍摄的模特

　　看完这道美丽的风景，我们依依不舍地从史特托小丘山顶驱车下来，返回旅馆的途中太阳终于露出了笑脸，沿途都是广阔的农田，别致的农舍，还有老式风格的谷仓以及各种农具，让人感叹这里才是美国真正的原汁原味的农村啊！途中我们经过一处感觉非常像 Windows 桌面的山坡，只是季节有点不对，据说 Windows XP 的一幅桌面就是在这个地区拍摄的，说不定真的就是这里（见图 2—232）。

　　欣赏完帕卢斯的美景，我们奔赴下一站波特兰。波特兰附近主要有两大风景区，一是西部太平洋沿岸的 101 号观景公路，沿途主要欣赏一系列漂亮的海滩；二是东面闻名遐迩的哥伦比亚河峡谷国家级景区（Columbia River Gorge National Scenic Area）。这里有一条被称为工程奇迹的公路——Historic Columbia River Highway，一路上可以看到许多挂在悬崖峭壁上的瀑布，仿佛是进入了瀑布大观园，它们是一道独

▼ 图 2—232 帕卢斯酷似 Windows 桌面的山坡

特的风景，更是沿线一连串州立公园的灵魂。沿哥伦比亚河边还建有不少进行水上运动、钓鱼、野餐或野营等活动的公园，整个景区风景优美，享有美国最大的国家级风景区的殊荣。这个国家级景区有两条景观公路，一条沿哥伦比亚河谷修建，在Troutdale 和 Dalles 之间，长约 130 公里；另一条向南边绕了个圈可以去看胡德山（Mt. Hood），两条公路分别在 Troutdale 和 Hood River 相接，形成一个环路。沿哥伦比亚河谷修建的公路由 84 号州际公路以及与之平行的 30 号公路组成，30 号公路始建于 1913 年，后来部分被 84 号公路取代，而保留下来的 30 号公路就被称为 Historic Columbia River Highway，现在主要供观景使用。图 2—233 是哥伦比亚河峡谷风景区景点交通示意图，图 2—234 是 Historic Columbia River Highway 沿线景点分布图。

我们从 Colfax 出发大约 3 小时后在俄勒冈州 Hermiston 附近拐上了 84 号公路，从这里一路向西，84 号公路几乎都是与湍急的哥伦比亚河相伴而行。哥伦比亚河源自加拿大境内的哥伦比亚冰川，自西北而来，到了俄勒冈北部转而向西流淌，作为界河分隔了俄勒冈与华盛顿两州，是北美第四大河流。84 号公路沿着哥伦比亚河南岸而建，沿路驰骋能够饱览壮阔的哥伦比亚河峡谷风光（见图 2—235）。

哥伦比亚河峡谷风景区景点众多，其中最有名的三个景点是 Bonneville Dam、Multnomah Falls 和 Vista House，都集中在 30 号公路 Historic Columbia River Highway 上。为了节省时间，我们先是一直沿 84 号公路向西高速行驶到标示有 Bonneville Dam 的 40 号出口才下高速，进入 Historic Columbia River Highway。Bonneville Dam 就是著名的布尼维尔（Bonneville）水电站，包括新、老两个水电站和航运船闸等。

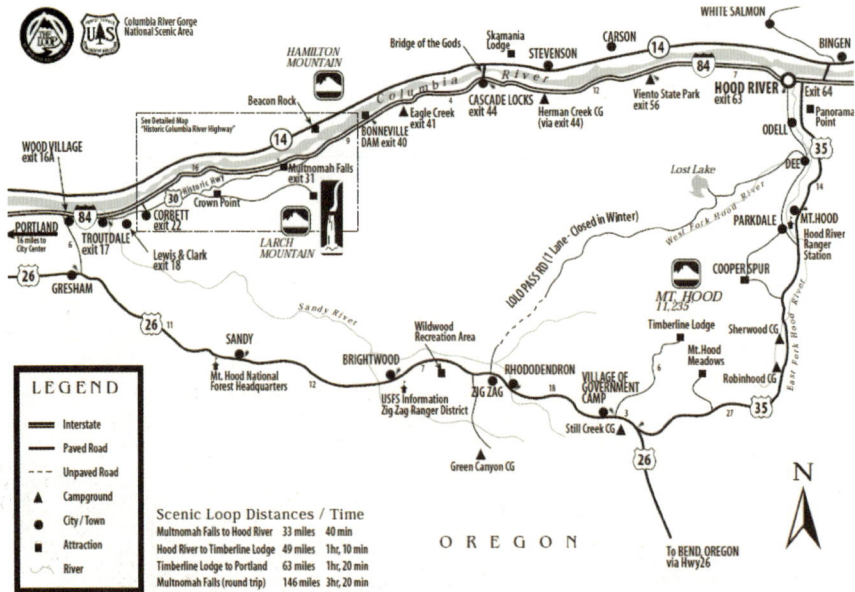

图 2—233　哥伦比亚河峡谷风景区景点交通整体示意图

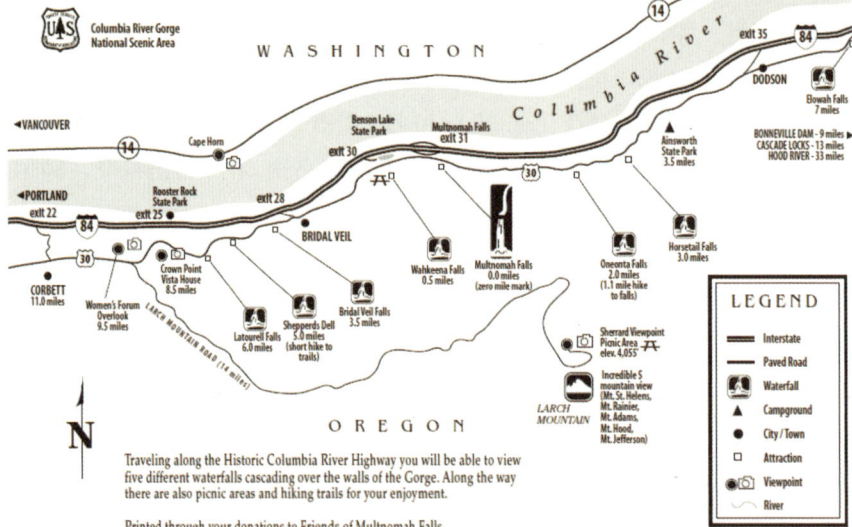

图 2—234　Historic Columbia River Highway 沿线景点分布详图

哥伦比亚河的流量全美第三，发电量却排第一，光干流上就有 14 座水坝，但很多都不对游人开放，Bonneville Dam 算唯一对外开放参观的水坝。这些水坝不但提供了充足的电力，还浇灌了无数的土地，但同时也为有洄游习惯的鲑鱼带来了障碍。为此美国政府斥巨资在水坝上设计了"鱼梯"（Fish ladder），帮助鱼类绕过堤坝正常洄游，并在鱼梯旁边开了窗口供游人观看。据说，每年"鱼汛"时节，都会有游客蜂

▼ 图 2—235   壮阔的哥伦比亚河峡谷风光

拥而至观赏鱼群逆行过坝的奇景。

哥伦比亚河峡谷风景区重峦叠嶂，雪山众多，加上断层作用，造成公路边每隔几英里就会有一道瀑布挂于山间的独特景观，其中最著名的就是摩特诺玛瀑布。它是美国第二长的瀑布，仅次于加州的约塞米蒂瀑布（Yosemite Falls），被评为令人叹为观止的世界十五大瀑布之一，入围世界上最值得前往的地方之一。摩特诺玛瀑布很有特色，分为上下两段，上段落差 165 米，下段落差 21 米（但由于下段较宽，视觉上反倒显得比上段更为宏伟），上下段之间的水流有一段不明显的 3 米落差，因此瀑布的总高度是 189 米。这个瀑布的另一特色是两段水流之间的观景小桥，这条 14 米长、32 米高的小桥恰到好处地增强了整个瀑布的观感，给游人呈现出一幅"小桥流瀑"的美丽景象（见图 2—236）。在雨过天晴的日子，常能看到彩虹飞跨小桥的奇景。瀑布旁边有条之字形往返迂回的步道，单程约 1 英里长，一直到瀑布顶端，游客可以在这里鸟瞰峡谷和瀑布。由于时间关系，我们只爬到了中间的小桥上，算是和瀑布来了个亲密接触。

从摩特诺玛瀑布沿 Historic Columbia River Highway 向西行驶 8.5 英里，就到了另外一个著名的观景点：建立在皇冠顶（Crown Point）上的观景屋（Vista House）。它是一座八角形的建筑，坐落在哥伦比亚河峡谷 200 多米高的悬崖上，是观看哥伦比亚河峡谷景色的最佳地点，而且免费（见图 2—237、图 2—238）。不过要想欣赏到观景屋自身的风采，附近有个叫 Portland Women's Forum State Scenic Viewpoint 的观景点是最佳地点，很多明信片上关于观景屋的照片都是从这里拍摄的。

图 2—236　气势磅礴的摩特诺玛瀑布

图 2—237   皇冠顶上的观景屋

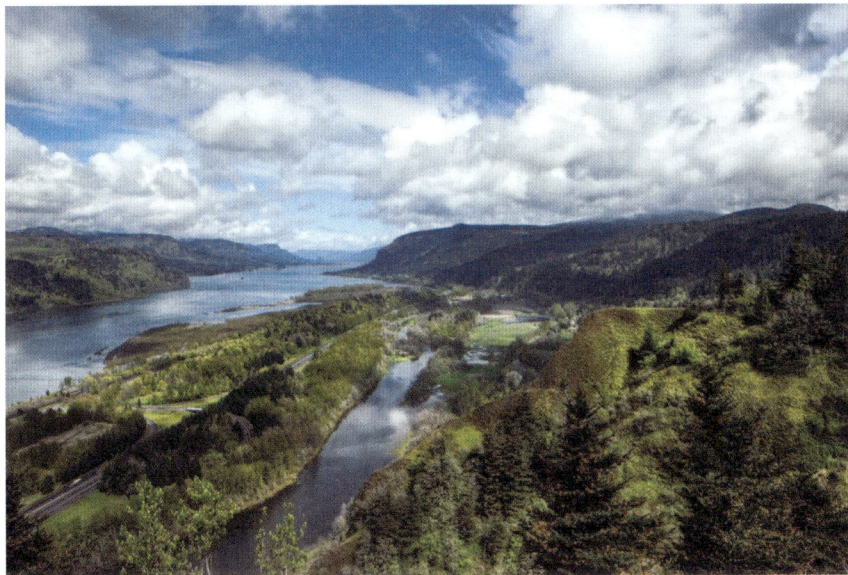

图 2—238   从观景屋看到的哥伦比亚河谷景色

Day 5   波特兰（Portland）—雷神之井（Thor's Well）—班顿海滩（Bandon Beach）（俄勒冈 101 号沿海公路精华自驾游）

波特兰位于美国的俄勒冈州，气候温和，阳光充沛，风景秀丽，是美国西北太平洋地区仅次于西雅图的第二大城市，也是美国重要的经济中心。波特兰的别称是"玫瑰之城"，这是因为波特兰的气候特别适宜种植玫瑰，市内有许多玫瑰园，是个美丽而浪漫的城市。而且由于俄勒冈是美国少数几个免税的州之一，所以这里的 Outlets 被游客称为"免税购物天堂"。我们自然不会放过血拼的好机会，所以今天准备抽大半天时间专门去购物。

波特兰附近最大、最知名的 Outlets 是位于波特兰东南部的 Woodburn Premium Outlets，导航地址是 1001 N Arney Road Woodburn，OR 97071，就在波特兰与塞勒姆（Salem）之间，从 I-5 州际公路#271 出口驶下即是。如果从波特兰市中心过去大概需要 1 个小时，为了给今天的购物省出时间，我们昨晚住在波特兰市区东南方向的 Beaverton 小镇，酒店叫 Shilo Inn Suites Hotel-Portland/Beaverton，条件非常不错，房价每晚 100 美元，导航地址是 9900 South West Canyon Road，Portland，OR。从这里到 Woodburn Premium Outlets 不到 30 英里，只需半个小时车程。

我们今天一早就启程去购物，经过大半天的血拼，大家都收获满满，原本空荡荡的车厢一下子塞满了各种战利品。在这里解决完午餐，我们开始朝着海边进发。从华盛顿州到加利福尼亚州，美国西海岸有着绵长壮美的海岸线。当大多数人将目光锁定在加利福尼亚州 1 号公路时，由俄勒冈佳浓海滩（Cannon Beach）一直延伸到加利福尼亚州红杉树国家公园的 Oregon Coastal Highway 101 号公路却因更加壮美的海岸线及更多样化的自然景观，深受一些深度旅行者的青睐。这段全程 300 多英里的公路可以说是美国西海岸最为漂亮的海岸线公路，沿路海景令人叹为观止，从礁岩型海滩到沙滩型海滩都有，景色丰富多变，还能看到很多座灯塔。俄勒冈州的 101 号公路基本上可以分为三大段：North Coast，Central Coast 和 South Coast。North Coast 是从俄勒冈最北的沿海小镇 Asotria 到 Neskowin，其中最具代表性的景点是 Cannon Beach；Central Coast 则是从 Lincoln City 到 Florence，这段评价最高的美景是 Cape Perpetua；South Coast 沿路都是度假型小镇，其中以 Bandon Beach 最为出名。

若要充分欣赏 Oregon Coastal Highway 101 号这条海天公路的美，一定要由北往南开，这样浩瀚的太平洋正好在右手边最外面的车道下方，可以最近距离地欣赏海景，而且看到特别美的景点也方便临时停车拍照。由于今天上午的疯狂购物占用了大半天时间，我们决定直接走 I-5 接上 Central Coast 的 Newport，这样集中时间走 101 号公路的中、南段，中途重点在雷神之井等几个景点停留，然后傍晚之前赶到班顿海滩住下。

佩佩图阿海角（Cape Perpetua）是俄勒冈州东北太平洋沿海的一个典型岬角，地处海岸中央的一片林地，三面环水。这里有个奇幻的海上大洞，直径 4～5 米，被称为"雷神之井"，从远处看宛如海中的一口深井，也称"海底之门"或"地狱之门"，看上去极富神秘色彩。这个大洞位于海边一个突出的礁石上，涨潮时海水会从洞中涌出，有时能达好几米高，随着海浪的褪去，洞口周边的一切又被席卷吸纳到洞里，让人不免联想，这究竟是通往海底世界的大门，还是通往异界的入口（见图 2—239、图 2—240）？实际上它只是一个在海水压力作用下形成的巨大喷泉，因此在当地的景区标识上被形象地叫做 Spouting Horn（喷角），这个自然奇观在涨潮或是冬季风暴时最为壮观。需要提醒的是，在这个洞口附近拍照很危险，一不小心就有

⬊ 图 2—239　涨潮时的雷神之井

⬊ 图 2—240　从雷神之井涌出的海浪

被海浪卷入里面的可能，特别是在早晚潮时。我们到达此处时正值黄昏涨潮之际，风大浪急，我们冒险站在附近战战兢兢地抢拍了几张照片后赶紧远离洞口。

去往雷神之井专门有一条很容易行走的步道 Captain Cook Trail，全程 0.75 英里，一路可以观赏海岸线的美景。附近还有一座很有名的桥叫 Cook's Chasm Bridge，风景不输加利福尼亚州 1 号公路的比克斯比大桥（Bixby Creek Bridge）。若是喜欢汹涌澎湃的海浪，雷神之井北边不远处一个叫 Devil's Churm 的观景点是最佳的地方，这里有一个狭窄的弯口，海浪涌进来的时候有如万马奔腾，会激起很高的浪花。101 号公路几乎全在悬崖绝壁上，景点非常密集，基本上每隔几英里就有一个景点，每个景点又都美得令人着迷，如果时间充裕最好安排两天的时间慢慢游览。我们欣赏完雷神之井继续南行，一路上看到海边很多灯塔和奇形怪状的礁石，还有辉煌壮丽的海上落日。就这样走走停停，在天黑之际来到今晚的住宿地班顿海滩。我们预订了离海滩只有几步之遥的 3 星级酒店 Best Western Inn At Face Rock，房价是每晚 120 美元，导航地址是 3225 Beach Loop Road，Bandon，OR。我们将在这里休整一晚，明早去游览俄勒冈 101 号公路上最漂亮的班顿海滩。

Day 6　班顿海滩（Bandon Beach）—火山口湖国家公园（Crater Lake National Park）

班顿是俄勒冈州的一个海滨小镇，坐落在贝壳河（Coquille River）与太平洋的交汇处，被誉为拥有俄勒冈州最美丽海岸线的地方。其实班顿最出名的是高尔夫球场，这里拥有 4 个世界顶级高尔夫球场。不过我们对高尔夫球场不感兴趣，一早就步行去了海滩。俄勒冈海岸线的特点是巨石林立，造型各异，是典型的明信片风景。我们沿着栈道下到海滩，由于天气不佳，灰蒙蒙的一片。班顿海滩最有名的是那座叫 Face Rock 的海中巨石，看上去就像一位在海中仰泳把头和脸露出海面的弄潮儿，鼻子、嘴巴和额头等面部特征非常明显，真是佩服第一个发现它并为之命名的有心人（见图 2—241）。不过我们也发现了一座像极了孔夫子的石头，小有成就感（见图 2—242）。

▼ 图 2—241　班顿海滩的巨石 Face Rock

图 2—242　班顿海滩的"孔夫子"石头

欣赏完班顿海滩，回宾馆吃过早餐，我们又去附近镇上转了转，中午时分依依不舍地告别了这个别具风味的太平洋海滨小镇，开始奔赴附近的火山口湖国家公园。从这里到火山口湖国家公园大约 200 英里，近 4 个小时车程，不过这一路都是穿行在风光秀丽的美国乡村里，开起来一点儿不觉得疲惫。如果时间充裕的话，远离高速路，尽量走城市路、乡村路，才能看到真正的风景，这是我们此次美国自驾游的深切体会。

Day 7　火山口湖国家公园（Crater Lake National Park）—红杉树国家公园（Redwood National Park）

在俄勒冈州西南部的崇山峻岭中，隐藏着一个世界级的风景奇观：湛蓝的湖面、清澈的水质、环绕的险峰和葱郁的森林，这就是火山口湖（Crater Lake）。世代居住于此的原住民，视火山口湖为神迹，充满敬畏，绝不轻易提及。因此在漫长的几千年中，这个奇观一直未被外人发现。直到 1853 年，几个淘金的白人误打误撞来到这里，终于揭开了这个秘密。1902 年，以这个天然火山口湖为中心，美国政府设立了火山口湖国家公园。这是美国第 5 个国家公园，也是俄勒冈州唯一的国家公园。和中国长白山天池成因类似，火山口湖也是在 7 700 年前因火山喷发形成了洼陷的火山口，此后数千年来雨水和雪水汇集于此，形成了现在的湖泊。火山口湖最深处 592 米，是美国最深的湖泊、世界第九深湖泊，这个深度也远超中国的最深湖泊长白山天池（373 米）。火山口湖湖面积为 53 平方公里，也比 10 平方公里的长白山天池大得多；湖面海拔 1 900 多米，比海拔 2 189 米的天池要低些。冰雪融水使得火山口湖成为世界上最清澈的湖泊之一，其能见度可达 40 多米。湖水没有任何污染，是那种纯粹的蓝得耀眼的透明蓝。

火山口湖国家公园只有两个入口：北入口和西南入口，其中北入口只在夏季开放。公园里有两个旅馆：Crater Lake Lodge 和 Mazama Village Motor Inn，旺季时很难订到，尤其是 Crater Lake Lodge 就在湖边，位置极佳，当然房价也是不菲。我们昨天入住的是公园外的旅舍 Union Creek Resort，带两个房间的森林小木屋套间价格是每晚 126 美元，导航地址是 56484 Highway 62，Prospect，OR 97536。它就在进山看湖的 62 号公路 Crater Lake Hwy 的路边，距离火山口湖约 25 英里，开车过去大概 40 分钟，还算方便。图 2—243 是火山口湖国家公园环湖交通及景点示意图。

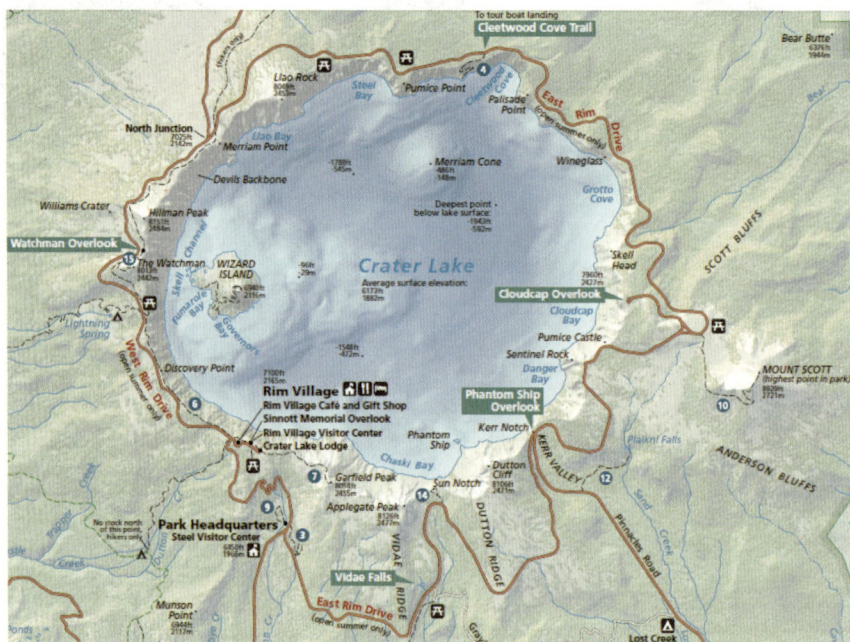

图 2—243　火山口湖国家公园环湖交通及景点示意图

环绕火山口湖建有一条环形的观景公路，由东西环线（East & West Rim Drive）组成一个大闭环，一圈下来约 33 英里。游览火山口湖的传统方法，就是绕湖边的公路转一圈，在各个景点停车拍照加上徒步，大半天时间完全够了。我们一早从小木屋朝火山口湖进发，一路都是双向单车道，路况良好，平坦整洁。山路弯弯，清风拂面，森林里的空气清新得醉人，这样的山路开起来一点都不疲乏。很快抵达南大门 Annie Spring Entrance Station，出示我们的国家公园年票后继续前行，右手边一条岔路通往马札马村（Mazama Village），这里共有 212 个普通和 RV 营地供游客露营，通常从每年 6 月中旬一直开放到 9 月底。从这里到火山口村（Rim Village）的游客中心大约 7 英里，这个火山口村位于火山口西环线（West Rim Drive）的最南端，除了游客中心，还有 Crater Lake Lodge、咖啡馆和纪念品商店，我们将从这里开始顺时针游览一整圈。

在游客中心停车场泊好车，我们迫不及待地来到火山口湖边。虽然在心里已经想象过多次它的模样，但是第一次看到火山口湖，我们还是被那片深邃的蓝震慑得目瞪口呆，我几乎有点不敢相信自己的眼睛，难以置信地球上还有这样纯美幽蓝的湖水，那一瞬间同行的每一个人都被这令人窒息的美丽所征服！如此纯净的蓝色，纤尘不染，紧紧拽着你的视线，牢牢攫住你的心，时光仿佛突然在这里静止了。凝视着这一汪蓝色经典，你会沉醉，你会感动，甚至会幸福得想流泪，想呐喊，想拥抱。慢慢地，你的心会被这蓝色融化，变得柔软透明，被一种美妙温暖的感觉充满。你会忽然觉得，天地间的一切都是那么美好，如此这般地活着是多么幸福而有意义。

火山口湖就像一个美丽的少女，从不同的角度看过去，会发现不一样的美。我们继续沿西环线绕湖北上，很快就到了观景点 Discovery Point，在这里拍摄湖景的角度比在游客中心的观景台上更好，可惜没有大广角镜头还是照不全（见图 2—244）。从这里可以清楚地看到在火山口湖内西侧有一座火山锥形状的小岛，这就是巫师岛（Wizard Island），夏季从北侧的 Cleetwood Cove 可以搭乘游艇登岛游览或者垂钓，那样在湖中岛上看四周的群山，会有不一样的特别体验。巫师岛是一座火山灰形成的火山锥，最高处距湖面大约 230 米，因形如巫师所戴的尖顶帽而得名。火山口湖心还有一个更小的小岛，叫幽灵船（Phantom Ship），它是一个酷似船形的小岛礁，不是特别容易发现，只有在某个特殊角度和位置才能看到，因此寻找这只"幽灵船"便成为环湖游览的一大乐趣。继续前行很快来到 Watchman Overlook 观景点。火山口湖共有七个重点观景点，Watchman Overlook 就是其中最著名的一个。这里不但距离巫师岛最近，而且附近还有个 Watchman Peak Trail（来回 1.6 英里，爬升约 130 米，

▼ 图 2—244　从 Discovery Point 拍摄的火山口湖

需 1 小时），可以登高欣赏拍摄整个湖面的全景，也是拍摄火山口湖日落余晖的最佳地点。而且，从这里还可以背朝湖面俯瞰四周青翠苍茫的原始森林，和长白山的林海一样大气磅礴（见图 2—245）。

▼ 图 2—245　在 Watchman Overlook 拍摄的茫茫林海

　　继续绕湖顺时针前行到达湖正北面的东西环线交界处，这里有唯一一条可以下到湖边的小道叫 Cleetwood Cove Trail，往返 2.2 英里，坡度很陡，从上往下直降 213 米到达湖边，回程的时候又相当于要爬上 70 层楼梯，还是有一定挑战性的。不过如果想坐船游览火山口湖或者登巫师岛，那就非走这条道不可，而且还要提前预订好船票；就是不坐船登岛，难道你不想亲手感受下湖水的清澈冰凉，让自己置身在无边的幽蓝深邃中吗？所以还是不要轻易错过这条步道。而且在这条步道上一路都有非常可爱的松鼠相伴，一点不怕人，可以让你近距离拍个够，算是我在美国遇到的最敬业最不怯场的动物模特（见图 2—246）。下到湖边，我们遇到了一大群搞户外活动的美国小学生，很佩服他们小小年纪就挑战这条有一定难度的步道。在湖边近距离看湖水，原本幽闭深邃的湛蓝似乎又多了几分纯净清澈的灵动。游人可以尽情地在湖边享受阳光和湖水，也可以钓鱼或游泳，甚至从岸边悬崖上跳水，零距离接触和体验或许是这个世界上最清澈、最纯净的湖水。可能有人会问，这么清的湖里有鱼吗？答案是原本没有，但后来人为放养了数种鱼类，最终有两种鱼在湖内顽强生存了下来：科卡尼三文鱼（Kokanee Salmon）和虹鳟鱼（Rainbow Trout）。公园为了控制鱼的数量，鼓励游客钓鱼，没有任何尺寸数量限制，也不需要钓鱼执照，这算是我在美国见到的唯一不需要执照就可以钓鱼的地方了。说到鱼就想到中国长白山天池关于"怪兽"的传说，但美国的这个火山口湖尽管更大更深，我查了下，却从来没有任何怪物的记录和报道。

🔻 图 2—246　火山口湖公园 Cleetwood Cove Trail 上超萌的松鼠

　　亲密接触完湖水，接下来环湖东线还有三个重要的观景点值得花几分钟停留，分别是 Cloudcap Overlook、Pumice Castle Overlook 和 Phantom Ship Overlook。今天天气晴好，再加上湖水蓝得没话说，无论在哪个观景点，随手一拍都是明信片式的照片，非常漂亮。大自然赐予我们人类的美，有时候真的无法用语言来形容，哪怕只是惊鸿一瞥，也会让内心深深地震撼、恒久地感动。Phantom Ship Overlook 就是欣赏前面提到的幽灵船小岛的绝佳位置，同时从这个观景点所在位置还分出了一条叫 Pinnacles Road 的岔路通往 Pinnacle Valley，在那里可以观赏到尖峰石林（Pinnacles）。尖峰石林是火山运动形成的一种石柱石笋地貌，由滚烫的火山灰漂浮下落凝结成一根根柱状的石头，有的高达几十米，印象中长白山也有类似的景观（见图 2—247）。看完尖峰石林我们

🔻 图 2—247　火山口湖公园的尖峰石林

驱车离开公园，心似乎还沉浸在宛如天堂般的火山口湖景色里。这里不仅有天堂般的色彩，还有天堂般的宁静，隔绝了一切尘世的喧嚣，让灵魂变得空灵通透。再见，美丽的俄勒冈！再见，神奇的火山湖口！我们还会再来的，请记住我们的约定！

Day 8　红杉树国家公园（Redwood National Park）—旧金山（San Francisco）

红杉树国家公园位于美国西部加利福尼亚州西北的太平洋沿岸，这里靠近海洋，气候温和湿润，为红杉的生长创造了极为有利的条件，因此拥有世界上最高大的植物——可以长到 107 米高的红杉树。这个国家公园内有世界上现存面积最大的红杉树林，1980 年联合国教科文组织将其作为自然遗产列入《世界遗产名录》。其实要欣赏巨大的红杉树，不一定局限于红杉树国家公园，因为还有三个加利福尼亚州州立公园（Prairie Creek Redwoods State Park，Del Norte Coast Redwoods State Park，Jedediah Smith Redwoods State Park）和这个国家公园连成一片，一起构成了世界遗产和国际生物保护圈（World Heritage Site and International Biosphere Reserve），在这个区域随处都能看到巨大的红杉树。虽然一般进州立公园可能要另外付钱，不能用国家公园年票，不过这些州立公园收门票的地方一般都在特定的地点，一般游客如果只是从主要公路经过，并不会收费。事实上我们后来去的好些地方都是在州立公园内，但是并不需要购买任何门票。

一个国家公园和三个州立公园组成的红杉树公园园区基本上都分布在 101 号沿海公路沿线，大致在 Crescent City 和 Eureka 两个海滨小镇之间。公园范围内的旅馆只有在 Crescent City 和 Klamath 之间的 Redwood Hostel，类似青年旅社，条件简陋。玩公园北部住 Crescent City 比较好，我们昨晚入住的旅馆就是位于 Crescent City 的 Best Western Plus Northwoods Inn，房价每晚 129 美元，导航地址是 655 Highway 101 South，Crescent City，CA。Klamath 附近的 101 公路上有一些汽车旅馆，Requa Road 上半山腰也有一家汽车旅馆。南边旅馆比较集中的地方在 Eureka，但这里的旅馆没有 Crescent City 的性价比高。图 2—248 是 Crescent City 周边景点交通示意图。

公园沿 101 号公路有好几个游客中心，都可以领到详细的公园地图，建议先去拿到地图，否则很多观景小路难以找到。公园从北到南大概可以分成下述几个区域。

1. Crescent City 周边

包括 199 号公路往东到 Hiouchi Information Center 和 101 号公路往南到 Wilson Creek 附近。如果有可能的话，最好是像我们一样从俄勒冈火山口湖公园沿 Redwood Highway 往东南驶入，我们在刚到 Hiouchi 附近第一次看到路两旁巨大的红木时感觉

图 2—248　Crescent City 周边景点交通示意图

相当震撼。在地图上只要标有 Grove 的都是大树聚集的地方，可以集中观赏巨杉。另外一个看红杉树的好地方是整条 Howland Hill Road，需要在 Crescent City 附近从 101 公路先上 Elk Valley Road，然后转入 Howland Hill Road，一路贯穿 Jedediah Smith Redwoods State Park，走到尽头转入 South Fork Road，往左走一点点过桥就可以再转回 199 号公路。这条路全长约十英里，大部分是又窄又弯的碎石路，尽管道路崎岖，风景却异常美丽，有步道可以深入红杉树林，比如 Stout Grove 就非常不错。Crescent City 周边除了看大树，还有很美的海景。推荐走从 101 号公路岔出去往南的 Enderts Beach Road，走到头可以在悬崖上俯瞰海滩，从这里可以走 Coastal Trail，或者从 Nickel Creek 露营地旁边的岔路往下走到海滩。我们有幸在海滩上看到了一只正在玩耍的海豹，完成了和海豹的第一次亲密接触（见图 2—249）。

2. Klamath/Prairie Creek 周边

False Klamath Cove：在 Wilson Creek 和 Redwood Hostel 附近的海滩，很漂亮，而且能拍出好照片。

Klamath River Overlook：要从 101 号公路出岔路上 Requa Road，最后到达悬崖边的停车场，在这里俯瞰 Klamath River 出海口，风景不错。

▼ 图 2—249　在 Crescent City 附近的海滩上偶遇可爱的海豹

　　Costal Drive：沿 101 号公路往南经过 Klamath River，过桥后有一条岔路到 Coastal Drive，沿 Coastal Drive 往西北走可以在南边看到 Klamath River 出海口。从出海口沿海边往南走会经过一个"二战"时的雷达站，沿路能欣赏到美丽的海岸线风景。

　　Coastal Drive 走到底就是 Newton B. Dury Scenic Parkway，这条路在国家公园范围内和 101 号路公路平行，但更靠近海边，路两侧都是森林，其中最值得停留的地方是 Big Tree，一棵高达 92.6 米的大树。Big Tree 附近有几条步道，可以走长些的，也可以只从停车场往里走一点，就能感受到红杉树森林的独特气氛。

　　过了 Big Tree 往下驶一点就是 Prairie Creek Visitor Center，再往南行驶不远就重新回到 101 号公路，接下来是 Elk Meadow，从这里沿 Davidson Road 往西北走可以到达海边，终点是 Fern Canyon，那里能看到很多蕨类植物。Elk Meadow 顾名思义是 Elk 出没的地方，我们就在这里看到了很多的野生大角鹿。图 2—250 是 Klamath/Prairie Creek 周边景点交通示意图。

　　3. Orick 周边

　　这里是红杉树国家公园的最南端，几乎都不滨海，主要游览项目是沿 Bald Hills Road 观景或徒步。沿这条路往东南开依次经过 Lady Bird Johnson Grove 和 Redwood Creek Overlook，可以稍作停留。从 Redwood Creek Overlook 再往前一点，右手边有条岔路叫 Tall Trees Access Road，这是通往红杉树国家公园里最有名气的 Tall Tree Grove 的唯一道路，入口有一道带锁的栏杆，需要提前获得许可（Permit）方可进入。这种许可免费，但是限制人数，需要先去 Kuchel 游客中心申请。图 2—251 是

▼ 图 2—250 Klamath/Prairie Creek 周边景点交通示意图

Orick 周边景点交通示意图。

　　我们第一次去碰运气，就幸运地取得了许可，而所谓的许可，其实就是一串可以打开栏杆锁的数字密码。不过取得许可只是第一步，要想看到 Tall Tree Grove 里那些世界上最高的树木，还要驱车半个多小时的土路才能到达 Tall Trees 步道的起点，然后单程徒步 1.3 英里才能抵达最终目的地，整个过程并不轻松，具有一定的挑战性，不过当你在站在全世界最高的红杉树下，透过它枝叶间的罅隙凝望云端，

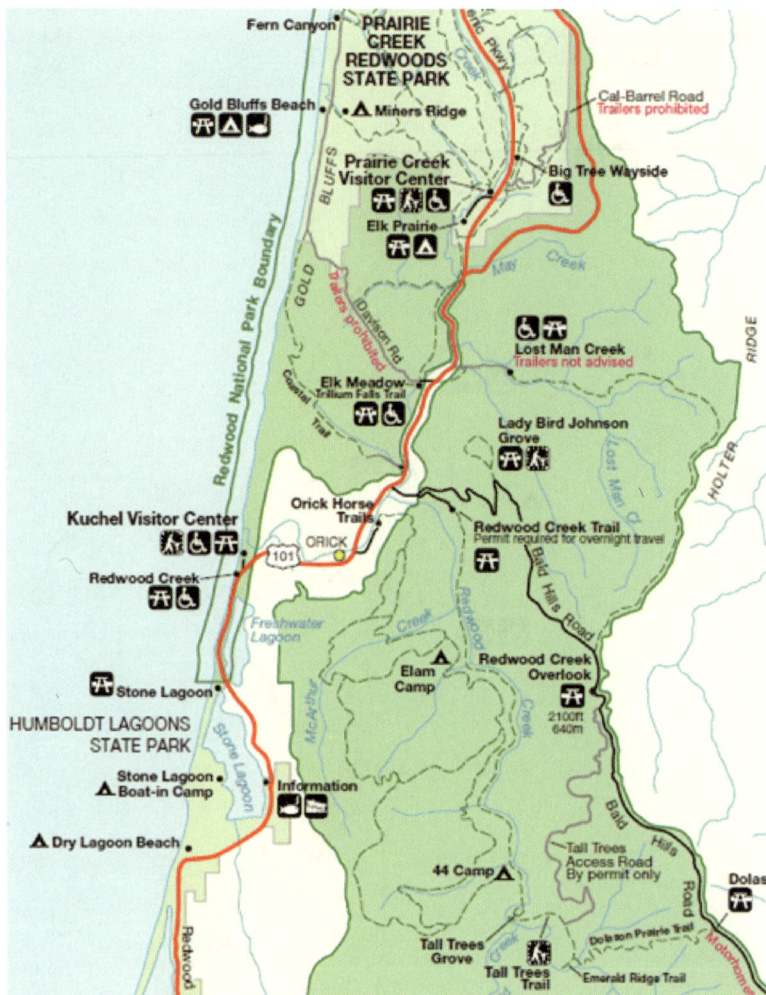

▼ 图 2—251　Orick 周边景点交通示意图

一切辛劳都会化为乌有，只留下对神奇自然的无尽喟叹（见图 2—252、图 2—253）。

漫步在 Tall Tree Grove 这片古老而浩瀚的森林中，视线所及都是上百米高的巨大红杉，给人视觉上带来强烈的震撼和冲击，仿佛来到了一个与世隔绝的失落的世界，那种感觉非常奇妙而独特。

下午 3 点左右我们离开红杉树国家公园，开始奔赴旧金山。这一路基本上也是沿着海岸线行走，风景不错，6 个小时 300 多英里的车程开起来不是很累。旧金山市中心的宾馆普遍较贵，我们最后通过民宿网站 www. airbnb. com 找到了一家位置不错的民居，一栋大房子里面有三个卧室，最多可以住六个人，我们将在这里住两个晚上，每人每晚平均下来大约 60 多美元。导航地址是 990 Guerrero St，San Francis-co，Ca。

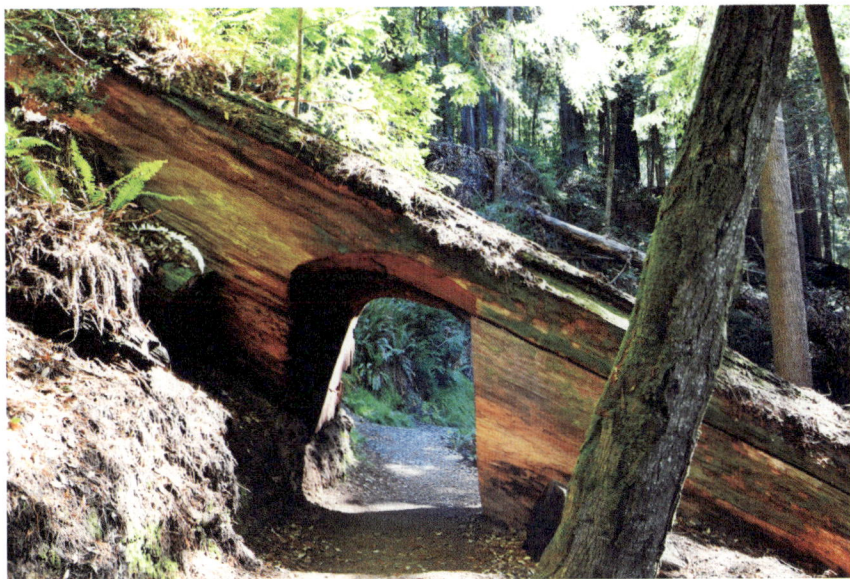

图 2—252　**Tall Trees** 步道上巨大的"树门"

图 2—253　**Tall Tree Grove** 巨大的红杉树

Day 9　旧金山（San Francisco）

旧金山，又译圣弗朗西斯科、三藩市，位于太平洋与圣弗朗西斯科湾之间的半岛北端。旧金山是美国加利福尼亚州仅次于洛杉矶的第二大城市，美国西部最大的金融中心和重要的高新技术研发、制造基地。旧金山湾区北边的加利福尼亚州州立大学伯克利分校和南边的斯坦福大学，是许多莘莘学子的梦想，而南面的圣荷西，则是世界著名的高新技术园硅谷的所在地，无数著名的高科技公司的总部坐落于此，吸纳着世界顶尖的高科技人才。旧金山最早由西班牙人建于 1776 年，1821 年归墨西哥，1848 年属美国。19 世纪中叶在采金热中迅速发展，华侨称为"金山"，后为区别于澳大利亚的墨尔本，改称"旧金山"，别名"金门城市"、"湾边之城"、"雾城"。1906 年 4 月 18 日，旧金山发生了 8.25 级大地震，成了一片废墟，但是旧金山在经历了这样大的灾难后却如浴火凤凰般，以不到六年的时间重新建设了一座更新、更现代化的城市。

旧金山景点众多，比较出名的有 13 个：金门大桥（Golden Gate Bridge）、渔人码头（Fisherman's Wharf）、九曲花街（Lombard Street）、中国城（China Town）、恶魔岛（Alcatraz Island）、天使岛（Angel Island）、金银岛（Treasure Island）、金门公园（Golden Gate Park）、市政中心（City Hall）、艺术宫（Palace of Fine Arts）、阿拉莫广场（Alamo Square）、双子峰（Twin Peaks）和北滩（North Beach）。我们在旧金山只有一整天的时间，因此一日游安排是上午先逛金门公园，然后去渔人码头远眺恶魔岛和享受海鲜午餐，下午去逛九曲花街和金门大桥，并在金门大桥欣赏日落，晚上再去双子峰欣赏旧金山夜景。

建于 1871 年的旧金山金门公园占地 4 平方公里，宽 800 米，长约 4 公里，从市中心的斯塔尼安街向西延伸一直到太平洋海滩，横跨 53 条街，气势磅礴，是世界上最大的人工公园，与纽约的中央公园并称为美国东西岸最具代表性的两大市内公园。金门公园拥有众多的步行道和花园，是这座城市的"绿肺"。公园内部设有高尔夫球场和网球场等娱乐场所，还建有博物馆、美术馆、植物园等，其中有几个专题庭园值得推荐：迪扬美术馆（De Young Mueseum）、亚洲艺术博物馆（Asia Art Museum）、加利福尼亚州科学院（California Academy of Science）、日本茶园（Japenese Tea Garden）、植物园（Strybing Arboretum）。这几个地方都需要单独购买门票，不过对于穷游党来说有个好消息，那就是可以免费去迪扬美术馆的哈蒙塔（Hamon Tower）俯瞰金门公园四周的全景。这座塔楼位于迪扬美术馆西侧，高约 44 米，外形如一个倒置的庞大梯子，登上塔顶，四周的美景透过 360 度无遮碍的玻璃窗尽收眼底，视野极好（见图 2—254）。另外一个推荐的免费地方是位于公园最西端的海滩，这里沙质柔软，视野开阔，很适合各种海上运动。当天我们去的时候风浪很大，很多人在这里嬉水冲浪（见图 2—255）。

渔人码头无疑是旧金山最有名的招牌景点之一，大致包括从旧金山北部水域哥拉德利广场（Ghirardelli Square）到 35 号码头一带，当中最为著名的则是 39 号码头。这里有各种特色商店、餐厅、街头表演，还可以看到恶魔岛、金门桥、海湾桥等。此外，39 号码头还是世界上最出名的免费的海狮观赏胜地，和海洋公园里那种人工饲养驯化的海狮不同，这里的海狮全是野生的，它们从大海深处游过来，躺在专为它们修建的木板上慵懒地晒着太阳（见图 2—256）。由于邻近海湾，渔人码头也成了游客品尝鲜美海鲜的绝佳地点。在这里，可以吃到螃蟹、虾、鲍鱼、乌贼、海胆、鲑鱼、鳕鱼等海产，邓杰内斯大螃蟹（Dungeness crab）则是最有名的，渔人码头的

图 2—254　在迪扬美术馆哈蒙塔俯瞰旧金山湾区

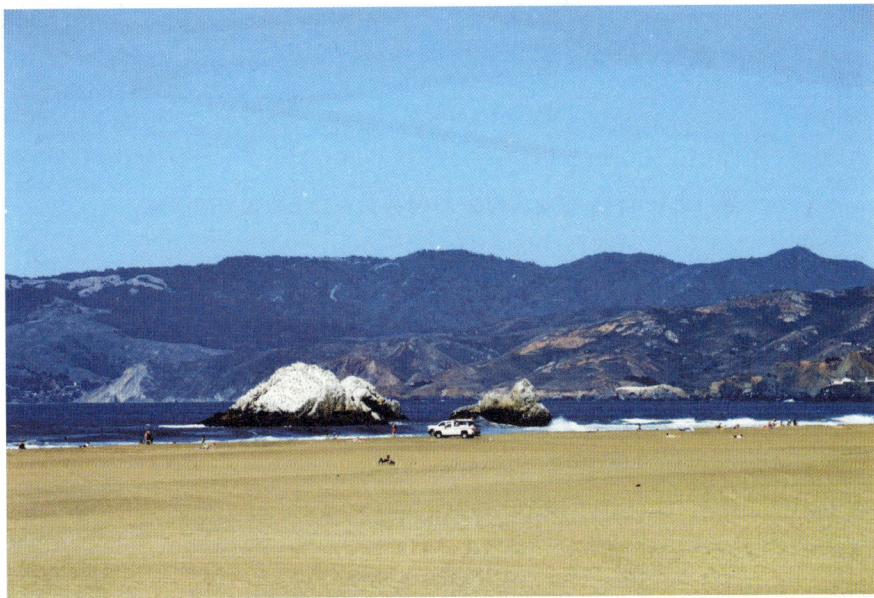

图 2—255　金门公园最西端的海滩

标识就是一只画着大螃蟹的圆形广告牌。

恶魔岛是一座占地 0.1 平方公里，绿树掩映，乱石堆叠的小岛（见图 2—257）。"Alcatraz"是西班牙语"鹈鹕"之意，因为最初此岛为鹈鹕的栖息地，聚集了大量的鹈鹕，于是得名。中译名"恶魔岛"得名于曾经被囚禁于此的一名囚犯根据自身铁窗经历出版的《山姆大叔的恶魔岛》一书。1963 年以前这里是一个让人闻之色变的联邦监狱，关押过许多知名重刑犯，如芝加哥黑帮"教父"阿尔·卡彭，杀人如麻却又天赋异禀的"鸟人"史特劳德，还有冷血的"机关枪"杀手凯利。由于该岛四面峭壁深水，充满暗流，所以即使从牢房逃脱，也几乎不可能游出去。岛上监狱的窗子都背对旧金山市中心，每当夜幕降临，欢声笑语顺着海风从对面纸醉金迷的旧金山飘来，犯人们坐在寒冷阴暗的牢房里，只能凭借想象回忆之前的自由生活，可谓一种残酷的精神刑罚。很多监狱题材的电影都在这里取景，如有名的《勇闯夺命岛》。

▼ 图 2—256　在渔人码头 39 号码头甲板上晒太阳的海狮

▼ 图 2—257　在渔人码头远眺恶魔岛

　　九曲花街，又名伦巴底街（Lombard Street），建造者的最初动机是由于从 Hyde Street 到 Leavenworth Street 这一段路是大下坡，为了防止发生交通事故，特意修筑了花坛，车行至此只能盘旋而下，时速不能超过 5 英里。这段路一共有 9 个急弯，呈 Z 字形，因此有"世界上最弯曲的街道"之称。它是纯粹的单行道，只允许由 Hyde 街驶向 Leavenworth 街，路面很窄，只容得下一辆小车，十分考验驾驶技术，花坛的两侧都有汽车触壁的痕迹。这条路是由砖铺成的，旁边种满各种植物和鲜花，景色十分美丽，因而被华人形象地称为"九曲花街"（见图 2—258）。

　　金门大桥是世界著名的桥梁之一，也是近代桥梁工程的一项奇迹，被认为是旧金山的象征。大桥雄峙于加利福尼亚州长 1 900 多米的金门海峡之上，全长 2 737.4 米，宽 27.5 米，高 227.4 米，是连接旧金山和北部城市的重要交通枢纽。大桥 1933 年动工，1937 年 5 月竣工，用了 4 年时间和 10 万多吨钢材，耗资 3 550 万美元才建成。金门大桥桥身呈朱红色，横卧于碧海白浪之上，华灯初放，如巨龙凌空，使旧金山市的夜景更加壮丽。金门大桥除了因其雄伟壮阔的造型而被世人所熟知，使得这座大桥闻名遐迩的另一个原因则是它"自杀圣地"的称号。据统计，自大桥建成以来，共有 1 400 多人从桥上一跃而下，诀别于世。金门大桥也是全世界最上相的桥之一，不管是横拍、侧拍，用单反还是手机，随便一拍出来的效果都是极好的。拍够了，可以去桥下的小商店租个自行车，迎着桥上清凉的海风，骑到对面去感受不一样的金门桥；或者，也可以漫步徐行，走在朱红色的桥上，脚下和头顶一片湛蓝，烦恼和郁闷在这里烟消云散，真想不通那些在这里跳桥的人怎么舍得眼前的绝世美景（见图 2—259）。

▼ 图 2—258　考验驾驶技术的九曲花街

▼ 图 2—259　金门大桥夕照

　　在金门大桥欣赏完日落，回到住处吃完晚饭，我们开车去了附近的双子峰看夜景。双子峰是两座海拔约 270 米的山丘，因为形状的关系被早期的西班牙移民昵称为"印第安少女的乳房"，同时也是旧金山市中心唯一保留的天然山丘。这里是旧金山偏南侧的一个制高点，可以看到旧金山最美的城市风景，以 360 度全景眺望而闻名，风景绝佳，尤其观赏夜景最美，而且免费（见图 2—260）。

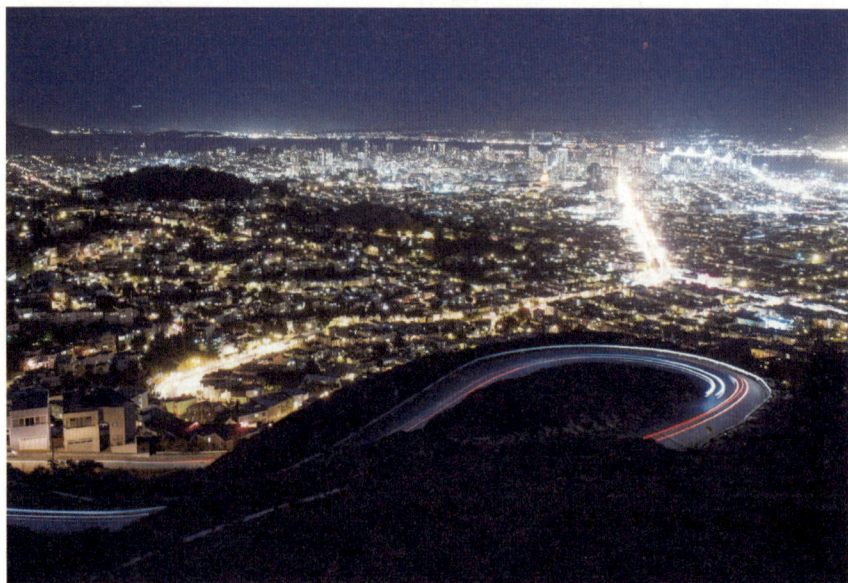

▼ 图 2—260　在双子峰上观赏旧金山夜景

Day 10　旧金山（San Francisco）—约塞米蒂国家公园（Yosemite National Park）

从旧金山出发到约塞米蒂国家公园大约 180 英里，4 个小时车程。我们今天上午先睡了个懒觉，大约 11 点退房后开始朝约塞米蒂国家公园进发。约塞米蒂国家公园又译优胜美地国家公园，位于美国西部加利福尼亚州东部内华达山脉的西麓，初于 1864 年设为保护区，到 1890 年正式成为国家公园，是美国首个国家公园，被视为现代自然保护运动的发源地，是美国西部最美丽、参观人数最多的国家公园之一，与大峡谷国家公园、黄石国家公园齐名。公园内拥有各种不同的景观地貌：气势磅礴的瀑布、巍峨雄伟的山峰、平静优美的山谷、清澈透明的湖泊，使人恍如置身于世外桃源，来这里的游客不分地域不论文化背景，都可以找到自己喜爱的自然景观。1984 年，联合国教科文组织将约塞米蒂国家公园作为自然遗产，列入《世界遗产名录》。

约塞米蒂国家公园在西面有三个出入口，对应的公路从北至南分别是：CA-120、CA-140 和 CA-41；东面只有一个出入口：CA-120，而且这个出入口冬天会封路。关于园内住宿，如果想在公园里露营的话，旺季需要提前预订，或者很早就到 First Come First Serve 的营地门口排队碰运气；如果想住公园里的旅馆，则必须去一个叫 Delaware North Companies 的公司的网站 www. yosemitepark. com 提前预订，其中约塞米蒂山谷里最热门的几个旅馆如 The Ahwahnee Hotel、Yosemite Lodge 等往往要提前一年才可能订得上，价格也是贵得离谱。公园外面的住宿选择比较多，靠西边三个入口的主要有：（1）El Portal，在 CA-140 刚刚出公园西南门的地方，整个镇子就两个旅馆 Yosemite View Lodge 和 Cedar Lodge；（2）Mariposa，沿 CA-140 过了 El Portal 再往外就是 Mariposa 小镇，餐馆、商店、旅馆很多，我们预订的就是这里的 Comfort Inn Yosemite Valley Gateway，标准间价格是每晚 118 美元，导航地址是 4994 Bullion St.，Mariposa，CA；（3）Oakurst，这是 CA-41 上出了公园南门的小镇，我们计划明天在公园里面的 Glacier Point 欣赏完半圆顶（Half Dome）的日落后出园就近住在这里，预订的是 Comfort Inn Yosemite Area，标准间价格也是每晚 118 美元，导航地址是 40489 Highway 41，Oakhurst，CA；（4）Groveland，在 CA-120 上，离约塞米蒂山谷车程大概一个小时多一点，旅馆也不少。

Day 11　约塞米蒂国家公园（Yosemite National park）

约塞米蒂景点众多，大致可以划分成 5 个景区：约塞米蒂山谷（Yosemite Valley）、Tioga Road 沿线、Glacier Point Road 沿线、Hetch Hetchy Road 沿线和 Mariposa Grove Road 沿线。其中约塞米蒂山谷是核心区，集中了大部分知名景点，包括四个大瀑布：高 189 米的 Bridalveil Falls、高 739 米的北美最高瀑布 Yosemite Falls、高 97 米的 Vernal Falls 和高 181 米的 Neveda Falls（其中后面两个瀑布需要徒步才能到达近前，不过在 Glacier Point 可以观赏到这两个瀑布的远景），以及 Tunnel View、半圆顶、El Captain、Mirror Lake 等。我们来的时候刚好是金秋十月，此时是游览约塞米蒂公园的最佳季节之一，五色斑斓的秋景像一幅幅天然的水彩画，让人沉醉其中，流连忘返，唯一的遗憾是大部分瀑布都已断流（看瀑布的最佳月份是五六月份）。我们计划的约塞米蒂一日游行程是先去约塞米蒂山谷，然后沿 Tioga Road 一线游览，最后驱车到 Glacier Point Road 的尽头 Glacier Point 等待半圆顶的日落。图 2—261 是约塞米蒂国家公园的景点交通图。

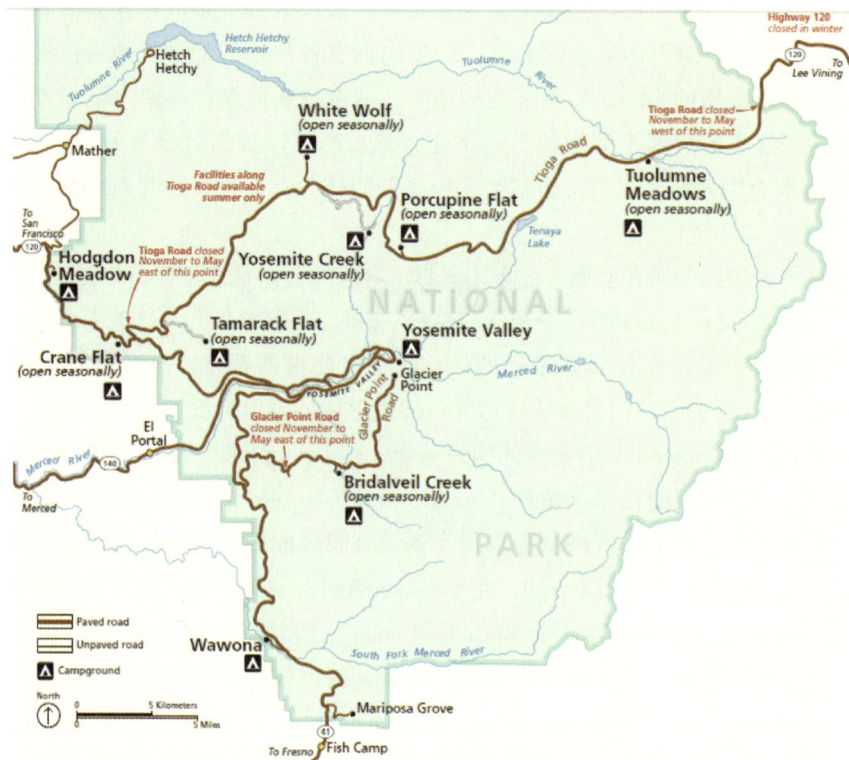

▼ 图 2—261　约塞米蒂国家公园景点交通简图

近 7 英里长的约塞米蒂山谷是大自然的杰作，被称为是"大自然的大教堂"。约塞米蒂山谷的地质特征形成于冰河时代，是最典型的冰蚀谷，这里地貌丰富景致各异，有水声轰鸣如雷的瀑布、陡峭的花岗岩石壁、辽阔的草原和茂密的森林，美不胜收，让无数诗人、画家、摄影家和数百万游客赞叹不已。世界上没有几个地方像约塞米蒂山谷这样一个小地方内能有这么多壮观的美景，难怪博物学家约翰·缪尔曾感叹："上帝似乎总是在这里下工夫装扮美景。"约塞米蒂山谷里的道路基本上都是逆时针方向单行道，入园时切记领取地图以辨别方向。游览约塞米蒂公园的最佳起点是位于约塞米蒂村的游客中心，驾车抵达前会经过酋长岩（El Captain），这块号称世界上最大的花岗岩之一的悬崖峭壁拔地而起，高约 915 米，非常壮观，被许多攀岩者视为攀岩佳地（见图 2—262）。建议把车停在山谷里专为自驾游客设置的停车

▼ 图 2—262　酋长岩

场，从停车场短暂步行便可到达游客中心，也有免费巴士在约塞米蒂村的各个景点之间穿梭。在游客中心别忘了观赏 23 分钟的精彩短片"The Spirit of Yosemite"，这部影片每半小时在游客中心的放映室播放一次，非常值得一看。我们在这里看完影片并给国家公园护照盖了章，通过询问工作人员确认现在山谷里的四大瀑布已经完全干枯，决定不再浪费时间徒步去看瀑布。当然，如果读者有时间又对自己的体力和勇气有信心的话，可以尝试去挑战攀爬约塞米蒂著名的半圆顶，但往往需要提前几个月申请许可。半圆顶这座半球形的花岗岩是公园的标志性景物，是整个约塞米蒂山谷最引人瞩目的山峰，海拔 2 693 米，岩壁坚硬而光滑，有三面近乎垂直的绝壁，较为"平缓"的东北侧也有一大段倾斜度超过 60°。在约塞米蒂的徒步指南中的十多个徒步项目中，登上半圆顶被列为难度级别最高的，是"Extremely Strenuous"（极其艰辛）。这条徒步路线全程（往返）约 16 英里，起点和山顶的高差为 1 463 米，往返需要大约 10 个小时。其中最具挑战性的是登顶冲刺段，攀登者脚踏光滑的岩壁，全凭双手紧拉钢缆一步步提升高度，稍一失手，就有可能坠落。我们这次时间有限，没有攀爬半圆顶的打算，决定直接出山谷去公园北部的 Tioga Road 沿线游览。

　　景色优美的 Tioga Road（即 CA-120 号公路）横越约塞米蒂的高原地区，建于 1882 年，原本是运输矿产的通道，后来在 1961 年翻新。沿途经过波光粼粼的湖泊、青翠的草原、光滑的岩壁，以及一万年前仍为冰河覆盖的高耸山峰，风光如画。在 Tioga Pass，公路穿越内华达山脉的山脊，海拔高度为 3 031 米，是加利福尼亚州海拔最高的可通行车辆的隘口。这条公路每年秋末封闭，仲春之后才开放，一路自西向东值得停留的主要景点有 Olmsted Point、Tanaya Lake 和 Tuolumne Meadows。Olmsted Point 在路边一个平缓的山坡上，从路边的停车场出发只要几分钟就可以走到，视野开阔，风景别致，能看到半圆顶的另一面和周围的群山及森林，还能远眺美丽的高山湖泊 Tanaya Lake（见图 2—263）。

▼ 图 2—263　Olmsted Point 风光

Tanaya Lake 就在 Tioga 路边，湖光山色非常漂亮，这里也是公园里最让人放松的一个景点，我们就是在湖边一边欣赏美景一边解决午餐的。这个湖的湖水由雪水融化而成，幽蓝宁静清澈透明，但是水温很低，站在水里感觉冰冷刺骨（见图 2—264）。

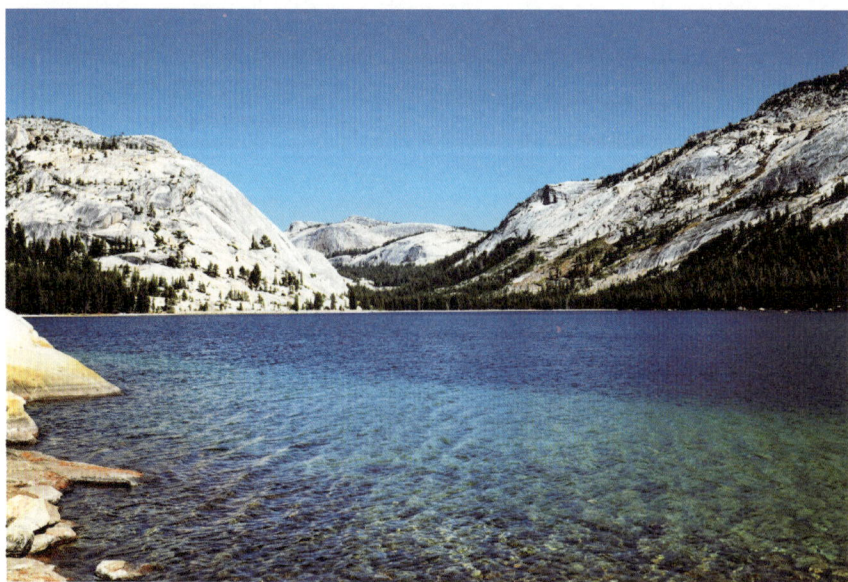

▼ 图 2—264　Tanaya Lake 风光

　　Tuolumne Meadows 是内华达山脉最大的亚高山草原，夏季设有游客中心，以及露营、住宿、餐饮服务和加油站。这里是很受欢迎的长短程徒步健行的起点，夏季时风景优美，遍地野花，野生动物随处可见。可惜秋季去的时候只能看到一片广袤枯黄的草场，我们短暂停留后就折返了。在随后去往 Glacier Point 的路上会经过一个叫 Wawona Tunnel 的隧道，隧道入口处有个观景点 Tunnel View，就在停车场边上，是游客经过必停的地方，视野和风景俱佳，可以看到大石头酋长岩、半圆顶和新娘瀑布（Bridalveil Fall）。经过 Wawona Tunnel 后继续向南开一段左转就进入 Glacier Point Road，这条通往 Glacier Point 的道路是险峻的盘山路，只在夏秋两季开放。中途可在标识有 Sentinel Dome & Taft Point Trailhead 的一个停车场停留，这里是通往 Sentinel Dome 和 Taft Point 两条步道的共同起点，都是很短、较容易的步道，来回一个多小时，风景都不错，有时间的话可以走走。我们走了靠左边的 Taft Point 步道，然后在下午四五点钟开始朝 Glacier Point 进发，希望能够赶在黄昏前抵达那里看著名的半圆顶日落。

　　Glacier Point 视野开阔，是观赏半圆顶的最佳地点。尤其是在日落时分，半圆顶光滑的花岗岩石壁更会散发出神奇的魅力，在落日余晖和晚霞的映衬下颜色会逐渐发生变化，我们就有幸看到了金色——红色——粉色的整个变化过程（见图 2—265）。站在这里还可从 975 米高的绝壁俯瞰约塞米蒂山谷全景，辽阔大气的风景让人不由浩叹。如果你是观星的天文爱好者，晚上还可以继续留在 Glacier Point 欣赏和拍摄浩瀚的星空，绝对让你永生难忘。

　　欣赏完半圆顶的日落，我们摸黑从 Glacier Point Road 原路返回，再左转上 Wawona Road 从公园南门出园，这附近有一条比较有名的步道 Mariposa Grove Trail。

▼ 图 2—265　夕阳照射下变成粉红色的半圆顶

如果是白天经过这里，并且时间充裕的话，可以花三四个小时走走这条步道，能看到很多漂亮的大树。不过对于前几天已经看过巨大的红杉，明后天还要去美洲杉国家公园（Sequoia N. P.）看更多大树的我们来说，就直接略过这里了。

Day 12　约塞米蒂国家公园（Yosemite National Park）—国王峡谷国家公园（Kings Canyon National Park）

告别了约塞米蒂国家公园，下一个目的地本来有两个选择，一是死亡谷国家公园，二是国王峡谷与美洲杉国家公园（Kings Canyon & Sequoia National Park）。两个地方都很有特色，死亡谷是北美海拔最低的地方，因为是沙漠，又是美国最热的地方，此时去并不是很适宜（最佳的旅游季节是每年的 11 月至次年的 4 月）；国王峡谷与美洲杉国家公园是两个连在一起的国家公园，虽然我们不久前在红杉树国家公园看过世界上最高的树红杉，但是世界上最大的树美洲杉却是在国王峡谷与美洲杉国家公园。这里顺便说说红杉和美洲杉的区别。两者中文有时都译作"红杉"，但红杉一般生长在海边，喜欢湿润的气候，也叫"海岸红杉"（Coast Redwood），又因主要分布在美国加利福尼亚州，又常称为"加州红杉"；美洲杉一般生长在有一定海拔的地方，喜欢干燥点的气候，一般叫"美洲杉"，也有人称之为"巨杉"。简单来说，红杉更高，美洲杉更粗；美洲杉有松果，红杉没有。其实从植物学的角度来说，美国的"红杉"、"巨杉"和中国国宝级的世界独有树种"水杉"（Dawn Redwood）三者之间具有紧密的"血缘"关系。

从约塞米蒂国家公园到国王峡谷与美洲杉国家公园大约 138 英里，3 小时车程。我们计划安排一天半的时间游览国王峡谷与美洲杉国家公园这两个挨在一起的公园。由于公园里的旅馆不多，临时预订很困难，我们最终选择离这两个公园最近的小镇 Three Rivers 作为落脚点连住两个晚上。旅馆叫 Comfort Inn At Sequoia National Park，标准间每晚 90 美元，导航地址是 40820 Sierra Drive，Three Rivers，CA。我们从 Oakhurst 出发沿 CA-41 号公路一路南下前往国王峡谷与美洲杉国家公园，途中经过一个叫 Fresno 的城市很有特点，城里到处都是棕榈树，仿佛一下子来到了阳光充沛、天气炎热的佛罗里达。这一路上还有很多果园，不知道是不是我的心理作用，似乎连空气中都飘着果香，难怪加利福尼亚州的水果这么有名。离开 Fresno 沿 CA-180 号公路向东走到底就是国王峡谷国家公园的西大门 Big Stump Entrance。公园内没有加油站，在入园前切记加满油。进入公园前有十英里左右的盘山路，随着海拔的升高，风景也越来越美，附近有当地的滑翔伞基地，能看到许多滑翔伞爱好者自由自在遨游天际。国王峡谷与美洲杉国家公园的位置及交通见图 2—266，国王峡谷国家公园的景点浏览示意图见 2—267。

国王峡谷与美洲杉国家公园其实包含了两个 National Park、一个 National Monument 再加上一个 National Forest。从 Big Stump Entrance 进入后向左沿 Kings Canyon Scenic Byway 走一点就到了国王峡谷国家公园游客中心，可以在这里盖章留念、领取

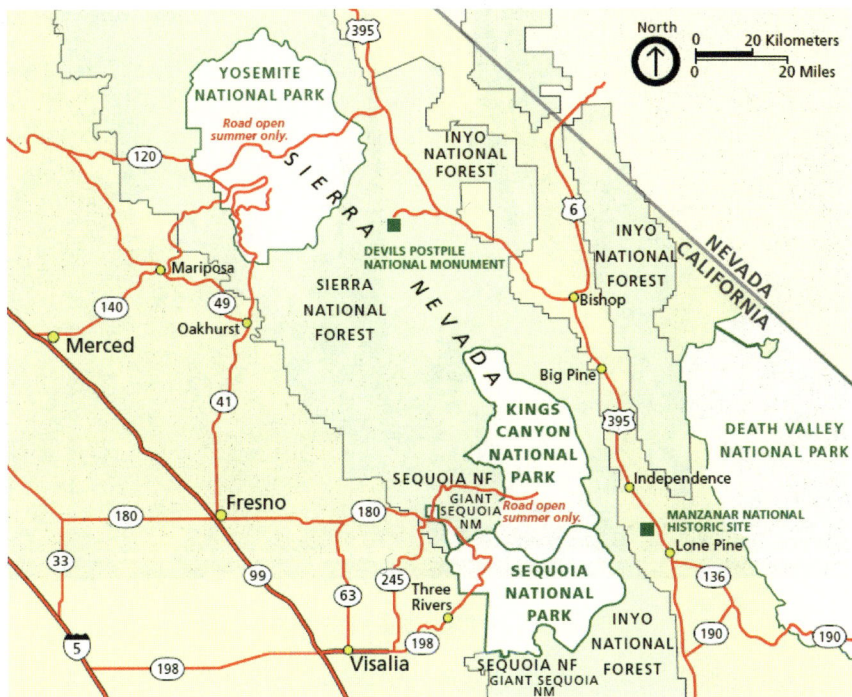

图 2—266　国王峡谷与美洲杉国家公园位置及交通示意图

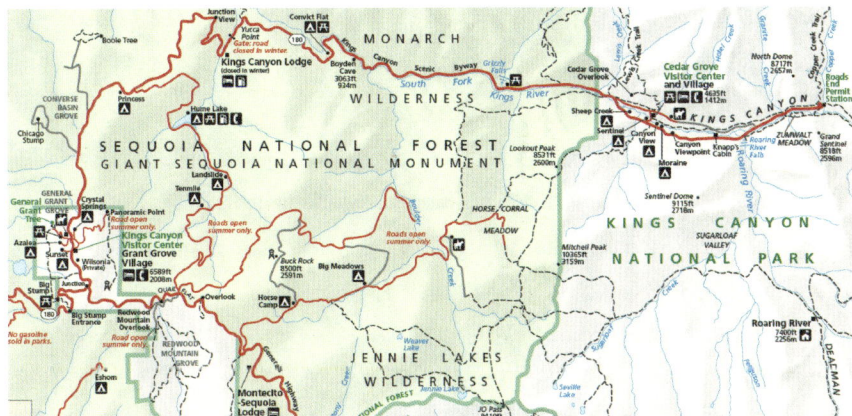

图 2—267　国王峡谷国家公园景点游览示意图

地图和咨询游览线路。离游客中心不远，就是国王峡谷国家公园里最出名的格兰特将军树（General Grant Tree）了（见图 2—268）。

格兰特将军树高 81.5 米，周长为 32.8 米，从体积大小来说世界排名第二；从底部直径来说，它有 8.8 米粗，世界排名第一。而且它比较年轻，只有 1 700 岁，比美洲杉国家公园世界上体积最大的谢尔曼将军树（General Sherman Tree）要年轻好几百岁，在高度上也只矮 2 米。相对来说，格兰特将军树正当年，潜力无限，将来超过谢尔曼将军树的可能性很大。1956 年，艾森豪威尔总统指定格兰特将军树为国家

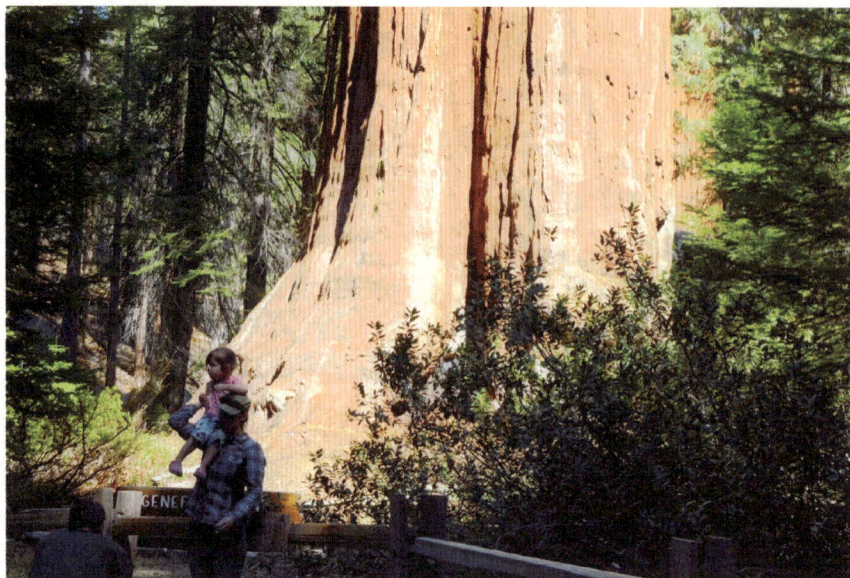

🔻 图 2—268　格兰特将军树

圣树，作为纪念那些为国家捐躯者的丰碑。这株以美国南北战争中知名将军格兰特命名的巨树，如今已经被公园管理方用木头栅栏保护起来，只能远观，不能亲手碰触，在照片中看到的格兰特将军树虽然足够硕大，却远不及现场来得震撼。以格兰特将军树为中心的 General Grant Grove 有很多和它几乎差不多一样高大的美洲杉，附近还有一棵倒下的巨树，树干被挖空成一个隧道，进去以后像是进了一间宽敞的房子，感觉似乎比活着的格兰特将军树还要大。

　　欣赏完格兰特将军树，继续沿 Kings Canyon Scenic Byway 向北行驶，就进入 Sequoia National Forest& Giant Sequoia National Monument 的区域了。Kings Canyon Scenic Byway 是条断头路，终点在国王峡谷所在的峡谷区。这条路基本上是沿着峡谷修建的，山路险峻崎岖，风景壮丽，沿途设有不少观景点，例如在 Junction View、Yucca Point、Canyon Viewpoint 等处可以俯瞰峡谷风光，在 Boyden Cave 可以看到 Kings River 湍急的河水，还有 Grizzly Falls 和 Roaring River Falls 几个瀑布可看。不过个人觉得除了格兰特将军树，最值得去一下的是 Hume Lake。去往这个湖需要在 Kings Canyon Scenic Byway 上一个叫 Princess 的观景点附近拐进一条岔道，继续走一会就会看到一个非常精致的湖泊，远处森林环抱、近处绿草茵茵，游人自在闲适。尤其让人称奇的是草坪上喷头喷出的水竟然可以连续产生一道道绚丽的人工彩虹，不知道这样精妙的设计是有意为之还是一种巧合（见图 2—269）。

　　离开 Hume Lake 继续行驶，我们在路边发现了一只低头觅食的黑熊，便把车小心翼翼地开到离它四五米远的地方，生怕惊扰了它。而它依然非常淡定，对近在咫尺的我们充耳不闻、熟视无睹，过了十几分钟才遁入森林。这条岔路走到底就上了 Generals Highway，这条被称为将军高速路的道路是连接国王峡谷与美洲杉国家公园

图 2—269 Hume Lake 的湖光山色与人工彩虹

的主干道。这条路名为高速路，实际上是两车道的山路，道路沿陡峭的山谷迂回蜿蜒，坡陡弯急，短短 20 多英里就从海拔 2 000 多米直落到 200 米，如同过山车一样惊险刺激，相当难走，对驾驶技术要求很高。由于今天时间已晚，我们准备沿这条公路穿过美洲杉国家公园到小镇 Three Rivers 住下，明天再从这条路进入美洲杉国家公园游览。这条路虽然开起来很难，但风景却是一流，尤其在海拔 1 500 米以上的美洲杉林区，沿途高大粗壮的美洲杉不断展现在眼前，穿梭在这千万年形成的巨林中，那种感觉像是穿越到了侏罗纪，再配上绚丽的晚霞，亦真亦幻，非常奇妙（见图 2—270）。

图 2—270 将军高速路上看到的晚霞

Day 13　美洲杉国家公园（Sequoia National Park）

今天我们从 Three Rivers 出发，沿 198 号公路进入美洲杉国家公园，沿将军高速路一路向北游览。在 Foothills Visitor Center 附近，路边有块叫做 Tunnel Rock 的天然巨石，两端支起，中间一段下面悬空，可以通汽车（见图 2—271）。

▼ 图 2—271　美洲杉国家公园里的 Tunnel Rock

接下来依次是美洲杉国家公园里值得推荐的几个景点：Crystal Cave、Moro Rock、Tunnel Log 和谢尔曼将军树，可以根据自己的时间和爱好取舍，个人觉得其中最值得去的是 Moro Rock 和谢尔曼将军树。美洲杉国家公园除了看大树，还有很多地下溶洞，其中 Crystal Cave 是目前公园里唯一以 tour 的形式对游客开放的溶洞。参加这个 tour 要先到 Lodgepole 或 Foothills Visitor Center 买好票再过去，洞口不卖票。Crystal Cave 在从 Generals Highway 分出去的另一条岔路上，从将军高速路开到 Crystal Cave 停车场至少要半小时，从停车场还要再走十五分钟的山路才能真正到达入口。这个洞基本保持原生态，不像国内的一些溶洞人为加了各种灯光，美则美矣，却失去了本真。我们略过这个溶洞，直奔 Moro Rock。图 2—272 是美洲杉国家公园的景点游览示意图。

去 Moro Rock 需要从将军高速路转入 Crescent Meadow Rd，入口就在 Giant Forest Museum 的旁边，进入后大约 0.6 英里就是停车场，再走一段步道就到了 Moro Rock。Moro Rock 是一块突出的花岗岩巨石，孤悬于天地之间，非常险峻（见图 2—273）。沿着几百级石梯盘旋而上，可以到达 Moro Rock 的顶端，这里居高临下，视野开阔，仿佛是来到了世界之巅，能尽情俯瞰将军高速路与脚下的深谷，或远眺内华达山脉，景观非常棒（见图 2—274）。

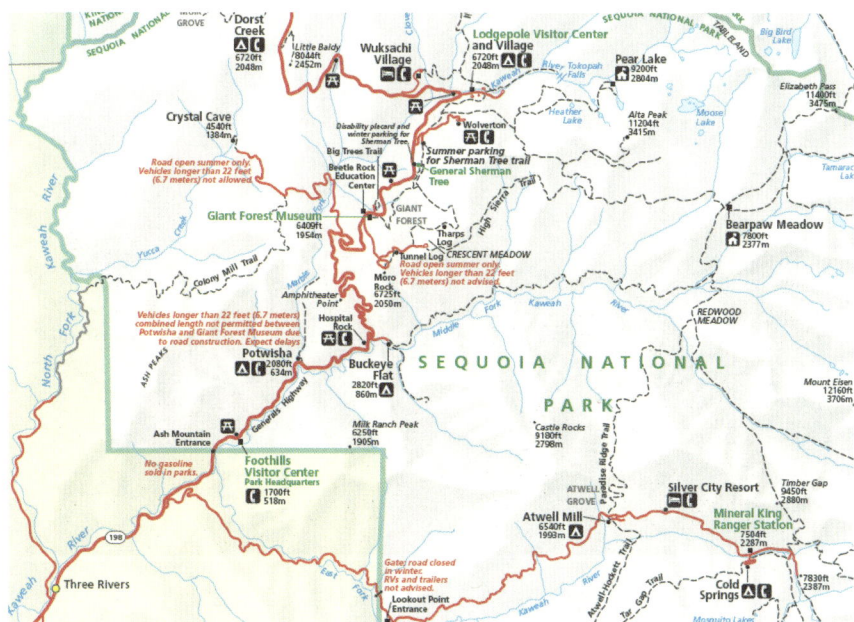

图 2—272　美洲杉国家公园景点游览示意图

图 2—273　险峻的 Moro Rock 步道

欣赏完 Moro Rock，可以顺便开车去附近的 Tunnel Log 看看。Tunnel Log 是由于一棵巨杉横倒在行车道上，公园的工作人员就势把路正上方的树木挖出了一个洞而形成的景点。游客们可以开车从这个洞下方驶过，算是有点意思。接下来就是美洲杉国家公园里最著名的谢尔曼将军树了（见图 2—275）。

▼ 图 2—274 在 Moro Rock 俯瞰蜿蜒的将军高速路

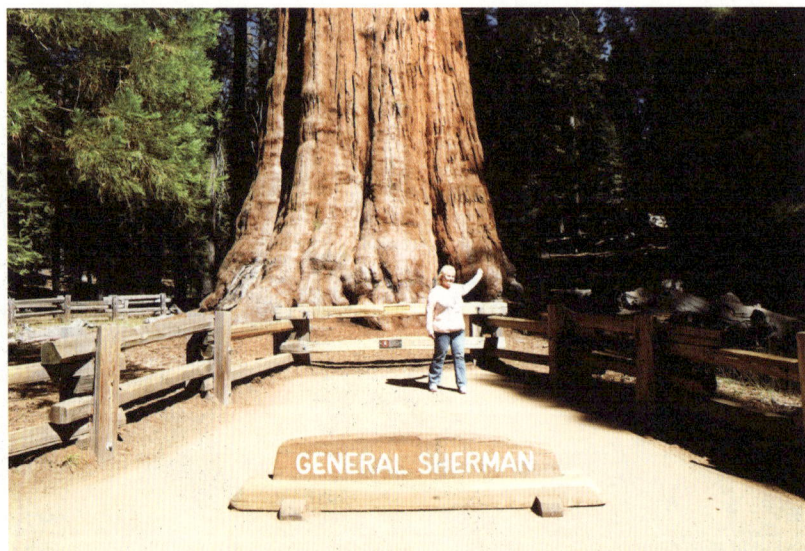

GENERAL SHERMAN

▼ 图 2—275 谢尔曼将军树

这棵以美国南北战争时期的名将谢尔曼将军的名字命名的树在 1931 年被认定为世界上存活着的体积最大的树，高 83.8 米，周长 31.3 米，底部最大直径 11.1 米，树干体积 1 487 立方米，估计年龄在 2 300～2 700 岁之间。要到近处去看这棵世界名树，得从停车场走一段单程约 0.6 英里的步道才可到达。

逛完国王峡谷与美洲杉国家公园，总体感觉这里虽然拥有独特而又多变的自然景观，但是游客相对而言却不算多。也许是因为邻近的约塞米蒂国家公园名气太大，抢走了它们的风头。固然约塞米蒂国家公园有壮美的高山流水，但若要比较约塞米蒂国家公园里面 Mariposa Grove 的巨木和这两座公园里的巨木，那就真是小巫见大巫了。而且由于这里游客稀少，游览时走在步道上那种闲适放松的感觉，也和约塞米蒂国家公园到处游人如织的喧嚣大不相同。

Day 14　美洲杉国家公园（Sequoia National Park）—蒙特雷（Monterey）—卡梅尔（Carmel）

美国加州 1 号公路从北至南连接着旧金山与洛杉矶，沿着美国西海岸蜿蜒前行，一边是海阔天空惊涛拍岸，风帆点点碧波万顷；一边是陡峭悬崖群峦叠翠，绿草如茵牛马成群，风景美不胜收，被认为是世界上最美丽的公路和北美最受欢迎的自驾公路，被美国《国家地理杂志》评为"人生一定要到的 50 个地方之一"。自驾这条公路最好是从北向南开，也就是要从旧金山开往洛杉矶，这样行车道靠近海岸线一侧，方便在沿路的各个观景点停靠，反过来开的话停车观景则要跨过中间的双黄线，既不方便也不是很安全。

1 号公路自北向南风景最美的地方应该算是从蒙特雷开始。蒙特雷是加利福尼亚州历史最悠久的城市，曾是西班牙和墨西哥时代的加利福尼亚州首府，时间长达七十年之久。所以我们今天计划从美洲杉国家公园一路向西回到太平洋沿岸这个美丽的小城，全程约 227 英里，4 小时车程。由于这几天在美洲杉国家公园崎岖的山路上开车观景比较辛苦，所以我们今天计划睡个懒觉晚点出发，只要能够在黄昏前赶到蒙特雷即可，明后天再慢慢沿 1 号公路自驾南下观景。一路走走停停，我们开上蒙特雷附近的 1 号公路时已近黄昏，很幸运地看到一幕非常震撼的场景：只见大团海上雾气翻腾着朝蒙特雷半岛压过来，仿佛要将其吞噬；在云雾上方一轮满月升起，同时夕阳将海边的建筑映得金碧辉煌，近处还有一艘帆船划过（见图 2—276）……

▼ 图 2—276　夕阳和云雾中的蒙特雷半岛

蒙特雷的老渔人码头是加州第一个渔人码头，因为时间关系我们路过时没有停留，直奔附近最有名的 17 英里路（17-mile Drive）自驾体验一番。17 英里路是一条环绕着蒙特利半岛的私家公路，一路是碧海蓝天、沙滩礁石、悬崖峭壁以及古老的松柏、随处可见的松鼠、海鸟和海豹，风景绝佳。除了优美的海岸风光，这里还有让老虎伍兹一举成名的 Pebble Beach Golf 球场和各具风情的豪宅（见图 2—277）。

▼ 图 2—277　位于 17 英里路的高尔夫球场和豪宅

17 英里路是全美九条收费的私人道路之一，门票以车为单位购买，每车 10 美元，来这里要趁早，日落后就关闭。17 英里路从北到南一共有 5 个入口：Pacific Grove Gate、Country Club Gate、SFB Morse Gate、Highway 1 Gate、Carmel Gate，其中 Pacific Grove Gate 是最主要也是最方便的入口，导航地址是 900 17 Mile Drive，Pacific Grove，CA。进入买票时可以拿到一张园区地图，上面标有详细的线路和景点，建议按地图在 17 英里路开一整圈，沿途很多停靠点可以观景，比如西班牙湾（Spanish Bay）、中国岩（China Rock）、鸟岩（Bird Rock）、海豹岩（Seal Rock）、孤柏（The Lone Cypress）、鬼怪树（The Ghost Tree）等。其中特别推荐两个地方，一个是鸟岩，虽然叫做 Rock，但实际上是一个海边的小岛，上面可以看到很多栖息的海鸟、海狮和海豹，最好带上望远镜或长焦（见图 2—278）；另外一个是孤柏，顾名思义就是一棵柏树，孤零零地生长在一块凸入太平洋的礁石上，任凭风吹浪打岿然不动，可谓"木秀于洋，风难摧之"。

17 英里路风景区连接着蒙特雷和卡梅尔，出了景区就到卡梅尔小镇了。卡梅尔是座美丽的滨海文艺小镇，建镇于 20 世纪初期。早在 100 年前，"艺术家、诗人和作家的卡梅尔"就已经名闻遐迩。1969 年，中国著名国画大师张大千曾居住在此，称其居所为"可以居"。100 年来，迄今为止只有 4 000 多居民的卡梅尔风采依旧，它以

▼ 图 2—278　位于 17 英里路的鸟岩

优美的自然环境和优雅的艺术氛围成为加利福尼亚州黄金海岸公路的一大亮点。这里到处都充满了一种波西米亚的情调，古典、独特的建筑和秀丽的景色融合得几乎完美，如同走进一座文艺伊甸园，是一个真正诗意的世界，充满了文艺范儿。沿小镇的主街 Ocean Avenue 向西走到尽头，就是美丽的卡梅尔海滩，这里有很出名的白色沙滩。卡梅尔是一处世外桃源般的地方，这里的居民极力抗拒现代化，比如小镇里不允许建高楼大厦，也不设红绿灯，甚至家家户户也不编门牌号，而冠以"凯蒂的家"、"鲍勃之屋"等人性化名称。因此，这里号称是"改变你的人生观"的小镇，很多人来了就不想走了，只后悔不能多住几天。可是这个小镇的住宿不是一般的贵，夏天旺季时很少有低于 200 美元一晚的旅馆，好在我们来的时候已经是 10 月份，过了旺季，还能找到 100 美元出头的，预订的宾馆是两星半的 Carmel Inn & Suites，标准间一晚 129 美元，可以免费停车和上网，位置就在镇中心，导航地址是 Junipero Avenue And 5th Street Northeast，Carmel，CA。

Day 15　卡梅尔（Carmel）—大苏尔（Big Sur）—圣西米恩（San Simeon）—莫罗湾（Morro Bay）（加州 1 号公路精华游）

加州 1 号公路的精华段位于卡梅尔和莫罗湾之间，虽然只有短短 120 英里，但景色非常壮丽，沿途有很多景点值得停车拍照，为此我们今天专门安排一天的时间细细游览。

早上从卡梅尔出发沿 1 号公路南下，很快就抵达第一个值得停留的景点 Point Lobos State Natural Reserve，它是加利福尼亚州陆地往太平洋里伸出的一个角，紧邻 1 号公路，也是卡梅尔附近颜值最高的自然保护区，导航地址为 Point Lobos State

Reserve，62 California 1，Carmel，CA 93923。每辆车要 10 美元的入园费，不过如果在这里购买了门票，接下来的一整天可以免费去任何一家州立公园。公园里面停车位有限，到这里游览必须遵循先到先得、先出后进的原则，以确保开车进入时里面停车场有位置可以停车。这个自然保护区能看到海湾、海岬、草甸、潮汐池等典型沿海地貌，并且栖息着海豹、海狮、水獭、鲸鱼等很多海洋动物，以得天独厚的地貌和优良的生态环境赢得了"加利福尼亚州州立公园皇冠上的明珠"的美誉，成为众多影视剧的取景地，热门场景包括中国湾（由伊丽莎白·泰勒出演的《天堂鸟》的拍摄场地）和吉布森海滩（Gibson Beach）。公园里面有一处历史遗产——1851 年用灰鲸的骨架搭建的木屋，现在已经成为一个捕鲸博物馆，建造者据说是一名中国渔夫。公园里面有两个值得推荐的短步道：柏树丛步道（Cypress Grove Trail）和沙山步道（Sand Hill Trail），只需短暂的徒步就能充分领略到 Point Lobos 的自然美景（见图 2—279）。

▼ 图 2—279　**Point Lobos State Natural Reserve** 风光

接着朝南前行，很快就抵达卡梅尔以南 13 英里处大名鼎鼎的比克斯比大桥，这里是 1 号公路上人们拍照留念最多的地方之一（见图 2—280）。

比克斯比大桥长 218 米，宽 7.3 米，高 85 米，主跨 98 米，1932 年建成时是世界上最大的单拱混凝土桥。雄伟壮观的比克斯比大桥是美国西海岸最上镜的大桥之一，被誉为世界上最美的桥梁之一，经常出现在歌曲、照片和汽车商业广告中，已经成为加利福尼亚州的地标，几乎每个人经过这里都会停下来，欣赏它别具一格的造型与自然海天背景的绝佳搭配。

从比克斯比大桥往南，接下来游人常常停车驻足的地方便是著名的瑟尔角（Point Sur），它其实是离海岸不远的一块巨大的火山岩石，顶端 110 米处矗立着一座历史悠久的灯塔，每周三、六、日对外开放，供游人参观。再南下仅 2 英里，就到了以绝世风景闻名于世的安德鲁·莫乐拉州立公园（Andrew Molera State Park）。将车停在停车场，然后沿着海滩步道（Beach Trail）前往纯净无瑕的美丽海滩后再重新折回停车场，来回也只有 2 英里，整段路程轻松而又惬意。再往下，便进入大苏尔聚居点，在这里可以吃点东西，还有小旅馆可以住宿。接下来往南便进入 1 号公路距离海平面最高、路况最险峻、景色也最迷人的一段。行驶在这段公路上，左边是巍

图 2—280 比克斯比大桥

巍青山，右边是悠悠蓝海，景色美得令人窒息！我们一路走走停停，中途在各个停车观景点饱览加利福尼亚州海岸线的秀美风光（见图 2—281）。

图 2—281 加利福尼亚州 1 号公路大苏尔附近海岸风光

继续向南，我们来到著名的 Pfeiffer Big Sur State Park，这是加利福尼亚州 1 号公路上最受欢迎的国家公园之一，是美国当地家庭远足度假的首选。公园里大苏尔河流经 4 平方公里的红木、枫树和蕨类林，由红木、海岸、高山组成的风景优美独特，堪称世界一流。再往南开 1.5 英里，右转进入一条叫 Sycamore Canyon Road 的岔路，沿这条小道行驶 2 英里后便来到一个很隐秘的海滩：Pfeiffer 海岸，据说这里是全世界唯一的一个紫色的沙滩。千百万年间，由于风浪的不断冲刷，Pfeiffer 海岸上的紫色石榴石矿脉逐渐破碎、剥离并落在海中，在海水的带动下反复撞击、研磨，终于形成了一片极为细腻的紫色沙滩。石榴石是一种宝石，而紫色的石榴石则更为罕见，它们在 Pfeiffer 海岸逐渐堆积，方圆足有上万平方米，让 Pfeiffer 又有了"宝石沙滩"的美誉。紫色的 Pfeiffer 海岸独一无二，它是让人惊叹的美景，大自然的神奇造化在这里显露无遗。沿着沙滩往深处走，紫色会越来越明显，到尽头就是大片纯正的紫色沙滩，美不胜收（见图 2—282）。除了紫色的沙滩，这里还有一个特色就是矗立于近海的巨岩下一道宛如隧道般的拱门，据说在每年的 2 月份和 11 月份的某一天，夕阳会正好落在拱门中间，这一奇景吸引了许多摄影爱好者前来拍摄。可惜我们去的是 10 月，没能邂逅这一奇景，只能靠想象了。

从 Pfeiffer 海岸返回 1 号公路继续南下，不到两英里就是 1 号公路上大名鼎鼎的奈裴斯（Nepenthe）餐厅。它坐落在 244 米高的岩石上，是享受美味午餐的好地方，可以体验到正宗的大苏尔美食。这里很多座位都面朝太平洋，食客坐在长长的餐桌旁，可以一边品尝美食一边俯瞰海岸风光。遗憾的是我们去吃午餐的时候大片雾气从海上翻腾而来，什么也没有看到。在奈裴斯餐厅以南不远处，1 号公路的东面有一家名叫亨利·米勒图书馆（Henry Miller Library）的书店，是大苏尔著名的画廊和社区活动中心。整栋建筑坐落在一片红杉树树林之中，游客可以在这里驻足小憩，在

图 2—282　全世界独一无二的紫色 Pfeiffer 海岸

飘满墨香的书屋中随手拾起一本书籍，喝上一杯咖啡，尽情享受一段自由惬意的午后时光，再接着上路。此行大苏尔最后一处必去的景点是位于茱莉娅·菲佛·伯恩斯立公园（Julia Pfeiffer Burns State Park）的麦克维瀑布（McWay Falls），它是世界上为数不多的直接注入大海的瀑布。沿着瀑布步道（Waterfall Trail）往西走一小段路，就能看见绿水环绕的麦克维瀑布从 24 米高的悬崖直落到太平洋，留给人们一道美丽的倩影，成为大苏尔上镜率最高的景点之一（见图 2—283）。此外这个公园还生长着一些年龄超过 2 500 年，高度达 90 米的加利福尼亚州红木。

图 2—283　直接注入大海的麦克维瀑布

再往南是大苏尔的最后一段，近 40 英里的悬崖公路只有 Lucia、Plaskett、Gorda 和 Ragged Point 几个聚居点，然后就是山丘和牧场了。过了 Ragged Point 不远，就是 Piedras Blancas 灯塔，据说西班牙人早在 1542 年就来过这里。从灯塔往南不到 1 英里，有个叫 Piedras Blancas Elephant Seal Rookery 的地方不能错过，这里是象海豹聚集区，成群的象海豹躺在沙滩上晒太阳，黑压压一片，非常震撼（见图 2—284）。

接下来再往南一点就是 San Simeon 小镇了，这里是参观著名的赫氏古堡（Hearst Castle）的起点。

报业大亨赫斯特 1919 年修建了这个在圣露西山岭上的精美古堡，曾是全世界最昂贵的私人住宅。整个城堡拥有 6 596 平方米的占地面积，56 间卧房，61 间盥洗室，4 个网球场，室内、室外各有一个游泳池，一个电影院，此外还有一个私人动物园，一个私人飞机场（见图 2—285）。当年的赫氏古堡曾经是好莱坞明星和大亨们经常去度周末的天堂。城堡的建筑式样混合了西班牙、墨西哥、地中海和其他欧洲古典建筑风格，每间客房的装饰格调都不相同，城堡内的艺术收藏品更是琳琅满目，专供

图 2—284　加州 1 号公路边上的象海豹聚集区

图 2—285　赫氏古堡的海神泳池（Neptune Pool）

名人来此造访。据说萧伯纳参观完城堡后感叹地说："如果上帝有钱，他大概也会为自己建造一座这样的房子。"

今天我们的 1 号公路旅程在海滨小镇莫罗湾结束，入住的酒店是 Ascot Suites，An Ascend Collection Hotel，标准间每晚 105 美元，导航地址是 260 Morro Bay Boulevard，Morro Bay，CA。

Day 16　莫罗湾（Morro Bay）—圣路易斯奥比斯波（San Luis Obispo）—索尔万（Solvang）—圣巴巴拉（Santa Barbara）—洛杉矶（Los Angeles）

莫罗湾得名于这里海边矗立的一块巨大的名为莫罗的岩石，它是莫罗湾的地标。巨石形如馒头，高约 200 米，是 2 600 年至 2 200 年前多次火山爆发形成的景观，很多鸟类如游隼、蓝鹭等在这里聚集（见图 2—286）。

▼ 图 2—286　莫罗湾地标 Morro 石

莫罗湾是一个宁静而又安详的旅游小镇，海上运动和游乐项目、美食、购物、旅馆等服务设施应有尽有。莫罗湾最吸引人的还是海上游乐项目，这里有一条天然的长提，将内海与外海隔了开来，游客在内海体验划艇虽然没有外海刺激却更加安全。

告别莫罗湾的巨石继续沿 1 号公路南下，进入圣路易斯奥比斯波所辖区域，路边出现了很多葡萄园。圣路易斯奥比斯波是美国加利福尼亚州中部海岸的葡萄酒产区，这个地区的气候同其北侧的纳帕谷（Napa）和索诺玛（Sonoma）相似，出产的葡萄酒品质优良，葡萄种植面积达 125 平方公里，酿酒厂约 210 家，对葡萄酒感兴趣的话可以在此停留品尝。我们心系美景对美酒无意，直奔心目中的童话小镇——索尔万，这是美国加利福尼亚州圣巴巴拉县的一个小镇，位于洛杉矶市以北 150 英里和旧金山以南 300 英里处，常住居民不到 5 000 人，其中丹麦后裔占三分之二。小镇坐落在距离海边约 15 英里的圣伊内斯山谷（Santa Ynez Valley）中，需要从 1 号公路转入 246 号公路才能抵达，导航时可输入地址 Solvang Conference & Visitors Bureau，1639 Copenhagen Drive，Solvang，CA 93463（该地址是索尔万小镇的游客中心），以免错过这个美丽的小镇。索尔万在丹麦文里有"阳光满溢的田园"之意，建城的历史可以追溯到 1911 年。那一年，几户丹麦移民从西班牙人手里买下这一带的土地，他们耕耘放牧，建造丹麦式房舍，并为自己的孩子们兴建了一所小学。自从有了那所传承故土文化的丹麦小学，索尔万吸引了更多希望子孙后代保持本民族传统的丹麦移民，使得这里逐渐发展成美国西部著名的丹麦城，并因此成为名闻遐迩的旅游点。

索尔万与其说是一国风情的体现，倒不如说是集北欧风情之大成，那让人如同置身童话王国的花砖地、小木屋、大风车，放在店铺橱窗里的木屐，还有房顶上象征好运的鹳鸟窝，所有这一切，让人既想到了安徒生的故乡丹麦，也想到了荷兰，想到了挪威，甚至冰岛、瑞典……主街使命大街（Mission Drive）上随处都是景：明艳的色彩，欢快的小旗，鲜花小景，还有童话般的建筑，整个小镇就像一个哼着欢快小调轻盈雀跃的美丽少女，举手投足都能让你心神荡漾（见图 2—287）。每个人心里都有一个童话，那么来这里的安徒生博物馆和安徒生打个招呼吧。位于使命大街由丑小鸭基金会管理的安徒生博物馆就像是一本关于安徒生的百科全书，展示着几乎所有和他有关的人或物：安徒生著作的各个版本，安徒生童话故事的情景再现，安徒生童话人物玩具，安徒生童年故居的模拟，甚至包括安徒生学家以及安徒生的恋人等。所有展品都紧密而有序地摆放在一幢木质阁楼上，仿佛一个童话世界（见图 2—288）。博物馆楼下是书店和咖啡馆，环境安静优雅。

告别索尔万这个童话小镇，我们很快又来到位于洛杉矶以北 81 英里的圣巴巴拉小镇，高高的棕榈树是其标志。这个充满西班牙风情的海滨小镇有许多建筑保留了西班牙殖民时代的风格，被评为全美国最适合养老的地方，人口仅 9 万，是富豪、

▼ 图 2—287　丹麦城索尔万的标志性风车

图 2—288　丹麦城索尔万安徒生博物馆内景

明星们买房置业的清幽宝地，房价自然也是全美最高的地方之一。小镇很小，可以开车慢慢兜一圈，有时候还可以停车到 state street 走走。

下一站就是著名的马里布海滩（Malibu Beach）了，它是洛杉矶周边最负盛名的几个海滩之一，位于圣莫妮卡海滩（Santa Monica Beach）以北。它之所以出名，一是因为它除了拥有南加州典型的碧海蓝天外，还拥有形态各异、千奇百怪的岩石，海滩风光美丽而独特；二是因为马里布是洛杉矶周边最富裕的几个城市之一，很多好莱坞明星和演艺界人士居住于此，无形中为这里的海滩增加了知名度。马里布于1991 年建立城市，历史上它是印第安土著 Chumash 部落的领地。Malibu 在印第安语中的意思是"响声轰鸣的海滩"，果然这里的海滩风浪很大，有时候海浪可以达一两米高，游玩时特别要注意安全。要想准确找到这里，不能让导航仪选择自动导航，因为自动导航默认会选择靠近内陆的 101 号公路而不是沿海的 1 号公路，因此最好直接将导航仪设置定位到 Malibu Country Inn，6506 Westward Beach Road，Malibu，CA 90265，这是海滩附近的一个酒店，下了高速拐上岔路就能看到沙滩。这个海滩停车和游玩均免费，我们还在这里下海畅游了一番（见图 2—289）。

如果不小心错过了马里布海滩，继续南下在更接近洛杉矶的地方还有个圣莫妮卡海滩，这里是当年西部大开发的生命线 66 号公路的终点，也是电影《阿甘正传》里阿甘长跑的终点站，常年都是澄澈的蓝天，白色的沙滩。沙滩上近处一片一片的棕榈树婆娑起舞，远处游乐场人头攒动，有过山车和摩天轮，还有长长的木栈桥伸进太平洋，据说阿诺·施瓦辛格曾在此打过工。自驾导航可定位到 Crescent Bay Park，2000 Ocean Avenue，Santa Monica，CA 90405。

告别美丽的海滩，我们在黄昏时分顺利抵达洛杉矶。由于洛杉矶市内的住宿都

▼ 图 2—289　夕阳下的马里布海滩

不便宜，我们选择市区东南方向 Redondo Beach 附近的一个旅馆连住两晚，名字叫
Redondo Inn & Suites Redondo Beach，标准间每晚 90 美元，导航地址是 711 South
Pacific Coast Highway，Redondo Beach，CA。稍事休整，我们赶紧驱车去美职篮洛
杉矶湖人队的主场斯台普斯中心（Staples Center）看早就预订好的一场比赛，是洛
杉矶湖人 VS 金州勇士，虽然当晚科比亲自上场，可还是没能挽救湖人主场落败的结
局。斯台普斯中心最多可容纳 2 万人观看比赛，当天上座率挺高，我买的票是最外
围的便宜票，不到 40 美元，不过通过球场中心的大屏幕或者望远镜还是能够很清楚
地看到科比、林书豪等偶像的风采。

Day 17　洛杉矶（Los Angeles）

洛杉矶市（City of Los Angeles，经常缩写为 L. A.），又名"天使之城"，拥有
超过 400 万人口，面积为 1 214.9 平方公里，是美国的第二大城市，仅次于纽约。
除了拥有发达的重工业和金融业，洛杉矶还是美国的文化娱乐中心。一望无垠的
沙滩和明媚的阳光、闻名遐迩的"电影王国"好莱坞、引人入胜的迪斯尼乐园、
峰秀地灵的比弗利山庄，洛杉矶将旖旎的风光、大都市的气派、繁华与宁馨集于
一身。

由于这一路环游已经去过不少美国大城市，我们决定放弃洛杉矶城市观光，专
门花一天时间主攻这里最好玩的好莱坞环球影城（Universal Studios Hollywood）。好
莱坞环球影城位于洛杉矶市区西北郊，是游客来到洛杉矶的必游之地，可以说不到
环球影城就不能算真正到过洛杉矶。好莱坞环球影城是世界上最大的以电影及电视
制作为题材的主题公园，被誉为"好莱坞的神话"。在这里，眼前摆的、墙上画的、

路上走的，满眼都是好莱坞大片里让人无比熟悉的人物，你可以参观电影的制作过程，回顾经典影片中的精彩片断，找回童年到现在的很多美好记忆。

要想充分体验好莱坞环球影城的魅力，第一步就是买票，那么怎样才能买好票呢？好莱坞环球影城提供各种类型的门票供游客选择，三岁以下（不包括三岁）儿童免费，成人票价每年几乎都在小涨。很多去好莱坞环球影城的游客都是到了售票处再临时排队买票，碰到人多的时候要排很长的队，现场还容易被到底选择哪种票最适合等问题困扰。因此，建议大家在去之前通过官网选择并预订好适合自己的票，在线购票官网是 http://www.universalstudioshollywood.com/tickets/，类型主要分年票、日票和套票。日票又分普通票和免排队的优先票（Front of Line Ticket）两类。其实对于大部分游客来说，只要按照本书附录中讲的攻略，用普通票基本上一天就能玩完园内的所有项目，因此我们买的是一日票。2014 年在官网购买普通的一日票的价格是每人 92 美元，不过有个购买优惠票的技巧，可以让每人省下 13 美元。那就是通过注册 Premium Outlets 的 VIP Club 会员，获得购买环球影城门票的折扣，具体方法可登录 www.premiumoutlets.com 查看，这里就不赘述了。我们通过这种方式购买的普通一日票只要每人 79 美元，比在官网或现场购买要节省整整13 美元，还是很划算的。而且通过这种方式买的票从第一次进园起，一年之内只要你有空，还可以再免费进两次。对于像我们这样自驾前来游园的，在买票的同时还可以把停车票也买了，推荐购买 General Parking，只要 16 美元一天。需要提醒的是，在网上订好票后记得将订单打印出来，没有条件打印也可以用手机拍照，以方便带到现场取票。另外大家千万别贪便宜从黄牛手上购买假票或者重复使用的门票，因为门票是实名的，而且入园时需要记录个人指纹，已经用过的门票是不可能给他人再用的。

环球影城的开放时间为：周一到周五是 10—18 点，周六、周日是 8—18 点，每月的开放时间会有微调，建议出行前在官网再次确认。今天不是周末，我们 9 点钟出发，直接导航到环球影城的地址 100 Universal City Plaza, Los Angeles, CA 91608。大概 10 点的时候我们进入影城的停车场，共有 5 层，果然如传闻所言，这里超级大，还好一路都有工作人员引导不会走错。停好车后记住自己的停车位，最好拍个照片，或者在电梯口拿一张记录你所在停车场的小卡片，以便游完后快速找到车。按"To Universal"的黄色牌子走，乘电梯下到 1 楼，出去就是步行购物街 City Walk，这里有各种绚丽的巨型广告牌、商店、餐厅、电影院、酒吧、咖啡馆等具有鲜明好莱坞特色的休闲娱乐场所。不过先不要在这流连忘返浪费时间，因为游完影城出来后还可以再尽情地在 City Walk 闲逛，这里关门很晚。沿着 City Walk 走到底就看到环球影城标志性的旋转地球仪了，旁边就是售票、换票点和正门（见图 2—290）。

我们持打印的门票和护照换取了纸质正规门票，然后排队安检。入门的时候要查门票并按指纹（右手食指），进去之后有工作人员派送地图和当天各个表演及剧场

▼ 图 2—290　环球影城标志性的旋转地球仪

的场次时间表，这些资料非常重要，一定要拿，最好人手一份，因为后面玩开了之后大家很容易走散。地图有中英日德法瑞西韩等语言版本，中文还分繁体和简体，可根据需要选择。最好去之前就上官网下载一份地图先熟悉熟悉，并规划好初步的游览顺序。整个环球影城分为上、下两个园区，中间由一组三级扶手电梯连接。上园区以环球广场（Universal Plaza）为中心，分布的主要游玩项目有水世界（Water World）、怪物史瑞克动感电影（Shrek—4D）、辛普森虚拟过山车（The Simpsons Ride）、电影车之旅（Studio Tour）、特效舞台（Special Effects Stage）、恐怖鬼屋（House Of Horrors）、环球影城动物演员（Universal's Animal Actors）、神偷奶爸（Despicable Me）等，下园区的主要游玩项目则是变形金刚 3D 过山车（Transformers The Ride—3D）、木乃伊复仇过山车（Revenge Of the Mummy—The Ride）、侏罗纪公园激流勇进（Jurassic Park—The Ride）等。

　　入园后不要随着人流盲目乱窜，先花几分钟把当天自己感兴趣的几个重要表演的场次时间看清楚，然后根据每个表演的开始时刻及持续时间，把观看的先后顺序安排衔接好。其中长一个小时的电影车之旅的游览时间是首先要考虑的，尤其是对那些英语不好希望能够听到普通话讲解的中国游客来说更是如此，因为每天只有少数几场用普通话讲解的电影车之旅，排队的中国游客很多，最好提前点去，否则错过了就只能听英文讲解的了。另外两个需要考虑时间的热门演出就是水世界和环球影城动物演员，因为每天只有固定几个时刻才有表演，排队的人很多，需要提前计划好。其他像各种过山车之类非演出性质的游玩项目就不用考虑时间问题了，随到随排即可，而且充分利用 Single rider 的便利，基本不用等太久。

　　当场制定好游玩计划后，我首先去了还有十分钟就要开始表演的水世界现场秀，位置就在上园区影城入口的不远处。《未来水世界》是好莱坞在 1995 年拍摄的一部大片，影片在夏威夷搭景拍摄，由于受到太平洋潮汐的影响和破坏，背景建了毁、毁了建反复多次，费用也是一路追加，最后竟达到 1.7 亿多美元，创造了当时美国单片投资的最高纪录。水世界现场秀正是在此基础上对这部大片的再宣传、再创造、再演绎，非常值得一看（见图 2—291）。

▼ 图 2—291　环球影城水世界现场秀

表演场可以容纳上千观众，分为三个观众区，以不同的座椅颜色做区分，其中绿色的椅子属于 Splash Zone，银色的椅子就是安全区了。Splash zone 就是指可能会被打湿的地方。请注意，他们会故意用水泼观众，真的会让你浑身湿透，如果你很介意的话，就不要坐绿色的椅子！表演开始前，每个观众区前面会有一名演员做领队，带领自己区内的观众渲染气氛，如果哪个区的观众表现不够热烈，领队就可能用水枪甚至水瓢向这个区的观众席上大肆洒水以示惩罚嘲笑。水世界的故事情节是讲述海盗之间的战争，内容包括精彩的水上大战、喷气船滑水表演，效果非常逼真，压轴戏则是一架真实的小飞机猛然腾空飞出来的强烈冲击、爆炸和烟火效果，简直让现场观众的情绪 High 到极点。

从水世界出来右转前行一点点就是怪物史瑞克动感电影表演厅，这个每天也是有固定时间点的，一看差不多快开始了，我就赶紧进去排队。这个电影大约 20 分钟，坐在座位上即可体验与史瑞克和驴子一起冒险的动感与刺激，中间会有各种惊险的摇撼、吹风甚至喷水，四维空间的震撼场面会带给你奇异的体验。看完史瑞克出来继续往前走一点右转，就是上园区最火爆的游玩项目：辛普森虚拟过山车（见图 2—292）。

辛普森虚拟过山车正常排队的话等半个小时是常态，不过如果充分应用 Single

图 2—292　辛普森虚拟过山车入口

rider 的规则不到十分钟就可以进去。这里顺便说一下 Single rider，这是环球影城为了更高效合理地利用座位而专门设计的，因为一般来说大家都想和自己的亲人朋友坐在一起游玩，所以排队时工作人员都会问是几个人，如果是一个人的话就可以选择 Single rider，这样有单独空位的话可以被提前安排。根据我后面在游玩下园区其他过山车项目时的亲身体验，只要选择 Single rider，再热门的项目一般都不会排队超过十分钟，简直超爽。辛普森虚拟过山车其实是一个 3D 环绕屏幕，一般 8 个人坐一部车，辛普森一家的动画人物带着游客在超高的过山车上飞来飞去，造成失重、撞击等惊险感觉，但是其实都是在原地，是座椅上下前后来回在动，给人感觉好像在坐真的过山车，非常逼真，效果非常棒。

　　玩完辛普森虚拟过山车已近中午，一看离计划的电影车之旅时间还有近一个小时，便回到在园区入口处的快餐店解决温饱问题。电影车之旅的乘车点就在辛普森虚拟过山车旁边，主要是带游客乘车观看好莱坞著名外景拍摄场地，体验高科技的特技场面，一路上比较有趣的片段有金刚、大白鲨、空难、爆炸、洪水和地铁站地震等模拟场景（见图 2—293）。最过瘾的是金刚的 360 度 3D 动画：当车子完全没入一片黑暗中，音乐骤然响起，我们转眼置身于热带雨林当中，金刚与霸王龙就在我们身边激烈搏斗，加上车子配合着不断震动和摇晃，让人感觉身临其境，不由惊叹好莱坞电影高科技和艺术的完美结合！

　　结束电影车之旅，便从上园区转场下园区。因为环球影城依山而建，地势较高，在乘坐连接两个园区的长长的三级扶手电梯之前，可以先站在这里俯瞰周边风光透透气，还可以和《阿波罗 13 号》中汤姆·汉克斯扮演的宇航员来个亲密合影（见图 2—294）。

图 2—293　电影《大白鲨》拍摄现场

图 2—294　《阿波罗 13 号》中的汤姆·汉克斯

　　下园区的木乃伊复仇过山车是个超爽的 4D 过山车，从过山车的角度讲，应该是全场最惊险刺激的一个了。这也是园区内唯一要求存包的项目，在入口有存包间，进入后每个座位前面有个小兜，工作人员会要求把小包、帽子眼镜、水杯等放进去，以免伤人伤己。不过要记得免费存包时间是两个小时，别玩得太高兴而超时了。存包后排队进去，过山车五人一排，总共六排，放下安全压杆，大家举起大拇指表示准备好了就出发。两边充斥着骷髅、木乃伊，第一个到达的是一个宫殿，四周有活动的骷髅、张牙舞爪的木乃伊，然后通过一个打开的门，伴着电闪雷鸣，木乃伊呻吟的声音四起，突然小车开始加速，四周一片黑暗，不时出现怪物的影像，过山车不停地旋转加速，整个人被压在座椅上，失重和超重的感觉不停变换，仿佛没有尽头；接着飞速冲向顶点，对面就是一面坚固的石墙，就在要撞上的时候戛然而止，原以为可以安静一会儿喘口气，突然小车挂上倒档原路返回，失重的感觉持续，最后回到先前经过的宫殿，大门打开，游戏结束，整个过程非常刺激过瘾。

　　侏罗纪公园激流勇进就在木乃伊复仇过山车对面，场景设计非常精妙，先是坐船带你平静地游览白垩纪的森林，森林里植被丰富各色恐龙层出不穷，突然一群食肉恐龙开始追赶你，就在霸王龙向你张开血盆大口的千钧一发之际，小船带着游客开启了高度差至少 20 米的自由落体运动，短短的几秒钟只感觉身体在下落，心脏却往喉咙上顶，船下落溅起的巨大水花遮挡了两边的视线，让人惊恐之余又有种劫后余生的狂喜，非常刺激，需要注意的是保管好随身物品，谨防淋湿（见图 2—295）。变形金刚 3D 过山车也紧邻木乃伊复仇过山车，它将三维高清晰媒体、惟妙惟肖的飞行模拟技术和先进的实体与特技效果完美结合，把人体的感官体验提升到极致，属于最新一代的主题公园体验性游艺项目。EVAC 是为该游艺项目专门创作的汽车人，游客随着它上天入地，亲自参与威震天和擎天柱之间的生死搏斗，近在咫尺、身临其境地面对超大体格的巨无霸变形金刚。玩完出来后，还可以和由人扮演的变形金刚一起合个影。玩过这三个惊险刺激的项目后，有时间的话还可以在下园区的 NBC 环球影片体验馆逛逛，了解环球影片的幕后工作，看看电影中真实的道具、服装与布景，以及不同时期的奥斯卡获奖影片。

图 2—295　侏罗纪公园激流勇进

Day 18　洛杉矶（Los Angeles）—圣地亚哥（San Diego）

圣地亚哥，又译圣迭戈，位于加利福尼亚州南部沿海，与墨西哥接壤。虽然圣地亚哥是美国的第八大城市、加利福尼亚州的第二大城市，却有着小镇般的闲适氛围：蓝天碧海、阳光沙滩以及富有自然韵味的城市景观，让它成为了一个度假天堂。独特的历史和地理位置也让它兼具多面气质：既有大都市的炫目活力，也有海边小镇的舒适慵懒；既有历史遗留的怀旧沧桑，也有异国渗透的别样情怀。

从洛杉矶到圣地亚哥只有 125 英里，两个小时的车程。在抵达圣地亚哥市中心之前，我们顺路去了圣地亚哥最漂亮的海滩之一：拉霍亚海滨沙滩（La Jolla Shores Beach），导航地址是 8200 Camino del Oro，La Jolla，San Diego，CA 92037。La Jolla是西班牙名字，意思是宝石。无论你是喜欢游泳、冲浪还是浮潜或深潜，拉霍亚海滨沙滩都是不错的选择（见图 2—296）。如果不想嬉水，那么沿着步道看看风景也很不错。这块海滩离临海豪宅和沿岸餐厅都很近，还配备有免费的卫生间和淋浴处。在这里下海游玩了近两个小时，我们又去了圣地亚哥老城（Old Town San Diego），导航地址是 2802 Juan Street ♯12，San Diego。圣地亚哥的历史充满了血雨腥风：这里最早是印第安人的聚集区，后来遭到西班牙人的占领，后又归属墨西哥，一直到美国独立战争之后才夺回领土。也正因为如此，圣地亚哥有着墨西哥与西班牙交融的文化，而老城就是它最好的演绎。老城离市中心只有几分钟的步行路程，城内有许多古老的建筑，如市政府、邮局、餐馆、学校、教堂、商店、博物馆等都集中于此。老城里的印第安文化村保存了 19 世纪的村落风貌，就连工作人员们也穿着复古的服饰。每周六老城都会有集市活动，可以买到手工艺品和品尝地道小吃（见图 2—297）。

▼ 图 2—296　拉霍亚海滨沙滩

▼ 图 2—297　圣地亚哥老城风光

接下来我们去了圣地亚哥的地标之一：胜利之吻（Victory Kiss），位于 Tuna Harbor Park 的美国海军基地附近。这是一尊美国海军士兵在第二次世界大战胜利之时与一位偶遇的护士深情一吻的雕像，也叫做胜利日之吻、世纪之吻，雕像取材自 1945 年 8 月 14 日（北京时间 8 月 15 日）发生在纽约时代广场的一幕亲吻。时值日本宣布无条件投降，纽约民众纷纷走上街头庆祝胜利，一名海军士兵在时代广场的欢庆活动中情不自禁地亲吻了身旁的一位女护士，这一瞬间被《生活》杂志的摄影师阿尔弗雷德·艾森施泰特抓拍下来，成为传世的经典历史画面，后被视为"二战"结束的象征之一，有着划时代的意义。有意思的是，照片中女护士的身份一直到 20 世纪 70 年代才被人们知晓，她就是居住在加利福尼亚州的伊迪丝·库伦·沙恩，可惜已于 2010 年逝世。而对于照片中男主角的寻找一直到 2007 年 8 月才尘埃落定，他就是居住在得克萨斯州的格伦·麦克达菲，也已于 2014 年病逝，一段传奇历史就此画上句号。

胜利之吻雕像背后就是大名鼎鼎的"中途岛"号航空母舰（Midway Aircraft Carrier），于 1992 年 4 月宣布退役，是美国使用时间最久的航空母舰，退役后就停在圣地亚哥港口，航空迷可以考虑买门票上去参观（见图 2—298）。

我们继续往南，穿过科罗拉多大桥（Coronado Bridge）到达科罗拉多岛（Coronado Island）。长达 3 640 米的科罗拉多大桥将圣地亚哥和科罗拉多岛紧密地联系在一起，大桥呈弧形，随着桥面高度的上升会有一个大弯，行驶在上面可将湾区的景色尽收眼底，因其独特的桥塔和优美的曲线，该桥在 1970 年获得了美国钢建筑研究院颁发的优异奖。科罗拉多岛历史悠久，有著名的白沙沙滩，整个科罗拉多海岸沿线都是一个消磨时间的好地方，这里曾被评为全美最美沙滩，骑行、赏日落、嬉水、

图 2—298　胜利之吻与"中途岛"号航空母舰

帆船、沙排等活动皆宜。岛上红顶白墙的西班牙风格建筑，盛开的天堂鸟花，白色的沙滩和蔚蓝的大海，看着都让人心醉。不过岛上最有名的还得数有着一百多年历史的科罗拉多大酒店（Coronado de Hotel）了。科罗拉多大酒店建于 1888 年，是美国第一家五星级酒店和世界最大的全木结构酒店。至今大厅里还保留着全木制的箱式电梯、老式木制电话间。酒店的所有灯线均为爱迪生亲自设计、布局，爱迪生发明的第一支电灯就安装在酒店里。酒店开业以来，有 12 位美国总统在此下榻，其他名人就更多了。科罗拉多大酒店也是好莱坞巨星梦露主演的经典喜剧《热情似火》的拍摄地，不过最让科罗拉多大酒店闻名于世的还是这里曾经上演的脍炙人口的"不爱江山爱美人"的故事。当年英国国王爱德华八世就是在这里邂逅辛普森夫人并坠入爱河，不惜放弃王位与之结婚，做了温莎公爵，并在这里举行婚礼，演绎了一段轰动全世界的浪漫爱情童话。之后温莎公爵夫妇每年都会回到这里庆祝结婚纪念日，从此这里也成为许多青年男女渴望邂逅梦中情人的恋爱圣地，在世界十大浪漫结婚地中名列第二（见图 2—299）。

在岛上玩到日落，我们才驱车赶往今晚住的酒店。圣地亚哥便宜的酒店集中在老城，中等价位的酒店集中在 Rosecrans Street 和 Grand Avenue，豪华的酒店则在市中心。老城附近的米申谷（Mission Valley）位置距各景点适中，适合开车的旅行者。位于高速公路一侧的 Hotel Circle Dr South 旅馆也较多，适合自助旅行者，我们预订的就是这里的一家宾馆，叫 Town And Country Resort，标准间每晚 100 美元，导航地址是 500 Hotel Circle North，San Diego，CA。

图 2—299　科罗拉多大酒店

Day 19　圣地亚哥（San Diego）—约书亚树国家公园（Joshua Tree National Park）—拉斯维加斯（Las Vegas）

今天我们将离开圣地亚哥赶赴拉斯维加斯，途中顺道游览约书亚树国家公园。约书亚树国家公园位于加利福尼亚州棕榈泉东部，地处科罗拉多沙漠和莫哈韦沙漠的交界，占地近 3 238 平方公里。除了蜡烛木和多刺仙人掌等植物，公园内最著名的植物便是约书亚树。早在大约五千年前，就有印第安部落皮诺人（Pino）在此定居。19 世纪中叶，当摩门教先驱们越过科罗拉多河（Colorado River）长途跋涉来到莫哈韦沙漠，看到这种丝兰属植物犹如祈福的手指引他们前往西方，便以圣人约书亚的名字来命名这种植物。1936 年 8 月 10 日，以约书亚树命名的国家纪念地正式成立；1994 年，约书亚树国家纪念地荣升为国家公园。约书亚树国家公园距圣地亚哥约 3 个小时车程，我们途中走了一段景观路 Scenic Highway 74，在接近 Santa Rosa and San Jacinto Mountains 时有一段盘山公路非常险峻，路的最高点设有一个观景点，可以看到下面蜿蜒曲折的公路和远方山下的城镇，风景独具一格（见图 2—300）。

我们从约书亚树国家公园南边的入口进入，先到 Cottonwood Visitor Center 验票并领取地图，然后沿着公园里面的 Pinto Basin Road 向北行驶。这个国家公园的主要风景点在西北面，一路上值得驻足观景的地方一般都设有停车点，方便自驾游客。约书亚树的外形相当奇特，远看似一团扭曲的枝干，近看却像带刺的木桩。为了适应沙漠中的恶劣环境，约书亚树有着枯萎粗糙的树干，粗壮的树干竭力向上生长，

图 2—300　Scenic Highway 74 风光

针状树叶无比坚硬，树根繁茂可以深入地下几十米。它的生长速度极其缓慢，每年只能长 10 厘米左右。正是这些特点让约书亚树可以耐得住干旱，顶得住烈日和风蚀，扛得住严寒和霜冻，顽强生长（见图 2—301）。

图 2—301　外形独特的约书亚树

在约书亚树国家公园里，除了一望无际、形态各异的约书亚树，这里大量群聚的奇石怪岩也是一大旅游亮点。这些岩石在地球上存在了超过一亿年，当时熔浆从地心涌出，却在地表下被突然冷却，形成了交错的岩石方块。随着千万年的风蚀、热胀冷缩、山洪冲击，石块交错处的散沙逐渐流失，岩体逐渐显露出来并且日益棱角分明。如今这里已经成为美国著名的攀岩胜地，每天都有大量的攀岩爱好者慕名而来。在这些奇石怪岩中，最精华、最有代表性的是拱门石（Arch Rock）和骷髅石

(Skull Rock)。与拱门国家公园（Arch National Park）的拱门相比，拱门石更像是小拱门，这个景点的路标不太清晰，要从 White Tank Campground 的分岔口开进去，在第一个路口左转靠边停车后，就能看到拱门石的 trailhead，从这里大约步行 10 分钟可以到达。骷髅石是因其形状像骷髅头部而得名，就在公园主路的路边，很容易看到（见图 2—302）。过了 Ryan，就抵达去 Keys View 的岔口，从这个岔路行驶大约 5 英里走到头。有个观景点可以从高处俯瞰整个国家公园，欣赏壮美的沙漠风光。

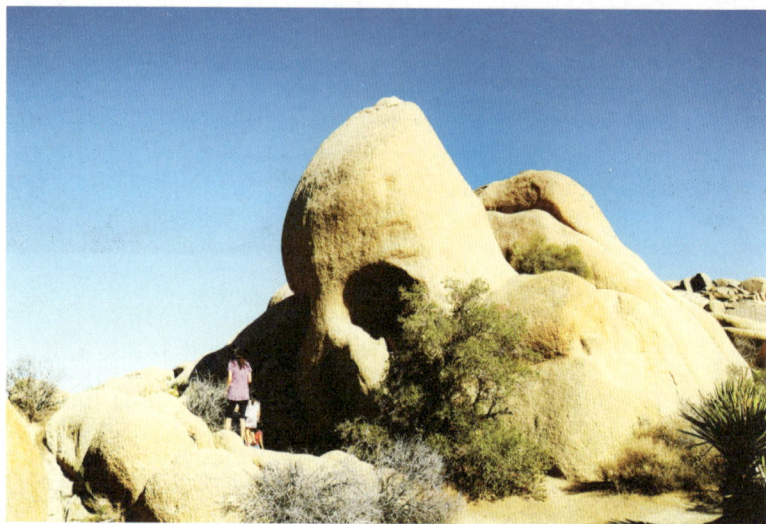

图 2—302　骷髅石

接下来我们去了 Baker Dam 这个公园里唯一有水的地方。这里除了多年前一个人工修建的蓄水池和小型水坝，还能看到印第安人留下的岩画，感觉很新奇（见图 2—303）。

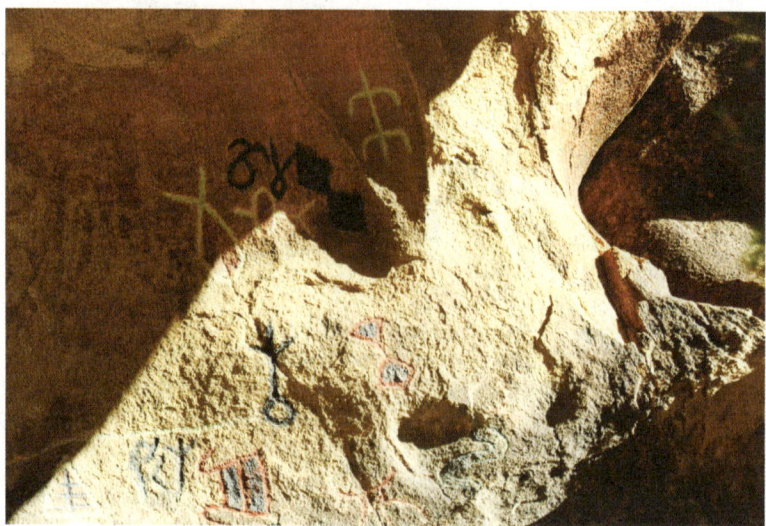

图 2—303　约书亚树国家公园 Baker Dam 附近的岩画

游览完这个公园，我们从西大门出园，拐入 247 号公路北上，朝拉斯维加斯进发。由于中途有一段临时封路，我们按照导航绕了好一会才走上正轨，虽然耽误了点时间，不过却看到了最美丽的晚霞和落日，也算是一种补偿吧（见图 2—304）。

▼ 图 2—304　去拉斯维加斯路上看到的绚丽晚霞

Day 20　拉斯维加斯（Las Vegas）—红石峡谷国家保护区（Red Rock Canyon National Conservation Area）—拉斯维加斯（Las Vegas）

拉斯维加斯是美国内华达州的最大城市，成立于 1905 年 5 月 15 日，它以赌博业为中心，拥有庞大的旅游、购物、度假产业，是世界知名的度假胜地之一，拥有"世界娱乐之都"和"结婚之都"的美称，同时也有"罪恶之城"和"赌城"的别名。拉斯维加斯位于内华达州被荒凉的沙漠和戈壁包围的山谷地区，距离洛杉矶 4 个小时车程，是美国所有的大城市中在地理位置上最为孤立的一个，但就是这个沙漠之城，近 50 年来奇迹般地成为全美乃至全世界的赌业和娱乐业的中心，每年吸引全球 4 000 万游客。

拉斯维加斯城市并不大，对于大多数游客来说，活动的重点应该放在长街（The Strip），又称拉斯维加斯大道（Las Vegas Blvd），这里汇集了众多豪华度假酒店、庞大的博彩大厅、丰盛的自助餐以及无数的娱乐活动，可以说是拉斯维加斯的灵魂与象征。拉斯维加斯大道最热闹、最漂亮的时候是在晚上，观赏这里无敌的夜景和免费的各种 Show 是第一次来拉斯维加斯的游客最重要的游览项目。拉斯维加斯酒店的规模绝非其他地方的酒店可比，如果按房间数量多少计算，世界排名前 25 名的酒店中，有 18 家在这里。长街上最突出的是几乎每家大型酒店和赌场都有自己的主题，以地域为主题的酒店将各地的地标建筑造在了这里。拉斯维加斯的酒店底楼都是赌场，上面是酒店。酒店内部都有豪华的游泳池、夜总会、大品牌商店、高级餐厅等设施，可以说每一座酒店都是一个微型城市。正是因为拉斯维加斯也许是世界上酒店房间最多的城市，拉斯维加斯的住宿价格十分戏剧化。由于竞争以及空房率的增加，拉斯维加斯的很多酒店都要比美国其他城市便宜很多，有时候有的五星级酒店的房价甚至可以低至 100 美元。但如果是周末或者遇上美国法定假日，房价则会高很多，因此最好提前预订以便拿到最佳价格。在预订上应把握住在长街附近这个大原则，这样方便晚上逛街，另外也比住在老城区安全许多。我们预订的就是一家步行到长街只要一刻钟的三星级酒店 Four Points By Sheraton Las Vegas East Flamingo，标准间房价每晚 80 美元，导航地址是 4055 Palos Verdes Street，East of The Strip，Las Vegas (NV)，Nevada。

我们今天的行程安排是白天先到拉斯维加斯周边一些景点游玩，晚上再回来享受美食和逛街看夜景。我们先去红岩峡谷国家保护区，离拉斯维加斯市中心只有半个小时车程，来回非常方便。

红岩峡谷为南内华达州最美的风景区之一，这里的岩石因为有氧化铁的渗入，加上多年的风化，形成特有的火红色，绚丽夺目，是拉斯维加斯附近值得一游的好去处。这里入园每车需要交纳 7 美元，但幸运的是我们买的国家公园年卡竟然在这里也有效，看来只要景点名字中带有 National 字眼的应该都可以用这个年卡。园内有一条单向环形公路，游客可以自驾到达各个观景点，此外还有一些难度不大的步道可以走走。园内风光是典型的丹霞地貌，可以看到红色的岩石和灰白色的岩石层层相叠，清晰的纹路弯弯曲曲，构成美丽的图案（见图 2—305）。还有一些攀岩爱好者正在红色的悬崖上挑战自我，进行着勇敢者的游戏（见图 2—306）。

▼ 图 2—305　红岩峡谷国家保护区的丹霞地貌

▼ 图 2—306　红岩峡谷国家保护区的攀岩者

　　游完红岩峡谷国家保护区，我们回到城里吃午饭，午休后又去了离酒店仅 8 英里的巧克力工厂 Ethel M Chocolate Factory，导航地址是 2 Cactus Garden Drive，Henderson，Nevada。相信很多人都吃过 M&M 巧克力，这家巧克力工厂就是由玛氏公司（M&M）创办的。在这里你可以在透明的玻璃幕后观看各种巧克力糖果的制作全过程，免费参观完后可以到工厂商店购买令人眼花缭乱的各式糖果，这里经常会做一些优惠活动回馈给来参观的游客。参观完巧克力工厂后，可以顺便去旁边的仙人掌植物园（Cactus Gardens）开开眼界，这里也是免费的。这个庞大的仙人掌王国里有数百种各式各样的仙人掌以及沙漠植物，景象颇为壮观，让我们这些很少涉足沙漠的人学了很多知识，长了很多见识（见图 2—307）。

　　白天在外面逛了一天，体力消耗不少，我们决定回城里享受大餐。沾了同行队友当地亲戚的光，他请我们去了拉斯维加斯最出名的 Buffet：百乐宫酒店的自助餐（The Buffet at Bellagio），从简单的东南亚菜系到豪华的海鲜餐，上千个品种应有尽有，每天中餐和晚餐时段这里都是人满为患，一般人不早点去的话可有的等。不过同行队友的当地亲戚是这里的 VIP 会员，可以带我们免排队直接进入享用美食。吃饱喝足后，正好出去散散步消消食，体验一下拉斯维加斯精彩的夜生活。

　　拉斯维加斯大道每天晚上各酒店的景观灯全开，各式各样的灯争奇斗艳，各有特色，将这里点缀成一座活色生香的不夜城。我们先就近来到百乐宫酒店正门前，欣赏久负盛名的音乐喷泉表演。百乐宫也许不是拉斯维加斯最奢华的酒店，但绝对是最优雅的，其设计灵感来自意大利北部的 Lake Como Resort of Bellagio，酒店内的装潢也具有浓厚的欧式风格。酒店正前方人工湖的音乐喷泉是拉斯维加斯最著名的室外秀，整个湖面面积 4.8 万平方米，蓄水量达 10 万立方米，共安装有 1 200 支喷

▼ 图 2—307　仙人掌植物园

嘴和 4 500 支照明灯，喷泉喷射的方向与高度全部由电脑程序编排控制，能在瞬间将约 6.5 万升湖水喷至近 80 米高，配合优雅动听的音乐，水柱翩翩起舞，再加上五彩的灯光，简直是美轮美奂，成为吸引最多游客的地方。喷泉晚上表演的时间是从20：00至午夜，每 15 分钟一次，最好提前去占好湖边最佳位置，因为只有身临其境才能充分体会到那种如梦如醉的奇幻感觉。我们在这里连看了两遍，才依依不舍地离开（见图 2—308）。

▼ 图 2—308　百乐宫酒店的音乐喷泉

接下来我们沿着南北方向的拉斯维加斯大道步行闲逛，准备看遍几大知名酒店和酒店免费的表演。巴黎酒店（Paris Las Vegas Hotel）就在百乐宫酒店对面，它将埃菲尔铁塔和凯旋门克隆到了这里，其中埃菲尔铁塔是原型的二分之一，而凯旋门则是原型的三分之二。游客可以在这里的埃菲尔铁塔餐厅享用地道的法国大餐，俯瞰拉斯维加斯光彩夺目的夜景（见图2—309）。

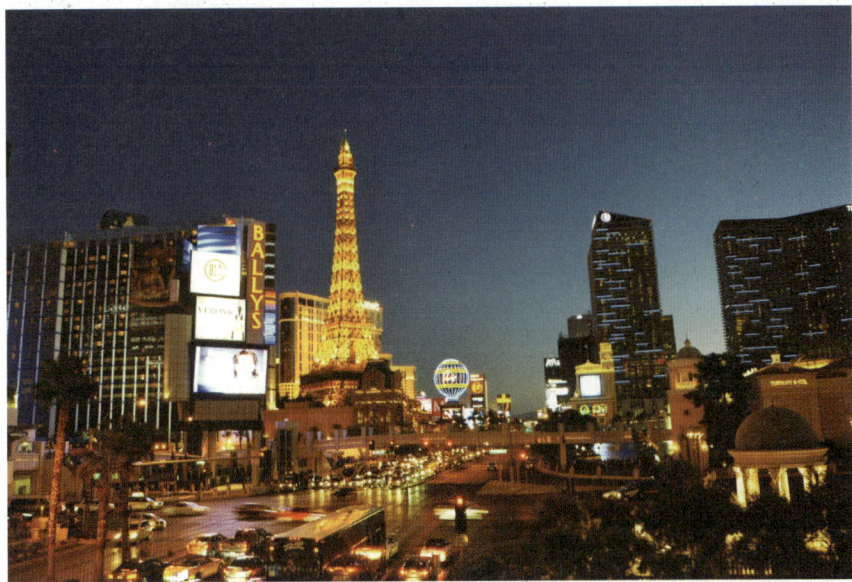

▼ 图2—309　巴黎酒店的埃菲尔铁塔

接着往南走，就是著名的纽约—纽约酒店（New York-New York Hotel）。在这里，自由女神像、布鲁克林大桥、帝国大厦、洛克菲勒大厦等众多著名的纽约地标建筑全部以三分之一的比例仿造出来，构成一个小型的曼哈顿。酒店内的主要博彩区则称为"中央公园"，甚至还有一个叫"时代广场"的酒吧。建议坐一下酒店的过山车（Roller Coaster），轨道穿梭于建筑内外，车厢是纽约特有的黄色出租车样式，乘坐起来仿佛穿梭于整个曼哈顿，相当刺激（见图2—310）。

再往南就是著名的金字塔酒店（Luxor Hotel）。整个酒店由一座30层楼高、黑色玻璃镶嵌的金字塔和两幢阶梯形高楼组成，门前是一座巨大的狮身人面像，神秘的古埃及文明与现代建筑工艺完美地融合在一起。步入大门，是一个高大的锥形空间，点缀着埃及古代文物的复制品，包括国王的陵墓、古代的塑像和壁画。到了晚上，金字塔前的高146米的狮身人面像的头顶会射出一束强光，直上云霄，是世界上最强的探照灯，在拉斯维加斯任何地方都可以看见（见图2—311）。

接下来我们折返向北，先是经过美高梅大酒店（MGM Grand Las Vegas），酒店外的巨大雄狮是美高梅集团的象征，这座高14米的铜狮子也是全美最大的铜塑。再次经过巴黎酒店，往北走几分钟就到了凯撒宫酒店（Caesars Palace Hotel），酒店整栋建筑为罗马式风格，像皇宫一样气派非凡，各种仿制的大理石雕塑让游客仿佛回

▼ 图 2—310 纽约—纽约酒店

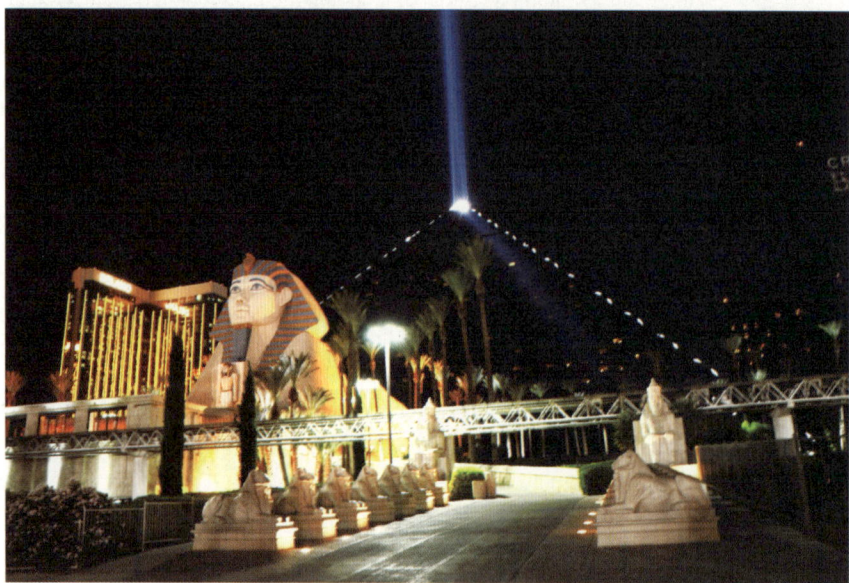

▼ 图 2—311 金字塔酒店

到了凯撒大帝时代。继续往北，是具有浓郁太平洋热带小岛风情的米拉奇酒店（The Mirage Hotel）。这里最出名的除了酒店内饲养的罕见的白虎、白狮以及美洲豹、雪豹等珍稀动物，还有酒店门前游客可以免费观赏的人造火山。每天晚上19：00至午夜，人造火山每隔1小时便会喷发一次，火山喷发时亮黄色的火焰直冲天际，高达30米，散落下的火焰掉落在火山四周的水池内，水与火和谐地交融在一起，非常壮观。

米拉奇酒店斜对面就是大名鼎鼎的威尼斯人度假赌场酒店（The Venetian Resort-Hotel-Casino）。酒店内部的人造大运河堪称一绝，它向人们展现了一个极为逼真的威尼斯小城，无论是白鸽飞舞的圣马可广场还是运河上的叹息桥，还是一边摇着刚朵拉一边唱着意大利歌剧的船夫，都和真实的威尼斯并无二致。另外一绝是酒店内的人造天空，刚刚还徜徉在流光溢彩华灯璀璨的拉斯维加斯街头，转瞬间又置身水城威尼斯的碧空之下，仿佛完成了一次时空穿越。虽然人造天空是拉斯维加斯大部分酒店的标配，但个人觉得还是这里给人的感觉最为逼真（见图 2—312）。

▼ 图 2—312　威尼斯人酒店里的人造运河和天空

出威尼斯人酒店继续往北走几分钟，是 2005 年才竣工的温尼拉斯维加斯酒店（Wynn Las Vegas Hotel），它是拉斯维加斯造价最高的酒店，内部设施异常华美，入口处的大型人造景观引人瞩目，酒店内还有豪车展览，从里到外透露着奢华之气（见图 2—313）。

逛完温尼拉斯维加斯酒店已经过了凌晨，繁华的拉斯维加斯大道上依然人来人往，热闹非凡。由于时间关系，我们没有继续往北去逛著名的云霄塔酒店即斯卓脱斯非尔高塔酒店（Stratosphere Casino Hotel），那里拥有世界上最高的旋转餐厅、最高的过山车游戏和最高的蹦极游戏。有时间的话，建议大家再去更靠北一点的老城区（Downtown）逛一逛，那里每晚 19：00 至次日 1：00 之间每小时一场的天幕灯光秀精彩绝伦，绝对让你大饱眼福。另外拉斯维加斯的 Show 非常有名，如大名鼎鼎的"O"秀、"KA"秀等经典招牌秀，是赌城的一大特色。这次我们只看了免费的 Show，没有看收费的 Show，实在是有些遗憾。

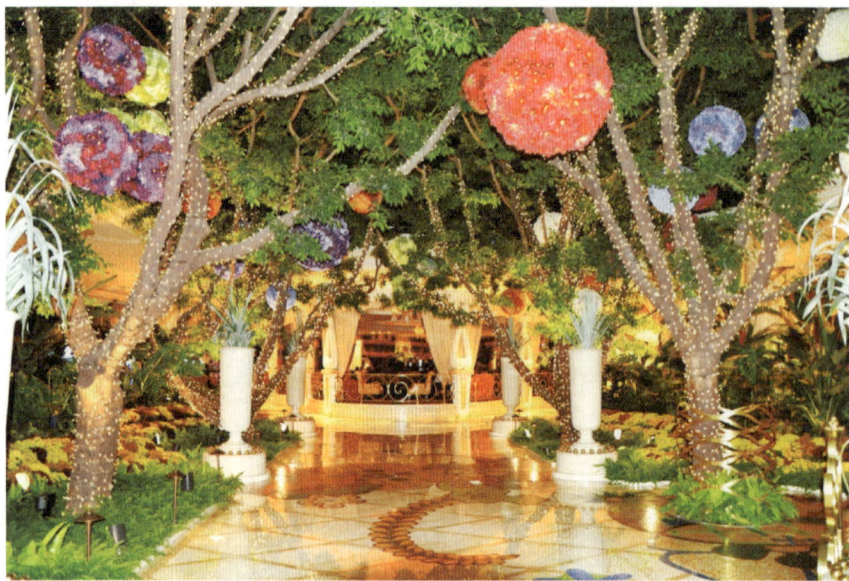

▼ 图 2—313　温尼拉斯维加斯酒店的人造景观

Day 21　拉斯维加斯（Las Vegas）—锡安国家公园（Zion National Park）—哈里肯（Hurricane）

　　拉斯维加斯周边地区国家公园众多，是美国国家公园密度最大的聚集区域，组成了俗称的美西大环线（Grand Circle），成为全球旅游爱好者到美国的必游之地。所谓大环线，是指把犹他和亚利桑那两州众多的国家公园、州立公园及其他著名景点串联起来所形成的完美自驾环形路线，是 Lonely Planet 推荐的美国经典自驾游路线中最重要的一个，不但途径 US-12 和 US-24 两条景观公路，环线上的羚羊谷（Antelope Canyon）和波浪谷更是旅行家和摄影爱好者的梦想之地，尤其是其中完全要靠运气拼人品抽中签才能进入的波浪谷更是可遇而不可求的地方，能够有幸进入波浪谷中一睹自然奇景足以让人终生自豪、引以为傲。

　　从今天开始，我们将以拉斯维加斯为起点，开始梦想中的大环线之旅。一次完美的大环线自驾之旅一般至少需要一周以上的时间才能尽兴，再加上波浪谷中签的不确定性，我们决定花 10 天时间在这一区域寻奇览胜。而且，和一般人设计安排路线时通常以大环线中的几个知名国家公园如大峡谷国家公园、布莱斯峡谷国家公园（Bryce Canyon National Park）、锡安国家公园、拱门国家公园为游览中心不同，我们这次的大环线之旅完全以波浪谷抽签为重心，准备住到抽签现场所在地卡纳布（Kanab）小镇连抽四天，如果抽不中再灵活安排游览周边景点。或许是我们志在必得的决心和百折不挠的意志打动了幸运之神，我们只抽了两次就竟然抽中了概率之低堪比彩票头彩中奖率的波浪谷许可，从而让我们这次"大环线之旅"真正变成了超级完美的"大满贯之旅"。图 2—314 是美西大环线景点示意图。

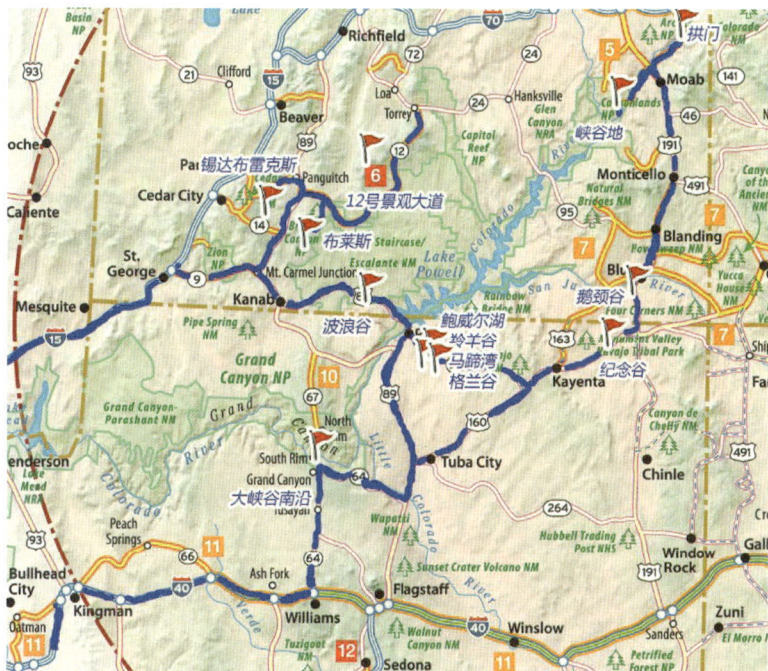

图 2—314　美西大环线景点示意图

　　锡安国家公园又称宰恩国家公园，距离拉斯维加斯仅 125 英里，不到两小时车程，算是离拉斯维加斯最近的国家公园，我们将其作为大环线之旅的第一站。锡安国家公园是犹他州第一座国家公园，其名 Zion 与 Sion 意思相同，为耶路撒冷山名，指《圣经》里的天堂。我们从拉斯维加斯沿 15 号州际公路北上经过 St. George 后，转入 U-9 号景观道路 Zion Park Scenic Byway 一路向东，这条路沿着处女河（Virgin River）河谷蜿蜒起伏，两旁绿意盎然，当两侧山峦岩石色彩开始丰富，岩壁呈现砖红色纹理时，就开始进入锡安峡谷了。中途会经过 9 号公路上的小镇哈里肯，考虑到我们要花两天时间挑战锡安国家公园里难度最大的两条步道，因此决定在这个离公园很近的小镇住上一晚休整。我们预订的宾馆是两星的 Hurricane Inn Travelodge，标准间每晚税后约 80 美元，导航地址是 280 West State Street，Hurricane，UT。

　　锡安国家公园是美国最受欢迎的国家公园之一，红色与黄褐色相间的岩石是它独有的色彩符号，而壁立千仞的锡安峡谷更是公园的王牌看点。10 月锡安峡谷里的黄叶和红岩相互叠加映衬，色彩绚丽缤纷，使得这里成为美西著名的赏秋圣地。此外锡安国家公园还是徒步和攀岩爱好者的天堂，这里有许多著名的徒步线路，The Narrows 和 Angel's Landing 是其中最出名的。The Narrows 的特别之处在于位于高山峡谷的缝隙之中，最窄之处只有 6 米，而且几乎全程都是逆处女河溯水而上，很多地方水深及成人的胸口，需要租用特殊装备溯溪，往返全程近 9.4 英里，需要至少 8 小时，还要防范山洪暴发等未知危险。Angels Landing Trail 是公园里排名第二的徒步线，往返全长 5 英里，海拔攀升 457 米，一般需要 5 个多小时，特别是最后登顶的 1.1 英里往返路程，基本都是在两边悬崖的山脊上行走，最窄处不足一米，虽然有铁链辅助，也是相当危险，可以说是美国的"华山"。但是一旦成功登顶，就可以360 度俯视整个锡安峡谷，宛如站在世界之巅，山红、树绿、天蓝、云白的全景五彩画，只看一眼就会让人终生难忘，这一点从其取名为 "Angels Landing" 就可想见。考虑到明天还要保存体力挑战难度不亚于 The Narrows 的 Subway，我们决定今天主攻相对容易点的 Angels Landing Trail，下次有机会再单挑 The Narrows。

因旺季游客过多，每年 4—10 月期间锡安国家公园限制私家车进入，自驾游客需要在公园入口处的游客中心停车，再搭乘公园免费巴士进入。游客中心西南侧是巨型屏幕电影院（Zion Canyon Giant Screen Theatre），播映的 *Zion Canyon Treasure of the Gods* 纪录片非常值得一看。我们先驱车从公园南门进入，然后在游客中心领取了提前在网上申请成功的 Subway 徒步许可，以便第二天早上直接去 Subway。看完电影，从游客中心搭乘免费巴士在 The Grotto 站点下车，穿过马路就是 West Rim Trail 和 Angels Landing Trail 两条步道的共同起点。走一小段平路后就开始了连续的上山弯道，这是 Angels Landing Trail 的第一道考验。也不知转了多少个弯，停下脚步回头望下面的山谷，感觉已经站在很高的位置了，但实际上这里离一半还差得远（见图 2—315）。大约花半小时爬完这段盘山步道，翻过一个山头，走一段峡谷中的平路后就迎来了第二道关卡：Walter's Wiggles，这是在石壁上凿成的之字形盘山小道，十几道急弯迂回而上，非常陡峭，一口气爬上去很耗体力（见图 2—316）。

通过 Walter's Wiggles 后就来到了 Scout Lookout，这里视野陡然开阔，可以看到下面的河谷了，但才算走完了一半。这里也是一个分叉点，往左是去 West Rim Trail，往右就是 Angels Landing Trail 最艰难的 1.1 英里往返登顶之旅。在这里有一块警示牌，

▼ 图 2—315　Angels Landing Trail 起始段的盘山路

▼ 图 2—316   Angels Landing Trail 第二道关 Walter's Wiggles

写着自 2004 年以来已经有 6 人在这里不幸失足失去生命。因为这之后的步道狭窄陡峭，两边都是悬崖峭壁，只有铁链作为保护，手脚必须并用才能安全通过，所以不少人出于安全原因在这里放弃登顶。我们当然不会放弃，先在这里吃了自带的午餐稍作休整，然后开始挑战最危险的 1.1 英里往返登顶之旅（见图 2—317）。

历经险阻终于成功登顶，回头看看刚才走过的路，真有些后怕。不过环顾四周的美景，一种征服的自豪感和成就感油然而生，才体会到一切辛苦都是值得的（见

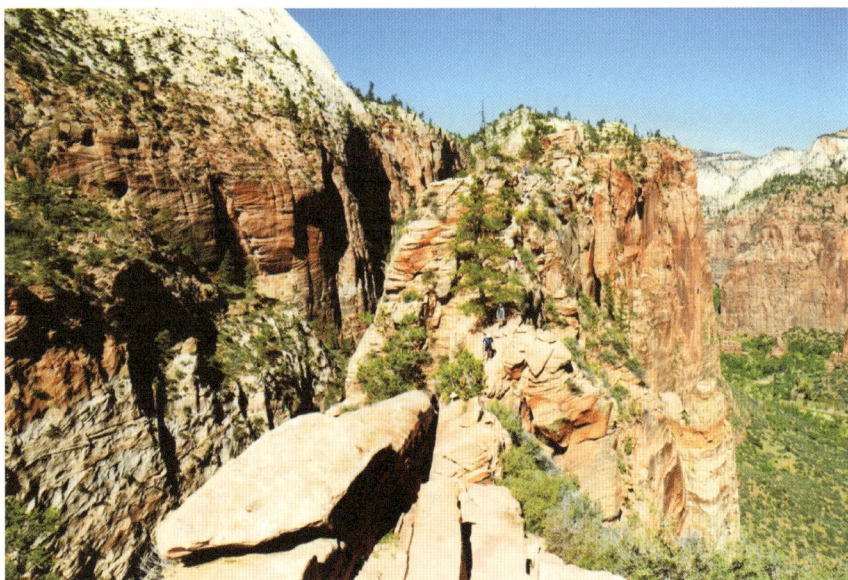

▼ 图 2—317   Angels Landing Trail 最后一段危险的登顶步道

图 2—318）。

　　虽然不如上山艰难，可下山也不轻松，回到步道起点时我们又累又乏，山谷里蜿蜒流淌的处女河从步道边流过，大家忍不住脱鞋跳进河中。河水清澈见底，无比清凉，在这里玩了一个多小时的水，我们才搭乘公园的免费巴士回到游客中心取车离开。此时已近黄昏，夕阳把游客中心对面的群山染得红彤彤的，和远处湛蓝的天空组合成一副绝妙的画面（见图 2—319）。

　▼ **图 2—318** Angels Landing Trail 登顶后的无限风光

　▼ **图 2—319** 锡安国家公园里典型的红色山峰

Day 22 哈里肯（Hurricane）—锡安国家公园（Zion National Park）—卡纳布（Kanab）

锡安国家公园里除了最著名的步道 The Narrows 和 Angel's Landing，其实还隐藏着很多常人不知的美丽峡谷，Subway 是其中最闪亮的明珠之一。这里说的 Subway 可不是美国到处可见的快餐店，而是公园里一处峡谷中天然形成的一条"地铁隧道"。这是一个在公园地图上找不到的景点，没有步道，只有路线，因此只有经验丰富的户外探险者才能找到通往 Subway 的路。为了保护这罕见的美景，公园一天只允许 80 名游客通过抽签申请许可（permit）才能进入一睹奇景。

和后面我们同样要通过抽签申请许可才能游览的波浪谷有所不同，Subway 抽签对景点的保护倒在其次，主要是为游客安全考虑，因为 Subway 景点偏远，路途遥远又没有地图，甚至没有固定的道路，路况也很复杂，非常容易迷路，没有丰富的户外探险经验很难顺利往返。同波浪谷每天只有 20 个名额相比，Subway 每天 80 人的总名额还是相当宽裕的，但是近年来随着其知名度的直线提高，人气越来越旺，申请的人越来越多，中签的难度也越来越大，因此最好提前申请以便安排行程，我们就是在网上提前三个月申请成功的。目前 Subway 许可申请过程分成四个阶段：

（1）第一次网上抽签，涉及每天 80 个名额中的 60 个。规则是提前三个月在网上填写申请（投注），在申请的次月的 5 日抽签。例如要申请 10 月的许可，需要在 7 月任意一天递交申请，8 月 5 日抽签。这一阶段只对 4—10 月的许可有效，即此轮抽签的申请只在 1—7 月开放。其他月份的需求量较低，不进行此轮抽签直接进入第二阶段。每份抽签申请费用是 5 美元。网上抽签地址是 https：//zionpermits.nps.gov/lot-teryapply.cfm，注意 Resource Area 要选择 Left Fork North Creek，这是 Subway 的官方名称。

（2）第一轮抽签结束后，如果 60 个名额中还有剩余的，便会在一个日历系统中"挂牌"。日历系统里绿色的日期格中的数字就是这一阶段可以获得的许可数目，红色的则要留到下一阶段。由于每年 11 月到次年 3 月期间的许可申请没有第一阶段，那么这几个月的每天 60 个名额都会以这种形式放出，先到先得，每个网上预订的费用还是 5 美元。

（3）前两个阶段只涉及每天 80 个名额中的 60 个，剩下 20 个名额被留到第三阶段，为那些临时决定行程的人提供一次抽签机会，也为第一轮未能抽到的人提供第二次机会。这一轮抽签接受申请的时间是拟申请日期前 7 天零点（山地时间，下同）至前 2 天的中午，即如果想申请 10 月 15 日，需在 10 月 8 日零点至 10 月 13 日中午 12 点之间递交申请，10 月 13 日下午 1 点系统进行抽签。只要某天还有可以在第二阶段日历上获得的名额，即使到了前 7 天至前 2 天，窗口也不会激活第二轮抽签，直至日历上的绿色名额耗尽才开启第二轮抽签的申请。如果到最后绿色名额仍未耗尽，这 20 个名额将和剩下的绿色名额一起进入下一阶段。每份抽签申请费用仍是 5 美元。

（4）拟申请日期前两天下午 1 点之后，剩下的所有名额将变成第二天（许可有效期前一天）和许可有效期当日在 Visitor Center（Zion Canyon 和 Kolob Canyons 两个游客中心均可）现场先到先得，只需许可的人头费，不需要额外的 5 美元手续费。注意所有申请成功（无论是抽签还是在日历上捡到）的许可都必须在有效期当日或前一天到游客中心当面签领。

我们昨天已经顺便去游客中心签领了提前在网上申请成功的 Subway 许可，许可一式两份：一份放在车上，一份徒步时随身带着。管理员（Ranger）基本不会费劲去徒步的路上检查，一般是到徒步起点（trailhead）的停车场看游客车上是否有许可证。Subway 有两种走法：从上往下走（top-down）和从下往上走（bottom-up）。两种走法差不多长，都是大约 10 英里。从上往下走一路的风景要比从下往上漂亮许多，但不是一般人能走的，因为需要攀岩、垂直降落和潜水等，看完 Subway 后回程是沿从下往上的路线出谷，所以在徒步前还要安排好车辆在出来的地方接应。后者相对容易点，进出都是一条线路，不需要吊绳，也不需要游泳，基本是溯溪而上。我们选择了从下往上走的走法，一早先从哈里肯的宾馆退房，然后沿 9 号公路开到一个叫 Virgin 的分岔口左转上 Kolob Terrace Road，一路开下去注意观察路边，等看到 Left Fork Trailhead 的标识，就意味着到了步道的起点了。这里有个停车场和洗手间，把车停好带上许可就可以出发了。

尽管我们选择了相对容易的走法，但实际上这条路还是很不好走，一开始先是一小段平路，很快就来到一条很深的峡谷边缘，从这里可以俯瞰整个峡谷的美丽风光，还能看见谷底蜿蜒曲折的溪流，Subway 的绝世美景就在溪流的源头方向（见图 2—320）。

▼ 图 2—320　去往 Subway 的峡谷风光

从峡谷上面下到谷底是去往 Subway 面临的第一道关。刚开始我们看着如此幽深的峡谷感觉安全下去似乎不太可能，搜索四周后发现了前人的足迹，真是佩服他们的勇敢和智慧，硬是在陡峭的崖壁上用脚开辟出一条极其隐蔽的羊肠小道，小道迂回曲折最终通向谷底溪流边（见图 2—321）。从这条小道下到谷底时，一定要记得在这个关键的分岔口附近做个记号或者拍个照，因为返回时很容易错过，我们在回程时就在这里差点迷路，完全是靠记忆和猜测才幸运地找到这条小道上山回到停车场。

图 2—321　去往 Subway 步道上的陡坡

在谷底沿着溪水逆流而上，一会儿走在左岸，一会儿走在右岸，似乎两边都有前人走过的路，似乎又都不确定。过了没多久，我们就懒得纠结左右选路了，因为根据工作人员告诉我们的大致攻略和路线，只要沿着溪流往上走到底就一定可以到达 Subway，再后来我们索性在溪流里直接趟水前行了，碰到水深的地方再从岸边绕，这样倒节省了思考和选择的时间。只是我没有穿凉鞋，旅游鞋灌水后相当沉重，走起来很费劲，但是又不敢脱鞋，因为河道里大小石头很多，光脚走很容易受伤。行进途中建议用石块或者树枝留一些自己可以辨识的标记，以便原路返回时参考，尤其是万一走得慢返回时太阳已经下山了非常有用。因为是溯溪，走起来比陆路慢不少，从起点开始我们差不多走了三个多小时，感觉好像已经快到了，结果碰到回程的游客一问，原来离终点还有近一个小时的路程，当时真是有点儿崩溃。今天走了 Subway 才知道，昨天的 Angels Landing Trail 简直就是小儿科，因为它只是惊险而已，而从距离、难易程度和体力消耗上来说，可能只是 Subway 难度的一半。虽然这样水陆两栖走起来很累，但是一路上风景很漂亮，能够看到美丽的峡谷秋色，而且有溪水相伴也不会感觉很热（见图 2—322）。在清澈的溪流里生长着一种鱼，体型不大，但非常漂亮，又累又饿的我们不禁"望鱼止饿"，臆想着要是现场抓几条小鱼油炸，下酒肯定很爽。

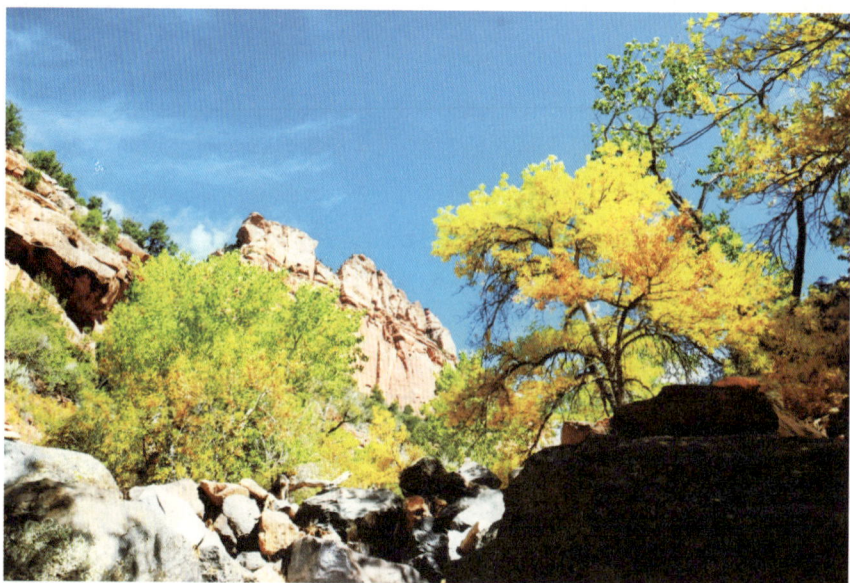

▼ 图 2—322　去往 Subway 途中的峡谷秋景

　　一路上不记得翻过了多少座巨石，淌过了多少片河滩，下半身几乎全部湿透，中途甚至因为怀疑这样走下去能否在天黑前安全返回而打算放弃，最终我们咬牙坚持了五个多小时，终于来到 Subway 的入口，那一刻禁不住对着两边的高山和峡谷大吼一声"我来了"发泄一下（见图 2—323）。Subway 是一个由河水长期冲刷切割形成的管状天然洞穴，从入口处看还看不出奇特之处，进入之后才发现别有洞天，里

▼ 图 3—323　Subway 入口

面清水长流，幽静深远，洞壁光滑，仿佛人工开凿的隧道（见图 2—324）。洞里还有若干个碧绿的深浅不一、大小迥异的水潭，水潭或圆或方甚至还有可爱的心形。水潭里的水温很低，洞外气温 30 摄氏度，把手伸进水潭里还是觉得冰冷刺骨。我们在里面拍照留念玩了大半个小时，就不得不赶紧往回走了，因为参照来的时间回去还要花近五个小时，这样我们哪怕是回程顺利不迷路的话，回到起点的停车场也差不多天黑了。

🔻 **图 2—324　Subway 内景**

回去的时候也是一路艰辛，还差点迷路，最后总算在差不多晚上 7 点的时候回到停车场，此时我们的体力都已经透支到了极限，在车上坐了半个多小时才缓过劲来。回想今天近 10 个小时往返 10 英里的户外探险之旅，可以说是到目前为止环游美加过程中最累的一天，真的不敢想象自己能够坚持下来。很多时候就是这样，看得少了就不知道天有多高地有多大，走得少了就不知道自己的体能和潜力到底有多少，或许这也就是旅行的意义之一吧。

Day 23　卡纳布（Kanab）—布莱斯峡谷国家公园（Bryce Canyon National Park）—卡纳布（Kanab）

昨晚挑战成功 Subway 后，我们驱车赶到卡纳布小镇入住 Royal Inn And Suites，房价是每晚 60 多美元，导航地址是 386 E 300 South, Kanab, UT。这里是波浪谷抽签所在地，我们今天早上先去抽签现场试了下运气，结果没中，于是决定去附近约一个小时车程的布莱斯峡谷国家公园游玩，明早再去抽签。布莱斯峡谷国家公园位于美国犹他州西南部，其名字虽有峡谷一词，但并非真正的峡谷，而是一片风化石林，由具有独特地理结构被称为 hoodoos 的岩柱构成，和云南石林很类似，但其景色更为壮观奇特，颜色也更加丰富多彩，是地球上岩柱密度和数量最高的地方之一，被誉为天然石俑的殿堂。这个迷你的国家公园面积很小，只有约 145 平方公里，其精华集中在被称为布莱斯露天剧场（Bryce Amphitheater）的最佳观赏区域，花短短大半天时间就可以轻松饱览其精华，可以说是美国众多国家公园中"景色美丽程度与游览难度之比"最高的公园（见图 2—325）。

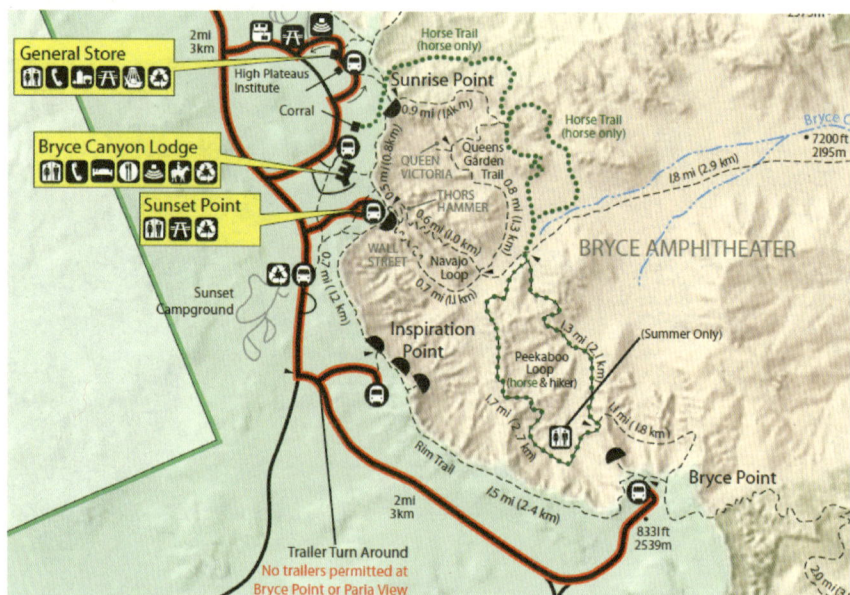

图 2—325　布莱斯露天剧场区域游览图

如果你的游览时间非常有限（比如只有两三个小时），日落点（Sunset Point）、灵感点（Inspiration Point）和布莱斯点（Bryce Point）是绝对不可错过的三个观景点。如果你有五六个小时的游览时间，不妨从 Sunrise Point 开始往下，走完 Queen's Garden＋Navajo Loop 这个组合步道到达 Sunset Point，然后返回到 Sunrise Point，全长约 3 英里，这是布莱斯峡谷国家公园里最经典的一条环状步行游览线路，被誉为是世界上 5 公里之内最美丽超值的徒步线路之一。如果对自己的体力没有信心，也可以选择骑马走 Horse Trail，在马背上游览这个区域。

虽然之前在网上看过这里的照片，也想象过这里的大致景色，但是当我们真正来到 Sunrise Point，第一次身临其境从高处俯瞰时，还是不禁被眼前千万个奇形怪状的石柱聚集在一起带来的惊人壮观的视觉效果所震撼。只见无数根形态各异的石柱，就像剧场中的一个个演员，造型千变万化，布局错落有致，让人不由得佩服大自然的鬼斧神工；又仿佛正在列阵的千军万马，气势恢宏磅礴，具有非常强烈的视觉冲击力，让人充分体验到这里被称为自然露天剧场的意涵。虽然照片很美，但和现场还是没法比。看着眼前大自然的神迹，真有一种超现实的感觉（见图 2—326）。

从坡顶往下走，其中有一段 Z 字形的山坡小径相当陡峭，坡上都是红色的沙土，

▼ 图 2—326　在 Sunrise Point 俯瞰布莱斯露天剧场

走起来并不轻松，一不留神还会滑倒。走进石林，近距离仰望它们的雄姿，看到有的像兵马俑，有的像城堡，有的像仙女，有的像猛兽，有的像观音菩萨诵经，有的像三藏师徒西行，大自然造物的神奇让人不由得惊叹连连（见图 2—327）。

▼ 图 2—327　布莱斯露天剧场中形态各异的岩柱

不过其中最有名的造型是 Queen's Garden 里一座被称为 Queen Victoria 的山峰，高高在上，君临天下，和英国伊丽莎白女王很有几分神似（见图 2—328）。

过了 Queen Victoria，只能算走完了全程的三分之一。继续走 0.8 英里来到一个分岔路口，我们选择去右边的 Navajo Loop。其中一段叫华尔街（Wall Street），因为巨大的岩壁耸立在两旁，游客穿行其间，仿佛置身于摩天大楼林立的华尔街之中。更为

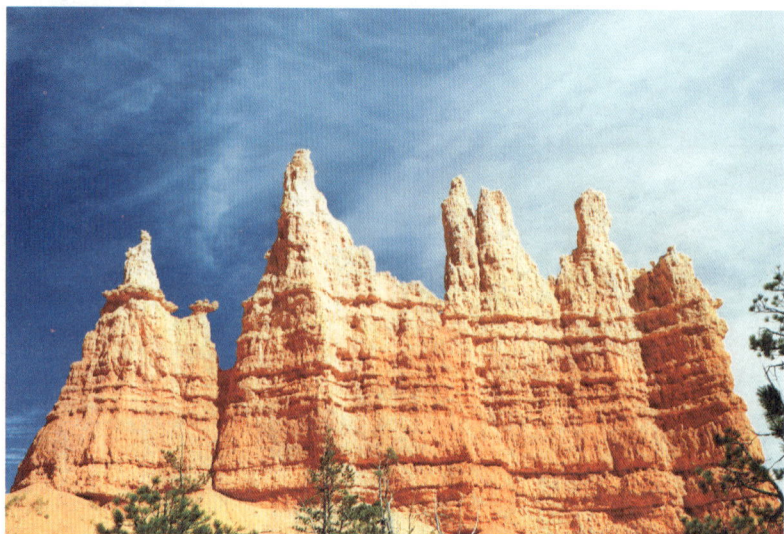

▼ 图 2—328   被称为 Queen Victoria 的山峰

神奇的是，在这条狭窄的步道入口，还有两棵又高又直的大树顽强地生长在岩缝之中，郁郁葱葱，与峡谷鲜艳火红的景色形成了鲜明的对比，堪称神树（见图 2—329）。

▼ 图 2—329   Navajo Loop 入口处的两棵神树

　　华尔街里幽深的步道在两旁高耸的崖壁间盘旋着拾级而上，相当陡峭险峻，尤其是从下往上爬时感觉相当吃力。不过每爬一段，可以停下来看看四周的景色，一路的风景很容易让人忘记疲劳。我们大约花了半个多小时爬到顶，站在这里抬头仰望，天空一片湛蓝，阳光照在石林的上半部，红色、橙色、白色的岩柱瑰丽多彩，在阳光的照射下熠熠生辉，反射着金黄或暗红的光芒。再回头看看刚才走过的路，不由让人心生万丈豪情（见图 2—330）。

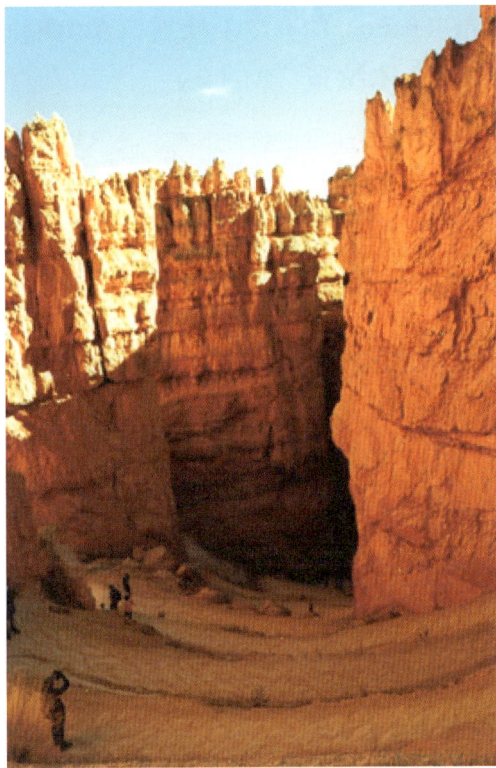

图 2—330　华尔街

　　布莱斯峡谷国家公园除了可以欣赏规模宏大的岩柱群，这里的日出日落景色也非常有名。不管是看日出还是看日落，Bryce Point 都是最佳的选择。布莱斯的日出日落实际重点并不是太阳，而是阳光洒在峡谷上所呈现出来的美妙景色（见图 2—331）。

图 2—331　Bryce Point 的日落美景

Day 24　卡纳布（Kanab）—羚羊峡谷（Antelope Canyon）—马蹄湾（Horseshoe Bend）—卡纳布（Kanab）

今天早上我们继续去波浪谷抽签现场碰运气，没想到人品大爆发，竟然抽中了明天去波浪谷探秘的许可（具体抽签过程及攻略见下一节关于波浪谷的专题介绍），这样可以利用今天白天的时间就近游玩一下。为了给明天的徒步探险储备体力，我们决定今天到附近的羚羊峡谷和马蹄湾看看，因为这两个知名景点不仅玩起来很轻松，风景也是超一流。

在美国亚利桑那州的荒漠中有个小镇佩吉（Page），小镇附近隐藏着美丽梦幻的羚羊峡谷，它除了是著名的狭缝型峡谷之外，岩石光影的奇幻变化也使其成为世界七大地质摄影奇观之一。羚羊峡谷是柔软的砂岩经过百万年的时间在各种侵蚀力的作用下所形成，位于印第安人纳瓦荷原住民保护区，景区也由他们族人管理。这里自然的奇幻美景是游客们的"地下天堂"，但"天堂"需要印第安导游的带领才能入内。这不仅是为了自然和人文保护的需要，更是为了游客的人身安全。因为就算是峡谷上方阳光灿烂，但是如果峡谷上游一场暴雨突然降临，这狭窄的"天堂"瞬间就有可能变成一处急流奔腾、绝无逃生可能的地狱。1997 年就有 12 个游客私自进入羚羊峡谷，结果因为上游降雨形成的突发暴洪而遭遇不测，最后仅有一人生还。

羚羊峡谷在地形上分为两个独立的部分，称为上羚羊峡谷（Upper Antelope Canyon）与下羚羊峡谷（Lower Antelope Canyon）。上羚羊峡谷在纳瓦荷语中称为"Tse-bighanilini"，意思是"有水通过的岩石"，导航地址是 5975 Highway 98，Page，AZ。由于谷地较广，且位于地面之上，所以大部分游客都是到这里参观。受地形限制，要进入上羚羊峡谷，必须在入口处停车并在沙地上步行约两英里才能到达。过去保护区允许私人的四轮传动车进入，现今所有的游客都必须搭乘保护区的大型四轮传动车，而且也取消了步行的许可，以免游客在烈日下步行发生意外。下羚羊峡谷在纳瓦荷语中称为"Hasdeztwazi"，意思是"拱状的螺旋岩石"，整年中约有九个月不会开放。下羚羊峡谷位于地底下，需要爬金属楼梯深入地底，中途还可能需要靠一些绳索才能走完下羚羊峡谷，由于其进入的难度比较高，游客较少，但摄影师常在这边取景。下羚羊峡谷入口仅有一人宽，与地面同高，远看无法辨识。进入后急降约 50 米，总长非常长，一般游客只被允许走到中途点。

游览羚羊峡谷一般是参加并跟随当地的旅行团进入，最好网上提前预订，其中最大的一家网站是 http：//www. antelopecanyon. com/。参团分普通团和摄影团两种，区别在于摄影团比普通团多一个小时，且有导游挡开其他游客让摄影者有足够时间拍摄美景。据说上午 11 点出发的这趟赶上的光线最好，因为正午时分光柱垂直打入谷内拍出的照片最美，只是这个时刻的团往往提前一两个月就预约满了，所以一定要提早预订。由于我们此行的美西大环线之旅以波浪谷抽签为重心，而能否抽中存在很大的不确定性，只能择机游览羚羊谷，所以不可能提前预订某一天的羚羊谷观光团。但是我们在今天抽中波浪谷后，还是抱着试试看的心态直接开车到达上羚羊谷碰运气，看看能不能现场参团。结果运气果然不错，现场有家叫 Antelope Canyon Navajo Tour 的公司可以当场交现金报名参团，当时除了上午 11 点出发的每天唯——趟摄影团（每人 80 美元）没有位置，其他时段的普通团都还有空位。普通团又分为两类，其中上午 10 点、11 点和中午 12 点这三个光线较好时刻出发的普通团票价是每人 40 美元（与摄影团的区别主要在于游览时长，普通团只有 1.5 小时，而摄影团有 2.5 小时），其他时刻出发的普通团票价则是每人 25 美元。每人除了要交上述不等的观光费外，还要再交 8 美元的印第安人居住区的管理费。当然，参观完后每人 5 美元的小费也是不可少的。

我们选择了上午 11 点出发的普通团，由一位印第安小伙子做向导。他带领我们登上一辆敞篷车在一片沙漠中奔驰，结果身上、头发上甚至嘴巴里都进了沙子，所以最好事先准备个口罩，相机也要藏在衣服或袋子里。就这样在车上摇摇晃晃了 15 分钟左右，来到了上羚羊峡谷的入口。刚看上去觉得特别不起眼，心想这里怎么可能就是传说中那美轮美奂吸引了无数摄影师目光的羚羊峡谷（见图 2—332）？

跟着向导从狭窄的入口进去，原来里面别有洞天，仿佛进入了一个大自然的神殿，感觉自己被包围在绝妙的三维曲面、曲线和光线之中。头顶上射下来的阳光让曲折的峡谷时而暗影朦胧，时而红光沐浴。一道道层峦叠嶂的优美弧线的背后不时透出柔和的彩光，神秘莫测，引得每个人都举着相机东张西望如醉如痴地捕捉着美景。印第安向导非常尽职尽责，不时指点从哪个角度会看到奇妙的景象，相机应该如何取景，甚至亲手帮我们调校相机参数以拍出理想的照片。游客当然也可以完全发挥自己的想象来拍摄照片，感受想象创造美景的乐趣。如果说水是打造羚羊峡谷

图 2—332   隐藏在沙漠中的上羚羊峡谷入口

奇异形态的工匠的话，那么光就是让它成为绝世美景的魔术师。正是从峡谷顶部狭缝透射下来的一束束光线，赋予了毫无生气的砂岩峡谷变幻多端的色彩和飘逸流动的生命，让这里成为摄影师的天堂（见图 2—333）。

▼ 图 2—333　上羊羚峡谷内奇妙的岩石纹路与光影组合

在一个小天井里，向导止住了脚步，让我们准备好相机，自己则走到天井的一侧，大把捧起地上的沙土，用力撒向上方的红色岩壁。在天井上方的阳光照射下，这些流沙仿佛一缕轻烟，又似一道飞瀑，从岩壁上飘逸下落，美轮美奂。人们发出了一阵惊呼，完全被眼前的神奇景象惊呆了，快门声随之响成一片，将这永生难忘的奇妙绝景定格下来（见图 2—334）。这里说一下羚羊峡谷拍照的注意事项。如果是报专门的摄影团，一定要携带三脚架，参数一般是 ISO 100 和 F16，快门时间 1～6 秒。如果是普通团，往往需要抢拍，可采用手动曝光及 RAW 文件来拍摄以便后续调整。

参观完羚羊峡谷，我们直奔下一个目标马蹄湾。马蹄湾离羚羊峡谷不远，是科罗拉多河流经佩吉小镇附近时一个 270 度的大转弯而形成的，因形似马蹄而得名。这里不收门票，路边也未设标识，自驾的话可从佩吉镇沿 89 号公路向南开大约 4 英里，在里程 544 和 545 之间路的右手边，有条岔路通向一个停车场，停好车后沿土路走大约 15 分钟就可以到达观景点。这一路大部分都是沙土，走起来还是比较费劲的。不过马蹄湾是我神往已久的地方，不仅仅因为它令人震撼的美景，还因为马蹄湾的魅力在于美丽的风景只会完全呈现给勇敢者，因为只有俯身探出悬崖才能完整看到最美的风景。而要想拍到马蹄湾的全貌则必须站在对面的悬崖上，在这里一切都是纯天然的，没有门票、没有工作人员，当然也没有你想象中的护栏，所以游客们都非常小心地在悬崖边挪动脚步。为了安全起见，尽量使用三脚架，并远离悬崖边缘等危险区域；

▼ 图 2—334　羚羊峡谷里的人造流沙

如果没有三脚架，最好选择趴在悬崖边上拍照以保持重心，以防发生意外。

马蹄湾附近的岩土因为含有大量的铁和锰金属而呈现出美丽的金属红色，切割出这个大湾的科罗拉多河水又是翡翠般的绿色，红色的土和绿色的河相得益彰，令人赏心悦目。匍匐在悬崖边俯瞰 300 米下的科罗拉多河，你一定能体会到马蹄湾既惊魂夺魄又让人屏息静气的美，感受到刚与柔、动与静在这里完美融合（见图 2—335）。

▼ 图 2—335　马蹄湾

Day 25　波浪谷（The Wave）（波浪谷秘境追踪全攻略）

1. 波浪谷的前世今生

波浪谷，也称石浪，英语是 The Wave，美国官方名称是 Coyote Buttes North（北狼丘）。它是位于美国犹他州和亚利桑那州交界处的一处独特地质奇观，既不是世界自然遗产，也不是世界地质公园，更没被纳入美国国家公园体系，而是隶属于美国土地管理局（Bureau of Land Management，BLM）的朱红峭壁国家纪念碑（Vermillion Cliffs National Monument）的一部分，一般地图上不标注，也找不到。由于其岩石纹理类似绵延不绝的波浪，再加上红橙黄紫等天然色调的绝佳调配，和每天仅限 20 人通过抽签进入参观的准入制度，以及需要足够体力和丰富野外徒步经验才能顺利找到并往返的挑战，让这里成为一个令全球无数摄影爱好者和户外探险爱好者痴迷向往的地方。如果你以前没有听说过它的大名，但用过 Windows 7 操作系统的话，想必对下面这张让人惊叹的图片不会感到陌生，这是 Windows 7 系统自带的风景主题中一张有波浪纹理红色石头的山谷背景图片，这个神奇的地方就是传说中大名鼎鼎的波浪谷（见图 2—336）。

波浪谷形成的历史可追溯到 1.9 亿年前的侏罗纪时代，当年的沙丘经过漫长岁月的钙化演变成砂岩，其中含量丰富、品种多样的铁矿被氧化后赋予砂岩炫目的红、橙、黄、紫，而流水和风沙的打磨则令它光滑浑圆，岩石上流畅的纹路如涟漪、似波涛般呈现出来，创造了一种令人目眩的三维立体效果。但这一自然奇观一直到大约 30 年前也就是 20 世纪 80 年代初才被人偶然发现，当时被美国梦激励的几位摄影爱好者不屑去那些人头攒动的地方，决定哪里荒凉就往哪里跑，最终在亚利桑那州朱红悬崖的帕利亚峡谷发现了这个神奇的地方。此后，这几位摄影师以波浪谷为主

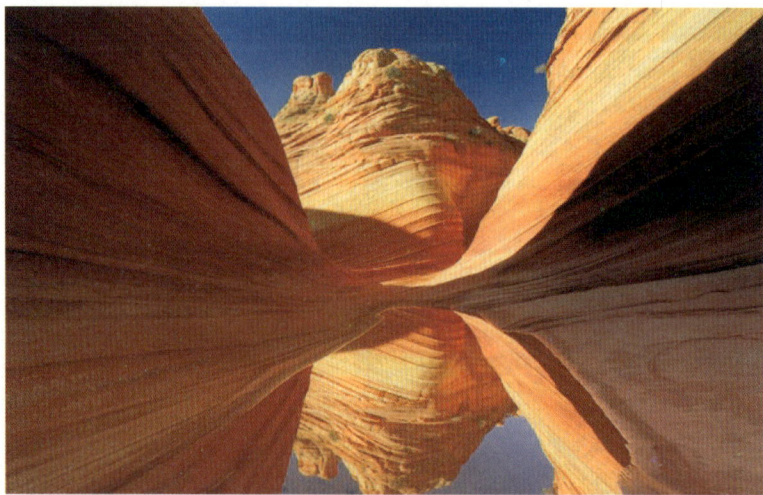

▼ 图 2—336　Windows 7 系统自带风景主题中的波浪谷

题的摄影作品，在国际摄影比赛中几乎是屡战屡胜获奖无数。见过波浪谷照片的人，无不为之倾倒，都在问：这么美的地方在哪里呢？答案是：没有人知道。因为这几位摄影师当初发现这块人间绝境时，他们就约定要保守秘密，绝不对外公开其位置。这个秘密一直保持了 10 年之久，直到 20 世纪 90 年代初，一位德国摄影家跟随这些美国摄影师中的一位去了波浪谷之后，这个谜底才向世人揭晓。于是，大批的欧洲人，尤其是德国人，远赴美国，只为了亲眼一睹这令人头晕目眩的旷世奇观。1996 年，德国摄影师 Gogol Lobmayr 拍摄了一部自然纪录片 Faszination Natur（Fascinating Nature），介绍了他曾去过的一些世界级自然景观，在大堡礁、大峡谷等闻名遐迩的世界奇观陆续登场之后，波浪谷（当时 Gogol 称其为 "Paria Sandhills"）压轴登场，吸引了众多自然爱好者的注意，从此波浪谷开始越来越多地出现在摄影作品中，人们也更多地采用 The Wave 这一形象贴切的名字来称呼这个地方。独此一家、美到令人窒息的稀缺性资源让波浪谷名声大噪，看到波浪谷照片的人中没人可以抵挡它的魅力，以至于全世界的人们穿越美国大陆或飞越大西洋、太平洋前来朝拜这一摄影圣地。波浪谷的人潮涌动惊动了美国政府，为了保护这一自然奇观，1997 年美国土地管理局开始接管波浪谷的出入事宜。经过实地考察及征求地质学家和环境保护专家的意见后，当局决定为了保护该峡谷脆弱的原始生态环境而不公开对外进行波浪谷的有关旅游宣传，除对已知的民众使用抽签系统每天发放限量的 20 个许可外，严禁任何人擅自入内。这一"每天只准 20 人游览"的限制无形中又成为一个噱头，让公众对这处美丽而神秘的景观的好奇心进一步发酵，以至于通过抽签才能得到的许可长期一票难求，使得波浪谷成为美国众多风景名胜中的"无冕之王"。《洛杉矶时报》专栏作家 Hugo Martin 就曾经说过："You can't call yourself a landscape photographer if you haven't snapped a photo or two of the Wave."（"如果你没拍过波浪谷，就不能自称为风光摄影师。"）

2. 波浪谷抽签大揭秘

波浪谷每天只发放 20 个进入许可，全球不分国家、不分种族、不分信仰、不分贫富，任何人都可申请，机会均等。许可的申请办法有两种：网上申请和现场申请，每天各颁发 10 个许可，共计 20 个。下面详细解密这两种申请方法的规则和流程，以及相应的对策建议。

（1）网上申请。网上申请可以提前 4 个月进行，而且可以选择 4 个月后那个月的任意三个日期进行投注，这样便于提前计划和安排行程，只要坐在电脑前轻点鼠标就可以完成，所以推荐想去波浪谷的首先考虑尝试网上申请。网上申请的网址是：https：//www. blm. gov/az/paria/obtainpermits. cfm？usearea＝CB，下面结合网上申请的具体流程逐步解释一下网上抽签的基本规则和注意事项。

首先打开网址 https：//www. blm. gov/az/paria/obtainpermits. cfm？usearea＝CB，就可以见到如图 2—337 所示的页面。

Coyote Buttes Permits

Coyote Buttes North (The Wave)

Permits are non-refundable and non-transferable.

You can apply for a hiking date through the lottery application.

Lottery Fees are:
$5.00 per application

Apply for Lottery Here

OR

On the rare occasion there are cancelations or open dates, the Coyote Buttes North calendar option is available for viewing four calendar months in advance.

Permit Fees are:
$7.00 per person per day
$7.00 per dog per day

Check Calendar

For detailed information on how the permit system works, click here

Coyote Buttes South

Permits are non-refundable and non-transferable.

You can select an available date from the calendar up to four months in advance of your hiking date.

Permit Fees are:
$5.00 per person per day
$5.00 per dog per day

Check Calendar

For detailed information on how the permit system works, click here

▼ 图 2—337　波浪谷网上抽签示意图 1

可以看出，这一页面包括了 Coyote Buttes North 和 Coyote Buttes South 两个地方的许可申请，其中 Coyote Buttes North 才是我们要去的波浪谷，选择时千万别弄混了。这里解释下 Coyote Buttes North 和 Coyote Buttes South 的区别。波浪谷所在的地区又被叫做 Coyote Buttes North，有 North 就有 South，与波浪谷相邻的 Coyote Buttes South 区域每天也有 20 个许可同时发放。那里的地貌跟波浪谷类似，但是因为波浪谷太有名了，去抽波浪谷许可的人往往是去抽 Coyote Buttes South 的好几倍。特别是冬天淡季的时候，去 Coyote Buttes South 一般都不用抽签，每天的许可都发不完，图 2—338 就是点击图 2—337 中 Coyote Buttes South 下面的 "Check Calendar" 打开的未来四个月的许可证剩余情况图，没有余额即 None 时日期是红色的，有名额时的日期则是绿色的，绿色方框里日期下面的数字就是当日剩余的 Coyote Buttes South 许可数量，点击你想要的日期就可以开始申领，可以看出在冬季很富余。其实 Coyote Buttes South 的地貌也颇有看点，如果没抽到波浪谷，将之作为替补也是不错的选择。

言归正传，我们回到图 2—337，可以看到波浪谷的申请又有两个选项：网上抽签（Apply for Lottery）和检查日历（Check Calendar）。先说说比较容易的检查日历。顾名思义，检查日历实际是不用抽签直接查看未来已经开出抽签结果的四个月是否有剩余的许可，可想而知这种好事的概率很小，因为对波浪谷这种超级热门的地方来说，一年四季都有人在网上碰运气抢许可，除非有人临时放弃到手的许可或者抽

Coyote Buttes South Permits
Hiking Availability Calendars

As of: December 4, 2014 at 10:44 PM Mountain Daylight Time
Available entry spaces for Coyote Buttes South

The number in **BLACK** indicates the number of available entry spaces for that day.
NONE indicates there are no available entry spaces for that day.
Click the day number or the number available to select that day and move to the next screen.
1 person = 1 entry

December 2014

Su	M	Tu	W	Th	F	Sa
	1	2	3	4 / 8	5 / None	6 / 1
7 / None	8 / 3	9 / None	10 / None	11 / 5	12 / 3	13 / None
14 / None	15 / None	16 / 5	17 / None	18 / None	19 / 1	20 / None
21 / None	22 / None	23 / None	24 / None	25 / None	26 / None	27 / None
28 / None	29 / None	30 / None	31 / None			

January 2015

Su	M	Tu	W	Th	F	Sa
				1 / None	2 / 1	3 / None
4 / 3	5 / 3	6 / 4	7 / 6	8 / 10	9 / 7	10 / None
11 / 8	12 / None	13 / 10	14 / 8	15 / 8	16 / 10	17 / 10
18 / None	19 / 8	20 / 8	21 / 8	22 / 8	23 / 2	24 / 6
25 / 6	26 / 4	27 / 6	28 / 10	29 / 6	30 / 10	31 / 8

February 2015

Su	M	Tu	W	Th	F	Sa
1 / 10	2 / 10	3 / 10	4 / 10	5 / 5	6 / 8	7 / 6
8 / 7	9 / 5	10 / 6	11 / 10	12 / 8	13 / 10	14 / 2
15 / 1	16 / None	17 / 2	18 / 10	19 / 6	20 / None	21 / None
22 / 5	23 / 10	24 / 6	25 / 7	26 / 4	27 / 10	28 / 4

March 2015

Su	M	Tu	W	Th	F	Sa
1 / 6	2 / 8	3 / 2	4 / 8	5 / 10	6 / 10	7 / 5
8 / 6	9 / None	10 / 4	11 / None	12 / 2	13 / None	14 / 6
15 / 9	16 / 4	17 / 8	18 / 6	19 / 8	20 / None	21 / 6
22 / 7	23 / 3	24 / 2	25 / 1	26 / 7	27 / 2	28 / 8
29 / 8	30 / 2	31 / None				

图 2—338　波浪谷网上抽签示意图 2

中签后没有及时付款，从而使得许可会在特定的时间被释放回这个日历系统里。这个特定的时间就是每月 1 日美国山地时间 9 点和每月 15 日美国山地时间 12 点，这两个时间分别是网上抽签结束和抽中后付款的截止时间。由于这种情况概率很小，所以完全属于"捡漏"的性质，一旦"有漏可捡"还必须眼疾手快，能够迅速完成网上获得许可必须填的一系列表单，因为这两个时刻在网上守株待兔期待"捡漏"的人也不少。

下面详细说说每人都有平等机会获得波浪谷许可的网上抽签程序。点击图 2—337 中的 Apply for Lottery Here，会打开一个页面，先是一段介绍波浪谷的十几分钟的视频，强烈建议完整看一遍，里面不仅有波浪谷的绝世风光，还有各种注意事项。看完视频后要点击视频下面的"I confirm that I watched the video"以确认，然后点击页面最下面的按钮"I Agree"才正式进入抽签投注页面，如图 2—339 所示。

需要填写的内容很简单，首先是防机器人验证问题，然后是姓名和电子邮件地址。接下来是关键的 Number in Party，即选择组员人数，可从 1～6 选择，即最少 1 人，最多 6 人。也就是说，网上申请者是以组（group/party）的形式参加抽签，每组人数上限为 6 人。申请人相当于组长，代表一个组申请一次算一个签，只要抽中，

Coyote Buttes North Lottery Application

Daily Quota = 20 people with 10 slots available for lottery
Group Size Limit = 6

The lottery application fee is $5.00 (non-refundable)   * required fields

* **How many ears does the average human have?** [   ]

* **First Name:** [   ]

* **Last Name:** [   ]

Some email addresses are not working with our system, IF you do not receive notification of your lottery results by the 2nd of the month please contact the Vermilion Cliffs National Monument Permits Desk. Also, you might want to check your spam/junk email folder and unmark the email as spam if the email is there.

* **Email Address:** [   ]

* **Validate Email Address:** [   ]

* **Number in Party:** [1 ˅]

Trip Dates

		April 2015				
Su	M	Tu	W	Th	F	Sa
			1	2	3	4
5	6	7	8	9	10	11
12	13	14	15	16	17	18
19	20	21	22	23	24	25
26	27	28	29	30		

1st choice: *
April [˅], 2015

2nd choice:
April [˅], 2015

3rd choice:
April [˅], 2015

[Clear Dates]

* ☐ I understand and agree that the $5.00 lottery fee is non-refundable and that it does not guarantee that I will get my requested trip dates.

* ☐ I understand and agree that if I submit more than one (1) application per month and successfully draw a permit, I will forfeit my permit.

[Submit Lottery Application]

◥ 图 2—339　波浪谷网上抽签示意图 3

组内每人都将和组长一样获得 1 个许可，相应地当天 10 个网上名额会减去这个组里成员数的名额。例如一个 4 人组被最先抽中，则 10 个网上名额中剩余 6 个名额可以继续抽。从上面的分析可以看出，人数越少的组应该越有机会中签，比如先前分别有两个 4 人组抽中，则 10 个网上名额中就只剩余 2 个名额可以继续抽，也就是说只有组员等于或少于 2 人的组才有可能中签。不过组里人数填多了也有多的好处，因为只要组长抽中就可以带相应数目的人进去。所以这里就要靠大家自己权衡取舍了，个人觉得 3~4 人为宜。此外，由于网上抽签只留组长的名字和邮件，不留其他组员的信息，这一点和现场抽签规则不同，所以同一个组的每一个成员是可以分别在网上申请一次的，这样理论上可以增加本组中签的机会，当然每一次申请都要付 5 美元的网上申请费。还有一点需要说明的是，抽中后的申请人将成为本组持证代表，届时必须作为组长到现场实地带队进去。我当初就和有意加入的几个驴友约定每人每月分别在网上申请一次，不过最终都没有如愿，最后还是在现场抽签时人品大爆发获得许可。

填完组员数目后，接下来用下拉框或者点击日历来选择三个投注日期，若抽中系统只会在这三个日期中选择一天发给许可。如果你的行程时间固定只能在某个日期去，那你就只选那一天（可以三个日期都选同样的）。如果旅游时间可以灵活机动的话，这里选择日期其实也有几个技巧。波浪谷抽签网站为了方便大家有的放矢选择投注日期，在图 2—339 页面下面其实还给出了当前的投注统计信息，如下图 2—

340 所示。首先标明截至目前（作者写作时为 2014 年 12 月 4 日）共有 673 个申请 2015 年 4 月的许可，然后在下面按照每天申请的数量多少从高到低列出了这 673 个 申请的分布情况，如 2015 年 4 月 3 日的申请数最多达 89 个。

There are 673 lottery applications for April 2015.

Most Requested Trip Date
(includes First, Second, and Third Choices)
Number of Requests: 52 ▾

Coyote Buttes North

Requested Date	# of Requests	# of People
Fri. 4/03/2015	89	300
Sat. 4/11/2015	86	325
Sat. 4/18/2015	85	324
Sat. 4/25/2015	83	301
Sat. 4/04/2015	81	272
Thu. 4/02/2015	79	245
Wed. 4/01/2015	75	227
Sun. 4/12/2015	75	235
Wed. 4/08/2015	74	238
Thu. 4/09/2015	72	218
Sun. 4/05/2015	71	250
Tue. 4/07/2015	70	207
Fri. 4/10/2015	67	223
Mon. 4/06/2015	65	218
Tue. 4/14/2015	60	199
Wed. 4/15/2015	60	214
Fri. 4/17/2015	60	190
Sun. 4/19/2015	60	189
Tue. 4/28/2015	58	166
Mon. 4/13/2015	57	207
Thu. 4/23/2015	57	160
Fri. 4/24/2015	57	178
Sun. 4/26/2015	57	186
Thu. 4/16/2015	56	196
Wed. 4/29/2015	56	173
Wed. 4/22/2015	55	163
Thu. 4/30/2015	55	157
Mon. 4/20/2015	54	178
Tue. 4/21/2015	54	156
Mon. 4/27/2015	52	170

🔻 图 2—340　波浪谷网上抽签投注统计信息

其中 # of Requests 就是指当日的申请数（若每组只申请一次即组数），# of People 是指所有申请组加起来的组员总人数。由于抽签时是每个人申请一张签，所 以关注前一个数字比较有意义，但后一个数字仍然具有参考价值，比如如果申请数 较多但总人数较少，说明规模较小的组偏多，那么这一天被抽中的组数就可能更 多。我想说到这里大家就应该明白了，在选择日期时应该充分利用系统给出的这张 当前申请情况的统计表，优先考虑那些申请数目相对较少的日期；在申请数目相同 或接近的情况下，则优先考虑当天申请组员总人数最少的日期，这样都可以增加中 签机会。由于每个月的月初到月底都是有效的时间窗口，可以投注申请未来 4 个月 的许可，比如 2014 年 12 月 1 日 0:00 到 12 月 31 日 23:59 之间都可以投注申请 2015 年 4 月任意 3 个日期的许可（抽签则是在 2015 年 1 月 1 日的美国山地时间 9 点进行并公布），所以最佳的网上申请投注时间应该是在抽签申请关闭前最后一刻， 也就是每月月底最后一天的最后几小时（但要注意时差，以免错过有效期），因为 这时候可以分析最终的整个月投注形势，从而有利于准确选择最佳的投注日期。

选择好投注日期后，把个人声明的两个框勾选上，点击 Submit Lottery Application 就进入申请费付款页面，可选择用信用卡支付 5 美元的申请费。提交申请并付款成功后系统会给申请时留下的电子邮箱发一封确认信。等下月 1 日开奖后，无论抽中与否，当初的申请费都不退还，若抽中的话需要在两周（14 天）内在网上通过信用卡支付本组内每个组员每人 7 美元的 permit fee。虽然组中每人都获得了许可，实际上是获得"准入权"，实体的许可每个组只有一张，上面注明了持证者（permit holder）也就是组长的姓名和组员人数，申请时留名的申请人作为持证者，姓名将印在许可上，到时候必须由其携带身份证件核实后才能带队进入。其他组员因并未指名，可自由决定，但能够进入的最多人数和当初填报的人数必须一致。网上申请成功的许可可以提前一天到现场领取，也可以根据申请时留的地址邮寄（需支付邮寄费），申请成功后，不管你在哪个国家，美方会在规定的期限内把许可寄给你，并附有步行地图和指南。

由于现在越来越多的人听说了波浪谷，加之网上申请方便快捷，使得全球网上申请波浪谷许可的人越来越多，抽签的难度越来越大（可以从图 2—340 中看到，有平均两三百人竞争 2015 年 4 月的 10 个网上名额，可见其惨烈程度）。我认识的人里有不少每个月都试试手气，但是就和买彩票一样，极少有中的，很多人连续申请大半年也没获得许可。即便获得了许可，也必须在申请的 4 个月后的那一天前往，这个也很苛刻。

（2）现场申请。现场申请地址为犹他州 89 号公路上的"Grand Staircase-Escalante National Monument Visitor Center"，具体导航地址为 745 E. Highway 89，Kanab，UT 84741，在 US-89 公路北侧，西边是 Walkers 加油站，东边是 Comfort Inn 旅馆（见图 2—341）。

游客中心（Visitor Center）因为算是政府部门，所以门口有旗杆悬挂国旗，到时在路北找星条旗即可。政府部门的属性也意味着，只有工作日才开门，才能抽签。不过平常非淡季时这里是全年除联邦节假日（federal holidays）外一周七天都开门的，在淡季（一般是 11 月中旬至次年 3 月中旬）则仅周一至周五开门。无论淡季还是非淡季，联邦节假日这里都是关门的。那么淡季周末和联邦节假日的许可抽签什么时候进行呢？一般是提前到放假前最后一个工作日。比如周六、周日的许可都在周五产生，又由于周日不开门，没法抽周一的许可，所以周一的许可也在周五产生，即周五一天就要抽本周六、日和下周一共三天的 30 个许可。如果接下来的周一是联邦节假日（如 Labor Day 等），那么周五一天则要产生本周六、日和下周一、二共四天的 40 个许可。所以节假日和淡季周末前最后一个工作日可以说是现场抽签最大的票仓日，要好好把握机会。当然，鉴于游客中心的开门时间存在临时变动的可能，建议去抽签之前先打电话确认。

抽签开始的时间是美国山地时间每天早上 9 点整，注意正常情况下是抽第二天的 10 个许可，碰上上面所述的节假日也有可能抽第三天和第四天的 10 个许可。游客

▼ 图 2—341　位于卡纳布的波浪谷现场抽签所在地

中心一般 8 点开门（冬季 8 点半），去早了没有用，可以和管理员或其他来抽签的人聊聊天，但 9 点整管理员会把抽签房间的门关上拒绝任何迟到者加入抽签，一旦门关上绝对不会再放人进来，晚一分钟也不可以。所以保险起见，应在 8 点半左右到达抽签地点，这就意味着提前一天就要住在附近。强烈推荐住在抽签地所在的小镇卡纳布（1 小时车程外的佩吉、哈里肯也可以考虑）。

　　这里要特别提醒，一定要注意不同地区的时差以及夏令时的问题。比如从佩吉或者其他亚利桑那州的城镇出发，在夏令时期间（3—11 月）要更加小心：亚利桑那州没有夏令时，当卡纳布所在的犹他州拨快一个小时执行山地夏令时间（MDT）时，亚利桑那州仍在执行山地标准时间（MST），原本都在山地时区，但此时却慢了一个小时。每年都有许多游客整整晚到一个小时，多数是被亚利桑那没有夏令时这一点所累。因此最保险的办法还是前一晚就住进卡纳布，跟当地对好时间（现在很多手机连上网就可以自动调整为当地时间），第二天还不用起大早。

　　卡纳布周边一个小时车程有众多经典景点，比如锡安、布莱斯、大峡谷等知名国家公园，还有羚羊峡谷、马蹄湾、鲍威尔湖等，所以住在这里可以方便每天尝试抽签，如当天抽不中还可以就近游览其他景点。我们当时就在卡纳布小镇上的 Royal Inn And Suites 连住四天，第一天差一点抽中，第二天被第一个抽中，可谓福地。这家旅馆性价比不错，导航地址为 386 E 300 South Kanab, UT 84741，到抽签中心走路大概 10 分钟，开车 2 分钟，非常方便。

负责抽签的管理员一般在早上 8:45 左右看人来的差不多了，会先在大厅说明一下抽签的注意事项，往往还会开玩笑吓唬大家，说这个地方不是轻松的旅游，就是有幸获得许可也需要在没有路标的荒野中往返徒步四五个小时才可能找到美景，等等。然后就会打开抽签室的门带大家进去，给每人发放现场抽签申请表。申请表很简单，主要是组长及组员的信息等，两分钟就可以填完。这里要特别提醒：一个组的每个组员虽然都可以去现场观看抽签（当然也可以只派一个代表在现场参加抽签），但作为一个组，每天只能由其中一人作为代表申请一次，也就是说一个组一天只能填一个申请表，严格禁止同一组中的不同组员重复填表申请，以保证抽签的公平。当然，如果一个组的人员超过 6 人，是可以容许拆成两个组分别进行申请的，只要每个组不重复进行申请就行。这条规则会被管理员反复强调，也被醒目地印在了申请表的表头，可见管理员对此类作弊行为的重视程度。现场抽签填写申请表要留下所有组员的姓名，管理员在抽签之前一旦检查发现多个表中有重名的人就会要求解释，发现作弊就立刻取消抽签资格。听说 2011 年 12 月 23 日的现场抽签就有一组中国人填写了多张申请表，开始侥幸躲过了查名单，然后一上来抽周六的许可就被抽中，但没想到紧接着抽周一的许可又被抽中一次，结果发现两次抽中的组员有重复，这样一下露了马脚，乐极生悲，两次抽中的许可都被取消了。所以希望大家无论在哪里都一定要遵守游戏规则，不要投机取巧，这是对别人的尊重，也是对自己的尊重。

现场抽签没有申请费，只需填好申请表按时提交就行。9 点整，管理员把房间门关上，确认所有参加抽签的组都交了表，按提交顺序给申请表从 1 开始编号，然后就开始抽签。桌子上摆着一个木盒，里面是一组标着数字的小球，对应申请表的编号。管理员把这些号码球按次序逐一放入摇奖滚筒。全部放进之后开始摇奖，第一个滚出的球便是抽中者，管理员会公布对应的申请人姓名及组员人数，并宣布该天剩余的名额数。然后继续摇剩下的球，重复以上过程，直至名额全部用光。

如果抽到一个 4 人组，当时只剩 2 个名额怎么办？和网上抽签程序不同，管理员会问这个组是接受 2 个名额自己内部再分配，还是放弃。如果选择接受，那这一天的抽签结束；如果选择放弃，那么这两个名额会放回当天的奖池供当天的其他申请者继续抽，直到当天的名额用完。如果前面抽中后碰巧只剩下一个名额了怎么办呢？这时管理员会宣布说为了安全起见，一般不允许一个人进去徒步，所以会追加一个名额，也就是还是会有 2 个名额供当天的其他申请者继续抽，这样当天现场抽签实际就有 11 个名额。我们 2014 年 10 月 17 日当天就是先抽中了我们的 4 人组，接着抽中了另外一个 3 人组和一个 2 人组，管理员又临时追加了一个名额，这样最后又有一个 2 人组获得了剩下的 2 个名额。

所有抽签全部结束后，才统一给成功抽到的幸运儿签发许可。申请者必须出示自己的有效证件（government issued photo ID），确认申请表上的信息和证件上完全一致后，支付组内每人 7 美元的徒步费用（只接受现金和支票，不接受任何信用卡），管理员和申请人分别在许可上签字，才算正式生效。所以一旦有幸中签，千万记得不要激动得马上跑出去庆祝了，必须留在现场领完许可再离开。我记得当时抽签员就开玩笑说曾经有两个人犯过这种低级错误。

如果第一天没有抽中，连续第二天再去抽的话，不需要重新填表，只要到现场告诉管理员把第一天填过的表挑出来，管理员会重新给表编号。我们第一天的编号是 29，当天前后的 28 和 30 号都抽中了，差之毫厘；第二天再去碰运气，由于不用重新填表直接提交，重新编号后我们的申请表序号变成了 2 号，没想到当天第一个抽出来的就是 2 号，要知道当天的抽签室爆满，参加现场抽签的组数至少有 100，中签概率也就 1% 不到，太不可思议了！所以当听到负责抽签的美女管理员报出我的组号和我的姓名的那一瞬间，我像被电击了一般，简直有点不敢相信自己的耳朵，直到和队友确认后才激动得跳起来，并向管理员挥手示意确认，引得当时全室其他一众人羡慕嫉妒恨的目光齐刷刷地扫过来。那种感觉太爽了，不亚于中了千万大奖的彩票！在抽签结束后我手持许可和那位给我带来好运的美女管理员合了张影，真心感谢她的妙手啊！我获得的许可编号是 2046，正好和著名导演王家卫执导的那部穿越到未来的电影同名，似乎有着冥冥之中的契合，让我原本是未来进行时的波浪谷梦提前在 2014 年变成了现实！

注意现场抽签颁发的许可有两联，如图 2—342 所示。上联叫 Parking Tag，需要

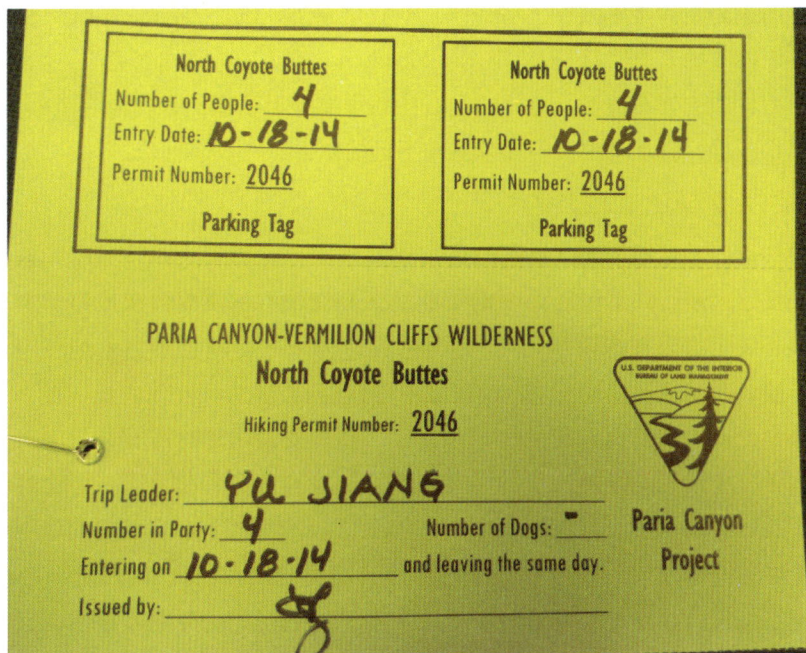

图 2—342　现场抽签获得的许可

从虚线处剪开，并在波浪谷徒步步道入口处的停车场停车时放在车的前挡风玻璃内侧，以供管理员随时抽查；下联则需用附带的细铁丝拴在持证者的包上（或其他方便但可见的部位），以备在徒步过程中可能遇到巡逻的管理员检查。据说无许可、许可失效或非持证者持证等违规行为都会受到严厉的经济处罚甚至起诉，所以没有获得许可千万不要尝试私自进入。此外，所有许可都是只在当天有效，必须一日内往返，不能在里面露营过夜。

以上便是现场抽签的流程和相关规则，能否获得许可主要是拼人品看运气，这个概率的大小关键在于当日参加现场抽签的总人数，这又是和季节密切相关的。每年的 3—11 月被认为是游览这一地区的"旺季"，剩下冬季三个月是"淡季"。旺季通常每天都会有几十人甚至几百人到现场抽签，而淡季则有可能一天不足 10 人到场，那就人人有份了。只是冬天游览也有缺点，一是白昼时间短导致游览时间较短；另外还可能遇到积雪影响道路通过和景观。此外旺季中的 7、8 两个月由于波浪谷所在的沙漠地区正处于高温酷暑，申请人数也相对较少，也可以考虑，但还要考虑夏天在沙漠里徒步的风险。由此想来我们能够在气候宜人的金秋 10 月赢得现场抽签，实在是莫大的幸运！

最后再补充一点，由于波浪谷是摄影爱好者和探险爱好者趋之若鹜和梦寐以求的地方，所以大多数时候无论是网上申请还是现场申请，能够获得许可的都是少数幸运儿，听说有人住在卡纳布小镇一周连抽七天都没中。如果万一没有拿到许可，其实波浪谷周边还是有不少可玩之处的。除了前面提到的可就近游览锡安、布莱斯、大峡谷等国家公园和羚羊峡谷、马蹄湾、鲍威尔湖等，以及 Coyote Buttes South 外，另一个不用抽签的安慰奖就是 Wahweap Hoodoos，有人叫它"白蘑菇"，这是一组天然的白色石柱状的岩石造型，有趣的是石柱的顶端是黑褐色的，就像一个蘑菇一样，也非常值得一看，就在离波浪谷和卡纳布不远的地方。

3. 波浪谷秘境追踪指南

如果你以为幸运地拿到波浪谷的许可就万事大吉，那就大错特错了，这其实只是万里长征第一步，并不保证你一定就能见识到波浪谷的真容。从旅游类型分类上说，波浪谷属于"野外探险旅行"，它的挑战与迷人之处就在于它是纯荒野，没有人，没有路，来回往返近四英里（前提是不走错路），仅依赖管理方提供的一份简明地图，靠自己摸索和辨别方向找过去，而且一路都要翻山越岭或在沙地上行走。这里没有国家公园常见的管理人员和服务设施，也没有路标和指示牌，更没有手机信号，迷失在其中别指望能打电话求救，有什么紧急情况也不会有及时的救援。在单程约一个半到两个小时的徒步行走中，你仿佛置身于一片类似外星球的荒郊野地，除了有迷路的危险，还可能遭遇到这一地区常见的响尾蛇。所以不是谁都有勇气到这个救援不能及时到达的荒凉地方徒步寻找美景的，听说有些人就算幸运地拿到了许可，最后也没有顺利找到波浪谷。据说在以前抽签的游客中心门前就堆放着几个骨骸，警告着来这里参加抽签的人们：进入波浪谷是存在迷路、失踪和死亡的危险的。这绝不是开玩笑，若不熟悉地形或准备不足导致迷路耽误了时间，在日落天黑后赶路，将相当危险，2010 年 7 月就曾有一名进入波浪谷的中国游客因迷路在天黑后赶路，最后不幸掉落悬崖伤重身亡。

现在假设你已拿到许可并做好了野外徒步的各项准备，那么接下来第一件事就是到达徒步的起点。波浪谷徒步路线的起点叫"Wire Pass Trailhead"（注意不是 The Wave Trailhead，或许将来会随波浪谷的大名而改名），如图 2—343 左上方圆圈所示。

这条徒步路线的起点在一条名叫 House Rock Valley Road 的土路东侧，这条土路没有铺设柏油（据说是管理方为了保护波浪谷的奇特景观而特意为之），路况时好时坏，有时不走运碰到暴雨或积雪，可能连波浪谷徒步路线的起点还没看见就得放弃，所以这是波浪谷之旅需要克服的第一个障碍。

那么如何找到这条土路呢？从地图上看，House Rock Valley Road 几乎从正中贯穿 US-89/89A 环线，在南北方向上把北线的 US-89 和南线的 US-89A 连接起来。前往波浪谷的徒步起点 Wire Pass Trailhead 就在这条路靠近北端起点（即 House Rock Valley Road 与 US-89 公路交会处的岔路口）的约 1/3 处，大概 8.3 英里；距离 US-

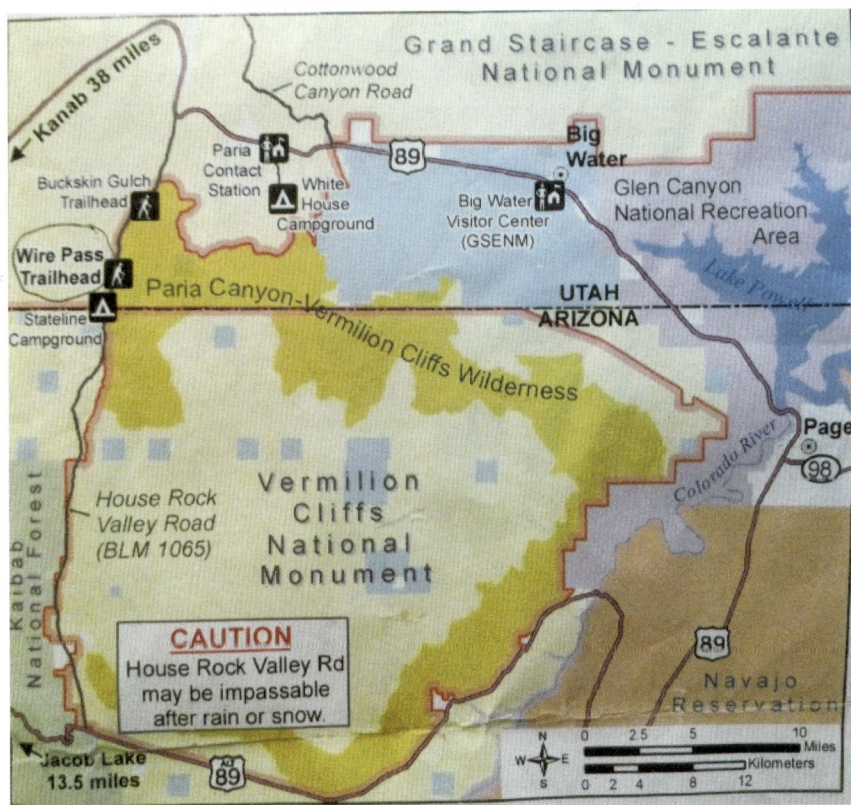

图 2—343　波浪谷徒步起点位置示意图

89A 上的岔路口则 21.3 英里。显而易见，无论从卡纳布还是佩奇出发，走北线 US-89 都更近，行车时间均为 1 小时（30 分钟公路加 30 分钟土路）。南线 US-89A 路程和时间都至少要翻番，约需 2.5 小时。因此通常情况下，如果前一晚住在卡纳布或佩奇，只要路况允许，都会选择北线。但如果遇到天气和路况不好，从北线 US-89 无法进入 House Rock Valley Road，那么多花点时间能够从南线 US-89A 进入也是个不错的选择，游览时间还是来得及的。

从 US-89 拐入 House Rock Valley Road 这条土路的岔口位于佩奇和卡纳布两个城镇的中点，距离抽签所在地卡纳布小镇大约 38 英里，但是位置比较隐蔽，一不留意很容易错过（见图 2—344）。我们昨天抽签拿到 18 号的许可后，为了确保今天能够顺利找到徒步起点，特意在去佩吉附近游完羚羊谷和马蹄湾后沿 US-89 回卡纳布的路上，专门花时间找到这个岔口所在的具体位置，这样今天一早就可以节省时间直接开进去了。

开进 House Rock Valley Road 后，只有很小一段柏油路面，随即就转为土路，路面起伏不平相当颠簸，租车的话强力推荐四驱的 SUV。顺利开过 8.3 英里的土路后，就会看到右手边有个停车场，停车场对面就是波浪谷的徒步起点 Wire Pass Trailhead。停车场有厕所、信息展板和登记簿，但没有饮水，所以一定要提前带好食物和水，官方推荐的是携带一加仑也就是近 4 升水，这个在夏天绝对是必需的，冬天可能只需要一半。首先要在登记簿上登记（回来时记得也要签到，这是为了方便管理员检查并了解你是否当天顺利返回以便及时提供救援），然后把许可的停车联放在前挡风玻璃内的醒目位置，携带上许可的第二联跨过 House Rock Valley Road 开始徒步，这才算真正踏上波浪谷的朝圣之旅。

▼ 图 2—344　从 US-89 拐进 House Rock Valley Road 的岔口

在徒步入口处有一个警示标牌，提醒在这里可能遇到突如其来的暴雨产生的洪水，要及时观察天气以防万一。沿着牌子旁边的小路我们下到路对面的干河床里，这条河床便是 Wire Pass。下到 Wire Pass 河床上，可以清楚看到有一条明显的足迹上到对岸，可以选择跟随这条足迹走，也可以干脆就在河床里走，因为岸上的足迹最终都会回到河床里，除非河床太泥泞，否则在河床里走是最省力的。前进方向是往下游（左边地势较低的方向），在向右拐过一个直角弯、再向左拐过一个大的马蹄形弯后，注意右岸上有一条明显的步道离开河床爬上右岸的山坡。开始爬坡处还可以看到一个棕底白字的标示牌，内容大概是前方 0.5 英里开始便是 Coyote Buttes North permit area。有不少人就是在这个开头的地方就走丢了，错过这个上坡而直接沿河床走到底，那样是永远找不到波浪谷的，所以在拐过第一个弯之后要时刻注意寻找右边的指示牌。

上到坡顶路面就变成了沙地，跟着脚印走就可以，总体的方向是由西北向东南。有些地方沙子颇深，走起来比较费力。这时视野也逐渐开阔，可以看到眼前出现一座横亘的山脉，右边的山脊很高，往左渐低，接下来行进的目标就是朝左边最矮的那几个小山头之间的山口走（官方指南上叫 Small Saddle）。

翻过山口，眼前豁然开朗，右手边是个斜坡，左手边是一片开阔地。远处可以看到好些像印第安人帐篷的突起叫 Teepees；在 Teepees 的右边，又有两座紧挨在一起的圆锥形山峰，叫 Twin Buttes，这是一个非常重要的位置参照物，可以说只要找对了 Twin Buttes，就基本上可以保证能找到波浪谷了（见图 2—345）。

接下来就是保持当前的高度，沿右手斜坡的半山腰向正南前进直至 Twin Buttes，注意行进中别走到低处或爬到高处。在经过 Twin Buttes 时建议在边上用石头堆个玛

▼ 图 2—345　寻找波浪谷的地标之一：**Twin Buttes**

尼堆做路标供返程时参考，很多人都是返回时在这里迷路的，因为返回时看 Twin Buttes 的角度和来时不太一样，很容易让人迷糊。一定记得来时要从 Twin Buttes 的右边翻过去继续向南，这样就可以看到 Teepees 右边出现了一座山体，那便是波浪谷上方的山峰 Top Rock。远远就可以看见 Top Rock 上有一道垂直的像裂缝一样的深色痕迹，波浪谷的入口就在那道裂缝正下方，所以这条裂缝也是最后一个重要的参照物，只要朝着那条裂缝走大方向就不会错了（见图 2—346）。中间会经历几个上下坡，坡度都不大，最后眼看着入口就在对面的山坡上时，要先下坡穿过另一条沙质的河床，来到对面的山坡脚下。山坡脚下有一道沙丘，顺沙丘脊（通常上面有前人的脚印）开始爬坡，在沙子上上坡会觉得很累，注意石面可能会很滑，特别是上面有一层薄薄的浮沙。一直爬到顶，再往里走，等到可以看到石壁上出现红黄相间的美丽条纹时，就意味着真正进入波浪谷了。

▼ 图 2—346 寻找波浪谷入口的地标之二：大裂缝

从入口的通道往里走，正面是一面"照壁"一样的石壁，颜色和纹理都很漂亮，如果赶上入口处有较多的积水，这里的倒影照是非常经典的，就如 Windows 桌面背景一样漂亮。可惜那天这里的积水不多，继续往前走一小段，就能看到最经典的波浪谷风景照了。我们在这里摆拍了各种姿势，包括跳跃、打坐和瑜伽等，玩得非常 High。这时候你就可以充分体会到这里每天仅限 20 人进入的好处了，就是照相时根本没有人和你抢位置，想怎么照就怎么照，实在是太爽了（见图 2—347）。

从目前网上为数不多有幸去过波浪谷的游记来看，很多人都是根据官方提供的地图寻找到最经典的波浪谷所在地，然后玩一下拍拍照就匆匆返回了，其实在这周边还有很多值得探索的地方。想想获得波浪谷的许可是那么不容易，如果不乘此机会充分发掘下周边的美景实在是有些遗憾和可惜，所以我们又花两三个小时在周边探索了一圈，特别是冒险爬上高处俯瞰波浪谷，和在波浪谷里面看是完全不一样的感觉（见图 2—348）。另外还发现了周围几个风景不输波浪谷的景点，留待大家有机会自己将来亲自去现场发现吧。

图 2—347　波浪谷内部美景

图 2—348　从高处俯瞰波浪谷

Day 26　卡纳布（Kanab）—圆顶礁国家公园（Capitol Reef National Park）—莫阿布（Moab）

位于犹他州的小镇莫阿布又称摩押，它北靠拱门国家公园，西南邻近峡谷地国家公园（Canyonlands National Park），是游览这两个公园的最佳住宿地。此外，莫阿布小镇独特的地形地貌非常适合户外攀岩和山地自行车运动，它也因此成为美国知名的户外运动天堂。我们今天将离开给我们带来好运的小镇卡纳布赶到莫阿布住下，以便明后天游玩拱门和峡谷地国家公园。

从卡纳布到莫阿布的自驾路线有很多种走法，我们特地选择走犹他州著名的 US-12 景观公路，中途还可顺便游览下圆顶礁国家公园。US-12 是美国指定的 120 条国家风景道路之一，别名 A Journey Through Time Scenic Byway。它从布莱斯峡谷国家公园开始，穿越大升梯国家纪念区（Grand Staircase—Escalante National Monument），越过丛林密布的博尔德山（Boulder Mountain）和迪克西国家森林（Dixie National Forest），蜿蜒而下进入圆顶礁公园入口附近，124 英里长的公路两旁有着令人难忘的景致，沿途设有专门的停车点供游人欣赏风景。我们一路既看到了堪比阿拉斯加绚丽秋色的美景，又欣赏到了大气磅礴的峡谷、森林和湖泊风光，美不胜收（见图 2—349、图 2—350）。

Torrey 小镇是 US-12 景观公路的终点，从 Torrey 往东转上 Capitol Reef Country Scenic Byway 24 景观公路，约 15 分钟车程进入南北狭长的圆顶礁国家公园。这个国家公园是以公园内 Capitol Dome 这个形似国会山圆顶的大石头命名的，是犹他州五个国家公园中最没名气的一个，不像其他四个公园有自己鲜明的特色，大多数游客

▼ 图 2—349　US-12 风景道路旁的斑斓秋景

图 2—350　US-12 风景道路 Larb Hollow Overlook 瞭望点风光

只是把这里作为一个中转经过点匆匆带过，如果对它没兴趣或者行程紧张的话其实是可以一口气开到莫阿布的。我们今天时间充裕不用太赶路，报着"走过路过别错过"的心态，还是决定在圆顶礁公园停留两三个小时逛逛。

　　圆顶礁国家公园南北狭长分为北中南三区，游客很少进入隔绝独立的北区 Cathedral Valley 和南区 Waterpocket，一般都仅在 US-24 沿途的中区 Fruita Historic District 参观。这是从前摩门教早期移民在 Fremont River 河流旁的居住区域，荒芜的山区有许多历史建筑物。US-24 由西往东进入圆顶礁首先看到双生岩（Twin Rocks），其后是烟囱岩（Chimney Rock），可在烟囱岩对面制高点 Panorama Point 眺望四周壮丽景色。继续往东路旁独立庞大的城堡巨岩（The Castle）是最醒目的地标，对面就是圆顶礁公园游客中心。从这里往南有条风景道路分支，沿这条路开车走到底是步道起点，可以尝试走陡峭的 Golden Throne Trail 攀登到悬崖边观赏金色巨岩山峰（Golden Throne）；往东继续深入 Capitol Gorge Trail 在巨岩峡谷中行走，会先到先锋登记岩（Pioneer Register），上面有很多一两百年前的游人刻下的字迹，有的字离地面有近十米高，但现在游客要是再在岩壁上留字是违法要被罚款的，看来古今中外乱刻乱画留下到此一游记号的坏习惯也是一脉相承啊。

　　从圆顶礁出来沿 US-24 向莫阿布进发，在圆顶礁游客中心往东不远处的路边有一个免费的观景点，在这里可以观赏到古代印第安人创作的岩画，岩画构思天然纯朴，人和动物造型活泼生动，形象惟妙惟肖（见图 2—351）。

　　继续沿 US-24 风景道路向东，路旁可以欣赏到非常奇特的地形地貌，有的像欧洲中世纪的古堡岿然屹立，有的又仿佛加长版的烽火台孤悬天边（见图 2—352）。

▼ 图 2—351　US-24 风景道路边上的岩画

▼ 图 2—352　US-24 风景道路边上的奇特地形地貌

Day 27　莫阿布（Moab）—拱门国家公园（Arch National Park）—莫阿布（Moab）

昨晚我们入住 Moab 一家两星级的 Super 8 Motel，由于这里是旅游小镇，房价一点也不便宜，标准间是每晚 110 美元，导航地址是 889 North Main Street，Moab，UT。今天白天我们先去最近的拱门国家公园游览，晚上再回到这个小镇住一晚。

从莫阿布自驾到邻近的拱门国家公园仅需 15 分钟。拱门国家公园位于犹他州东部，面积 309 平方公里，这里有世界上分布最密集的天然拱门群，保存了包括著名的精致拱门（Delicate Arch）在内的超过 2 000 座天然岩石拱门，最小的只有 1 米宽，最长的景观拱门（Landscape Arch）跨距则达 93 米。1929 年时，此地成立国家纪念地，但到 1971 年才成为国家公园。水、冰、极端的温度变化以及地下盐层运动，是形成拱门国家公园鬼斧神工般岩石景观的主因。实际上直到今天，仍然不断有新的拱门形成，老的拱门坍塌。

拱门国家公园内有一条南北向的主要景观道路 Arches Entrance Rd 联结所有壮丽的风景及各主要的拱门，不过几乎都是远远地看，想近观就得下车徒步走一段远近不一的路。公园只有一个出入口，入口处设有游客中心，可到这里咨询和领取地图。拱门国家公园的精华景点主要集中在四大区域，第一块叫 Courthouse Towers，从入口处附近的 Park Avenue 到 Sheep Rock，这块区域不是看拱门，而是以看风化岩为主；第二块区域是 The Windows Section，有好多拱门可以看，步道也很短，很大众的景区，常规旅行团必去的地方；第三块区域是精致拱门，拥有拱门公园乃至整个犹他州的地标——精致拱门；第四块区域叫恶魔花园（Devils Garden），这里集中了各式各样的拱门与特色风化岩，景区很大，步道也很集中，不过多数以长途的 Hiking Trail 为主，包括著名的 Landscape Arch Trail。考虑到著名景点精致拱门的最佳观赏时间是在傍晚，因此我们的游览计划顺序是先 Courthouse Towers，再 The Windows Section，然后是恶魔花园，最后在下午四五点钟再去追赶精致拱门的日落美景。

进入公园后的第一个区域是 Courthouse Towers，这里主要的看点有 Three Gossip 和 Sheep Rock，不需步行，停车在路边观赏即可。继续前行会路过醒目的平衡石（Balanced Rock），可以绕着它走一段短步道，有个特定的角度最漂亮（见图 2—353）。

▼ 图 2—353　平衡石

之后右转进入 The Windows Section 区域。游览这个区域轻松简单，主要景点是并排的南北窗拱门（South/North Window），以及 Turret Arch 和 Double Arch（见图2—354、图 2—355、图 2—356）。

North Window 有步道可以走入里面，从这里观看对面的 Turret Arch 角度很特别，Double Arch 相互对望也是很多风光摄影爱好者构图的首选，光线以上午最为适合。穿过 Turret Arch 后继续往右下方走，回头看能在同一张照片取景到 3 个拱门。对面的 Double Arch 在电影《圣战奇兵》里出现过。

图 2—354　南北窗拱门

图 2—355　Turret Arch

图 2—356　**Double Arch**

接下来我们驱车赶往景色壮观亮点众多的恶魔花园区域，这里最出名的景点就是跨距最长的景观拱门（见图 2—357）。恶魔花园步道（Devils Garden Trail）沿途有八个令人惊叹的石拱门，前半段基本是平地比较好走。在到达景观拱门前会经过 Tunnel Arch 和 Pine Tree Arch 这两个拱门，其中 Tunnel Arch 只能在远处看，Pine Tree Arch 可以从下面步行穿过。从起点走大约 40 分钟就到了景观拱门，一定要走到专门用于观赏这个拱门的步道尽头的木栏边，这时你才能看出它有多么狭长多么

图 2—357　景观拱门

纤薄，仿佛稍来一点风或雨都可能让它坍塌。可惜此时是下午有些背光，如果想拍出好照片，最好是上午来这里。

继续往前走起来比较困难，在 Partition Arch 能够眺望壮阔的自然砂岩景观，而 Navajo Arch 的光影效果不错，再往前 Double O Arch 是上下两圈像 8 字形状的拱门，如果转入 Primitive Trail 绕一圈回来，能在鳍峡谷（Fin Canyon）看到片片平行排列的岩壁，非常有特色。总体来说恶魔花园步道越深入里面走起来越费力，大多数游客都是看完景观拱门便返回了，这样安排两三个小时的步行时间也就可以了，如果打算走完全程，需往返近 7.2 英里，至少要预留 4 个小时。

逛完恶魔花园差不多下午四点钟了，我们赶紧驱车去精致拱门看日落，据说日落时分阳光打到这个拱门上非常漂亮。精致拱门是犹他州汽车牌照上的图案，孤零零矗立在一片光溜溜的山脊上，但是好的风景往往不会轻易示人，必须走往返约 3 英里长的恶魔花园步道才能到达，其中一段还是没有路的，要在岩石上找路，不过日落之前往往有大批人马上山，跟着大部队走就是，倒是很难迷路，一般人走下来约需 2 小时。在步道起点停好车后，可先去不远处的 Delicate Arch Viewpoint 远眺下精致拱门，从这里望过去精致拱门仿佛不是很远，正所谓"望山跑死马"，等真正踏上步道才发觉不是那么回事。就欣赏日落而言，精致拱门是美国最壮美的地点之一，同时也是欣赏和拍摄星空的最佳地点，因此全球无数摄影爱好者对它趋之若鹜，无限向往。在夕阳柔和光线的映射下，精致拱门的色彩也跟着千变万化，加上拱门本身宏大的身形和丰富的纹理，衬着远处的雪山，真是美不胜收，更让人对大自然的鬼斧神工无限感慨，满怀敬畏（见图 2—358）。需要提醒的是，虽然可以走到精致拱门下面观赏拍照，但周边是非常光滑的陡坡悬崖，曾经有游客不慎掉落，切记安全第一。

图 2—358　精致拱门的日落

在欣赏完拱门壮丽的日落美景后，如果你有足够的耐心，还可以等到晚上星星出来后再以拱门为背景拍摄星轨，那绝对是大片的效果。运气好碰到满月的时候，还能看到月亮刚好出现在拱门里面的那一刻，更是梦幻。只是考虑到夜晚下山的安全问题，我们在看完日落后就匆匆下山了，拱门的星月美景只能留待下次看了。

顺利下山后我们驱车离开拱门国家公园，此时天色已暗，璀璨的星空下道路两旁奇形怪状的拱门影影绰绰，在山崖沟壑的奇特暗影中穿行，仿佛置身魔幻世界，让人回味无穷，依依不舍。

Day 28　莫阿布（Moab）—峡谷地国家公园（Canyonlands National Park）—纪念碑谷（Monument Valley）—佩奇（Page）

1964 年设立的峡谷地国家公园位于拱门国家公园西南侧，距离小城莫阿布只有51 公里。峡谷地国家公园的形成原因是河流侵蚀，被科罗拉多河及其支流绿河（Green River）贯穿割裂成三片相对独立的区域，形成众多峡谷、台地、孤峰等地形，分为北边的天空之岛区（Island in the Sky）、东南边的针峰石柱群区（The Needles）、西南侧的迷宫天然石墙区（The Maze）。公园在三个游览区分别设有游客中心，游人进入不同的区域必须分别通过不同的入口，其中天空之岛与莫阿布的距离最近。从地图上看起来，峡谷地国家公园实在是幅员辽阔，但对一般的旅行者而言却没太多地方可去，除非你开着一辆四轮传动、能在崎岖路面行走如常的车，并且做好在野外扎营过夜的准备，否则也只能看着地图流口水。因此大部分的游客只能像我们一样，到开发最成熟、道路条件也最好的天空之岛区游览。

我们一早从莫阿布出发沿 191 号公路往北，再转入 313 号公路往西继而向南，在抵达天空之岛游客中心之前有一个岔路口，通往紧邻的死马点州立公园（Dead Horse Point State Park），那里是看科罗拉多河大回环的地方，不过总体来说风景还是比不上马蹄湾漂亮，我们没有停留，径直去了天空之岛游客中心，这里宣传栏上有地图标注了景点及 Hiking Trail 的位置，可以咨询工作人员获得半日或一日游的行程安排建议。由于我们今天下午还要经纪念碑谷赶到佩奇，因此只能选择半日游，不过对公园里必去的三个地方来说半天时间也足够了。这三个地方分别是：Windows 7 的桌面之一——梅萨拱门（Mesa Arch），最南端的 Grand View Point Overlook，还有 Green River Overlook。

天空之岛区域里的道路呈 Y 字形，从游客中心往南不远就是 Shafer Canyon Overlook 观景点，这里可以远眺峡谷里蜿蜒迂回的急弯道路。继续往南到达 Y 字形道路的中间点，这里的梅萨拱门是这个公园最为著名的一景。梅萨拱门可以说是峡谷地国家公园的地标，也是摄影爱好者在美西拍摄的热门地点，尤其是自从 Windows 7 用它作为屏保之后，知名度更是直线上升。梅萨拱门离路边停车场很近，不多久就能走到。梅萨拱门的照相取景常利用石拱为框架，最适合拍摄日出，因为当旭日蓬勃而出之际，阳光经过岩石的反射会给拱门内侧镀上一道金色的轮廓，非常漂亮

（见图 2—359）。而且，通过梅萨拱门看后面广阔的原野、峡谷里的千沟万壑、裂缝和雪山，也是一种不可多得的视觉享受。

　　Y 字形公路从梅萨拱门继续往南即是 Candlestick Tower Overlook，可以眺望峡谷边缘貌似烛台凸起的巨岩；继续往南是知名的 Buck Canyon Overlook，可以远眺 V 字形撕裂开的峡谷；再往南开到底就是最辽阔宽广的 Grand View Point Overlook 观景点，这里居高临下适合俯瞰峡谷全景（见图 2—360）。离开最南端往回走，在快到梅萨拱门的三岔路口左转，开 1 英里再左转到 Green River Overlook 观景点，这里的风景也很大气，除了峡谷还能看到蜿蜒的河流，色彩也更丰富（见图 2—361）。

▼ 图 2—359　梅萨拱门经典日出照

▼ 图 2—360　Grand View Point Overlook 观景点风光

▼ 图 2—361 **Green River Overlook 观景点风光**

　　花半天时间看完这几个主要景点，我们就离开这里赶往下一站纪念碑谷了。总的来说，在美国西部众多的国家公园中，峡谷地国家公园的知名度并不高，它不像布莱斯峡谷国家公园那样秀外慧中，也不像大峡谷国家公园那样誉满全球，更不像黄石国家公园那样家喻户晓，但它却有着大开大阖的独特荒野风光，至今仍然是整个美国公认的人类最难以进入的地区之一。

　　纪念碑谷位于 Navajo Nation 印第安自治区的纳瓦霍部落公园（Navajo Tribal Park），而 Navajo Nation 是美国面积最大的印第安自治区，有自选的总统、发言人等。1960 年成立的这个部落公园由纳瓦霍人自己管理，美国国家公园通用年票在这里派不上用场，需要另外购票。纪念碑谷入口在犹他州和亚利桑那州交界处的 Monument Valley Rd 往东到 Monument Valley Navajo Tribal Park 游客中心附近，如果时间不充裕的话可以不进入，在 163 号公路上停车远观即可。在公园的游客中心门外平坦开阔的红土地上，几座高达 300 米的巨岩突兀而起，其中两座形似连指手套的被称为手套山，图 2—362 左边那座是西手套山（West Mitten Butte），中间那座是东手套山（East Mitten Butte），这对手套连同它们南面（图 2—362 中右侧）的梅里克孤丘（Merrick Butte）是纪念谷的著名地标。这里是众多西部故事片和商业广告片的外景地，它在影片中呈现的浩瀚、蛮荒、激情、野性已经成为人们心目中美西原野的经典。电影《阿甘正传》曾经在这里取景，在 163 号公路的 13 和 14 号里程碑之间有块牌子指示这里是阿甘长跑的终点，因此这条路又被称为阿甘之路（The Forrest Gump Road）。纪念谷更被风光摄影师誉为"最美的日落山谷"，风光摄影大师迈克尔·巴塞尔的著名作品《纪念谷》就拍自这里。

　　从纪念碑谷到佩奇大约 2.5 小时车程，我们今晚入住的是两星半的 Best Western

Plus At Lake Powell，标准间是 80 美元一晚，导航地址是 208 North Lake Powell Boulevard，Page，AZ。

▼ 图 2—362　纪念碑谷的地标

Day 29　佩奇（Page）—大峡谷国家公园（Grand Canyon National Park）—威廉姆斯（Williams）

世界上有些地方，是一辈子一定要去一次的，美国大峡谷国家公园就是一个这样的地方。虽然看照片已足够令人震撼，但是大峡谷的雄浑状美只有到现场亲眼见到才能完全领略，照片真的是无法完整呈现。举世闻名的自然奇观大峡谷（Grand Canyon）位于美国亚利桑那州境内的科罗拉多高原上，是地球上最为壮丽的景色之一，全长 446 公里，最深处约 1.6 公里，大概有 500 层楼那么高，最宽处 13 公里。由于科罗拉多河穿流其中，故又名科罗拉多大峡谷。它是联合国教科文组织保护的自然遗产之一，被《国家地理杂志》、BBC、Discovery 等誉为世界一流的旅游胜地，每年接待游客近 500 万人。图 2—363 是大峡谷国家公园的游览线路示意图。

大峡谷分南线（South Rim）、北线（North Rim）和西线（West Rim）三条游览线路。被命名为大峡谷国家公园的其实只是其南缘和北缘，由官方的大峡谷国家公园服务处管理，而以空中走廊（Sky Walk）闻名的西缘则是华莱派（Hualapai）印第安人保留区，跟国家公园是没有任何关系的。北缘比南缘高出 300 多米，不仅较为偏远，而且因为冬季冰雪封路，每年只有 5 月中旬到 10 月中旬才开放，是游客较少到达的地方。南缘由于观景点较多且开发完善及开放时间长，每年到访的约 500 万

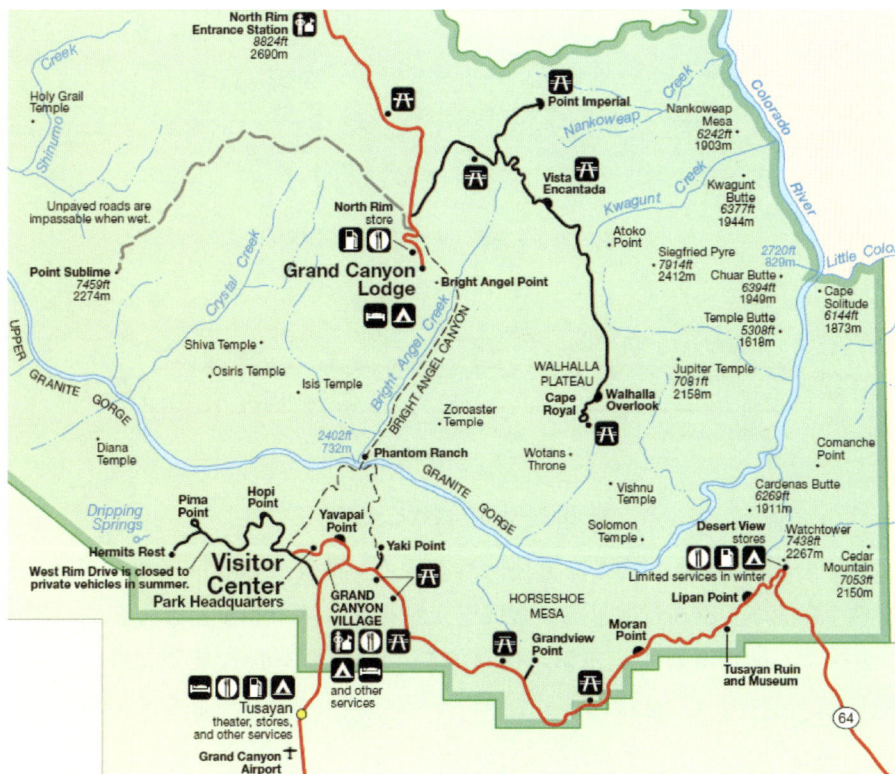

图 2—363　大峡谷国家公园游览线路示意图

游客大部分是到南缘的。去往南缘的南线自驾公路路况很好，可以从东大门一直开到南大门。南线的免费公交系统也相当发达，多条公交线路让没有车的游客也能在南线范围内自由穿梭。不过，由于旺季大峡谷游客太多，南线的一些旅游路线只允许园区免费公交车通行，主要有蓝线巴士（Blue Route）、红线巴士（Red Route）、橙线巴士（Orange Route）和紫线巴士（Purple Route），因此提前研究好这几条以颜色区分的公交线路对玩好大峡谷南线各个景点非常重要。

蓝线巴士连接了园内人峡谷国家公园游客中心。Grand Canyon Village 和其他几个野营点与住宿点，并有与红线巴士、橙线巴士的换乘点，起到了承上启下的连通作用（见图 2—364）。如果你不是很早就到达公园，没把握在红线巴士的起点站找到一个停车位，那把自己的车停在游客中心周边任一停车点，再换乘蓝线巴士到达红线巴士换乘点 Hermits Rest Route Transfer 将是一个明智的选择。

红线巴士可以说是游客到大峡谷南缘游览的必乘线路，一路上有不少景色很棒的密集观景点，并有不少步道可以尝试。游客可以选择坐一段车再走一段，体力超强的也可以全步行。要注意的是，红线巴士去程往西开时是每站都停，而回程往东开时只停图 2—365 中带有双向箭头标识的三个站点：Powell Point、Mohave Point 和 Pima Point，不想多走路的朋友要据此安排好自己的行程。

图 2—364　蓝线巴士运行图

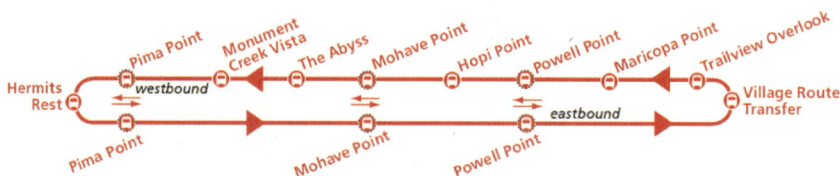

图 2—365　红线巴士运行图

橙线巴士起点也在大峡谷国家公园游客中心，通往 Yaki Point 和 Kaibab Trail-head 两个私家车不准通行的景点。紫线巴士则是从大峡谷国家公园游客中心经过南入口通往 Tusayan 镇的几个旅馆，自驾的游客一般用不着这条公交线（见图 2—366）。

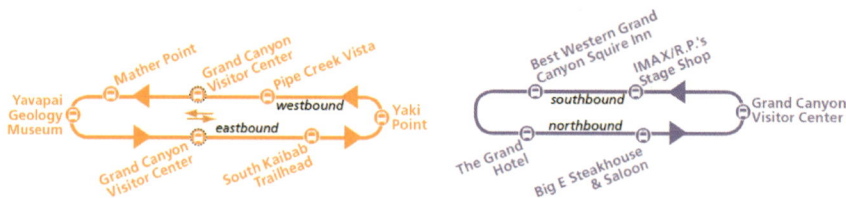

图 2—366　橙线/紫线巴士运行图

我们一早从佩奇小镇开车过来经 64 号公路自东大门入园，从东大门到大峡谷国家公园游客中心这一段约 25 英里长的园内公路需自驾，一路有不少观景点，称为 Desert View Drive。图 2—367 就是这一区域的景点示意图。

紧挨东大门的 Desert View Area 设有游客中心和加油站，自驾车可在此加满油，再往公园里面走就没有加油站了。东大门旁边有座观景塔叫 Desert View Watchtow-er，登塔可以欣赏到各种印第安壁画，还能极目远眺气象万千的大峡谷美景，远处有一座火山喷发形成的山峰看上去很像富士山（见图 2—368）。我们都是第一次看到如此恢弘大气的地质画卷，一瞬间全惊呆了，感觉就像美国作家约翰·缪尔 1890 年游历大峡谷后写的那样："不管你走过多少路，看过多少名山大川，你都会觉得大峡谷仿佛只能存在于另一个世界，另一个星球。"从这里驾车沿 Desert View Drive 一路向西，沿途会依次经过 Navajo Point、Lipan Point、Moran Point、Grandview Point、Yaki Point 等观景点，观景点就在路边，每个地方花几分钟看看就行。其中 Grand-

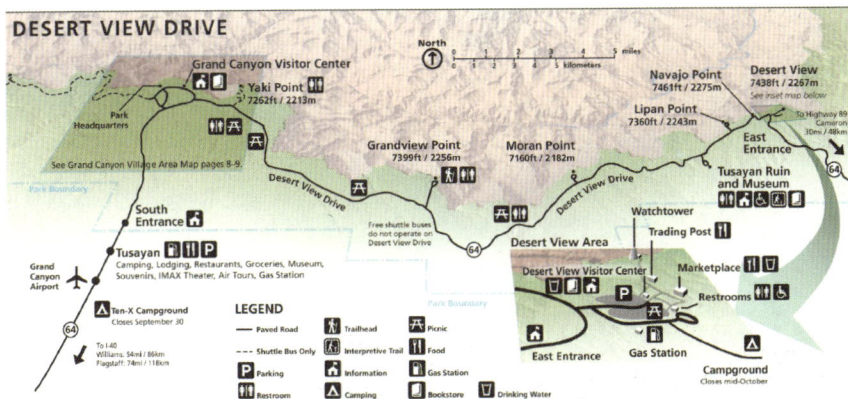

图 2—367　大峡谷南缘 Desert View Drive 沿线景点示意图

图 2—368　**Desert View Watchtower 上看到的景色**

view Point 那条一直通往峡谷底部的小道属于整个大峡谷难度最高、最具挑战性的登山路线，如果有兴趣、有体力、有时间的话，可以一试。

抵达大峡谷国家公园游客中心停好车后，先去附近的 Mather Point 观景点（见图 2—369）。

站在 Mather Point 观景点，尽管有护栏围着，但是峭壁下遥不见底的深渊仍然让人心惊胆寒，不敢久视。大峡谷里露出的层层断面形状千奇百态，色彩丰富饱满，一块块鲜红、一方方深赭、一团团黝黑、一片片铁灰，像一块巨大的五色斑斓的天然调色板，美不胜收。看完这里我们折回游客中心，等待观赏公园的介绍片 *Grand Canyon：A Journey of Wonder*，这是一部 22 分钟的影片，每个整点和半点都会在游客中心循环播放，非常值得一看。

▼ 图 2—369　**Mather Point 观景点风光**

　　看完电影后我们乘坐公园的免费蓝线巴士到 Bright Angel Lodge 站点下车，这附近是大峡谷南线最经典的光明天使步道（Bright Angel Trail）的起点。光明天使步道起点海拔 2 088 米，通往谷底科罗拉多河的 8 英里下坡路风光壮丽，沿途设有三个中途休息站：第一站是 1.5 英里休息站（1.5-mile Resthouse），海拔 1 746 米，来回 3 英里，需时 2~4 小时；第二站是 3 英里休息站（3-mile Resthouse），海拔 1 447 米，来回 6 英里，需时 4~6 小时；第三站是印第安花园（Indian Garden），海拔 1 158 米，来回 9 英里，需时 6~9 小时；终点站是高原点（Plateau Point），海拔 1 140 米，来回 12 英里，需时 8~12 小时。这种合理的分段设计，有效地缓解了白天远足游客的休息需求，也降低了徒步的难度。这条小道虽然比较陡峭，但途中设有洗手间并供应饮用水，一大早出发的话当天来回应该问题不大。可惜我们只有半天时间，决定走到第一站 1.5 英里休息站即返回，尽管只走了四分之一，没能到达谷底，但步道沿途险峻壮阔的美景，足以令人惊叹不已了。对游客来说，最令人心驰神往、流连忘返的是大峡谷的色彩变幻。由于峡谷两壁的岩石性质、所含矿物质的不同，在阳光的照耀下，会呈现出不同的色彩，并随着阳光的强弱、天气的阴晴变化而变幻无穷，大自然的斑斓诡秘在这里尽显无余。尤其是旭日初升或夕阳斜照之际，大峡谷在阳光浸润下呈现出的红色或橘色，是任何雕塑家和画家都无法模拟的。此时站在大峡谷的边缘极目远望，它的壮阔让人觉得谦卑，它的美丽让人为之倾倒，它的亘古和久远又让人感叹人类生命的渺小与短暂（见图 2—370）。

　　由于时间关系，我们这次没有去乘坐大峡谷南线经典的红线巴士游览，也没有去大峡谷北缘，更没有体验乘飞机从空中俯瞰大峡谷全景或选择沿着科罗拉多河漂流穿越大峡谷，算是有些小遗憾。其实每次旅行就像现实生活一样，不可能次次圆

图 2—370　光明天使步道上的大峡谷夕照风光

满，缺憾也是一种美，一点遗憾和几分不舍，都是在为将来故地重游埋下伏笔吧！

Day 30　威廉姆斯（Williams）—塞利格曼（Seligman）—金曼（Kingman）—凤凰城（Phoenix）（66 号公路精华段自驾游）

昨天晚上我们在欣赏完大峡谷夕照风光后入住威廉姆斯这个很有特色的小镇，旅馆是三星级的 Highlander Motel，标准间每晚 75 美元，导航地址是 533 West Route 66，Williams，AZ。小镇威廉姆斯位于 40 号公路的边上，有一条铁路穿镇而过，是从南部进入大峡谷的必经之地，因此游客很多，汽车旅馆、餐厅、酒吧、礼品店密布。而且，富有传奇色彩的 66 号公路也通过这个小镇。

美国号称车轮上的国家，有三条公路是美国本土最著名的景观大道：第一条是 66 号公路，它西起洛杉矶东至芝加哥，可以说是美国的腾飞发展之路，沿途有西部大峡谷景观和中东部大平原景观；第二条是横贯北部的 90 号公路，西起西雅图东到波士顿，沿途有北喀斯喀特、落基山、黄石公园及五大湖风光，一路雪山湖泊森林草甸让人目不暇接；第三条就是纵穿美国西海岸的 1 号公路，南起圣地亚哥北至西雅图，连接美国西部主要城市洛杉矶、旧金山和西雅图，是一条美国现代财富之路，一路可饱览太平洋海岸风光。这次环游美国的前半段我们已经领略了 90 号和 1 号公路的迷人风光，今天再加上 66 号公路，可谓功成圆满了。

呈对角线的 66 号公路始建于 1926 年 11 月 11 日，1938 年才宣告全程完工。它起始于伊利诺伊州的芝加哥，穿越密苏里州、堪萨斯州、俄克拉荷马州、得克萨斯州、亚利桑那州，斜贯美国版图一直到加利福尼亚州的洛杉矶（后来延伸至 Santa Monica），跨越八个州和三个时区，全长 2 450 英里（约 3 943 公里）（见图 2—371）。

66号公路 Route 66

内华达州 Nevada
犹他州 Utah
科罗拉多州 Colorado
堪萨斯州 Kansas
密苏里州 Missouri
伊利诺伊州 Illinois
芝加哥 Chicago
斯普林菲尔德 Springfield
圣路易斯 St.Luise
乔普林 Joplin
春田 Springfield
死亡谷国家公园 Death Valley National Park
拉斯维加斯 Las Vegas
大峡谷国家公园 Grand Canyon National Park
陶斯 Taos
斯普林格 Springer
格曼 Guymon
俄克拉荷马城 Oklahoma City
图尔沙 Tulsa
加利福尼亚州 California
金曼 Kingman
弗拉格斯塔夫 Flagstaff
盖洛普 Gallup
圣达菲 Santa Fe
阿尔伯克基 Albuquerque
圣罗莎 Santa Rosa
阿马里洛 Amarillo
塞尔 Sayre
俄克拉何马州 Oklahoma
阿肯色州 Arkansas
洛杉矶 Los Angeles
圣贝纳迪诺 San Bernardino
亚利桑那州 Arizona
新墨西哥州 New Mexico
罗斯维尔 Roswell
得克萨斯州 Texas

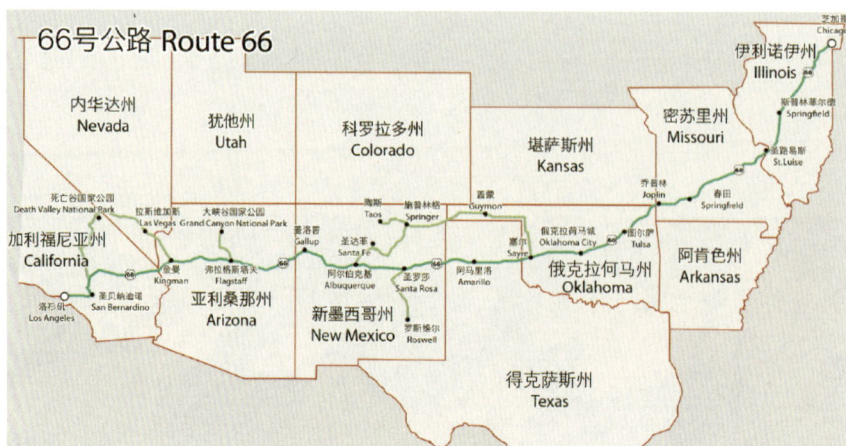

▼ 图 2—371　66 号公路示意图

　　66 号公路在 20 世纪初期是通往美国西部的主要通道，不仅使得美国东西向的运输更加便捷，对沿途许多地区的经济发展帮助极大，而且它响亮的名气也成了当时美国流行文化的元素。最有名的例子就是作家约翰·史坦贝克于 1939 年出版的巨作《愤怒的葡萄》。书中主角一路从俄克拉何马州搬到加利福尼亚州，路上所经历的种种辛酸和温情，皆发生在这条 66 号公路上。通过这部小说，作者描述并且抨击许多当代议题，包括贫穷、种族歧视等。史坦贝克在这本书中，称 66 号公路为"母亲路"（the Mother Road），这昵称仍沿用至今。《愤怒的葡萄》在 1940 年获得普利策文学奖（Pulitzer Prize）之后，更加走红，66 号公路也更加深入人心，许多美国人通过它迁移至西岸，寻求生活上的希望与更好的未来，成为美国人自由、勇敢与进取精神的象征。

　　但是到了 20 世纪 80 年代，66 号公路最后还是因为不再能胜任日益繁忙的州际交通而被迫退役，于 1985 年 6 月 7 日从"美国公路系统"（United States Highway System）中被抹去了，取而代之的是州际高速系统（Interstate Highway System）。当年因为 66 号公路而兴盛的一些城镇也因此没落，但也因此保存了其原有的风貌，成为美国建国历史的见证和怀旧 Road Trip 旅游路线的代表。虽然 66 号公路已经不复见于公路地图，但仍有一群人对于这条道路念念不忘，怀念它曾经带给美国民众的点点滴滴。于是在 1990 年，一群志同道合的人分别在亚利桑那州和密苏里州成立了"66 号公路联盟"（National Historic Route 66 Federation），借此聚集同好，并唤起美国人对它的记忆。在各地 66 号公路联盟的努力下，原本已经消失于地图的 66 号公路，又重新以"历史 66 号公路"之名回到地图。

　　许多西部电影都曾经选择在 66 号公路沿途取景，如 1940 年《愤怒的葡萄》、1969 年《逍遥骑士》、1991 年《末路狂花》、1998 年《水牛城 66》、2007 年《荒野生存》、2012 年《在路上》等，甚至动画片《汽车总动员》也是以这条公路为背景创作的。在中国，2011 年莫文蔚主演的凯迪拉克系列微电影《66 号公路》

上映后，国内更是掀起了一股自驾探索 66 号公路的热潮。但个人觉得，花几个星期纯粹走 66 号公路穿越美国"性价比"不高，一是因为 66 号公路自身景色其实一般，其名气主要在于其历史意义而非自然风光；二是因为 66 号公路在很多州已经消失了，很难实现全程穿越。目前 66 号公路只在伊利诺伊州、新墨西哥州以及亚利桑那州的路段保存较好，被定为国家风景道路，取名为 Historic Route 66。尤其是亚利桑那州塞利格曼到金曼之间保留的 66 号公路相当完好，被认为是最精华和最具代表性的一段，沿途的几个小镇曾经是 66 公路的历史重镇，保存了原汁原味的美国公路文化和历史风貌，我们这次就将自驾体验 66 号公路的这段精华（见图 2—372）。

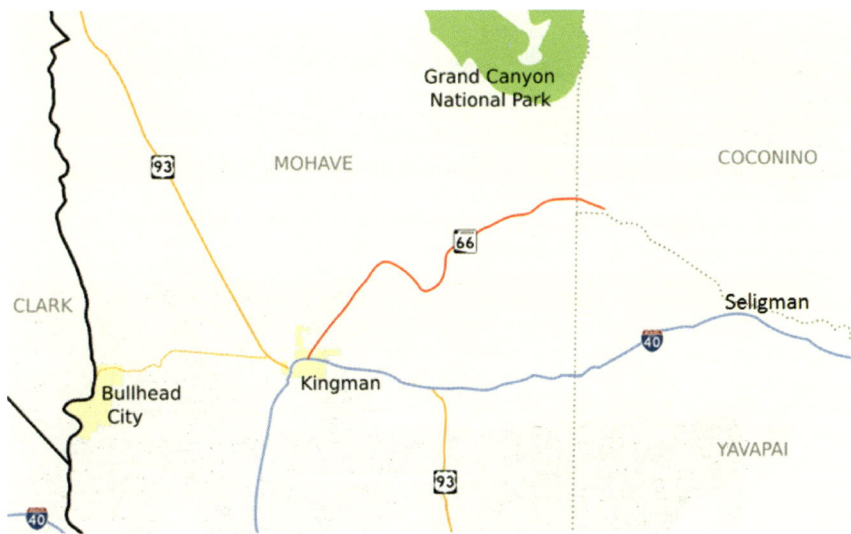

▼ 图 2—372 塞利格曼到金曼间的 66 号公路线路图

我们一早从小镇威廉姆斯出发一路向西，奔赴被称为 "The Birthplace of Historic Route 66"（66 号公路诞生地）的知名小镇塞利格曼。需要注意的时，在威廉姆斯至塞利格曼这段长约 60 英里的路段上，66 号公路和新修建的 40 号州际公路完全重合，一直到塞利格曼才分开。为了纪念如今这段已被 40 号公路取代的 66 号公路，我们特地设置了 66 英里/小时的行驶时速，大约 1 小时后就看到了去往小镇塞利格曼和 66 号公路的出口指示牌。下高速不久在进入小镇的路口，终于在地面上看到了 "Historic Route 66" 的标识，那一刻心情真有点小激动。我们以躺、坐、站、跳的各种姿势与这个标识亲密合影，不亦乐乎（见图 2—373）。

有人说塞利格曼是保存最完好的 66 号公路小镇。这里有很多贩卖各类 66 号公路纪念品的商店，不少店铺门前还摆放着各种 20 世纪早期的复古老爷车，有时还能看到凌乱摆放的哈雷摩托（见图 2—374、2—375）。在横穿小镇的 66 号公路旁，有出售气泡水的酒馆，霓虹灯闪烁的汽车旅馆，古式而老旧的加油站，随风飘摆的星条旗，随处可见的 66 号公路标识，西部的传奇逸事像电影一样在眼前一一上演，我们

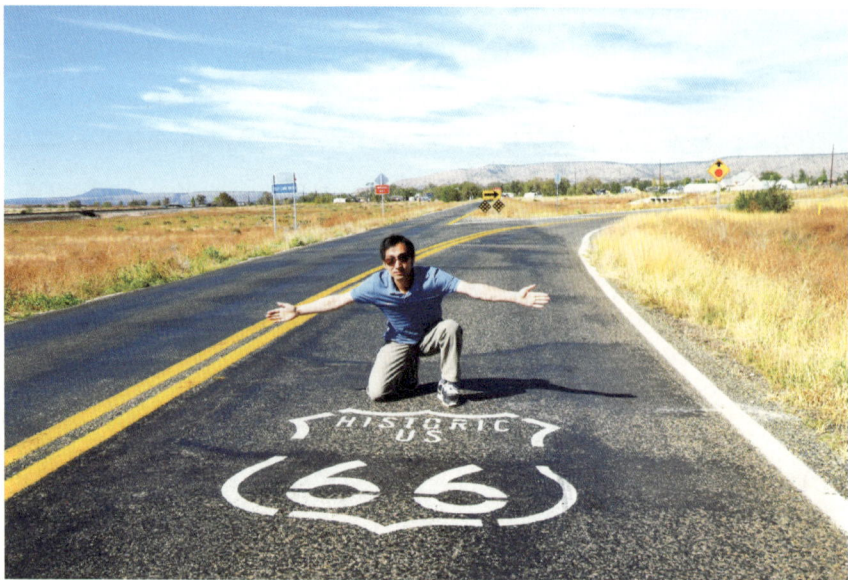

▼ 图 2—373 塞利格曼小镇附近的 66 号公路标识

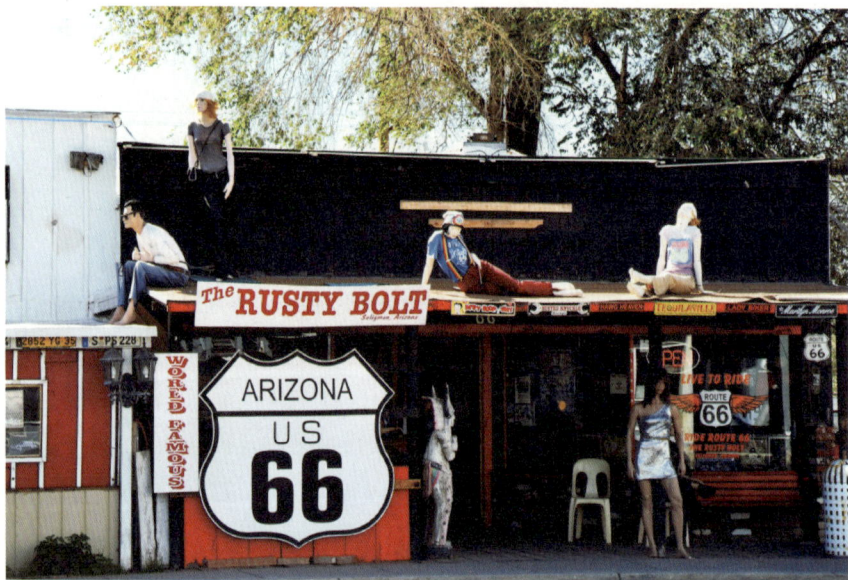

▼ 图 2—374 塞利格曼小镇上的特色商店

仿佛一下子穿越回到了 20 世纪 50 年代的美国。怀旧的人肯定会爱上这里所营造的气氛，不妨任选一间饶有特色的小酒馆停车歇息，点杯啤酒或咖啡，听听那首经典的 66 号公路之歌 "Get Your Kickson Route 66"（在 66 号公路上找乐子），在舒缓的时光中回味浪漫悠远的昔日情怀。

在塞利格曼小镇上徜徉了一个多小时，我们继续一路向西寻找 66 号公路的踪迹。驾车驰骋在历史悠久的 66 号公路上，放眼望去，路旁不时可以见到玉米地、印

▼ 图 2—375　塞利格曼小镇上的复古老爷车

第安保留区以及一望无际的沙漠。广阔的黄土地上，仙人掌零星地散布其间，充满了西部牛仔风情。一趟 66 号公路自驾之旅，仿佛进入了一段时光隧道，让人回到了西部牛仔风行的年代，我想这就是 66 号公路成为众多旅行者心目中的朝圣公路的主要原因吧。从塞利格曼出发沿 66 号公路往西开大约 70 英里，中途经过迪斯尼动画片《汽车总动员》中 Radiator Springs 的原型小镇 Peach Springs，就来到另外一个 66 号公路历史重镇金曼（见图 2—376）。由于金曼位于 66 号、93 号和 40 号三条公路的交叉点，因此被称为 "Heart of Historic Route 66"（历史 66 号公路之心）。

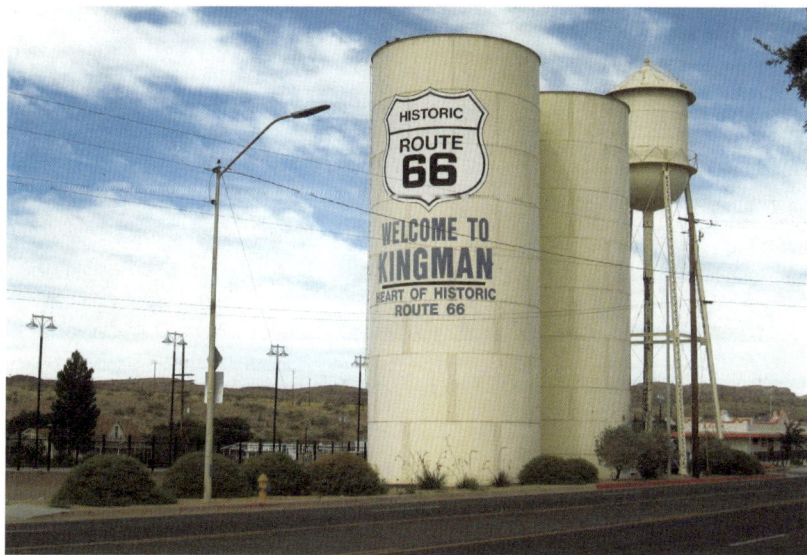

▼ 图 2—376　金曼附近的 66 号公路欢迎标语

金曼小镇上的 Locomotive Park 公园停放着一辆旧时的蒸汽火车头，公园南侧是发电厂游客中心（Powerhouse Visitor's Center），可免费索取徒步参观地图。这个小镇上还有个独特的发电厂 66 号公路博物馆（Powerhouse Route 66 Museum）值得一看，导航地址是 120 W. Andy Devine Ave. Kingman，AZ 86401。它坐落在历史悠久的 Powerhouse 大楼里，以精妙的壁画、照片和实物大小的模型详细讲述了 66 号公路的历史，里面还收藏了很多凯迪拉克老爷车。

告别金曼，我们的 66 号公路自驾之旅算是画上了句号，历时整整一个月的美西南精华游也圆满结束。今天余下的任务就是从金曼顺利赶到美国亚利桑那州的州府及最大城市：凤凰城（Phoenix，又译菲尼克斯），在凤凰城机场按时还车，然后乘坐今晚从凤凰城起飞到迈阿密的航班，由美西南转场美东南，开启本次环游北美行程的第四段也是最后一段令人期待的迈阿密周边及加勒比海邮轮之旅。从金曼到凤凰城最快捷的路径是走 US-93 S 高速公路，全程约 200 英里，3 小时车程。本以为今天已经没有风景可看了，没想到在去往凤凰城的路上，意外发现有一段高速公路简直就是在一片仙人掌王国中穿行。第一次在野外看到如此壮观的仙人掌丛林，我们都被震撼了，忍不住靠边停车观赏拍照。据说亚利桑那州的州花就是这种柱状仙人掌，不想我们竟在这里与它邂逅（见图 2—377）。

▼ 图 2—377　亚利桑那州的州花——柱状仙人掌

第四段：2014. 10. 24—2014. 11. 2 迈阿密周边及 加勒比海邮轮之旅

（共计 10 天）

Day 1 迈阿密（Miami）—基维斯特（Key West）

由于美国东西部时差的关系，昨晚我们从凤凰城飞越大半个美国，到达迈阿密机场时已经是凌晨两点多了。就近入住提前预订好的酒店 Cambria Suites Miami Airport-Blue Lagoon，标准间每晚 115 美元，导航地址是 6750 NW 7th Street，Miami，USA。由于美国酒店一般都是上午 11 点退房，因此匆匆洗漱后我们就赶紧上床休息了，以养足精神开始期待已久的海上 1 号公路自驾之旅。

从迈阿密出发一路向西南，就是别名 Overseas Highway 的美国海上 1 号公路，这条被誉为"世界最美的跨海高速公路"全长约 113 英里，用 52 座桥将佛罗里达群岛中的 34 个岛屿串联在一起，其中包括《真实的谎言》结尾重头戏的拍摄地七英里大桥（Seven Mile Bridge），《速度与激情 6》里劫坦克的一幕也是在其中一座桥上取景的。这条公路两侧优美的海岸线和独特的亚热带风光相互交映，是与西海岸加州 1 号公路齐名的美国十大最美自驾公路之一。这条路的尽头就是美国大陆的最南端——基维斯特（又名西礁岛）。由于这个岛以壮丽的日落美景著称，因此它还有一个浪漫的名字："落日的故乡"（the home of sunset）。

我们上午 11 点退房，就近午餐后去机场的租车点提车前往基维斯特，这样在路上走走停停三四个小时，正好可以在黄昏时分赶到基维斯特看传说中北美最具诗情画意的日落美景。从迈阿密往南开车一个多小时就到了佛罗里达州陆地的尽头，自这里就开始真正进入佛罗里达的 Keys 了。这些 Keys 实际就是一串岛链（Key Chain），1912 年铁路大王 Henry Flagler 把这一串岛链用铁路和大陆连起来。1935 年一场飓风摧毁了铁路，1938 年又在残存的桥墩上建成了现在的 Overseas Highway，就像一根长线将这些撒落在太平洋中的珍珠串在了一起。整个岛链自北向南分为 Upper Keys 和 Lower Keys，其中 Upper Keys 包括 Key Largo、Islamorada 和 Marathon 三大岛区，Lower Keys 则包括 Big Pine Key 和 Key West 两大岛区。Overseas Highway 沿途一直有里程标记牌（Mile Marker，MM），起点 MM0 设在基维斯特，自南向北依次递增编号。从 MM110 开始往南就进入海上了，路两旁的视野豁然开朗，碧蓝的海水离路肩很近，仿佛随时都会漫上路面来似的，那种感觉就像是在海面上开车，或者说是在海里开船一样，非常奇妙。图 2—378 和图 2—379 分别是 Upper Keys、Lower Keys 沿线景点示意图。

图 2—378 Upper Keys 沿线景点示意图

在 Overseas Highway 的 42 座跨海大桥中，最长和最出名的就是电影《真实的谎言》拍摄地七英里大桥了。七英里大桥位于里程标记牌 MM37～MM47 之间，一端是马拉松市（Marathon）的骑士岛（Knight Key），另一端是 Lower Keys 中的小鸭岛（Little Duck Key），实际全长 6.79 英里。

七英里大桥其实包括平行的新旧两座桥。建于 20 世纪初期的旧桥（Old Seven Mile Bridge）本来是一座通行火车的铁路桥，可惜经历了 1935 年和 1960 年两次飓风的袭击，老桥已不堪重负废弃不用了，现在使用的是 1972—1982 年间建的新桥

图 2—379　Lower Keys 沿线景点示意图

(New Seven Mile Bridge)。当在新桥上开车驶过时，看见旁边有座写满了岁月年轮的老桥相伴，前方则是无尽的路面和茫茫的大海，一种逍遥的感觉油然而生，这或许正是孔子说的"乘桴浮于海"的意境吧。现已遗弃的老桥也是游客必去的一道风景，由于其主体部分尚保存完好，很多人把它当做海上钓鱼的栈桥（见图 2—380）。

除了看各式各样的跨海大桥，Overseas Highway 一路还分布着好几个风景优美的州立公园，比如 John Pennekamp Coral Reef State Park、Curry Hammock State Park、Bahia Honda State Park 等，以及一些博物馆，时间充裕的话可以停留看看。我们担心错过基维斯特的日落，一路没有太多停留，直接导航定位到欣赏基维斯特日落美景的最佳地点 Mallory Square（导航地址是 400 Wall St，Key West，FL 33040），大约下午五点半顺利抵达这里。到 Mallory Square 看日落和参加日落庆典（Sunset Celebration）已经成了当地人和游客的一项传统。Mallory Square 在每天日落时分布满摆摊的小贩及各种跑江湖卖艺表演的，有挥舞烧着火的油罐当流星锤表演的，有骑独轮车表演杂技的，有演奏乐器的，总之每人的表演都不一样。他们一般在太阳快落山时开始表演，很快就聚拢一群捧场的观众。Mallory Square 附近还有许多的餐厅和酒吧，都有现场演唱，富有加勒比风情。虽然已经到了 10 月底，但这里仍然感觉像夏天，傍晚时分穿着 T 恤衫短裤正好，海风吹来非常舒服。站在广场码头往西看，还能看到暮色中对面的日落岛（Sunset Key）。最令人感动的绝对是落日的那一刻，大家都静静地看着那幅由码头、栈桥、帆船、椰林、海鸟和夕阳等交织在一起的唯美画面，内心瞬时涌上一种无名的感动（见图 2—381）。

除了在广场上看日落，游客还可以选择乘坐专门的 Sunset Cruises 出海去看日落，想必又是另外一种滋味。在 Mallory Square 看完日落，我们入住提前预订的小旅

▼ 图 2—380 七英里大桥

馆 El Patio Motel，导航地址是 800 Washington Street，Key West，FL。这个汽车旅馆的房价一点也不便宜，含两个房间的套间要 190 美元一晚，不过几个人分摊下来也能接受了。其实和岛上其他旅馆相比，这个旅馆又算是最便宜的。因为基维斯特是热门旅游地，住宿普遍偏贵，尤其是每年 10 月至次年的 3 月旅游旺季，很难找到每晚房价在 200 美元以下的旅馆。所以有不少穷游的人往往选择当天往返基维斯特，这样可以省下一晚不菲的住宿费，但是要想看 Mallory Square 的日落，时间就很仓促，或者要赶夜路回迈阿密了。

▼ 图 2—381　Mallory Square 的海上日落

Day 2　基维斯特（Key West）—迈阿密（Miami）

基维斯特位于美国佛罗里达州最南端，是镶嵌在大西洋和墨西哥湾的众多岛屿中最璀璨的一颗明珠，是游客在佛罗里达不可错过的景点之一。岛上常住人口不多，但是游客却常年络绎不绝。这里的房屋以各式各样色彩明媚的民居为主，路两边整整齐齐地栽种着青翠欲滴的棕榈树，五彩缤纷的鲜花点缀其中，让人流连忘返。在这里还可以参加各种刺激的水上娱乐项目，例如浮潜、水上摩托和滑翔伞等。考虑到明天开始的加勒比邮轮之旅会有充足的时间体验各种海上娱乐项目，因此今天我们的行程计划是花大半天时间逛逛基维斯特岛上的经典景点，然后在下午四点左右驱车返回迈阿密了。

由于基维斯特大部分的传统旅游景点都集中在岛屿西部，再加上这个岛本来也不大，所以徒步五六个小时完全可以轻松地逛完。我们早餐后把房退了，将车及行李留在旅馆，先步行来到附近大名鼎鼎的 Southernmost Point，具体地址是 South St & Whitehead St，Key West，FL 33040。这里是美国本土的最南端，也被称为美国陆地的"天涯海角"，距离古巴仅有 90 英里。这个像大酒桶一样的建筑物是基维斯特的著名地标之一，游客常在这里排着长队等待合影（见图 2—382）。

接下来我们沿着 Whitehead St 向西北方向漫步，走到尽头就是昨晚看日落的 Mallory Square。这条大街可以称得上"历史建筑街"，既有建于 1872 年号称是基维斯特最古老房子的 The Cosgrove House，也有曾经住过托马斯·爱迪生、杜鲁门、艾

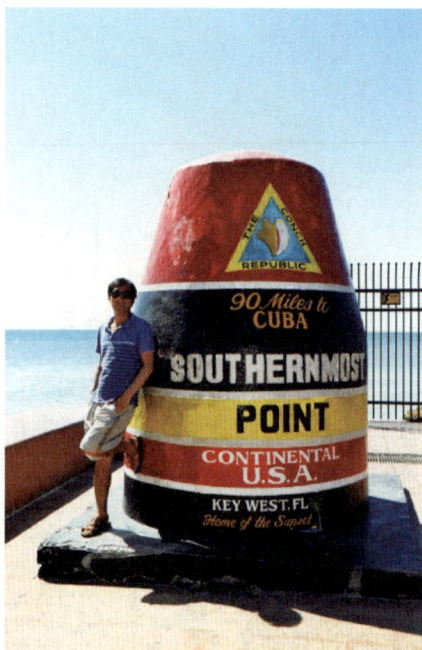

图 2—382　Southernmost Point

森豪威尔和肯尼迪等大人物而号称"杜鲁门小白宫"的 Harry S. Truman Little White House，还有基维斯特岛上最著名的海明威故居和博物馆（Ernest Hemingway Home and Museum）。海明威故居的具体地址是 907 Whitehead St.，Key West，FL 33040，海明威曾在这栋西班牙式的别墅中工作和生活超过十年，在这里完成了《丧钟为谁而鸣》、《乞力马扎罗的雪》、《永别了，武器》等著名作品（见图 2—383）。海明威酷爱猫，曾在住所内喂养了许多不同寻常的有 6 只脚趾的猫，到现在游客都还能够见识到这种六趾猫的后代。

图 2—383　海明威故居

从海明威故居继续沿 Whitehead St 向西北方向走大约两个街区，就能看到隔街而立的两个标志牌：U. S. Route 1 的起点和终点指示牌（见图 2—384、图 2—385）。有人可能会觉得奇怪：怎么既有起点也有终点？其实这不难理解：从这里往北，这里就是起点；从北边过来，这里又是终点。走在大街上我们还发现一个有趣的现象，就是到处可见散养的鸡，不同品种、大小、颜色的都有，仿佛一下子回到了中国农村。后来问当地人才明白，原来基维斯特的吉祥物就是鸡，怪不得这里能看到这么多鸡。

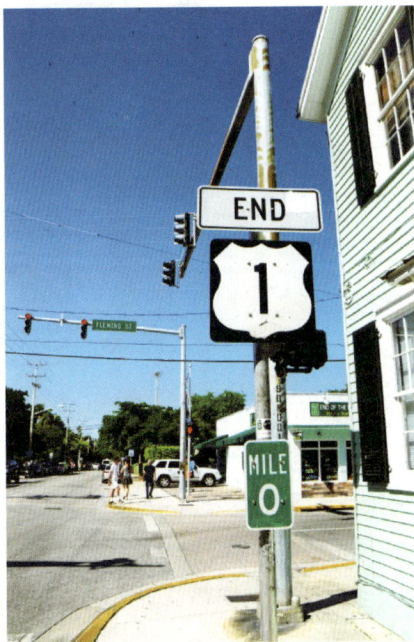

图 2—384 U. S. Route 1 起点   图 2—385 U. S. Route 1 终点

继续往前走，在快要到达 Mallory Square 前会经过 Old Post Office and Customshouse，地址是 281 Front Street，Key West，Florida。这个基维斯特的老邮局和海关建成于 1891 年，于 1973 年 9 月 20 号被纳入美国国家史迹名录（National Register of Historic Places），现为西礁岛艺术历史博物馆（Key West Museum of Art & History）。可以在这里邮寄当地的明信片给自己的亲朋好友，很有纪念意义。

再往前看到的一幢红砖建筑就是西礁岛艺术历史博物馆，这是介绍西礁岛历史、艺术和建筑的小型博物馆，地址是 281 Front St，Key West，Florida 33040。博物馆周围有许多彩色雕塑，反映普通人的日常生活：刚买面包回家的妇人、生离死别的情侣、贩肉的屠夫、风度潇洒的画家等，非常富有生活气息（见图 2—386）。接着我们又来到 Mallory Square，这里白天和黄昏时分完全是两个景象，游人稀少。我们在码头看到一艘嘉年华（Carnival）超级邮轮停泊，更激起了对明天即将开始的加勒比邮轮之旅的期待和向往。

最后我们沿着海边走到了基维斯特的旧海港，这里的 Historic Seaport Harbor

▼ 图 2—386　基维斯特雕塑

Walk 非常值得走走，全部是在海边用木板搭建的小路，脚下就是海，到处可以看到大大小小不同颜色品种的鱼儿游来游去，还有岸边停靠的各式各样的帆船。海边布满了海鲜餐馆，走累了随时可以进去大快朵颐。美景加美食的超级诱惑，得天独厚的度假环境，再加上安静、舒适的氛围，置身这里很容易让人精神上彻底放松，忘却平日快节奏的紧张生活（见图 2—387）。

▼ 图 2—387　基维斯特海港风光

　　如果时间紧张，或者不想步行游览基维斯特，也可以来个 Old Town Trolley Tour of Key West（老城镇有轨电车之旅），这是游览西礁岛最为惬意轻松的方式。长约 1.5 小时的旅程，覆盖了西礁岛多个旅游景点，并有专业的随车导游为你详细讲解隐藏在景点和建筑背后的历史故事，让你不用耗费过多的时间和体力便能欣赏到整个小岛的迷人风景。不过这个单车之旅的价格也不便宜，成人票要 30.45 美元，可凭车票在 12 个经停站点自由上下车。

　　我们一直逛到下午四点多才依依不舍地启程，沿着 U. S. Route 1 返回迈阿密。如果下次有更充足的时间，可以去位于西礁岛向西方向约 70 英里的干龟岛国家公园（Dry Tortugas National Park）看看，那里拥有奇特的珊瑚礁、神秘的沉船残骸以及迷人的海滩，是最受游客欢迎的西礁岛十大景点之一。

Day 3　迈阿密（Miami）港口登船

　　迈阿密位于美国佛罗里达州的东南角，是佛罗里达州仅次于杰克逊维尔（Jacksonville）的第二大城市，也是迈阿密大都市圈中面积最大、人口最多的城市。一部电影《迈阿密风云》、一支美职蓝热火队早已让人对这座城市不再陌生。这里优美的海滩风光吸引了大量慕名而来的游客，也让这里成为美国著名的旅游度假城市。迈阿密特有的拉丁文化，更为这个明媚的海滨城市增添了一抹异域的风采。2008 年，因其拥有优良的空气质量、大面积的植被覆盖和清洁的水资源等，迈阿密被《福布斯》评为"美国最干净的城市"。

　　由于我们今天 12 点要去迈阿密港口登船，只有小半天的时间感受迈阿密。如果问当地人"迈阿密最值得游览的地方是哪里"，他的回答多半是"South Beach"（南海滩），因为这是最受当地人欢迎的度假地点。我们昨晚从基维斯特返回迈阿密时就直接入住了南海滩附近的一家三星级宾馆，名字叫 The Colony Hotel，标准间每晚 115 美元，导航地址是 736 Ocean Drive，Miami Beach，FL 33139。从这家酒店出来，跨过马路就是南海滩，非常方便。南海滩位于比斯坎湾（Biscayne Bay）及大西洋之间，拥有湛蓝的海水，银色的沙滩，还有海鲜盛宴。这里帅哥靓女的出现率也号称是全美最高的，随处可见火辣的比基尼美女和迷人的英俊男子（见图 2—388）。

　　逛完南沙滩已经接近中午，我们驱车赶往迈阿密港口还车，并办理邮轮登船手续。如果下次有时间，还可以去两届美职蓝总冠军迈阿密热火队的主场美航中心（American Airline Arena）看看，它的地理位置很好，一面高楼林立，一面海湾环绕，让这个集运动和娱乐为一体的综合场馆成为迈阿密独特的一道风景线。毗邻迈阿密市中心的比斯坎国家公园（Biscayne National Park）和市郊的大沼泽地国家公园（Everglades National Park）也都非常值得一游，这些只能留待下次再游了。

　　来到迈阿密这座海滨城市，如果想要更加全面地体验热带风情以及深入了解中南美文化，除了去上面这些景点，一场浪漫的加勒比海邮轮之旅也是必不可少的。对大多数中国人来说，邮轮是一种全新的旅游度假方式，很多人都对之充满新奇

图 2—388　385 人气爆棚的南海滩

感，甚至从来都没有想过有朝一日去亲身体验下传说中的豪华邮轮之旅。因为在很多国人心目中，邮轮好像就是"高大上"或者"土豪"的代名词，似乎离自己很遥远。其实只要计划和选择得当，乘邮轮度假完全可以成为穷游党们的福利。尤其美国是全球邮轮产业的龙头，成熟的市场竞争使得在美国乘坐邮轮的价格还是比较低的。以热门的加勒比海邮轮线路为例，很多邮轮公司淡季时的报价平均下来每天不到 80 美元（有时候甚至低至 60 美元），相当于一天不到 500 元人民币，这个价格包括了每天的住宿、免费自助餐和正宗西餐，还可以享用船上众多免费的游乐设施，非常超值。这其实和很多热门国内游线路每天的平均价格差不多，甚至还要低。这点费用相对美国普通百姓的工资平均水平而言，更是小菜一碟，所以每年美国、加拿大有近 1 000 万人次乘邮轮度假，大部分都是平民百姓。因此，邮轮这种经济实惠、集吃住行玩乐于一体的度假休闲方式，在中国将有很大的潜在市场和发展空间。

近年来大型邮轮公司为适应市场竞争和游客爱好，不断有越来越大型的邮轮下水，设施也更为先进齐全豪华，就像一座移动的海上城市，不仅有来自世界各地的美味佳肴和丰富多彩的娱乐设施，还能带游客到很多遥远而美丽的海岛。游客下船时无须携带行李，只要带上探索发现的好心情轻松登岛游玩，与大海、阳光、沙滩、各种海洋动物亲密接触，彻底放松身心。可以说邮轮这种旅行方式老少咸宜，没有旅途劳顿，不必担心食宿、交通等问题，只需安心惬意地去享受，特别适合家庭、情侣、夫妻或朋友聚会出游，对增进彼此间的感情非常有益。

那么怎么才能顺利开启你的首次加勒比海邮轮之旅呢？下面就按照行前准备、预订攻略、登船过程的顺序逐一介绍。

1. 行前准备

（1）签证。乘坐加勒比海邮轮只需要美国多次入境的有效签证即可。持中国护照的，再次进入美国的时候护照必须还有至少 6 个月的有效期。除了带好护照，在美国读书或访学的话一定要带上相应的 I20 或 DS2019 表，因为乘坐完邮轮再次入境美国的时候还需要这些文件。至于途中停靠的几个加勒比海国岛国或地区，只需要护照和多次入境的美签就行。实际上每次从岛上回船时，当地海关也只是核对一下船卡和护照上的信息是否相符。

（2）行李。

1）衣物。加勒比海属于热带海洋性气候，常年平均气温在 30 摄氏度左右，衣物带夏天的 T 恤、短裤、长裙、短裙、凉鞋、拖鞋、太阳镜、遮阳帽即可。泳衣是去加勒比海必带的度假装备，最好带两套换洗。以上这些万一出发时忘记带了，也是可以现场买到的。但是无论男女切记带套正装上船，因为很多邮轮的行程安排表上往往都有一到两个的 Formal Night，赴宴时女士需着晚礼服（比如长裙或旗袍加高跟鞋），男士则需西装革履（实际不穿西装也可，有衬衣长裤也行）。

2）装备。美式插头的接线板或转换插头。如喜欢玩潜水，带上浮潜三宝（面镜、呼吸管、脚蹼），在淘宝买比在当场租还便宜，可以买套最便宜的，用完扔了就是。除了常规相机及配件，最好再带个水下相机或防水套。牙膏牙刷、SPF 50 的防晒霜必带。除了以上这些装备，还有两样容易忽略但很重要的装备：水杯和衣架。为了用电安全，邮轮上的房间是不配烧水壶的，也不允许游客带烧水壶上船的。所以最好额外携带一个保暖水壶或水杯，这样可以到船上 24 小时开放的自助餐厅自行灌装开水，可以省下买水的银子。至于带衣架，是为了晾洗衣物方便，因为有些邮轮没有自助洗衣房，而邮轮公司的洗衣服务收费又实在不厚道，所以最现实的方法就是自己动手，反正夏天的衣服也都好洗，然后晾在房间里。很多邮轮上的房间洗手间里会有晾衣拉绳，而厕所的出风口就设在其上方，所以晾干的速度还是挺快的。虽然房间一般配有衣架，但往往都是固定的，所以自带几个是很有必要的。当然，对出行预算不在乎的，以上两样东西就没有必要带了。

3）药品。有晕船历史的，记得带晕船药。常规的感冒药、消炎药、止痛药、创可贴、驱蚊液等也带上，在邮轮上看病可不是一般的贵。

（3）信用卡及现金。一张具有国际支付功能的信用卡必不可少。美元现金无须带太多，几百美元就可以了，主要用以支付各种小费、岸上交通费等，大部分岸上项目和购物餐饮都可以刷信用卡。为方便给小费，多带些 1 美元面额的小钞。

最后还有最最重要的一点，出发之前一定要学会游泳，否则到时候你面对加勒比海那无敌的诱人海水和沙滩，将会很痛苦！

2. 预订攻略

（1）线路选择。卖座的《加勒比海盗》系列电影让国人对这片神奇的海域已不太陌生。加勒比海是大西洋西部、南北美洲之间的一个内海，它的北部和东部的边缘是一连串从墨西哥湾一直延伸到委内瑞拉的岛屿（西印度群岛），包括北部的古巴、海地、多米尼加、牙买加、波多黎各和东部的小安的列斯群岛。其南部是南美洲北部的几个国家，包括委内瑞拉、哥伦比亚和巴拿马。其西部是中美洲的太平洋沿岸国家，包括哥斯达黎加、尼加拉瓜、洪都拉斯、危地马拉、伯利兹、墨西哥的尤卡坦半岛。加勒比海阳光明媚，岛屿众多，海水清澈，水温常年在26～29摄氏度，既可以享受阳光和沙滩，又靠近美国，使得加勒比海成为最受欢迎的邮轮航线。

加勒比海是世界上最大的内海，常规邮轮航线一般分为东线、西线和南线（Eastern/Western/South Caribbean），行程从四五天到十几天不等，景色各有千秋。东线一般从佛罗里达州的迈阿密港或劳德岱尔堡（Fort Lauderdale）港出发，经停巴哈马、波多黎各、维京群岛等，拥有名列全世界 Top 10 的几个最美沙滩，是比较典型的加勒比海风格，号称拥有明信片式的风景，以海滩岛屿潜水活动为主，还有殖民风格的建筑可看。西线一般从佛州的坦帕（Tampa）港出发，经停美国最南端基维斯特、牙买加的 Falmouth、开曼群岛（Grand Cayman）、墨西哥的 Cozumel 等地再回到出发地，不仅有着阳光海滩，还能体验历史悠久的玛雅文化。南线则要飞到波多黎各，从那里坐邮轮继续向南到多米尼加共和国等国家，这里有能遥望南美洲本土的加勒比最美的岛屿：库拉索岛和阿鲁巴，有火山构造的岛屿圣卢西亚，也有雨林密布的多米尼克，还有度假天堂巴巴多斯。

考虑到东线的大部分岛屿都是美属的，不需要额外签证，也比西线要繁华些，再加上我们都是喜欢看景的人，所以选择航线也尽量考虑能在同样的时间内停靠的港口更多，所以最后我们选择了8天7夜的东线邮轮，其中2天在海上，4天在不同的国家或地区停靠，每次停靠都会有6～9小时左右的自由活动时间。这些加勒比海的岛屿也最适合邮轮游，6～9小时基本上就能玩遍一个岛的精华。

东线的出发港一般有两个：迈阿密港或劳德岱尔堡港。当初选择哪个出发港我也是纠结了好久，最后是因为从迈阿密港出发的班期正好和我们游完基维斯特的时间能够紧密衔接上，才选择了迈阿密港。国内知道劳德岱尔堡的人不多，其实它距离迈阿密只有 23 英里，被誉为美国的"威尼斯"，是一座非常精致的海上之城，在美国人眼里这两座挨在一起的姐妹城都是著名的冬季度假胜地。而且劳德岱尔堡港口附近也有机场，不少航空公司飞劳德岱尔堡的机票还比飞迈阿密的便宜，所以预订邮轮船票的时候应该综合考虑下机票的成本。

（2）公司选择。确定了线路和出发港口，接下来就是选择邮轮公司。通常每条线路上都有两家以上的邮轮公司参与竞争，价格、服务、特色、船的新旧等都是必须考虑的因素。现在全世界有 300 多艘大型邮轮，大部分归属于三大邮轮集团公司：嘉年华、皇家加勒比（Royal Caribbean）和丽星邮轮（Star Cruises），每个集团公司下面又细分了不同的高中端品牌。嘉年华是世界最大的邮轮集团，品牌年轻化，是年轻人比较喜欢的邮轮，船上的活动比较丰富、刺激，娱乐性强，属于经济型的邮轮。皇家加勒比是全球第二大邮轮运营商，船更大气，相对价格也比较高。丽星下属的挪威邮轮 NCL 品牌定位中端市场，以自由风格为经营理念，提倡自由式娱乐和用餐。

通过比较，最终我们将自己的邮轮初体验对象选定在嘉年华公司下面的 Carnival Cruise Lines 品牌上。Carnival Cruise Lines 属于平民化的品牌，第一次坐邮轮选择它的人很多，主要原因就是价格实惠，餐饮和服务也不差，性价比算是最高的。另外 Carnival Cruise Lines 也是最"好玩"的船，其口号就是"Fun Ship"，娱乐节目是他们最擅长的，几乎 24 小时不间断，一直到晚上 12 点还有 Party，晚上的演出也是拉斯维加斯式的。对着装的要求也比较随意，很适合年轻人和爱看热闹的中国人。而且作为最大的邮轮公司，嘉年华最擅长的就是加勒比海航线，Carnival Cruise Lines 拥有多达 23 艘的庞大邮轮船队，大多在 10 万吨上下，红色鲸鱼尾巴形状的烟囱是其典型标志。

（3）代理选择。确定了线路和公司，那么在哪里订票最便宜？现在已经是网络时代，一切都可以通过网上自助搞定。如果不差钱图省事，找专门的旅游公司也行。下面重点谈谈自己订票的攻略。

首先是直接到各大邮轮公司的官网，以及 cruise. com、cruises. com、priceline、expedia、hotwire、orbitz 等旅游代理网站查询中意的线路及邮轮公司的价格，并逐一比较。这些网站主要是英文的，中文的不多，需要一定的英语基础。注意不要光看报价，还有看附带的一些优惠和赠送，通常有：

1）直接现金返现（Cash Back）。返现先打在你的邮轮账号上，航期结束时有剩余金额的话，支票返现。

2）船上消费额度（Onboard Credit）。由于船上酒类、SPA、洗衣服务、岸上观光均需另外付费，可以用船上消费额度抵扣，相当于可以在船上用的现金。

3）免费酒店住宿券。在登船前即可使用，用于在出发港口当地游玩时住。

4）免费机票。一般是美国境内某个指定机场到邮轮出发港口最近的机场。一般不会赠送，即使有往往航班时间也不理想，可能很晚才通知具体航班。

5）指定消费券。用于船上的酒水饮料消费。

6）免费升舱。一般不保证，在船舱有富余的情况下可能会。

除了以上 6 项，还有其他一些针对回头客、老年人或美国人的特殊折扣等，注意尽量利用。很多时候比来比去，各个网站的报价都差不多，如果差价在 50 美元以内，建议选择的顺序如下：①通过邮轮公司的网站直接预订；②通过 priceline、expedia 等大的旅游服务商预订；③通过 cruises. com、cruise. com 等较大的邮轮预订专业代理网站预订。

（4）时机选择。确定了线路、公司和代理，那么选择什么时候去和什么时候订最便宜呢？先说什么时候去。加勒比海旅游的旺季一般是 12 月下旬到第二年 4 月中旬，尤其是圣诞节和新年期间价格最贵，如果能避开旺季价格当然会低不少。另外还要考虑加勒比海的飓风季节，一般是每年 6—12 月，一般人都不愿在此时海上出游，所以很多公司会在这个时段推出种种优惠，尤其是在飓风高发期的 9—11 月以及 12 月中上旬价格往往最便宜。其实真正遇到飓风的概率很小，而且常年航行在海上的邮轮对飓风的来临有着丰富的经验与准备，所以基本不用太担心。如果时间自由，强烈推荐感恩节和圣诞节之间的这个时段，即 12 月中上旬期间，因为这段时间美国人很少请假，票价有时会比圣诞节期间的便宜近一半。而且此时加勒比海地区的温度大概是 25～30 摄氏度，既可以下海玩水，又不会太晒，可谓两全其美。

再说什么时候订。总的原则是趁早，早预订一般优惠较多，一般建议提前三个月以上就确定行程，然后经常到网上刷新价格，感觉差不多了就出手。当然，越早订并不意味着价格一定最便宜。有时候销售情况不如预计，邮轮公司可能会在开船前一个月左右开展新一轮更大幅度的促销来清仓，前提是非旺季的剩票较多。还有一种情况就是最后的促销（Last day sale），你可以等到邮轮出发的最后几天再去抢票，最后一刻卖出去的票往往就是最划算的，但前提是你可以保证随时出发赶得上登船，这对在国内的上班族来说是不可能的。

（5）舱位选择。最好是 2 人以上同行，因为单人订房最不划算。邮轮船舱一般分为内舱房（insidecabin）、海景房（Ocean viewcabin）、阳台房（Balcony/Veranda cabin）和家庭套房（Suites）等，价格差别很大。一般人上了邮轮后除了睡觉很少会待在自己的房间，无窗的内舱房绝对是最经济的选择。另外通常楼层越高价格也越贵，但高层有可能更晕船。此外，船上前后部各有一组电梯，把船从前到后分成大致相等的三个部分，中间最为平稳，而船尾除了晃还可能有机器噪音，所以选择舱位时最好按照中间、前面、后面的优先顺序。

如果一家有 3～4 个人，孩子又比较小，最经济的就是订一间家庭房，这样的房间除了一个大的双人床，还可以拖出或从墙上放下两个单人床，而且同一个房间第 3、4 人的价格要比前 2 人的低不少，平均下来每人就很划算了。此外，选房时还有个技巧就是利用 Guaranteed cabin，也就是选房时只选类型而不选定房号，交给邮轮公司最后安排房间，这样往往有升级到更高级别房间的机会。对于不差钱的，阳台房当然是首选，想想待在自己的房间就可以看海上日出日落看星星月亮，还是相当惬意的。

综合以上各项选择和考虑，最终我们预订了嘉年华公司 10 月 26 日从迈阿密港出发的嘉年华征服号（Carnival Conquest），整个行程 8 天 7 夜，只有 2 个纯海上航行日（Seaday），中途经停 4 个地方：拿骚、圣托马斯、圣胡安和大特克岛，是同时段出发邮轮中游玩港口数量最多的（见图 2—389）。通过 priceline 订的三人间海景房，船票加税后总价只要 1 213 美元，平均下来每人每天才 50 美元，还赠送了 23 美元的 On-board credit，简直太超值了。其实开始是打算订最便宜的内舱房的，但是后来发现可能是大家都订内舱房的缘故，内舱房成了紧俏的客房，导致海景房的价格只比内舱房高几十美元，所以我们索性订了一间海景房，等入住后发现这是一个明智的选择，毕竟有窗户和没有窗户的感觉是不一样的，没事可以在房间看窗外的海景，还能够实时观察邮轮是不是快到港口了。另外在预订时就要选择好自己在船上用晚餐的时间，因为船上的晚餐都是桌餐（早餐和午餐是自助），餐厅一次可容纳 2 000 多人同时就餐，全船 4 000 余名旅客需要在晚上 6 点和 8 点分两批就餐。我们选择的是 Early Dining 时间，也就是晚上 6 点。

Date	Port	Arrive	Depart
2014/10/26	Miami, FL	----	16:00
2014/10/27	Nassau, The Bahamas	7:00	14:00
2014/10/28	Fun Day At Sea	----	----
2014/10/29	St. Thomas, USVI	11:00	18:00
2014/10/30	San Juan, Puerto Rico	7:00	15:30
2014/10/31	Grand Turk	11:00	17:30
2014/11/1	Fun Day At Sea	----	----
2014/11/2	Miami, FL	8:00	----

图 2—389　嘉年华征服号邮轮行程

3. 登船过程

迈阿密港作为世界最大的邮轮港口之一，位于连接市中心和海滩之间大桥的位置，公共交通不是太方便，行李多的话最好打车。各大酒店一般都有收费班车去码头，每人约 10 美元，可以直接送到码头。通常开船前 4～5 小时开始办理登船手续，我们这趟邮轮是下午 4 点离港，绝大多数游客都是提前 2 小时以上上船。因为上了邮轮就是悠闲假期的开始，早一刻上去就意味着早一刻开始吃喝玩乐，所以应当尽量在第一时间登船。要注意登船日期及时间均为当地时间。登船前除了带上护照、签证等文件，最好提前根据邮轮公司发来的确认邮件，在网站上注册并进行在线 Check In，这样可以节省现场办手续的时间。

港口就像机场一样，会有不同邮轮公司的登船 Terminal 指示牌，我们大约中午时分坐酒店的车直接到了嘉年华邮轮所属的 Terminal。下车后就会有工作人员过来询问，他会根据你提前在网上 Check In 后打印出来的文件或者预订单号，查询一个名单告诉你所在的房间号，这个一定要记好。然后有船工来拿你的行李办理托运，此时可以视情况给船工一点小费。一般来说大件行李都需托运，小件的最好随身带。如果托运的话，千万记得要把护照、证件等重要文件拿出来随身带。标识清楚的行李牌非常重要，办理托运前需向工作人员索要行李牌，自己写清楚船名、出发日期、房间号以及姓名，然后交由船工贴在行李箱醒目位置。船工会根据行李牌，在开船后一两个小时内把行李送到你房间的门口。注意行李中不要有生鲜食品、管制刀具和枪械等违禁物品，否则行李可能会被滞留在港口。

接下来就是过安检、办手续了。安检过了之后先上二楼大厅填写一个健康卡，然后所有游客按照客房舱位分开排队进行有序分流，等候工作人员示意到指定的柜台凭证件办理船卡（见图 2—390）。此时会检查你的护照及签证有效性，在办理完登船手续获得船卡后，可选择签署信用卡消费委托与你的船卡绑定，一般只认 VISA、MASTER 或 American Express 签发的信用卡。绑定之后的船卡就成了名副其实的"一卡通"，不仅是打开你房间的门卡和上下船的通行证，今后几天你在船上的所有消费（包括每人每天 12 美元的服务小费），也都会通过这个船卡关联到绑定的信用卡里自行扣除进行结算，下船时不需要再办理结算手续，非常方便。

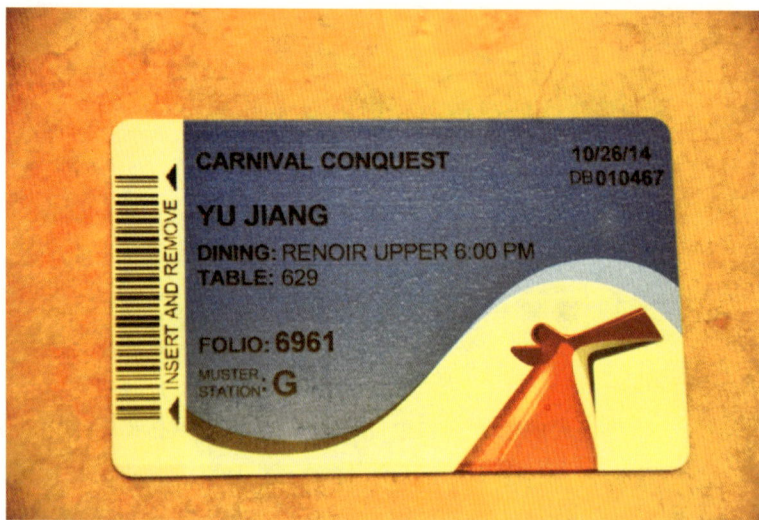

▼ **图 2—390　嘉年华邮轮船卡**

接下来就是领取分区的号码牌，在休息区等候广播分批登船。此时可以在开放区看看当日的船上活动安排或后续岸上观光介绍。当日在迈阿密港停靠了 5 艘 10 万吨以上的巨轮，差不多有 2 万名游客一同登船，但由于分流有序，登船大厅井然有序，其吞吐效率和管理水平令人佩服。然后就是上船，这段路都是全封闭的，没有机会拍到船的全貌，不过以后几天在其他港口停泊的时候有的是机会。

登船后我们先到房间放下随身行李，然后到九楼的自助餐厅享受丰盛的午餐。如果在船下，这样的一顿自助餐估计 30 美元都下不来。吃饱喝足后慢慢踱回房间，发现托运的行李还没到，便细细打量起房间来，感觉非常整洁干净，空间很大，摆了三张单人床也不显太拥挤，窗户也不小，非常满意。在房间看够了，我们按捺不住第一次乘坐邮轮的激动心情，便开始了邮轮探索之旅，也借机熟悉下船上布局及游乐设施。这艘邮轮给人的第一感觉就是巨大，仿佛一座迷宫。这也难怪，嘉年华征服号是世界上最大的邮轮之一，排水量 110 000 吨，船长 290 米（比三个橄榄球球场还长），宽 38 米。首航日期是 2003 年，拥有大约 2 100 间客舱（其中 1 488 间为观景客舱），可以容纳 3 700 位客人和 1 200 名职员。邮轮共有 13 层，有 4 个游泳池和 4

个餐厅，还有健身中心、会议中心、篮球和排球场、舞蹈俱乐部、赌博娱乐场、图书馆、露天电影院、互联网咖啡馆和精品购物大道等。光电梯就有十几部，虽然人多但很少出现排队等电梯的现象。游轮内部的地图叫 deck plan，每个舱里和电梯里都有，也可以到前台去拿，为了避免迷路最好随时携带。船前部叫 forward，后部叫 aft，前后部各有一组电梯，注意不同部位的电梯能到达的楼层也不一样。

逛到下午 3 点多，广播里传来了集合的通知，原来邮轮起航前还有一项重要的工作要做，就是所有乘客必须按照船卡上 Muster Station 后面的字母到甲板上指定的区域集合，进行安全讲解和安全演练。站在救生艇前，船员根据广播里的讲解给我们演示救生衣的穿法及相关逃生知识，时不时还穿插搞笑的动作或话语。下午 4 点整准时起航，我们的首次邮轮之旅正式开始。很多游客都聚集在甲板上等候开船的那一刻，此时从甲板上俯瞰美丽的迈阿密港口和比斯坎湾也是种莫大的视觉享受（见图 2—391、图 2—392）。当船离开港口时，岸上和船上很多不认识的人相互挥手致意，洋溢着轻松欢快的气氛，像极了电影里邮轮离港时的场景。

等迈阿密港口从我们的视线里消失，我们才依依不舍地回到房间，此时托运的行李已经放在了门口。我们在房间休息到 6 点，准时去指定的 RENOIR 餐厅吃晚餐。给我们 3 人安排的是一张单独的小桌子，感觉很好。我们固定的服务员是个来自印尼的妹子，非常热情，手下还有一个印尼小伙子协助。邮轮上的晚餐是正宗的西餐，菜单分头盘、主餐、饭后甜点、酒水、咖啡等。头盘主要有水果、沙拉、汤等。主餐菜单分两部分，一部分每天不同，另外一部分天天固定。甜点基本上是各种冰淇淋和蛋糕或二者搭配，大部分是免费的，只有少数收费，点单时注意看一下。酒水则是单独收费，可以点一杯酒或饮料，也可以点一瓶酒，每天喝一点，剩下的交给

▼ 图 2—391　停靠邮轮的迈阿密港口

❤ 图 2—392　从邮轮甲板上俯瞰比斯坎湾

服务员保管，下次再继续喝。咖啡一般都是免费的。总的来说晚上的正餐选择还是比较多的，每天可以尝试点不同的，肯定可以吃饱。就算晚上感觉饿了，也可以随时到自助餐厅去。

　　品尝完第一顿晚餐，回到房间时发现服务员已经利用我们吃饭的间歇进来收拾了，并用浴巾折了一个可爱的猴子造型挂在天花板上，实在是太萌了（见图 2—393）。在船上服务员每天都会叠出不同的动物造型，以后我们的一大乐趣就是每天晚餐后进房间前竞猜今天叠的是什么动物。每天早中晚房间会收拾三次，晚上收拾的那一次会放上第二天的活动安排表，并留下小一块巧克力，非常贴心。

❤ 图 2—393　客房服务员叠出的动物造型

Day 4　拿骚（Nassau），巴哈马（Bahamas）

如果 8 天 7 夜从头到尾都是在船上活动，那也未免太单调了，所以上岸游（shore excursion）是一趟完美邮轮之旅必不可少的内容。上岸游就是邮轮停靠某个岛屿后的岸上活动，比如观光、划船、潜水等。今天是整个邮轮之旅的第一次上岸登岛游，这里先说说乘邮轮上岸游的省钱攻略。很多时候邮轮本身的船票不贵，邮轮公司要想把钱赚回来，就会把上岸游定得比较贵。但是如果为了省钱不玩，就白白浪费一次难得的加勒比海岛游玩机会，那样更不划算。那么鱼和熊掌能否兼得呢？下面是几条实用的 Tips。

1. 提前做好攻略

在登船前就上网查阅行程中几个停靠港口或岛屿的情况，制定好当地的游玩攻略，因为等上了船上网费巨贵，网速还慢。如果万一没有提前做好攻略，还有个补救的方法，就是去邮轮上的图书馆查阅相关的参考书，一般都会找到。在英文中邮轮停靠港叫"Port of Call"，比如去加勒比海就看"Caribbean Cruise Ports of Call"，里面对每个港口介绍得都很仔细，列出了停靠码头的位置、建议的旅游线路及价格、公共交通工具、购物指南等，非常实用。

2. 尽量选择自由行

大多数情况下，如果不是参加那些时间很紧的项目，而且会说英语，大可不必订邮轮上的上岸游，而是上岸后自由行。往往船一到港，码头上就有很多出租车、面包车在吆喝拉人去各种景点，他们的价格一般是邮轮上相同路线价格的一半左右。至于是否可靠，一般来说这几个岛都以旅游为支柱产业，很少有坑蒙拐骗发生。不过自由行一定要留充足的时间回船，因为邮轮在预订开船时间前半小时就收舷梯、关门。如果是报邮轮提供的上岸游就不用担心误船，无论多晚邮轮是一定会等自己的旅游团回来的。

3. 充分利用当地的公共交通系统

如圣汤玛士、波多黎各的公共汽车线路多，班次密，完全可以乘公共交通到达各个主要景点。有的岛上还有专门免费的观光巴士或者小火车。有的岛或港口很小，完全靠步行就行了。如果有几个中国人一起，到港后可以包个出租车环岛游，想去哪里就去哪里。一般在港口等邮轮的出租车不打表，需要提前讲好价钱，人多的话分摊下来也不贵。

在下船登岛游玩前，还有几个注意事项：

（1）带好证件。每次上下船都会检查有效证件及船卡，并过一次安检。

（2）备好零钱。一般来说，美元都可以在加勒比各地通用，但如果可以备一些当地货币并且了解好货币兑换行情，会对出行有相当大的便利。

（3）带齐装备。相机、泳衣等就不用说了，记得带上沙滩巾。邮轮上虽然不提供牙刷牙膏，但是客房内会常备一条沙滩巾，如果前往海滩请记得携带，岸上是需要另付租借费的。

（4）注意时间。请一定记下邮轮离港的准确时间，并至少提前半小时返回码头。特别需要说明的是，船上所有活动的时间包括邮轮离港时间都是"船上时间"，有可能和当地时间有时差，因此下船活动前切记对好船上的时刻表。每次到港的前一晚一般会发一张港口附近的简图，除了标明码头的位置、景点和商店，还给出该邮轮公司在这个港口办事处的地址和电话。记得下船时随身带好这张图，如果万一误船了，赶紧找邮轮公司的办事处，他们会和邮轮联系采取补救措施，帮你改乘下班船或买机票飞到下个到达港追上你乘的船（当然是自己掏腰包了）。

今天的停靠地是巴哈马首都拿骚，早上 7 点船就准时到了，下午 2 点离港，7 个小时的时间对玩拿骚这样小的地方足够了。因此我们从容吃过早餐才下船，计划主要玩天堂岛上的亚特兰蒂斯酒店（Atlantis）及附近的海滩，然后在市区逛逛。下船时每人要刷一下船卡，出来就是拿骚海关，一栋很加勒比的小楼。今天拿骚码头正好并排停了两艘巨轮，我们当然不放过这样好的拍照机会（见图 2—394）。

图 2—394　拿骚码头并排停放的两艘巨轮

下了船发现这里海港里的水都那么干净漂亮，而且站在港口就能看见对面的天堂岛和亚特兰蒂斯酒店，碧海蓝天的美景让人心动不已，瞬间就爱上了这里（见图 2—395）。

我们先在港口的游客中心拿了份地图，这里一面墙上注明了出租车到各个景点的票价，去亚特兰蒂斯酒店 4 美元/人，有了明码标价不用担心挨宰。很快我们就来到美丽的天堂岛，走进据说拍过 007 系列电影的亚特兰蒂斯酒店。亚特兰蒂斯酒店

▼ 图 2—395　远眺天堂岛上的亚特兰蒂斯酒店

是一家七星级酒店，以失落的神秘大陆亚特兰蒂斯为主题，周围有非常棒的景观。酒店分收费区和免费区，有一半的地方要买票才能进去参观。我们花了一个半小时免费参观了酒店，就忍不住对加勒比海的渴望去了附近的海滩。这是我们第一次接触加勒比的海水和沙滩，果然和想象中的一样：蓝天、白云、阳光、细沙，还有蓝中带绿由浅到深的透明海水，在阳光下如宝石般熠熠闪光，实在是太漂亮了，和国内沿海的海水感觉完全不一样（见图 2—396）。只是那天风有点大，海浪有近一米高，我们都小心翼翼地在岸边浅水区活动，看那些冲浪高手追波逐浪。这个沙滩是公共沙滩，不收门票，但是如果换衣服的话，需要花钱租用换衣间。其实完全可以在下船前提前换好泳衣，外面套上裙子或短裤即可。还有个办法，就是在离海滩不远的酒店洗手间里换更方便，尤其是在海滩游完泳后。我们在这个沙滩一直游玩了近两个小时，才依依不舍地告别。换好干爽的衣服后，在海滩入口外就有回码头的出租车，同样是 4 美元/人。回船前先在码头附近的 downtown 逛了逛，到处是五颜六色的漂亮小房子，好一派热带岛国风光。

逛到下午 1 点，看看时间差不多了，肚子也开始抗议了，于是决定回船上吃午餐。回船时主要检查船卡和护照信息是否相符。吃完午餐，我们美美睡了一觉起来，离晚上 6 点的正餐也不远了，这种吃吃玩玩睡睡的生活真是腐败啊。今天晚上是船上的第一个正餐之夜（Formal Night），需要着正装，千万别拖鞋短裤地跑过去又被赶回来。正餐之夜的晚餐也比一般的晚餐丰盛得多，今晚就有正宗的龙虾大餐。

▼ 图 2—396　亚特兰蒂斯酒店附近的海滩

Day 5　海上

今天是第一个纯粹的海上日，没有停靠点。如果你觉得邮轮上的生活毫无乐趣可言，那就大错特错了。下面就从吃喝玩乐购几个方面来讲解在船上打发时间的方法，保证不会让你觉得无聊。

首先是吃和喝。相信坐过一次邮轮的人都会深刻体会到邮轮人人皆知的增肥功效，因为确实是吃得太好了。一般早餐和中餐都是自助，品种特别丰富，光水果、点心就有几十种，还有各国特色的食物随便享用。晚上是正餐，食物和服务更精致，往往头盘、主餐、甜点一套吃下来，人就撑得不行了。除了三餐外，还有 24 小时供应的披萨和冰淇淋可以当夜宵。可以说只要能吃得下，你能一整天不停地吃。若是对美食诱惑抵抗力差的人，下船后胖个几斤是最正常不过的。

吃饱喝足了，接下来当然就要靠玩和乐来消耗消耗，下面就重点来说说船上的娱乐项目，可以分为自娱自乐类、表演类 Show 和各种 Party。自娱自乐的项目主要有游泳、泡澡、滑梯等，这些都集中在露天甲板上；也可以去健身房健身，或者去游戏室玩游戏，或者去赌场试试手气，或者去图书馆看书。如果你是喜欢安静的人，也可以选择待在房间里看电视或看书，或者到甲板上到处都是的躺椅上晒太阳吹海风聊聊天，晚上还有露天电影可看（见图 2—397）。如果有几个人同行，也可以打打牌什么的。或者参加各种很有意思的讲座或课程，比如美容美发、油画鉴赏、巧克力制作、毛巾叠动物、交谊舞教学等。或者到邮轮的中庭去静静听歌，那里有一对嗓子非常不错的金童玉女献唱，常把人听得如痴如醉（见图 2—398）。

表演类 Show 一般安排在晚上，虽然只有十几个演员，但是都非常敬业，形式多

▼ 图 2—397　邮轮甲板上的游乐设施

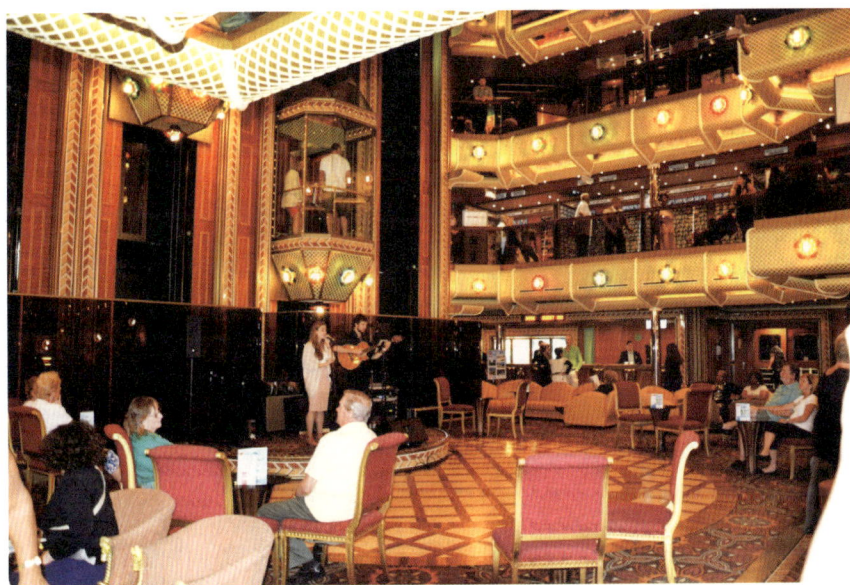

▼ 图 2—398　邮轮中庭里的献唱歌手

样，有歌舞、魔术、杂技、喜剧等，充满拉斯维加斯式风格。英语好的还可以去听一场脱口秀（Talkshow）。有时候还有游客自己的表演，比如参与性较强的 family game show，选出两组团队回答问题进行 PK。此外还有各种 Party，甚至还有按不同的年龄段进行细分的相亲会，单身的你说不定可以在邮轮上邂逅真爱。也有针对青少年儿童的专门活动，只是一般要提前预约。总之船上的活动设置会照顾到不同年龄段的乘客，大家各取所需，只要关注每天晚上送到房间的第二天活动安排表，圈出感兴趣的活动并按时参加即可。

最后一项就是购物了。邮轮在 4 层有个很大的购物街，里边有不少免税店，商品包括一般的礼品和纪念品，也有高档化妆品、烟酒、手表、珠宝等。邮轮上的免税店一般在最后一天的海上日会有一些大的折扣，只有这时候船上免税店的价格可能比加勒比岛上的免税店便宜，因此这时购物的人超级多，付钱的地方往往排长队。

除了购物，最后还有个有趣的活动可以打发时间，就是寻找自己的照片。从登船开始就有摄影师在不同时刻随机给每位游客拍照，比如上下船时，或者在甲板上散步时都有可能遇到。每次晚餐时也都有人过来拍照，记得有一次服务员还打扮成加勒比海盗的样子，把刀架到我脖子上来了张合影。拍照都是免费的，只是照片就不免费了。4 层有个专门的照片长廊，每天都会把前几天拍的照片洗出来放上去，游客找到自己的照片后如果觉得特别满意就可以找他们买，只是价格不菲，一张照片往往要 20 美元，多买的话一般有一定优惠。

Day 6　夏洛特·阿马里（Charlotte Amalie），美属维尔京群岛圣托马斯（St. Thomas，U. S. V. I.）

今天停靠的海岛是圣托马斯岛（St. Thomas）的首府夏洛特·阿马里（Charlotte Amalie），属于著名旅游度假地——美属维尔京群岛（The United States Virgin Islands）的一部分。圣托马斯以自由港著称，吸引各国的邮轮在此停泊，拥有世界十大最美海滩之一的 Magen's Bay，还是美国唯一的海外免税区，堪称购物天堂。

我们的邮轮在圣托马斯的停靠时间是上午 11 点到下午 6 点，有近 6 个小时的游玩时间。今天我们计划的行程安排是先到 Magen's Bay 玩海滩，再去爬著名的"99 级台阶"（99 Steps）看传说中的黑胡子城堡（Blackbeard's Castle），最后到 downtown 逛街购物。一下船就发现码头有专人为我们这样不参加邮轮岸上活动的散客安排车辆，这样不用自己费心去找车拼车，可以说是全程几个岛中旅游服务做得最好的。Magen's Bay 位于圣托马斯岛的北部，从码头过去需要翻山越岭，车费每人 8 美元。这里的出租车都是敞篷式的，山路很窄而且坡度很陡，坐在车上很刺激，时而能从树林缝隙里看到海景，回程时师傅还专门在半山腰上一个能看海景的地方停了十几秒供我们拍照。到了 Magen's Bay，看到这里纯净透明的海水瞬间惊呆了，只见海面上一片翡翠绿与湛蓝色相互交织向天边延伸，最后与天空融为一体，不含一点杂质，纯净得令人窒息。海滩上的沙子也细得像面粉，海湾四周环绕着翠绿的热带森林，犹如天堂一般，果然对得起"世界十大美丽海滩"的称号（见图 2—399）。

Magen's Bay 门票只要 4 美元，儿童免费，管理非常规范，出租车有专门的上车点和专人管理，里面的公共设施如厕所、换衣间、冲澡的地方都是免费的，而且免费的长椅非常多，便于游客休息。由于这个海湾三面环山风平浪静，游客可以在这里租皮划艇体验水上运动的乐趣。这里还能看见很多晒太阳的蜥蜴，它们对游客早

▼ 图 2—399　世界十大美丽海滩之一 Magen's Bay

就习惯了，一点不怕人。Magen's Bay 风景漂亮的确没得说，就是人特别多，估计今天几艘邮轮上的大部分游客都躺在这里了。据说圣托马斯对面的 St. John 岛还有更原始漂亮的 Trunk Bay 海滩，也是世界十大最美海滩之一，那里游人很少。只是从圣托马斯到 St. John 岛需要跋山涉水换乘几次公共交通，我们今天时间有限，只能留待下次再去探索了。

在 Magen's Bay 玩够了，我们打车来到 downtown，寻找传说中的黑胡子城堡。一位当地帅哥给我们指出了上山的道路，之后一路走下去都不断有指示牌，非常好找。黑胡子城堡建于 17 世纪，是圣托马斯最有历史感的经典景点，需要爬著名的"99 级台阶"才可以到达。按照路牌的指引我们很快就找到了"99 级台阶"的入口，在入口附近有个观景平台，可以远眺山下停泊邮轮的港口和小镇风光，视野超赞（见图 2—400）。

黑胡子城堡曾经是加勒比海盗居住的一个地方，从房子选址来看，曾经盘踞在这里的海盗不但有钱，而且还有点品位和眼光，因为住在这里每天可以把夏洛特·阿马里的无敌海景尽收眼底，对周边的情况也可以了如指掌。遗憾的是等我们爬完"99 级台阶"来到黑胡子城堡门口时，却吃了个闭门羹。原来这个城堡已经改成了酒店，如果是非住店客人，只能每周二和周三的上午 9 点到下午 2 点之间进去参观，虽然今天是周三，但是我们一看表此时已经过了下午 2 点，真是不凑巧，早知道的话就早点来了。我们从外面远远拍了一张城堡的照片，算是到此一游了（见图 2—401）。

从山上目测回港口的路程似乎不超过 2 公里，我们决定步行回船，途中还可以顺便逛街购物。这其实要感谢我们乘坐的嘉年华邮轮在圣托马斯的停靠港口是旧港 Haven Sight，地理位置很好，步行到圣托马斯商业中心也就 15 分钟；而有的邮轮公

图 2—400　圣托马斯风光

图 2—401　黑胡子城堡

司的停靠港口则是离圣托马斯商业中心较远的新港 Crown Bay，去市区免不了每人 6 美元的打车费。所以每次下邮轮前一定要搞清楚自己邮轮所在的港口名称，免得误了船。downtown 就在海湾边，从这里能拍到邮轮的全景照（见图 2—402）。

▼ 图 2—402　嘉年华征服号全景照

　　说是 downtown，其实不大，就一条主要商业街，大概五六百米长的样子，商铺的数量及密集度却很惊人。这里珠宝和名表的价格的确很诱人，款式也多，全部免税，还能砍价，对喜欢血拼的游客可说是福音，据说圣托马斯是整个邮轮行程中四个停靠点里购物最划算的地方。从 downtown 沿着海边的人行道走回码头不到 20 分钟，在码头对面有条索道通向山顶的观景平台，可惜索道很早就关门了。不过我们在途中还是有惊喜，不经意间发现了一座山坡后面的半截彩虹（见图 2—403）。一般都是风雨过后见彩虹，可是今天我们在这里游玩的几个小时都是艳阳高照，并没有一丝雨，这样也能看到彩虹，真是奇了。

▼ 图 2—403　在圣托马斯偶遇彩虹

Day 7　圣胡安（San Juan），波多黎各（Puerto Rico）

今天邮轮的停靠地是美国自治领地波多黎各的首府和最大城市圣胡安，停靠时间从早上 7 点到下午 3 点半。圣胡安位于波多黎各岛东北岸圣胡安湾内，港口内宽口窄，为大西洋和加勒比海间重要的海上交通枢纽，西班牙语意为"富裕之港"。历史悠久的圣胡安地处加勒比海的战略军事要塞，因其完好地保留了从 15 世纪至 19 世纪西班牙建造的大型海上防御体系，在 1983 年被联合国教科文组织授予"世界遗产"的称号。这里景点众多，最值得去的就是老城和两座城堡：莫罗堡（El Morro）和圣克里斯托巴尔要塞（San Cristobal）。

我们先美美地在船上吃了个舒服的早餐才下船，此时上午 10 点钟的太阳已经很强烈了。出了码头不远就是圣胡安老城，在街边有免费的彩色旅游地图提供。老城内有许多古老建筑，带有明显的西班牙殖民时期的遗迹，街道狭窄而幽长，环绕阿马斯广场（Plaza de Armas）成格状布局。几乎每座房子都有风格别致的大门和漂亮的阳台，阳台上盛开的鲜花彰显着明媚的热带气息。一道古城墙将老城与外面的新城隔开，阳光穿过茂密的热带植物洒落在青石板路上，路边三三两两躺着慵懒的猫，一切都显得古意盎然、朴素宁静，好像与世隔绝。在这里走走停停拍拍，会令人仿佛迷失在西班牙的小城镇中，真希望时间就此定格在这一刻。我们参照地图，顺着老城沿海的护城墙一路走下去，不一会就来到莫罗堡附近，看到了入口前的大草坪（见图 2—404）。

莫罗堡和圣克里斯托巴尔要塞这两个著名景点是通票，合起来购买每个成人只要 5 美元。我正好带了在美国本土购买的美国国家公园年卡，试着询问了城堡入口的工作人员，问这里是否适用年卡。没想到工作人员看了后大手一挥，就把我们三

▼ 图 2—404　莫罗堡入口

人放了进去。进去后看了介绍，才大约知道了这两个堡垒的历史和由来。原来早在1493 年 11 月，哥伦布率领的舰队就抵达这里，开始了西班牙在波多黎各的殖民史。为了保护圣胡安这座加勒比海中条件最好的天然良港，1539 年西班牙国王下令在圣胡安岛最西端建造要塞莫罗堡。1634 年，在圣胡安岛的东端又开始建造圣克里斯托巴尔要塞，高大的防御城墙由莫罗堡开始沿南北两侧海岸环绕全岛，最后与圣克里斯托巴尔要塞的防御体系相连，构成了一个完整的海陆防御体系，使圣胡安成为一座固若金汤的海上堡垒。

莫罗堡的外形如一个牛头，建造在圣胡安岛最西侧突出的岩壁上，扼守着进入圣胡安港的狭窄水道。作为圣胡安古城防御系统的代表和加勒比海地区大型的古代堡垒之一，它的外层建有三层高低不一的炮兵阵地，各种规格的古老火炮遗留其间，整个堡垒的内部构造也很复杂。莫罗堡顶端的炮台上一排锈迹斑斑的铁炮直指茫茫的北大西洋，极目远眺可见有船只在天边的海平面上或隐或现（见图 2—405）。

逛完莫罗堡，本来还发愁是不是要在烈日下步行到另外一头的圣克里斯托巴尔要塞，结果一出来就看到一辆载满游客的观光电车（trolley）开过来，问了下来的游客，才知道这是岛上专门用来运送游客来往两个堡垒间的公共交通，并且免费，真是太好了。trolley 带着我们一路观光，中途也有好几个停靠点，我们直接坐到圣克里斯托巴尔要塞。巍峨的圣克里斯托巴尔要塞屹立在圣胡安海岸的最东侧，这座用了 100 年时间才建成的堡垒是西班牙人在美洲建造的最大的防御体系，也是加勒比海中最大的要塞，被称为"西印度群岛的直布罗陀"。这座占地 0.1 平方公里、由超过 45 米高的防御墙环绕的圣克里斯托巴尔要塞不仅规模庞大，它最独特之处在于由

▼ 图 2—405　莫罗堡一角

5 座既能完全独立作战又可相互支援的防御工事群组成，工事群之间以暗道和堑壕相连，里面设有兵营、弹药库、地窖、土牢、火炮掩体和物资仓库，仿佛一座迷宫。站在它的顶端，可以远眺西边的莫罗堡，两个堡垒正好一前一后、一东一西，像两大卫士保护着圣胡安（见图 2—406）。

图 2—406　从圣克里斯托巴尔要塞远眺莫罗堡

圣克里斯托巴尔要塞离我们邮轮停靠的码头只有十几分钟路程，我们在回船前专门在附近一家酒吧品尝了当地有名的朗姆酒。看过电影《金银岛》的朋友应该对这种酒有印象，因为影片里说海盗的生活是离不开朗姆酒的。加勒比海地区的特殊气候和地理条件制造出了世界上一流的朗姆酒，其中最为著名的是白加利（Bacardi）。白加利原产古巴，古巴革命后酒厂迁到波多黎各。我点了一杯用薄荷、糖和青柠檬调配的朗姆酒，闻起来很清新，喝起来微甜，刚开始让人感觉像饮料一样，结果才半杯下去，本来就不胜酒力的我就脸红了，头也有点发飘。原来朗姆酒是世界六大烈酒之一，这才明白为什么要调配着才能喝。

Day 8　大特克岛（Grand Turk Island）

今天邮轮的停靠地是大特克岛，停靠时间从上午 11 点到下午 5 点半。大特克岛很小，属于英国的海外属地，岛上的居民比游客还少（岛上居民 1 000 多人，一艘邮轮就有 3 000 多人）。严格来说从这里下船就算到了英国领土，有人会问要不要当地签证。实际上这里和前面几个停靠的港口一样，上下船只需要带上护照和船卡就行了。

大特克岛周围的海水异常清澈，离海岸线几百米就是著名的 Grand Turk wall 海底断层，深度从 2～3 米一下子变得深不见底。这里的近海有很多海洋动物，非常适合潜水观赏，是世界著名的潜水圣地。潜水里最容易学会的就是浮潜（Snorkeling），仅用浮潜装备（即浮潜三宝：面镜、呼吸管、脚蹼）就可以进行，不像深潜（Scuba dive）还需要培训和考证。浮潜英语的正式叫法是 Snorkel dive，我们今天就将在这里体验人生中的第一次浮潜。想想能在碧蓝碧蓝的加勒比海里潜水，心情就激动不已。

为了省心，我们昨天就提前报名参加了由邮轮组织的 Ultimate Snorkeling Adventure 活动，全程约 2.5 小时，每位成人价格是 55.99 美元。上午 11 点半准时从码头集合出发，记得出发前擦好防晒霜，否则很容易晒伤。另外记得带上相机潜水套或者潜水相机，我们就是提前在船上租了个水下摄像机。据说质量好的相机潜水套比潜水相机更给力方便，因为这样就可以在水下用自己的单反拍照或进行高清摄像了。我们先从码头坐快艇到达要浮潜的深海区，潜水教练讲解了一些浮潜的方法和注意事项后，我们一船人便迫不及待地像下饺子一样，争先恐后地跳进这片蓝汪汪的大海中。浮潜的地点就选在 Grand Turk wall 附近，墙这边水深 9 米，墙那边则陡降至 2 134 米。从潜水镜中向下面看，这边的水是碧绿的，而那边的水是幽蓝的，中间有一道非常明显的分界线。Grand Turk wall 靠岛的这一边是五彩斑斓的海底世界，各种漂亮的热带鱼成群结队，身上的花纹五光十色；还有五颜六色的珊瑚，在阳光的照射下异常鲜艳夺目。第一次亲眼见到如此奇妙的海下世界，那一刻真的醉了。越过这道墙就是漆黑一片的深海，如果学会了深潜，背个氧气筒，抱个推进器，再带个头灯，就可以下去看些更大型、更奇特的海洋生物，那种经历相信更奇妙。

我们玩了一个多小时的浮潜，教练看大家的体力都消耗得差不多了，就招呼大家上船准备返回。原以为今天的高潮过去了，没想到这时最 high 的时刻来了，不知道教练用什么魔力，竟然用食物引来了两只个头不是很大的鲨鱼。估计这种鲨鱼不是那种性情凶猛的食人鲨，和教练似乎很熟悉，非常听话。教练招呼感兴趣的人下去摸摸鲨鱼，我也凑热闹下去亲密接触了一下，感觉鲨鱼的皮肤好滑好凉，摸起来手感非常好，这也成了我这次邮轮之旅最特别的体验（见图 2—407）。

玩过浮潜，快艇把我们送回码头。一看离开船时间还有 3 个多小时，我们决定再去附近的海滩玩。值得称道的是这里的海滩是所有停靠点中离码头最近的，仅仅五分钟路程，非常方便。游客在游玩的时候能看到邮轮就在不远处，根本不用担心误船，所以整艘邮轮上的游客有一大半都集中在这个海滩休息。这里的海水半静而清澈，在阳光的照射下呈现出不同颜色，有的地方是宝蓝色，有的地方则是近似于黑的深蓝。在岸边的浅水区可以看到海底的细沙和很多透明的小鱼游来游去，也有很多人自带浮潜工具在这里玩。海滩边有人经营各和海上活动项目，比如潜水、快艇、划船等，我们选择了一种我们命名为"海上沙发"的趣味项目，就是由一艘摩托快艇拉着一个类似沙发的漂浮装置在海面上飞驰，人坐在这个沙发上感觉像在飞翔，非常刺激好玩。玩累了，这里免费的沙滩躺椅很多，躺在上面休息，欣赏不远处邮轮美妙的身姿，也是一道美丽的风景线和一种难得的享受（见图 2—408）。总之对这个海滩的感觉非常好，一点不输前面那些世界排名 Top 10 的海滩。

在海滩上偷得浮生半日闲后，我们开始回船，一路走过去全是店铺，喜欢购物

▼ 图 2—407　与鲨鱼第一次亲密接触

▼ 图 2—408　停靠在大特克码头的邮轮

的话可以顺便逛逛。最后在码头和大特克标识合影，算是告别吧（见图 2—409）。

　　回到邮轮吃过晚餐，我们早早来到船上两层楼高的剧场占据最佳位置，等候整个行程中最精彩的 Show 开始。原来今天正好是万圣节前夜（Halloween，为 "All Hallows' Eve" 的缩写），也叫万圣夜或诸圣节前夕。万圣节是西方国家的传统节日，为每年的 11 月 1 日；万圣节的前夜即每年的 10 月 31 日晚上，这一夜是一年中最 "闹鬼" 的一夜，所以也叫西方的 "鬼节"，相当于中国的 "七月半"。万圣夜的象征

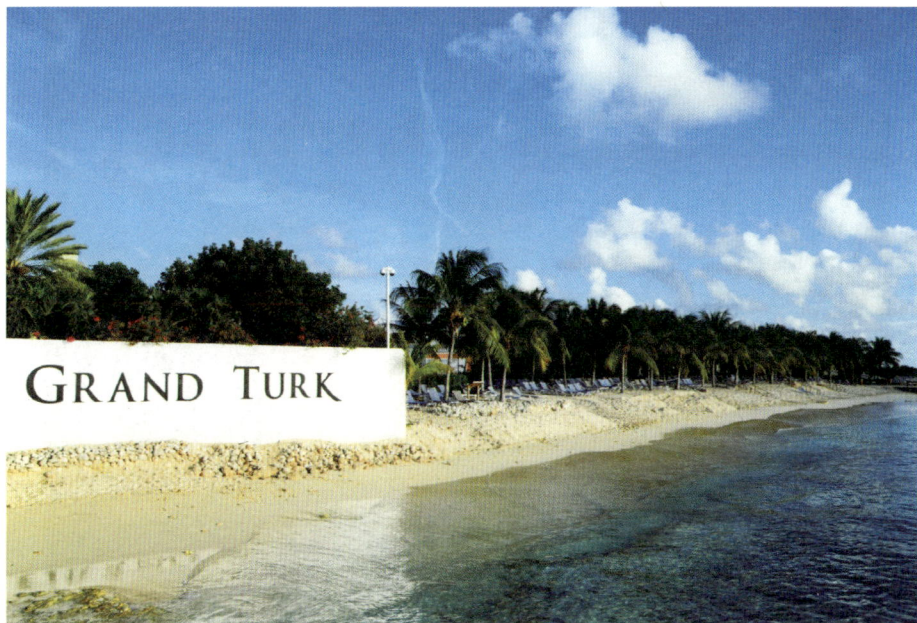

图 2—409 大特克岛海滩

物是南瓜灯，主题是鬼怪、吓人，以及与死亡、魔法、魔怪有关的事物。

今晚的 Show 主题就是由游客拿出自己的看家绝活扮演各式各样的鬼怪，轮流上台展示，由观众来评选出一二三等奖。谁获得的掌声最多，谁就是今夜的"鬼怪之王"，整个过程既吓人又搞笑。待夜幕刚一降临，就能见到船上到处有"鬼怪"出没，如果事先没有心理准备，一下子陡然遭遇还真有点吓人（见图 2—410）。晚上八点Show 正式开始，一时间舞台上群魔乱舞，好不热闹，把肚子都笑疼了（见图 2—411）。

图 2—410 游客扮演的鬼怪

图 2—411　邮轮上的万圣夜 Show

Day 9　海上

今天是整个行程中的第二个海上日，也是最后一个，想到明天早上就要下船告别这无比悠闲的邮轮生活，还真是舍不得。于是我们决定今天除了守候一次海上壮丽的日出和日落，还要查漏补缺在船上全面地逛一逛，把没有去到的地方和没有玩过的项目全部过一遍，以免留下遗憾。就这样玩了一整天，无意间发现一个很有意思的现象，就是邮轮上以老年人居多，估计占了 80％的比例，中年人估计占 15％，余下的年轻人比例很小。想想也是，在一年的大部分非假日时间里，能够乘坐邮轮的都是退休有大把时间的老年人，不然谁有一个多星期的时间出来坐船溜达呢？只有在学校的寒暑假期间，或每年的圣诞新年假期，才可能会有大量的年轻人乘邮轮度假，那时候才有机会看到无数俊男靓女。

Day 10　迈阿密（Miami）港口下船

今天早上八点邮轮准时回到出发的迈阿密港口，意味着我们 8 天 7 夜的邮轮生活正式结束，同时也意味着我整整 100 天的北美环游之行也圆满结束。最后只剩下一件重要的事情：下船。其实下船的准备工作在昨晚就已经开始了，服务员一般会在下船前一晚打扫房间时放一张单独的离船须知单，房间里的互动电视某个频道也会反复播放离船须知，让游客早做准备。归纳来说，下船前最重要的两件事情就是结账和行李。

先说结账。如果是上船前签过信用卡消费授权的客人，一般在下船前一晚服务员会将整个行程的账单塞到你房间的门下。如果发现没有的话，自己也可以到前台索取账单，或者凭船卡到一个类似 ATM 的机器上查询打印账单。账单如果核对无误，即完成结账手续，无须再到前台办理。如果是以预存现金方式支付消费额度的客人，可在离船前去核对消费记录，并凭之前的预收现金凭证退还剩余的现金。

再说行李。离船前一晚，如果需要办理离船行李托运，可以索取离船使用的行李牌，并在当晚 12 点前将贴好行李牌的行李放在自己的房间门口。不同颜色行李牌对应了不同的分区，意味着不同的离船时间。第二天早上等船只靠岸后，按照广播通知分批下船。一般会先通知没有大件行李的或急着赶飞机的人先走，然后按照行李标签上的分区逐批下船，整个过程像登船一样井然有序。

我们的行李不多，无须托运行李，也不急着赶飞机。因此我们早上起床后，还是不慌不忙地去自助餐厅吃了最后一顿丰盛的早餐，然后在房间休息，等候通知下船。下船后会有美国海关人员严格检查护照及签证有效期，因为这相当于重新入境美国。等再次站在迈阿密港口前的广场上，回望停泊在港口的嘉年华邮轮，一周前登船的那一幕仿佛就发生在昨天，感觉这一周就像做了一场关于加勒比海的美梦，似乎还没完全醒来。此时如果你站在我面前，我只想对你说：加勒比海邮轮之旅，你值得拥有！

再见了，迈阿密！再见了，嘉年华！再见了，加勒比！

后　记

　　真正动起笔来，才体会到写作的不易与艰辛，犹如另一场长征。路遥说过"我的早晨都是从中午开始的"，正是我这几个月来回忆记录环游过程和感受的真实写照。我不想把这本书写成一般的图片 Show 式的游记或攻略，就像网络上那种一上来没说两句话就先上 N 多张图片的游记。所谓有图有真相，美图固然不可少，可以让人对景点有直观的认识，可是如果图片太多泛滥了那就变成图片集了，那样的游记写起来轻松，但是给他人有用的信息却很少。个人觉得，好的自助游和自由行攻略书不应仅仅注重可读性，同时更重要的是要兼顾实用性，不能像通常的游记一样，看起来绘声绘色，实则浮光掠影，欠缺最关键的指导怎么游的"干货"。我这次环游一路上结识的不少驴友，他们都有这样的感受，觉得在网上看的不少美国游记大多数都是图片秀，很难找到真正有参考价值的东西。所以从正在规划或者即将开启北美之行的读者的角度出发，我想尽最大努力把这本书写成可读性和实用性兼备的攻略书，不仅让读者见识美丽的风景，了解背后的历史人文和风土人情，还能知道怎样根据自己的想法去设计个性化的行程。

　　三国魏人董遇所说的"冬者岁之余，夜者日之余，阴雨者时之余也"，原意是说人们应当利用一切空余时间努力读好书；于我而言，这"三余"却是总结整理这次环游经历的最好时间。出发前我曾经美好地设想过白天游玩，晚上记录，后来发现这于我是不可能完成的任务。因为在整个环游过程中，我作为整个环游行程路线的设计师和活动发起者，每天就像带团出游一样，同时身兼司机和导游。尤其是当每天晚上队友早早洗漱完毕上床休息为第二天的旅行养精蓄锐之时，却是我开始研究接下来几天该住哪里和如何去玩的时候，常常要到凌晨一两点钟才能安心睡下。其实我也是第一次在异国他乡玩这么久和玩这么"大"，很多事情不可能都提前规划设计好，只能是边游边摸索，边摸索边总结，特别是受途中各种不确定因素的影响，一般只能提前几天到一周确定后面几天的行程安排。所以这 100 天的大部分时间于我可以说是每天"眼睛在天堂，身体在地狱"，虽然见识了不少美景，但却是心力交瘁，中途也曾经几次想过放弃，还好有出发前立下的"男儿千年志，行路未有涯"的信念一直支撑着我坚持下来。我想这也是很多驴友宁愿自己"被捡"，也不愿劳心费神组队"捡人"的原因吧。幸运的是，我最终还是坚持走下来了，更欣慰的是还能在走下来之后依靠回忆完整地将这一切记录下来。因为自己还不是专职的旅行家，白日里工作繁忙，唯有"三余"的时间属于我，只能利用晚上和节假日的休息时间，导致整个写作过程历时 9 个多月，可谓"谁知个中味，字字皆辛苦"。

虽然一路充满艰辛和挑战，不过这次环游也让我收获颇丰，特别是在异国他乡身处陌生环境时能够淡定应对的自信。如今的我已经可以在一天之内从容完成烦琐的签证材料准备和申请，在一个晚上制定好一周的行程，并预订好租车、住宿、门票、机票等所有出游要素。我想这正是"No pains, No gains"的结果吧。

100 天的时光稍纵即逝，环北美自驾游完美谢幕。穿越北美大陆对于我来说是一种经历，更是一种积淀。世界那么大，我的脚步不会就此停歇。在我看来，旅行的意义不止是为了遇见未知的风景，接受未知的挑战，结识未知的朋友，更重要的是发现未知的自我，找到生活的本真和生命的本意。

最后，我要衷心感谢中国人民大学出版社大众图书出版中心的费小琳主任和杜俊红、张颖、汪渤、孙莹等编辑为本书出版付出的大量精力和心血，以及朋友毛润琳编辑提供的帮助和支持。我也要衷心感谢在旅途中一直关心鼓励我的家人：是父亲的在天之灵在默默护佑着我，一路上数次遭遇死神却幸运地有惊无险；是母亲从小培养我吃苦耐劳的品质，让我能不畏困难一路前行坚持到底；还有帮我校稿润色的二姐蒋娇艳和姐夫张玉彪，以及大力支持我出书的大姐蒋彩云和姐夫郝礼杰。另外还要特别感谢众筹网出版项目总监刘庆余，以及众多同学和亲朋好友对我众筹出书的大力支持。最后要感谢与我一路风雨同行的队友们，没有你们的理解、支持和包容，我也不可能完成这次北美"长征"。很怀念我们一路上由陌生到熟悉，最后成为朋友的美好时光。如果有机会，希望以后还能和你们再次同行，一起去探索发现这个世界更多的美好。因为，"In life, it's not where you go, it's who you travel with"。（本书少数图片及文字资料来源于网络，限于篇幅不能一一列举来源，如有版权问题请联系作者。）

附　录

要圆满实现自驾环游北美的梦想，离不开出发之前全面细致的各项准备工作，这里面涉及签证、组队、装备、租车、住宿、饮食、购物等方方面面，可以说是一项系统工程。如果没有提前合理规划好这些要素，旅行的质量将很难保证。中国有句话叫"磨刀不误砍柴工"，外国也有句类似的谚语叫"By failing to prepare, you are preparing to fail"。在真正踏上这次环游北美的征程之前，我花了近四个月的时间去研究和做各种准备工作，对后续顺利完成环游起到了至关重要的作用。

一、签证攻略

获得美国和加拿大签证是去北美自驾环游的前提和基础，否则后续的各项准备工作就无从谈起。美国签证是世界上最难获得的国家签证之一，而一旦拿下美国签证，再去办加拿大签证会容易得多，因此下面重点说说美国签证的攻略。

从 2014 年 11 月 12 日起，赴美的中国短期访客可申领美国十年签证，主要是 B1（短期商务访问）、B2（短期旅游）或 B1/B2（两者合一）的十年期多次出入美国签证。同样办一次签证，同样缴 160 美元（约合 1 008 元人民币）签证费，以前只能管一年，现在可以管十年，更划算省心。不过这里有一点要澄清：获得了十年的旅游签证，并不意味着就可以在美国待上十年了。签证的有效期和在美国的停留期是两个概念。新的签证有效期延长至十年，并不意味着停留期有所变化，申请者取得美国签证只是取得进入美国国境的资格，具体的停留期限在抵美后将由美国移民官员根据情况现场给出。根据美国法律的相关规定，短期签证停留期一般不超过 180 天。不过对环游美国来说，180 天的时间已经足够了。

如果顺利拿到十年有效期的美国签证，那就太好了，想啥时候去就啥时候去，实现一场"说走就走"的赴美旅行不再是梦想。此外，美国签证还有一项附加福利，就是拿到美国十年签证，中国游客将可以获得多个国家和地区的免签或落地签证优惠政策，具体国家和地区如下。

持有美国 B1/B2 签证可以免签的国家：

1. 墨西哥（停留 180 天）
2. 百慕大（停留 180 天）

3. 洪都拉斯（停留 180 天，需持剩余有效期大于 6 个月的美国签证）

4. 塞尔维亚（停留 90 天）

5. 哥斯达黎加（停留 30 天，美国签证有效期至少还有 3 个月）

6. 巴拿马（停留 30 天，前提是该美国签证必须至少用过一次：可以先到美国，后去巴拿马；美国转机也符合该要求）

7. 巴哈马（停留 30 天，巴哈马实际是与中国互免签证的国家，但由于国内没有直飞巴哈马的航班，所以需要持有有效的美国签证）

8. 多米尼加共和国（停留 30 天，持有美国有效签证，在多米尼加可落地签，费用 11 美元）

9. 黑山（停留 7 天）

10. 菲律宾（停留 7 天，持有加拿大签证和美国签证可以免签，原则上中国边检不放行，但如果有去美国的机票或者从第三国入境可以享受此政策）

11. 荷属加勒比地区（博内尔、萨巴、圣尤斯特歇斯、阿鲁巴、库拉索、圣马丁免签，需要持有有效的多次入境美国签证）

持有美国 B1/B2 签证可以有条件过境免签的国家：

1. 过境韩国（停留 30 天，切记前提是必须是前往美国本土，前往美国海外领土关岛等不能享受此政策；往返各停留 30 天）

2. 过境新加坡（停留 96 小时，美国签证有效期至少为 1 个月，往返只能停留 1 次）

3. 阿联酋（停留 96 小时，需乘坐阿联酋航空）

4. 日本（停留 72 小时）

5. 英国（停留 24 小时，有美国 B1/B2 多次往返签证并且有效期 6 个月以上，在英国转机往返都可享受 24 小时免过境签的待遇）

6. 加拿大（持有效的美国签证，有确认的乘坐加航直飞航班的机票，并在加拿大温哥华国际机场或多伦多皮尔逊国际机场，当日转机美国，可免签证过境）

持有美国 B1/B2 签证可以申请电子签证的国家：

土耳其（持有效的美国签证，可申请停留 30 天的电子签证，在线申请网址 https：//www. evisa. gov. tr/en/）

B1/B2 签证属于美国非移民签证，具体申请步骤如下（如果有疑问，最好去查看美国驻华大使馆网站 http：//chinese. usembassy-china. org. cn/）：

步骤 1：选择签证类型

主要有商务/旅行签证（B1/B2）、学生签证（F，M）和交流访问学者签证（J）等，一般游客选 B1/B2。

步骤 2：在线填写 DS-160 申请表格

在线填写 DS-160 非移民签证申请表格，并打印出带有条形码的"确认页"。

步骤 3：缴纳申请费用

可通过 http：//www. ustraveldocs. com/cn _ zh/cn-niv-paymentinfo. asp 在线支付申请费用，获得缴费收据上的编号。

步骤 4：通过预约中心注册登记，预约面谈时间预约面谈有两种方式，可以使用网络预约系统或致电预约中心话务员电话预约。此两种服务均无须支付额外费用。网络预约需登录 http：//ustraveldocs.com/，并按照步骤选择面谈时间及地点。面谈地点可以就近选择美国驻北京、上海、广州、成都或沈阳的使领馆中的某一个。预约面谈时间时，需要提供 DS-160 申请表格上面的确认编码（见步骤 2）和缴费收据上的编号（见步骤 3），并选择拟领取护照及签证的中信银行网点（如获批）。

步骤 5：在所选择的签证地点进行面谈

提前 30 分钟到使馆排队。需随身携带一份预约单打印件、DS-160 确认页打印件、一张最近六个月内的近照以及所有新旧护照。如缺少上述任何材料，申请将不予受理。另外还需要携带一些支持性文件，如资金证明、收入证明、户口本、行程单等，具体可参考网上的一些攻略。不可以携带食物、刀具等武器或任何液体。所有的电子设备也是被禁止携带的。

这里需要说明一下，并不是所有的申请人都需要前来面谈，能办理"免面谈"签证的申请人有两类。第一类是 14 岁以下和 80 岁（含）以上的申请人，没有美国签证拒签史。第二类是在以前的美国签证失效后 48 个月内续签，并且之前获得签证时的年龄在 14 岁（含）以上，采集过指纹，申请的签证类型也与上次一样。"免面谈"的好处有不少，其中最重要的一条是不需要准备各种"证明材料"，如财力证明、单位证明、旅行计划、邀请信等。

步骤 6：如果获批，根据邮件通知在所选择的中信银行领取护照和签证

那么，在签证过程中有哪些事项需要特别注意以提高签证通过率呢？下面是几点申请技巧，仅供大家参考。

（1）旅游旺季签证更容易。旅游旺季来临前是签证的高峰期，签证量比较大，签证官为应对繁重的工作难免懈怠，相对会更好签。而旅游淡季签证量少，签证官有足够的时间审查和较真。据说一般在西方假期来临比如 12 月份时去签往往较容易，因为临近圣诞节签证官们的心情更愉悦，比较爱发签证。

（2）尽可能预约周一、周五面签。有网友做过美国签证通过的粗略统计，预约周一、周五办理签证，成功率要大于周二、周三、周四。

（3）注意仪表及言行。从进入签证大厅开始，你的所有举止表现都可能在签证官的观察之中，所以请务必注意自己的仪表和言谈举止，不要与其他的申请人交头接耳或左顾右盼，保持良好坐姿。穿着尽量大方自然，符合自己的身份。回答问题要自信坦然从容，尽量向签证官微笑，问什么答什么，必要的时候可以主动出示一些证据文件。最重要的一点，就是让签证官觉得你没有移民倾向，保证去了美国后会按时回来。

（4）材料真实全面。一次拒签不等于以后都会拒签，但是如果拒签的原因是因为申请资料造假，那么这个影响将是致命的。因此必须细致准备签证所需的必备文件及支持性文件，并对材料内容熟记在心，回答问题时确保与之一致。

总的来说，其实美国签证并没有想象的那么难办，只要有一定的英语基础，完全可以全程自己搞定，根本不用找旅行社或其他代理机构代办。

二、组队攻略

路线定了，下一步就是组队了。除非迫不得已，在异国他乡自驾游最好避免一人独行，尽量结伴同游，这一方面是为了安全，万一碰到什么意外情况可以群策群力相互帮助，人多力量大嘛；另外一方面是为了省钱，大家可以分担租车费和房费，人多乐趣也多嘛。至于组队的途径和方法，主要还是依靠网络，就是去各种自助游论坛如穷游等发帖招人，或者利用 QQ 群和微信朋友圈等方式。当然，最理想的还是和自己本来就熟悉亲近的家人、亲戚或者朋友、同学、同事一起组队出行，但是这往往是不现实的，更多的时候需要和几个陌生人同行。那么，如何组建一个理想的自由行团队呢？这里面主要有以下几点注意事项：

（1）尽量找志同道合的队友。这一点非常重要，可以说同行人的素质将决定你一路上的幸福指数！这一点毫不夸张，虽然只是一场旅行，不是找人生伴侣，但是"和喜欢的人去哪都是风景，不喜欢的去哪都煞风景"。所以最开始一定要通过电话、网络多聊聊，相互了解彼此的兴趣爱好、脾气性格等，最重要的是看双方的"旅行观"是否一致，比如有的人喜欢徒步爬山欣赏自然风光，有的人则喜欢城市休闲观光；有的人喜欢挤六七人一间的青年旅舍，有的人喜欢住星级宾馆；有的人对旅行费用比较随意，觉得物有所值就行，有的人则比较精打细算，甚至斤斤计较。另外，不同职业和家庭背景的人，在观念上可能也会有些差异。总之，一定要尽量找志同道合、志趣相投的驴友同行。

（2）尽早确定团队成员。只有确定了团队成员，才可能提前预订机票、租车和住宿等。因此建议至少在出行前三个月就应开始组队工作，并在不迟于出行前一个月左右把人员完全确定下来，否则后续的准备工作无法开展。另外注意要尽量找那些已经办好了签证和预订了机票的驴友，减少临时变动的可能性。

（3）控制好团队人数。关于自驾游团队人数，最好是 4 人或者 6 人，这样的偶数组合无论是搭配住宿还是坐车都比较方便。因为如果是打算租 5 座的 SUV，坐 4 人是最舒服的；租 7 座的 Minivan，坐 6 人是最好的，否则会感觉挤，放行李的空间也可能会紧张。万一人太多，可以考虑租两辆车同行，也是可行的。

（4）分段灵活组队。这次环北美自驾自由行计划历时 100 天，堪称"北美长征"，虽然自己早已下定破釜沉舟走完全程的决心——黄沙百战穿金甲，不破北美终不还。但是其他队友就不一定有这样的决心和意志了，所以比较现实的做法是将整个行程划分为四到五段，每段持续两到四周，这样方便时间合适的驴友自由选择某段加入。虽然这样分段组队极大地增加了组队者的工作量，不过也让自己有更多机会认识志同道合的朋友。

（5）签订好免责协议。不怕一万，就怕万一。人生除了惊喜还充满各种意外，出去旅游也不例外，尤其是在异国他乡自驾自由行，不确定因素更多。自驾自由行完全都是大家自愿自发参加，是没有任何人赢利的活动，这一点和报团后有旅行社担责完全不一样。如果没有提前签订好免责协议，万一途中发生意外，将带来很多问题和麻烦，整个旅行也可能泡汤了。因此，必须在法律层面防患于未然。下面是我在旅行开始前草拟的一份免责协议，仅供大家参考，可以根据实际情况修改调整。

自驾自助游免责协议书

为规范本次自驾自助游活动，明确每一位参与者的权利、义务、责任，特制定本协议，所有参与者应仔细阅读本协议内容，自愿签字确认参加。

一、本次活动的发起、联系、组织均为参与者自发，是没有任何人赢利的活动，是在参与者自愿参加与退出、风险与责任自负的基础上进行的。活动为自由组合性质，一旦出现意外，活动组织者及活动中非事故当事人不承担任何责任，但有互相援助的义务。

二、自驾自助游活动存在不可预见的危险，道路行驶、旅游过程、食宿、自身身体因素、自然灾害等，均有可能造成身体伤害或财产损失。参加者应当积极主动购买保险，降低损失，一旦发生事故造成身体伤害或财产损失，均由保险公司和自己承担，不涉及参与活动的组织者和其他人员。

三、自驾游一切活动应遵守相关法律、法规，一切因参加活动直接或间接产生的法律责任由参加活动者自行承担。

四、自驾游活动的参与者应发扬团结互助的精神，在力所能及的范围内给予他人便利和帮助，但不构成法律上的义务，也不构成对其他参与者在法律意义上承担责任的根据。

五、自驾游活动具有潜在的危险性，参加者应对自己的安全负责。如在活动中发生人身或财产损害后果，组织者和参与者不承担赔偿责任，由受害人依据法律规定和本声明依法解决。

六、本次活动费用为 AA 制，以车为经济核算单位，主要包括平均分担租车费（含保险）、油费、路桥费、公园门票、导航装备购置费、户外公用装备购置费等。住宿费如有拼房也实行 AA 制。

七、本次活动原则为"费用 AA、决定自主、行为自助、风险自负、有问题尽力救助"，故除费用平摊外一切均为自助方式。参与者对自己的行为及后果负责，活动发起者有责任控制费用、公开账目接受大家监督，但不对任何由户外活动和自驾本身具有的风险及可能造成的损失后果负责。

八、所有参与者对本次自驾游活动的参与均为完全自愿，参与者对本协议各条款的含义及相关法律后果已全部知晓并充分理解，本协议自签字之时生效，到活动结束之时自动失效。

以上协议如有未尽事宜，由参与者另行协商签订补充协议，补充协议与本协议具有同等法律效力。

本协议一式×份，参与者人手一份。

姓名：　　　　身份证号码：　　　　　　　　签字：　　　年　月　日

姓名：　　　　身份证号码：　　　　　　　　签字：　　　年　月　日

姓名：　　　　身份证号码：　　　　　　　　签字：　　　年　月　日

姓名：　　　　身份证号码：　　　　　　　　签字：　　　年　月　日

三、装备攻略

美国物美价廉，很多出行装备可以到了美国再买，比如野外露营用的帐篷、睡袋、野炊用具等在美国买就比中国便宜不少。但是有些东西在国内买还是相对便宜些，先买好随身带过去更划算也更方便，免得到了美国就要用，又不一定能马上买得到。个人出国自驾游需要准备的常规行李清单就不再细说了，网上有很多建议可供参考，这里只重点说说几样最容易忘记或忽略的装备：一是手电筒/头灯、户外GPS/指南针等，主要用于户外徒步探险时确定方位和万一走夜路时的照明；二是望远镜和长焦镜头，主要用于在国家公园里观察和拍摄野生动物，因为在北美旅行有很多这样的机会；三是 GPS 导航仪，在美国往往一下飞机就要在机场租车，陌生的国度里驾车 GPS 导航仪必不可少，因此可以提前在国内网购一款加装好北美地图的导航仪带过去，比如 Garmin 牌的，确保在国外能用；四是多功能车载逆变器/充电器等，将会给自驾途中使用各类电子设备带来极大方便；五是洗衣粉/洗衣皂、晒衣绳/轻便衣架等，主要是方便晾洗衣服，因为有些地方没有自助洗衣只能靠自己动手；六是折叠小剪刀/指甲剪，它们的功能不只限于原有的定义；七是耳塞/眼罩，在和人拼房时万一有室友打呼噜你会非常庆幸带上了这些。

四、租车攻略

作为一个"车轮上的国家"，美国租车业发展非常成熟，租车价格透明实惠，遍布全国的高速公路路况良好，并且绝大部分不收通行费，再加上汽油费单价比中国便宜，因此可以说体验美国风土人情最好最经济的方式就是自驾游。那么怎样才能租到一辆满意的车呢？

第一步是确定车型。美国租车公司依车型的大小及排气量一般将车分为以下等级：经济型（Economy）、小型（Compact）、标准型（Standard）、中型（Mid-Size）、大型（Full-Size）、高级车（Premium）、豪华型（Luxury）、商务车型（Minivan）、标准型越野车（Standard SUV）、中型越野车（Mid-Size SUV）、高级越野车（Premium SUV）等。若综合考虑价格和舒适度的话，推荐 Standard 或 Full Size，这两种车型适合于四人及四人以下的中短途旅行，两人短途的话 Compact 也够用了。长途旅行建议选择中型 SUV，无论是安全性还是舒适度都有保证。如果人数比较多（五人或以上），Minivan 是最佳选择。我个人对 SUV 很偏爱，一方面视野开阔安全性好，另外底盘高通过性也好，可以偶尔到野外路面撒撒野。所以这次环游除了阿拉斯加段因为有 6 个人租了辆 Minivan，其他三段都是租的 Mid-Size SUV。

第二步是确定租车公司或代理。美国租车公司很多，Hertz、Avis、Enterprise、Alamo、Budget、National、Dollar 算是几个大的租车公司，另外还有一堆小公司。相比而言，Hertz、Avis 是其中最贵的，属于高端品牌，如果没有会员卡或者不是用竞价方式获得，基本不予考虑。余下几家中我个人最推荐 Alamo，它其实是属于 Enterprise 旗下的经济型品牌，价格非常实惠，车子往往也很新，并且还接受翻译件，也就是说自己弄个中国驾照的翻译件就能去租车，不需要去公证处花无谓的冤枉钱。

除了考虑在租车公司的官网预订，其实有时候还可以去一些租车代理网站看看多比较比较，如 rentalcars、priceline、expedia 等，汇集了以上几家主流的国际租车公司，方便比较各家的车型和价格，有时候代理的报价比租车公司官网的报价还低。有一点需要说明的是，一般在网上预订租车是不需要提前付款的，也就是说在出发前是随时可以免费取消或更改的。对于行程还没完全定下来的，可以先预订，之后再根据实际情况进行改动。对于行程已定的情况，预订好后还可以时不时关注一下租车价格，若有下调，可以马上取消再重新预订。目前也有不少公司支持网上预订的同时付款，这种情况下价格一般会有折扣，可以根据自身情况灵活选择到底是否预付。

总之，租车工作是个细致活，尤其是想要拿到最便宜的价格，真的非常需要耐心和毅力去不断选择、比较和实时跟踪价格走势变化。而且，除了上面说的不同的租车公司和代理会影响最终价格，还有两点因素往往被很多人都忽略了：一是租还车地点，有的时候即使是在同一个公司和同一个城市，如果取车和还车的地点不同，哪怕只是相差几英里，价格都有可能不同；二是租还车时间，一般租车公司是以星期为单位来计价的，租五天和租一周的价格往往相差无几，所以最好是按整周来租，这样最划算。

除了上述因素，和租车相关的还有以下十个方面的重要事项需要说明。

第一是关于租车 coupon。

coupon 也就是折扣券或折扣代码，在美国很少有人愿意付原价租车，都是利用各种减价代码获得优惠。通过注册上述租车公司或代理的会员是获得 coupon 的首选，另外也可以通过网络搜索，其次日常生活中也有很多 coupon 的来源，比如 AAA、Costco 会员常有各租车公司的折扣码，各航空公司的会员以及各信用卡公司的持卡人也经常能收到 coupon。

第二是关于租车保险。

国外租车的保险各式各样，种类很多，很多时候保险费用比租车费本身还高。话说回来，虽然贵，还是得买，万一出问题的时候由保险公司来买单，总比个人承担好。尤其是几个先前不认识的人临时组队租车自驾游更是如此，可以避免出了意外造成的纠纷，所以我这次环游四次租车都买了全险。先来看看国外租车公司提供的几种主要保险，基本和国内类似：

1. LDW/CDW（Loss/Collision Damage Waiver）：碰撞/车损险
2. LIS（Liability Insurance Supplement）：三责险
3. PAI（Personal Accident Insurance）：车上人员险
4. PEC（Personal Effects Coverage）：个人物品险
5. Road Assistance：道路救援险

以上几种保险目的不同，费用都是按天收取，其中 LDW/CDW 是保自己所租的车；LIS 保第三方，比如说被你撞的车或人；PAI 保你自己车上的人；PEC 保你放在车上的私人物品。一般来说，推荐必买的保险是 LDW/CDW、LIS 和 PAI，购买时需要注意免赔额，如果可以的话，最好能够是 0 免赔。如果长途旅行的话最好考虑加上 Road Assistance。还有一点要提醒的是，租车都必须用信用卡担保，有的国际信用卡可以 cover 掉一部分租车保险，在租车前最好打电话问清楚。

第三是关于驾照。

有人说："持有中国驾照不能在美国开车。"也有人说："在美国可以畅通无阻地使用中国驾照自驾。"那么，对于持有美国 B 类签证的中国旅游者，到底能否持中国大陆签发的驾照在美国租车驾车呢？由于美国各州的交通法规略有差异，且中国并非是联合国《日内瓦道路交通公约》和《维也纳道路交通公约》缔约国，因此中国驾照能否在美国使用实际上因州而异。图 3—1 是中国游客（仅限 B 类签证）持中国大陆驾照能否在美国各州及首都特区合法驾车的示意图，其中大部分都可以临时驾车 30 天或更长时间，只有红色区域所示的几个州不认可中国驾照，自驾时最好绕道，主要有阿肯色州、密歇根州、马萨诸塞州、新罕布什尔州、新泽西州、康涅狄格州、肯塔基州、印第安纳州、威斯康星州、得克萨斯州等。当然，这也不是绝对的，只要你能遵守当地交通规则，不出事故不招来警察，短期驾车经过这些州实际上也是没多大问题的。

▼ 图 3—1　中国大陆驾照在美国本土各州适用范围示意图

很多人听说过"国际驾照"这个概念，其实中国并不在国际驾照协约国之内，所以理论上这个国际驾照是没有任何法律效应的，本质上只不过是提供了一种翻译证明。因此，完全不需要花冤枉钱去办一个所谓的国际驾照公证书，只需要自己制作一个翻译件即可，也不需要公证。现在的二代驾驶证上都是有英文标注的，配上这个翻译件即可。下面就是一个驾照翻译的模板，供大家参考。

正面

(Front of Primary Card)

Driver's License of
The People's Republic of China
（English Translation）
No. 430××××××

Name：XXX XXX　　　　　Sex：Male　　　　Nationality：China

Address：Room 305，58 Building，No. 108，XXX Road，XXX District，XXXX，XXXX Province，P. R. China

(Seal of Issuing Agency)

| Traffic Police Corps of Hubei Wuhan Public Security Bureau | Birthday：28th Aug 1987
Issue Date：8th May 2007
Class：C1 | Photo |

Valid From：8th May 2007　　Valid For：10 Years

背面

(Back of Primary Card)

Class of Vehicles Allowed

A1：Buses and class A3，B1，B2；

A2：Trucks and class B1，B2，M；

A3：City Bus and class C1；

B1：Medium-sized bus and class C1，M；

B2：Large-scale truck and class C1，M；

C1：Automobiles and class C2，C3；

C2：Auto-transmission automobiles；

C3：Low-speed truck and class C4；

C4：Three-wheel motor vehicles；

C5：Auto-transmission automobiles for handicapped；

D：Three-wheel motorcycles and class E；

E：Two-wheel motorcycles and class F；

F：Light motorcycles；

M：Wheel type self propel machinery；

N：Trolley buses；

P：Trams

No other agencies or individuals are allowed to keep this certificate except the Public Security Vehicle Administration Office.

附件

Driver's License of The People's Republic of China（Attachment）

No. 430×××××××

Name：XXX XXX　　　File No. 430XXXXXXX

Record：Valid from 11th Apr 2007.

第四是关于驾驶人。

驾驶人最好是 25 周岁及以上，这样车型选择就没有限制，并且费率最优；21～24 岁会收取"低龄费"，费率各州不一样，平均可能要 20 美元/天，估计是担心小青年或新手不靠谱吧。另外，租车时一般会指定几个驾驶人，一个驾驶人的话不额外收费，如果要增加备用驾驶人的话，一般都会收取每人每天 10 美元左右的费用。建议还是别省这个钱，反正几个人分摊下来没多少，以免得不偿失。尤其是长途驾驶，至少需要两个人轮流开换班休息。从法律角度讲，如果万一是租车合同里非指定的驾驶人开车出了事故，所有保险都是不赔的。

第五是关于导航。

在异国他乡自驾游，导航仪 GPS 是一定要有的。虽然租车公司也有 GPS 出租，但是每天租金在 10 美元左右，如果租 10 天以上，还不如自己买一个，便宜的 GPS 在亚马逊或淘宝不到 100 美元。我们买的是 Garmin 牌的，随机地图包含美国和加拿大，并且终身免费更新，费用大约 120 美元。网上有很多攻略是用手机导航，但如果是长途旅行，最好还是专门买一个导航仪保险。

第六是关于加油。

首先说一下还车加油的问题。一般租车公司给你车的时候是满箱油，所以你回来还车的时候也必须是满箱油，如果不满，一般会按照接近两倍市场价的价钱收取油费，非常不划算。所以一般建议在去还车之前，先在酒店附近的加油站加满油就可以，加满油后再跑个 50 公里之内，油表上往往显示还是满油的。

其次是途中加油的问题。美国汽油型号一般有三个选择：87 号为 Regular，89 号为 Silver/Special，而 93 号为 Gold/Super。在美国，一般租来的车都可以加 87 号的油。切记加油站里的 Diesel 是给大卡车、货车专用的柴油，如果不小心误加了柴油，请千万不要发动汽车，需马上送修理厂修理。

在北美加油站加油一般有两种方式：自助加油和柜台加油。

自助加油：第一步，在加油机前面插入信用卡，屏幕会提示快速移出卡，然后验证银行卡授权。有的地方需要输入 5 位美国的邮政编码，有的不需要。在中国办的信用卡邮政编码输入前 5 位就可以了。第二步，信用卡验证成功后，根据提示，拿下加油枪，插入汽车的油箱口。第三步，选择油的品种（87、89 或 93），有的是不同的油用不同的加油枪，但大多数都是一根加油枪。选择好油的品种后，就可以进行加油了。第四步，油加满后，机器会自动检测到，自动停止。第五步，把加油枪放回原位，盖好汽车油箱的盖子。这时候收据基本上就打印好了，拿好收据就可以离开了。

柜台加油：如果信用卡验证不成功，就要选择柜台加油的方式，特别是持在中国办的信用卡在加拿大加油时这种情况尤其常见。柜台加油有两种方式，一种是预付一定的款项（卡或现金），比如100美元，然后去加油，加完后回到柜台，柜台再把没用完的钱退回给你。使用信用卡有的时候会要求出示有Photo的ID，对我们来说就是护照。柜台加油的另外一种方式是加指定的金额。根据油表的显示，你可以大体上估算能加多少油以及加多少钱，直接给钱就可以。这两种方式都要告诉柜台的收银员你的车所停的加油机位置，也就是Station号码。

第七是关于异地还车。

在同一个地方提车和还车，这是最经济的租车方式，费用最低。由于这次是环游北美，我们采取的是分段租车的方式，不可避免地遇到异地还车的问题。租车公司收取的异地还车费用叫drop off fee或者one way fee，比如我们后来第一阶段从美国东部提车开到西部的西雅图还车，就收了533.75美元的异地还车费，不过分摊到这么远的距离和每个人身上，费用并不高。这里有个技巧，就是如果不可避免需要异地还车，最好将提车和还车地点都选择在机场，这是因为机场人流量大、车辆流动性强，一般租车公司收取的异地还车费要比在市区取还车少一些。另外要提醒注意，不少公司在同一个州内是不收异地还车费的，比如在旧金山机场取车在洛杉矶机场还车，因为都属于加利福尼亚州，就没有异地还车费。

第八是关于路桥费。

美国高速公路很多路段都是免费的，尤其是在西部，这一点对于习惯了国内高速收费的车主来说，感觉会非常爽。但是在美国东北部，还是有少数高速公路和大桥要收费的，不过一般收的很低，往往是很远一段距离才收几美元，一次超过20美元的非常少。一般都是人工收费缴现金，要注意在某些高速的入口领票是自动的，和我们停车场自动领卡类似，但不同的是没有栏杆，会让不熟悉的人误以为这里不收费。所以记得要按一个键，拿好自动弹出来的一张票，到出口时再凭这张票缴费，否则将按全程收费。有的租车公司提供电子收费的装置，通过收费路段时会自动感应收费，最后还车时算账，这一项租车时必须问清楚，最好不用，因为可能要收10%左右的手续费，另外听说有的人还遭遇过租车公司的代缴过路费罚款陷阱。

第九是关于停车。

租车自驾出去玩必须考虑停车问题，以免造成不必要的损失或罚款。美国的停车场一般都比较贵，在路边停车前要看标志，看允许什么车停、允许哪一天停、允许什么时候停、允许停几个小时等。一般情况下，路边的白色停车区域可以使用，红、黄、绿、蓝等其他颜色都是不能停的。尤其要注意绝对不要占用残疾人标志的停车位（一般是蓝色），除非你车里挂着残疾人标志，否则罚得特狠。停车付费系统一般有两种，一种是付费站，可以使用信用卡、纸币和硬币。另一种是咪表，可以使用专门的停车付费卡或者 25 美分的硬币（quarter）。购买停车时长根据需求而定，一般 2 小时为合适，如果是付费站，会打印一张收据，需要把收据放在车内前窗，这样检查的路警就能看见你可以停到什么时间。付费站的付费方法和加油站相同，只不过需要选择停车时间而已。如果是咪表，就是倒计时，没有收据。有的时候运气好，可能上一个人剩余的时间很多，你就接着续费就可以。咪表大多数不能使用信用卡，只能投入 25 美分的硬币，要多备一些。注意有的时候即使路边有咪表，但在路边的指示牌或咪表上显示周末或平时的 18:00 以后不再收费，所以在投币前注意这些免费时间段，免得花了冤枉钱。

第十是关于交规。

最好在出发前提前熟悉美国和加拿大的交通规则，网上有中文版的美国驾考手册，里面对交规有详细描述，整体和中国区别不大，都是右向行驶，但某些规则还是有较大区别的，尤其是以下几点常被习惯在中国开车的人所忽视：

（1）STOP！STOP！STOP！重要的事情说三遍，在美国开车首要的是适应这个 STOP 标志，这是中国交通规则中没有的。没有红绿灯的路口常会有这个标志，遇到 STOP 必须要让车完全停下来，而不是缓慢地观察经过，经常有警察藏在路口附近开罚单。看到 STOP 停下来后，一般按照谁先到路口谁先走的原则。有的路口是 4 个 STOP 标志，那么谁先到路口，谁就最先走；有的路口只有 2 个 STOP 标志，那么没有 STOP 标志的那条道路上的车是不需要减速和停车的，可以直接开过路口，由于美国人都比较遵守规则，所以经过这类路口的车速也挺快，如果你所在的路口有 STOP 标志一定要停，并且仔细看看来往车辆，两边都没车的时候再走，不然就很容易发生事故并且负全责了。

（2）切记全程系上安全带，无论是在高速路还是市区开车。美国大多数州规定驾驶员和乘客都要系上安全带，12 岁以下的小孩不能坐前排，特别小的孩子必须配备安全座椅。

（3）切记行人永远拥有最高优先权。在行人通过人行道时，无论是否出现可以通行的绿灯，一定要等待行人完全穿越人行道后再通过。遇到没有人行道的地方，如果行人要横穿公路，车辆看见后一定要停下来，静待行人通过后再行驶。

（4）切记特殊车辆的优先权。当碰到闪烁着警示灯的警车、救护车、消防车通行时，应立即让行，并靠边停车。如果在道口或高速公路上碰到，应通过道口或选择安全并且不影响他人通行的情况下停车让行。当黄色的"SCHOOLBUS"在前方停车，并闪烁"STOP"标志时，此时切不可超车，应在校车后停车，待学生上下车通行后再出发。否则就可能吃罚单了。

（5）切记在高速并线时要快速甩头往后看一眼观察是否有车辆，而不仅仅是看后视镜，因为后视镜是有盲区的。这是美国交规和驾考中最重要的考核方面之一，少了这一次回眸，万一因此引起事故会担主责。

（6）切记应对美国警察的正确方式。在开车时要不时从后视镜里观察是否有警车跟随，如果一直有闪烁着警灯的警车跟在你后面，那恭喜你被美国警察盯上了，此时必须主动靠边停车接收检查或盘问。遇到警察拦下千万不可随意下车，一定要坐在车上并摇下车窗，双手放在方向盘上，等待警察过来询问，需要你拿证件出来时再去拿，千万别自行拿。如果下车或双手突然伸向包或裤兜，会被警察认为有逃跑或攻击企图，有可能会遭到警察枪击，这绝不是开玩笑。

（7）切记走正确的车道，尤其是在高速公路上。高速路上有些路线是只允许乘客在两人以上的时候才可以行驶的，如果车内只有一人，可能会被交警抓住罚款。这种路面的路标上会写有 Carpool Lanes 或 HOV Lanes。有的牌子上也会写这种情况的时间限制。

（8）切记按照限速行驶。一般高速路最高限速为 65～75 英里/小时，但大多数美国人都会超速，因为路况实在太好了，路直且平，车又少，往往人人都在超，跟着大部队不自觉地也会超速。一般情况下只要不超过限速的 20%，警察是不管的。建议不要在高速路上当排头兵领跑，而是跟着别人的车跑，这样一般就没有问题。

（9）切记下高速前要根据导航提示的车道及早向左或向右变道。没错，是向左或向右，因为美国的高速公路出口不一定总是在右手边，左手边的高速出口并不少见，这一点和国内高速公路的出口全部设在右手边区别很大。

最后，了解下美国公路的编号规则也很有必要。美国拥有全世界最发达的高速公路网络，所有高速公路都以数字命名，同时以东西或南北来标示其方向。最重要的州际高速公路都是 1 位数或 2 位数，州内高速公路则是 3 位数，乡村公路为 4 位数。在州际高速公路中，南北向的公路以奇数命名，从西向东数字逐渐变大；东西向的公路以偶数命名，自南向北数字逐渐变大。比如熟悉美国高速公路命名规则的人就会知道 20 号是一条东西向的州际高速公路，而且它在 10 号的北面和 30 号的南面。美国公路的数字化指示标志完善，州际高速公路和主要州内高速公路数字名称通常是上红下蓝的底色再加上白色数字，普通州内公路则是绿底白字，让人一目了然。所有出口至少在三四英里（约 6 公里）前多次提醒，最后几次通常显示还有一英里、四分之三英里或半英里，以及四分之一英里。高速公路的出口也以里程英里数进行数字化编号，方便测算行驶距离。各出口指示牌上除了醒目的路名，同时还会有编号。如果出口通往同一条道路，而高速公路分别有向这一道路几个不同方向的出口，就用诸如 8A、8B 和 8C 的办法来区分。

五、住宿攻略

我一向喜欢在出行前就预订好酒店，这样会大大增强出行的确定性和安全感，同时也可以降低出行成本，因为一般临时找地方住的价格要比事先订好酒店贵不少。对于环游北美这样的长途旅行，全程的住宿安排和预订是个挑战性很大的系统工程，因为每天住在哪里不仅和整个行程安排有关，还和每个景点的游玩攻略以及每天的游玩线路紧密相关，比如你打算在黄石公园玩三天，那么为了游玩方便，可能三天要住不同的地方。所以在真正动手预订酒店之前，不仅要计划好每天到哪个地方，还要研究并设计好每个地方的游玩攻略和详细线路，然后再根据线路确定每天住在哪里最省时方便，这样的行程才算美满。另外，考虑到长途旅行中天气、路况等各种可能的意外，一般建议在出行前只提前预订好最初 5～7 天的住宿地，然后在出发后边走边订，这样比较灵活，万一行程有变也方便临时调整。

那么如何预订国外的住宿呢？这里分三类，第一类是预订宾馆酒店，第二类是预订露营地，第三类是预订民宿。

先说预订酒店。国内游大家最常用的是携程、去哪儿和艺龙等网站，国外也有不少类似的网站，专门提供在线宾馆预订，主要有：

http：//www.expedia.com/

http：//www.priceline.com/

http：//www.agoda.com/

http：//www.booking.com/

http：//www.hotels.com/

http：//www.hotwire.com/

这些网站的价格一般都大同小异，最好选择那些能够免费提前取消，并能免费停车、免费 WiFi 和免费早餐的酒店。我用得最多的是 priceline，预订非常方便，最重要的是它有两个非常重要的实用功能：Bid（Name Your Own Price）和 Express Deal。如果这两样运用得当的话，可以以非常低的价格拿到三星甚至四五星级酒店的房间。Bid 顾名思义就是"竞价"，在竞价成功前具体订到哪家酒店无法准确知道，但是基本上有个范围，可以先根据 priceline 划定的区域范围选择酒店所在区域（zone），并指定入住的时间和希望的酒店星级范围，然后出价。如果出的价格酒店可以接受，那么就马上在线成交，从信用卡里扣款，然后告诉你竞价成功的酒店详细信息；如果出的价格过低没有成功，那么可以换区域或者改天再来竞价一次。Express Deal 是 priceline 在 2013 年才推出的一个新模式，和传统的 Bid 方式不同，Express Deal 不再让你反复出价，而是在各个区域给出不同星级酒店的不同价格，当然这些酒店都是匿名的，但是可以知道大概信息如位置、设施等，如果你觉得某个酒店价格可以接受并预订，也是马上成交，从信用卡里扣款，交易成功后才知道你预订的是哪个酒店。需要重点提醒的是，Bid 和 Express Deal 两种方式都是预付不退款的，在运用它们之前一定要对自己的行程有把握。总之，Bid 和 Express Deal 是两个非常有意思的东西，里面有很多策略和学问，这里就不赘述了，感兴趣的可以自己研究。

下面再说露营地的预订。在美国露营是非常流行的，很多国家公园都有非常完善的露营场地，能洗澡洗衣，并且地理位置也往往非常好，离美景近在咫尺，如果不体验下将是个遗憾。而且露营非常经济，一般一个位置只要 20 美元一晚，而通常在热门国家公园里的 Lodge 往往要 200 美元一晚，所有露营装备的费用总和还不及在 Lodge 住一个晚上的费用。当然天气是露营需要重点考虑的因素，下雨、过冷都会使露营变得很困难，比如在黄石公园，即使是夏天也至少使用 0 摄氏度的睡袋，否则很可能被冻醒。另外国家公园的蚊子非常厉害，所以千万记得带防蚊装备。美国国家公园露营地的预订一般都是到 https://www.recreation.gov/这个专门的网站，只是动手一定要早，因为很多热门公园里的露营地在半年前就订光了。如果没有提前订到，除了可以到现场试试那种先到先得的营地，还可以考虑美国最大的露营连锁网站 www.koa.com，它几乎在所有国家公园旁边都有营地，可以洗澡，也有木屋，价格也比较公道。

除了住酒店和露营，现在还有种住宿方式在国外越来越流行，那就是住民宿。这方面运作最成功的是 Airbnb（AirBed and Breakfast 的缩写），中文名叫"空中食宿"。空中食宿是一家联系游客和家有空房出租的房主这二者之间的服务型网站，它可以为用户提供各式各样的住宿信息，用户可通过网络或手机应用程序发布、搜索度假房屋租赁信息并完成在线预订程序。Airbnb 自 2008 年 8 月成立后发展非常迅猛，被时代周刊称为"住房中的 E-bay"。我们这次环游就在旧金山通过 Airbnb 预订了一栋民宿，感觉非常棒。

六、饮食攻略

有人可能会觉得奇怪，为什么这里还要单独讲饮食问题。如果你天生喜欢吃以麦当劳为代表的洋快餐，那么恭喜你可以直接 pass 掉这部分内容。但是对大多数中国人来说，偶尔吃几顿洋快餐，估计还能忍受；要是连续一周甚至几十天都是洋快餐，先天生就的中国胃肯定会闹"罢工"了。之所以很少有人能够花几个月的时间环游北美，这里面除了时间、精力和意志上的因素，饮食其实也是一个重要的因素。很多人出发时兴致勃勃，等到国外玩了不到一周，就感觉身体受不了，想打道回府了，其中吃不好是非常重要的一个原因。只有吃好了、住好了才可能玩好，因此这里专门讲讲怎么应对在国外长途旅行中的饮食问题。

（1）早餐要吃好。国外很多酒店有免费的自助早餐，一般分冷热两种，或称大陆式（continental，冷的）和美式（American，热的）。经济型的酒店一般提供冷式的，主要有面包、贝果等冷的烘焙品和各式麦片，配咖啡、冷牛奶等，纯自助没有服务生。好一点的星级酒店会提供热式的自助早餐，花样就多些，根据酒店的档次有所不同，基本型的包括煎咸肉、烤香肠、炒鸡蛋、华夫饼等。一般来说热式的早餐类型比较适合中国人，早上要尽量吃饱，尤其是香肠和鸡蛋能量高，很能撑饿。但是如果大多数时候都是住经济型酒店，那么建议随车带一个电饭煲（要在当地超市买，国内买的电压不匹配），在附近超市买点米、面、玉米、红薯什么的，这样就可以自己熬稀饭、下面条、蒸玉米红薯，吃起来保证舒服。

（2）中晚餐尽量找附近的中餐馆解决。现在中国人可以说是遍天下，中餐也是走向全世界，哪怕是在阿拉斯加这样偏远的地方，找到几家中餐馆往往也并不难。因此，可以利用地图或导航仪就近搜索中餐馆。尤其当玩了一天饿得不行时，晚餐可以考虑 Chinese Buffet，在美国这样的中式自助餐往往不贵，最便宜的不到 10 美元，贵的一般也不超过 20 美元，保证让你吃撑。这里顺便说一下，在美国除了像 Subway、麦当劳这类纯自助的餐厅不需要给小费，其他餐厅一般都是要给服务生小费的。午餐一般给餐费的 10%，晚餐要贵一些，大约是 15%。通常是在买单的时候自己在账单上填写小费金额，餐费＋小费将一并从信用卡中划走。

最后再补充一点，除了一般的洋快餐，还有很多外国美食被各种旅游攻略捧向"神坛"，可是真相往往是残酷的——我们的中国胃和舌尖常常适应不了它们的好。当然也要具体情况具体分析，如果真的碰到心仪的外国美食，也是决不能放过的，比如 8 月份缅因州出产的大龙虾，还有阿拉斯加的野生三文鱼等。另外如果你去拉斯维加斯，那里著名的自助大餐也是绝不能错过的。

七、购物攻略

到美国这个物美价廉的国家旅行，不顺便血拼下是必然要后悔的。那么去美国有什么好东西可以买？相信很多去美国旅游的游客都会有这样的疑问。美国是名副其实的购物天堂，一些实用而且和国内差价大的美国品牌可以考虑购买，通常在美国 Outlets 里，一些名牌的服装、化妆品或包要比国内便宜很多，比如服装类的 Calvin Klein、Columbia、DKNY、Gap、Guess、Levi's、Polo Ralph Lauren、Tommy Hilfiger，化妆品类的 Clinique、Estee lauder、Origins、Bodyshop，包包类的 Coach、Kipling、Michael Kors、Fossil、Guess、Samsonite，鞋子类的 Nike、Reebok、Nine west、Timberland 等。除此之外，美国的电子产品、保健品、奶粉等也是非常值得买的。

在美国购物的技巧网上已经讲得够多了，大家可以参考，这里不再啰唆，只讲一个很多中国游客忽略的问题：税。在中国，税是"隐形"的，商品的税金直接含在商品售价中了；而在美国购物，税金是在商品价格之外另外支付的。美国各州经济发展水平不同，所以税率也不同。好消息是美国目前有五个州免税，分别是：俄勒冈、阿拉斯加、特拉华、蒙大拿和新罕布什尔。这五个州的州政府不对任何商品征税，但州内的地方政府可能会征收购物消费税，比如阿拉斯加的地方税最高可达 7%，新罕布什尔的地方税最高为 3%。除此之外，为促进消费，美国有些州每年会在特定的日期实行免税政策，在这样的免税日购买指定类别的商品是完全免税的，常见的免税品有学校用品、衣服、鞋子、节能产品等。还有的州常年对某些类别的商品免税，例如明尼苏达、新泽西、宾夕法尼亚等州对于服装类商品都是免税的。既然是环游美国，当然要利用好相关的免税政策，不能错过可能经过的免税的好地方，比如我们在后来第三段行程中，就顺道去了俄勒冈州波特兰市的 Outlets 血拼，省下了一大笔税金。

图书在版编目（CIP）数据

跨国界乌托邦：理工男 100 天环游北美/蒋瑜著．—北京：中国人民大学出版社，2016.6
ISBN 978-7-300-22860-0

Ⅰ.①跨… Ⅱ.①蒋… Ⅲ.①旅游指南-美国 Ⅳ.①K971.29

中国版本图书馆 CIP 数据核字（2016）第 099109 号

跨国界乌托邦——理工男 100 天环游北美

蒋瑜　著

Kuaguojie Wutuobang——Ligongnan 100tian Huanyou Beimei

出版发行	中国人民大学出版社		
社　　址	北京中关村大街 31 号	邮政编码	100080
电　　话	010 - 62511242（总编室）	010 - 62511770（质管部）	
	010 - 82501766（邮购部）	010 - 62514148（门市部）	
	010 - 62515195（发行公司）	010 - 62515275（盗版举报）	
网　　址	http://www.crup.com.cn		
	http://www.ttrnet.com（人大教研网）		
经　　销	新华书店		
印　　刷	北京瑞禾彩色印刷有限公司		
规　　格	175 mm×250 mm　16 开本	版　　次	2016 年 6 月第 1 版
印　　张	26.5	印　　次	2016 年 6 月第 1 次印刷
字　　数	537 000	定　　价	79.00 元